王陽明

「心」的救贖之路

束景南 著

復旦大學出版社

目 录

引 论　中国古代心学思想的发展与完成——从孔子的仁爱心学到王阳明的良知心学 ……001

第一章　天上"石麒麟"的降生 ……009
　　　　秘图山王氏家族的崛起 ……011
　　　　瑞云楼："石麒麟"的诞生 ……015
　　　　格竹：在京师塾馆受教 ……021
　　　　归居余姚——习举业之路 ……030

第二章　太学上舍生：好作古诗文的名士 ……037
　　　　在北雍——"上国游"的前奏曲 ……039
　　　　"静入窈冥"：向尹真人学道 ……044
　　　　移家绍兴：阳明洞中的阳明山人 ……050

第三章　"上国游"的交响新乐章 ……055
　　　　筮仕行道——出山入世的进取之路 ……057

在刑部："西翰林"文士群体的中坚 ……062
"今日揩双眼"：南畿决狱的"游仙"之路 ……066

第四章　"善学善变"：思想新变的涌动 ……071
　　归居林下的"阳明山人" ……073
　　"念亲"与"种性"：钱塘习禅养疴 ……078
　　泰山高——回归孔孟儒学的"泰山之思" ……082

第五章　乙丑之悟——阳明心学之路的起点 ……091
　　京师驰骋词章新声的余响 ……093
　　白沙"心法"：默坐澄心，体认天理 ……100
　　同行白沙心路：与湛甘泉共倡圣学 ……109

第六章　从兵部主事到龙场驿丞 ……121
　　八虎弄权：武宗新政的乱象 ……123
　　名入"党籍"：贬龙场驿 ……127
　　远遁武夷山之谜 ……133

第七章　龙场之悟：超越白沙心学之路 ……141
　　居夷化俗，士穷见义 ……143
　　建言立功的"言士"：在平阿贾阿札乱中 ……149
　　龙场之悟——易简直截的心学本体工夫论之悟 ……160

第八章　凤凰再生：从庐陵知县到吏部主事 ……171
　　庐陵善治：以开导人心为本 ……173

目 录

    重返"上国游" ……180

第九章 新"上国游"的心学乐章 ……189
    大兴隆寺中讲学论道的心学宗师 ……191
    心学之辨：王湛黄三家"共盟斯道" ……201
    《传习录》："心一分殊"心学体系的诞生 ……208
    "南都之图"："上国游"的放逐 ……216

第十章 南畿游：倡道东南的"杨时" ……227
    归省回越的心学大儒 ……229
    在滁州：遥天更喜焕南星 ……236
    滁阳之会与《游海诗》之谜 ……242

第十一章 在南都：讲学论道开新天 ……251
    "共进此学"——揭橥"主一"的心学旗帜 ……253
    朱陆之学论战：《朱子晚年定论》的诞生 ……259
    龙江之会：心学的《大学》体系的诞生 ……272
    谏迎"活佛"：南畿"言士"命运的浮沉 ……280

第十二章 文武之道：在江西的文治武功 ……289
    征汀漳—攻左溪—平桶冈 ……291
    南征三浰，平定粤北 ……300
    征战中的论道：江右王学的兴起 ……308
    体认心体：生平学问思想的第一次总结 ……313

第十三章　平定宸濠叛乱的悲喜剧 ……321

驱逐"伪帝"——宸濠叛乱的爆发 ……323

从吉安集兵起义到鄱阳湖火攻大战 ……333

三次"献俘"：平叛功臣悲剧命运的浮沉 ……344

"归去休"——平叛悲剧命运的结局 ……356

第十四章　良知心学——王学的真正诞生 ……367

"妙悟良知之秘"：正德十四年的"良知之悟" ……369

"直从心底究宗元"："疑谤"中的大揭良知之学 ……374

心学的突围：从王艮拜师到白鹿洞讲学 ……379

随处体认与致良知——主"格物"与主"致知"的新对决 ……389

第十五章　挣扎在嘉靖"学禁"的厄境中 ……403

归居绍兴：浙中良知心学的兴起 ……405

丁忧讲学与"壬午学禁" ……411

"狂者胸次"："学禁"困境下的砥砺奋进 ……418

在"大礼议"纷争的漩涡中 ……425

第十六章　生平学问思想的第二次总结 ……439

心泉日新：阳明书院与稽山书院的兴起 ……441

"心泉绠翁"：第二次学问思想的总结 ……446

讲道日进——走向"王门四句教" ……460

天泉之悟："王门八句教"的"传心秘藏" ……468

第十七章　起征思田：悲剧命运的最终结局 ……481
　　　　　强行出山——在绍兴最后的坎坷岁月 ……483
　　　　　招抚卢王，平定思田 ……491
　　　　　平断藤峡、八寨的悲剧结局 ……497
　　　　　最后的弘道"遗嘱"：讨论讲究"王门八句教"
　　　　　　……505

尾　声　"此心光明"：复心成圣的光明之路 ……521

附　录　王阳明年谱简编 ……533

引 论
中国古代心学思想的发展与完成
——从孔子的仁爱心学到王阳明的良知心学

中国古代儒家思想从本质上说是一种心性道德论的人本哲学，注重对人的"心"与"性"的研究，解决人心与人性的根本问题。儒家所说的"心"，从哲学上说，实际就是指人的精神，即精神之我（心我，王阳明称为"真吾"、"真我"）。如果说，儒家性学所说的"性"是指人的本性，重在解决人的道德性问题；那么儒家心学所说的"心"就是指人的本心（自我），重在解决人的精神性问题。因此，儒家心学就是旨在解决人"心"问题的心本哲学体系，也可以称为心本的精神学。它以心为体，以心我的修行实践为工夫，达到心体至善的崇高精神境界。春秋时代的孔子第一个提出了仁学的心学。他说的"仁"是指人的仁爱之心，是以仁心为至善本体，仁即心。《论语》中说孔子一次在卫击磬，一个荷蒉人听了说："有心哉，击磬乎！"这里说的心就是指仁爱之心，荷蒉人从磬声中听出了孔子的仁心。故孔子说："回也，其心三月不违仁。"也是说仁就是仁爱之心。他称自己"七十而从心所欲，不逾矩"，也是认为有了仁心，按仁心去做，才可以得心应手行大道行仁义，不违背规矩法度。在弘扬推行仁心上，孔子提出了一条著名的"忠恕"的仁爱人伦原则，《论语》中说："子曰：'参乎！吾道一以贯之。'……曾子曰：'夫子之道，忠恕而已矣。'"忠心，就是要做到"己欲立而立人，己欲达而达人"，这是对自我心的规范要求；恕心，就是要做到"己所不欲，勿施于人",这是对他者心的规范要求。忠恕是一道贯通的,这个道就是仁,就是仁心。因此在仁心的修养上,孔子提出了"操心"的修行工夫,他说:"(心)操则存,舍则亡。"操心就是存心,操持仁心,存养仁心,也就是一种正心克己的修行工夫。他说:"其身正,不令而行;其身不正,虽令不从。""不能正其身,如正人何?"正身就是正心,正心的具体方法就是克己复仁,他说:"克己复礼为仁。一日克己复礼,天下归仁焉。"克己就是克除己私,清除私欲以复至善的仁心,这是一种自我为仁行善、向内求心存心复心的修养工夫。

孔子从本体论(仁即心)与工夫论(正身克己)两个维度构建了他的仁爱的心学,这是一种心的本体工夫论的思想体系,代表了春秋时代人们对心的认识水平。在《尚书》的《大禹谟》中,有这样经典的论心的十六字心传:"人心惟危,道心惟微。惟精惟一,允执厥中。"道心就是仁心,心即道(理),就是孔子说的"吾道一以贯之",这是以心为道的本体论;惟精惟一是要求心精诚专一,以道心克除人心私欲,才能把握至善的中道,这是以道修心的工夫论。这种道心论也大致反映了春秋时代人们对心的认识,是同孔子的仁爱心学一致的。后世心学就是沿着这种心的本体论与工夫论两个维度展开的。

在孔子之后,他的仁爱心学为思孟学派所继承。在《中庸》、《大学》和《孟子》中鲜明反映了思孟学派的心学思想。《中庸》发挥了"惟精惟一,允执厥中"的思想,从心体上一方面讲惟精惟一的"诚",一方面讲允执厥中的"中"。所谓"诚",就是指诚心,指心诚之道;所谓"诚之",就是指心的至诚精一的修道工夫。由此《中庸》提出了著名的中和说:"喜怒哀乐之未发,谓之中;发而皆中节,谓之和。"所谓未发与已发、中与和,都是指心的存在状态,故说"中也者,天下之大本也",就是以心为本;说"和也者,天下之达道也",就是以心为道(理)。《中庸》强调"致中和,天地位焉,万物育焉","致中和"就是一种致心至中和境界的修养工夫,已同《大学》说的"致知"一致。《大学》提出了一个三纲八目的心学体系,把心称为"至善"的本体,认为大学之道要做到"在明明德,在亲民,在止于至善",所以《大学》的"三纲"就是儒家心学以心为至善之体的本体论。《大学》的"八目",是以正心为核心,从格物入手,逐步达到致知、正心、诚意、修身、齐家、治国、平天下,所以《大学》的"八目"就是儒家心学以道修心的工夫论。《大学》为后世儒家的本体工夫论心学的建构与发展提供了经典的文本。孟子进一步发展了孔子的仁爱心学。他认为人人皆有"不忍人之心","仁,人心也",故他称这种不忍人之心为"仁心",视仁心为一种人的本真的存在,故又称为"赤子之心"。仁义礼智根于心,所以仁心包含"恻隐之心、羞恶之心、恭敬之心、是非之心"的四端,这已经具有了心即理(道)的心学本体论意义。在对心体的认识上,从他说万物皆备于我心,包含了"心物合一"的思想;从他说"仁也者,人也,合而言之,道也",又包含了"心理合一"的思想。尤值得注意的是,孟子从"是非之心,智也"的思想出发,把心与知联系起来,认为心能知善知恶,知是知非,所以他称心为"良知"、"良心",认为:"人之所不学而能者,其良能也;所不虑而知者,其良知也。"心即良知、良心,这一思想为后来理学家的心学的本体论打开了新的发展空间与途径。在修心的工夫论上,孟子提出了"扩充"说、"尽心"说与"存心"说。扩充,就是扩充仁义礼智的"四端","凡有四端于我者,知皆扩而充之矣……苟能充之,足以保四海;苟不能充之,不足以事父母",所以扩充四端就是不断充实光大仁心。扩充的极致就是尽心,他说:"尽其心者,知其性也;知其性,则知天矣。"但扩充、尽心都建立在"存心"的工夫上,他说:"君子所以异于人者,以其存心也。君子以仁存心,以礼存心。"存心就是养心,存养发展仁心,才能达到对天道的认识,"存其心,养其心,所以事天也"。可以说孟子已提出了一个完整的仁爱心学体系。

入汉以后,由于汉武帝罢黜百家,独尊儒术,儒学经学化,流为章句训诂之学与谶纬神学,失掉了孔孟心性儒学的人文精神。直到东汉末赵岐注《孟子》,孟子的心性思想才开始引起人们的重视。隋代大儒王通返回到孔孟儒学的心学上来,凸显对儒家心学的阐释,提出了"正心"说,主张先"正其心",要求"至心为之内","直尔心,俨尔形"。中唐的韩愈、李翱从"四书"入手,进一步阐发孔孟的心学,提出正心致知之说,认为:"物至之时,其心昭昭然,明辨焉,而不应于物者,是致知也。"韩愈、李翱的心性论思想为宋代理学的兴起准备了条件。宋初的儒家发起了一个儒学复古运动,就是要超越汉唐章句训诂的经学,返回到先秦的孔孟心性儒学上来,孔孟心学因此复兴,理学(新儒学)兴起。北宋五子之一的邵雍首先提出了理学的"心法"、"心学"。他根据《易》学建立了自己的先天心学,以心为元,以心为体,认为:"先天学,心法也,故图皆自中起,万化万事生乎心也。""先天之学,心也。""心为太极,又曰道为太极。"邵雍这种以心为太极的心学被陆九渊所直接继承。

陆九渊提出了发明本心的心学。在他看来,心是宇宙的本体,人人皆具此心,认为:"宇宙便是吾心,吾心便是宇宙。""人心至灵,此理至明。人皆具有心,心皆具是理。"天地一心,古今一心。心即理,心即物,心即宇宙,宇宙是心、理、物的统一,所以他说:

"宇宙内事是己分内事,己分内事是宇宙内事。"这种心、理、物统一的心的本体论包含了两方面的合一:一是心理合一,心即理,心外无理,故他说:"千万世之前,有圣人出焉,同此心同此理也;千万世之后,有圣人出焉,同此心同此理也。"二是心物合一,心即物,心外无物,故他说:"万物皆备于我,只要明理。""万物森然于方寸(心)之间,满心而发,充塞宇宙,无非此理也。"可见陆九渊的心学是一种我道合一、主客一体的心本哲学。心理物合一的本体论决定了他的发明本心的简易工夫论。在尊德性的修养工夫上,陆九渊强调当下直截的"心悟",主张直指本心,觉悟心体,反对向外格物求理,反对繁琐的章句训诂的解经。道德修养工夫在于求诸内心,存心养心,先发明人的本心,所以他说:"先发明人之本心,而后使之博览。""学苟知本,六经皆我注脚。"因为世人受到物欲的蒙蔽污染,人心迷失,产生意见(臆见),所以陆九渊强调发明本心就是要做"去心蔽"的工夫,所谓"心蔽",主要是指"物欲"与"意见",他说:"愚不肖者不及焉,则蔽于物欲,而失其本心;贤者智者过之,则蔽于意见,而失去本心。"去心蔽就是去除蒙蔽本心的物欲与意见,使本心复明,人人知善知恶,行善去恶。

陆九渊的发明本心的心学主要还是受邵雍的先天心法心学的影响,对孔孟的仁爱心学与《大学》的三纲八目心学缺少充分的重视与吸收。宋代立程朱理学为官学,陆九渊的心学受到排斥。到元儒才开始重视陆九渊的心学,阐发陆学的儒家心学的内蕴,为明代心学的兴起作了先行铺垫。明初的白沙陈献章率先上承陆九渊的心学,提出了"默坐澄心,体认天理"的心学,给王阳明以深刻的影响。王阳明正是以白沙的心学为起点,融贯孔孟的仁爱心学、《大学》的三纲八目心学、陆九渊的发明本心的心学,构建了一个博大精深的良知心学体系。他的良知心学是一个以良知之心为本体的本体工夫论体系,在心的本体论与心的工夫论上都有开拓创新的发展。在心的本体论上,王阳明从存在论的视域提出了三大"合一":(1)认为心即理,心理合一。心圆满具足,心外无理,不假外求。(2)认为心即物,心物合一。心外无物,反对向外格物穷理。(3)认为心即知,心知合一。心即良知,人人心中有良知,心作为至善的本体知善知恶,知是知非。可见王阳明的良知心本体论统一了主观与客观(我道合一),统一了唯心与唯物(心物合一),统一了德修与认知(心知合一,德知合一)。在心的工夫论上,王阳明提出了三大实践工夫:(1)知行合一的实践方法论。王阳明认为"知是行之始,行是知之成"。"知是行的主意,行是知的工夫。"主张知行的交用并行,一方面强调言行一致,知了要行,说了要做,认识了要实践;另一方面又强调行完善知,实践提升认知,实践出真知,真行出真知。(2)致良知的道德践履工夫。他把《大学》中的"致知"解释为"致良知",致良知实际是一种推致弘扬人的主体性、道德性与精神性的修行工夫,包含两方面的要求:一是"去蔽",即不断清除蒙蔽在良知之心上的私欲,使心复明;二是"扩充",即不断充实存养良知之心,将心中之理推及事事物物,使事事物物各具其理,各得其宜。(3)事上磨炼的实行实做工夫。王阳明认为对于心中之理,不仅要进行心体的自我体认,认识心中之理,而且更重要的是要去事上实行实做,事上磨炼提高,化知为行,这样才能按理而行,行之有效。

　　王阳明的良知心学,是对先秦以来儒家心学的集大成的总结与完成,表明王阳明的心学已经超越了传统的观念论(唯心论)的视域,转向了更本真的存在论的终极人文思考。这种对"人"的存在论的哲学思考的良知心学,为我们构建现代人的心学与构建人类命运共同体提供了有益的重要启示。

第一章
天上"石麒麟"的降生

秘图山王氏家族的崛起

气势雄伟的绍兴古城坐落在钱塘江与姚江之间。传说大禹治水到绍兴，大会诸侯，稽功于涂山（茅山），后来涂山改名为会稽山，在那里建起了大禹陵。到春秋战国之交，越王勾践灭了吴国，越国成为东南最强大的霸主，绍兴城发展成了雄镇浙东的大都会。

从会稽城东面，有一条古运河直通姚江。姚江发源于太平山，一路挟带着绍兴的蕙风兰香，东流曲折十八弯，经慈溪北折入海。余姚县城坐落在姚江畔，也是一方钟灵毓秀的吴越要冲之地，在人文儒脉上同会稽城有千丝万缕的联系。魏晋以来，中原大地战火连绵，北方世家大族纷纷渡江南迁，会稽郡连同余姚县成为北方王氏世族衣冠过江南渡首选的山水居地。

北方源远流长的太原王氏世族，在秦汉时，就有王元一支移家山东琅琊，成为琅琊王氏的始祖。至西晋末年，王览孙王导渡江居金陵，成为乌衣王氏的始祖，形成乌衣王氏世系；而王览曾孙王羲之则渡江居绍兴，成为绍兴王氏的始祖，形成绍兴王氏世系。王导的乌衣王氏世系绵延不绝，到宋室南渡时，有王道一支迁居余杭。王道子王补之又迁居到上虞达溪，成为达溪王氏的始祖。到南宋末年，王补之的曾孙王季避战乱，又从上虞达溪迁居到余姚秘图山，成为余姚秘图王氏的始祖。王阳明就是王季的十世孙。

原来余姚的秘图山是从龙泉山延伸而来的一座小山，山不在高，有仙则灵，秘图山却是一方灵异的山水胜境。到南宋末王季迁居到秘图山，王氏家族成为秘图湖畔最大的隐居遗民。在整个元朝时期，他们不愿出仕做官。元至正二十年（1360年）三月，越帅刘仁本因治兵事来到余姚，在余姚州署后面的秘图山发现了神禹藏灵秘图的地方，看到秘图湖畔的景色同绍兴的兰亭一模一样，十分惊异，他立即修造了一座雩咏亭，招集四十二名文人雅士，在秘图湖畔举行了一场上巳修禊的"续兰亭会"。

这一雅集向世人展露了秘图山下、秘图湖畔高人隐士居住的一方"世外桃源"的秘境。这时正当王季的曾孙王纲在苦苦支撑着秘图王氏大族衰败的家业，他也是一个"秘图隐者"，一个遁世的"隐儒"。他隐居在秘图山下，目睹了刘仁本在秘图湖畔举行的"续兰亭会"。他少时就同高则诚的族人高元章交游往来于山水之间，元末大乱，他奉母避居于五泄山中，遇到终南山隐士赵缘督，传授给他筮法。善神算秘术的刘伯温经常来拜访他，两人谈道说术相得、刘伯温后来向朝廷举荐了王纲。洪武四年，王纲以文学征召进京，拜为兵部郎中。这时潮州一带发生民乱，朝廷便命王纲为广东参议，往潮州督征兵粮，劝谕潮民归顺。王纲携子王彦达同行赴广，驾单舸往潮州劝谕潮民，平息了民乱。但是在回途经增城时，遇到海寇被害，王彦达进入寇巢，哭骂求死，终于以羊裘裹父尸归葬余姚禾山。王彦达悲痛父尽忠而死，从此躬耕秘图山下养母，自号"秘湖渔隐"，终身不仕。

王彦达子王与准继承了秘图王氏隐操隐儒的家风，闭门力学，尽读王氏先祖遗书。又从四明赵先生学《易》。他又精研了当年王纲从终南山赵隐士得到的一部筮书，习得神奇筮术，为人占筮，凿凿奇中，远近闻名，连县令也遣人来请他占筮。他却逃入四明山石室中，一年不归。部使者派人入山搜捕，王与准坠崖伤足被捉，部使者见他是隐遁贤君子，说："足下不仕，终恐及罪，宁能以子代行乎?"王与准无奈之下,同意让子王杰补为邑庠弟子员。从此自号为"遁石翁",隐遁而终。他精研《易》学与礼学,著《易微》数千言。秘图王氏大族到他这一代已经衰微。但王与准却相信后世不久会复兴。一次他占筮卜居秘图湖阴,筮得《大有》之《震》,对子王杰说:"吾先世盛极而衰,今衰极当复矣。然必吾后再世而始兴乎?兴必盛且久。"他的预言果然应在了王华、阳明身上。

王杰号槐里子,是追念秘图王氏的先祖宋王祜曾植三槐于庭,名为"三槐堂"。王杰从童子时就有志于圣贤之学,十四岁时已尽通《四书》、《五经》以及宋大儒之说。他在南雍著《易春秋说》、《周礼考正》等书,颇有声誉。陈敬宗向朝廷举荐了王杰。不料朝命未及下,王杰病故。书稿散失,家徒四壁,他传给子王伦的,只有数箧书史。

王伦就是阳明的祖父。秘图王氏到他这一代,已是王与准说的"衰极当复"的时候。他生性爱竹,学"不可居无竹"的苏东坡,环绕居住的轩屋种植上参天篁竹,日日啸咏竹林间,自号"竹轩"。他自幼受王杰的庭训,聪慧夙成。虽家境清寒,他却苦中作乐,雅善鼓琴,喜吟诗作赋,不堕隐儒的家风。年方弱冠,浙东、浙西的大家都来延聘他为子弟师。但终因家贫母老,王伦一生未出仕,在家设私塾授徒为生,课读子王华,对门人弟子教导和蔼严肃。夫人岑氏善操持家事。他把秘图王氏的复兴的希望完全寄托在了王华身上,期待着王氏大族否极泰来的机遇。

王华生来警敏聪颖,据说他出生时,祖母孟氏梦见其姑抱了一绯衣玉带童子给她,说:"妇事吾孝,孙妇亦事汝孝。吾与若祖吁于上帝,以此孙畀汝,世世荣华无替。"于是便给这个孙子取名为王华,兄取名为王荣,以符上帝赐神童之梦。这个故事恐出于王伦所造，反映了秘图王氏家族期盼荣华复兴的潜在家族心理。这种潜在家族心理后来又在王华身上一再得到表现，又造出神化自己出生与阳明出生的故事。

王华刚会说话，祖父槐里子王杰就把他抱在手上，向他口授古诗歌。王华自小勤学苦读，继承了秘图王氏的家学，尤精通礼学与易学。有一年春间，岑太夫人在窗下纺织，王华坐在旁边读书。这时邑中举行热闹的迎春社会，家家小孩都奔出去观看，王华却依旧坐着安心读书。岑太夫人对他说："若亦暂往观乎？"王华回答说："大人误矣。观春何若观书？"岑太夫人高兴地说："儿是也，吾言误矣。"十一岁时，王华拜里师钱希宠为师受学。一个月学对句，两个月学诗，再几个月学文，半年下来，学中诸生没有一个能比得上王华。有一次县令带领一班从人来到塾学，同学们个个都放下学业围上来看县官，只有王华一人依旧坐在书案前朗诵经书，旁若无睹。

十四岁时，王华同几个亲朋子弟入山读书于龙泉山寺。龙泉寺一直传说有妖作祟，这天晚上真的出来作怪，打伤好几个亲朋子弟。亲朋子弟都纷纷逃归，只有王华仍留在寺中读书，晚上却也不再闹鬼。寺里僧人想把王华也赶走，每天晚上装作闹鬼，发出鬼叫声，用瓦石投入房中，敲打房门恐吓。王华正襟危坐，神色自若。僧人没有办法，问他："向妖为祟，诸人皆被伤，君能独无恐乎？"王华说："吾何恐？"僧人问："诸人去后，君更有所见乎？"王华说："吾何见？"僧人又问："此妖但触犯之，无得遂已者，君安得独无所见乎？"王华笑着说："吾见数沙弥为祟耳。"僧人假意说："此岂吾寺中亡过诸师兄为祟邪？"王华笑着说："非亡过诸师兄，乃见在诸师弟耳。"僧人掩饰说："君岂亲见吾侪为之？但臆说耳。"王华说："吾虽非亲见，若非尔辈亲为，何以知吾之必有见邪？"僧人最后讲了真话，说："吾侪实欲以此试君耳。君天人也，异时福德何可量！"王华在龙泉寺苦读不怕鬼的故事传了开来，后来学者都称他为"龙山先生"。

天顺六年（1462年），十七岁的王华结束了龙山苦读的日子，走出了龙泉山。他作了一篇《三礼大论》投试县学，县令惊异他的奇文非凡，过了几天，又专门出题考他，试题一下，王华一挥而就。县令怀疑他正好遇到先前作的"宿构"，再三下题考试，王华都思维敏捷，对答如流。县令高兴地对他说："吾子异日必大魁天下。"王华顺利选入了县学。

意想不到的是，从天顺六年进县学到成化十六年（1480年）乡试中举人，这十八年的时间，却成了王华生平最困顿艰辛的日子。大致他还在县学中时就开始参加每届的乡试，但都落第不中。因为家贫，不能待家坐食，所以他从县学肄业后，就以地方"儒士"的身份外出四处任子弟师（塾师），养家糊口。直到成化七年（1471年），王华二十六岁时，才从秘图王氏故居中搬出，租赁了莫氏楼，与郑氏完婚。

成化八年（1472年）九月三十日，正当王华在去年乡试又一次落第一年以后，阳明在莫氏楼中诞生了。秘图王氏家族接连出了两个"神童"，秘图王氏家族"衰极当复"的曙光终于出现。

瑞云楼："石麒麟"的诞生

莫氏楼在龙泉山北麓，与秘图王氏故居相近。郑氏夫人大约也是隐居秘图山的郑氏家族出身的闺秀。她在成化七年（1471

年）嫁给王华这个穷秀才。成化八年九月三十日亥时，阳明出生在莫氏楼上。据说阳明诞生时，祖母岑太夫人梦见一绯袍玉带的神人乘五色云下，抱一赤子授给岑太夫人，说："与尔为子。"岑氏说："吾已有子，吾媳妇事吾孝，愿得佳儿为孙。"神人答应。岑氏梦醒，便听到了婴儿的哭声。王伦感到很惊异，就给这婴儿取名王云，后来这座莫氏楼也改称瑞云楼。这个神人授受的故事恐也出于王伦、王华的虚构，同王华以神童降生的故事如出一辙。实际上阳明神人授受的降生故事有好几个版本，王同轨就提到另一个更神奇的降生版本说：

> 余姚王海日翁华，状元宗伯。其先世皆贫儒，而皆好行阴德，其清谨皭然不滓。海日未第时，梦诸神奏天帝曰："此人九世廉贫，一身之报未慁。"帝曰："与他十世富贵。"乃令诸神以鼓乐导送文曲星，与他作子。亲见彩联云："守正承先业，垂谟裕后昆。"后生文成，名守仁。孙以下曰正、曰承，皆以神语十字定名序云。[1]

从后来秘图王氏真的自阳明起以"守正承先业"排辈名次序来看，这则阳明为文曲星（石麒麟）下凡的故事也显为王伦、王华所造，这首辈名次序联也肯定是王伦、王华所定，更强烈流露了他们期盼秘图王氏大族复兴的家族潜在急迫心理。王伦、王华在成化十二年（1476年）给阳明改名为王守仁，字伯安，从此秘图王氏即以"守正承先业"排辈名次序，以符阳明文曲星鼓乐下凡之梦。后来王华也是着意把阳明当作像徐陵一样下

---

[1] 王同轨：《耳谈类增》卷四《海日翁梦》。

凡的"石麒麟"来培养的。《陈书》中的《徐陵传》说:"徐陵……母臧氏,尝梦五色云化而为凤,集左肩上,已而诞陵焉。时宝志上人者,世称其有道,陵年数岁,家人携以候之,宝志手摩其顶,曰:'天上石麒麟也。'光宅惠云法师每嗟陵早有成就,谓之'颜回'。八岁,能属文。十二岁,通庄、老义。"[1]阳明祖母梦见五色云降而阳明生,王华梦见文曲星下凡,神僧摩阳明顶而称为"宁馨儿",阳明八岁会作诗,通佛、老义,这都是比仿徐陵而认阳明是"石麒麟"下凡了。后来阳明改名王守仁,字伯安,固然是用《论语》说的"知及之,仁能守之",但从阳明字"伯安"看,王华给阳明取的名字也隐寄了"石麒麟"的深意。按孔子的说法,麒麟者,仁兽也,太平安世方出,王华给阳明取名守仁,字伯安,无异是把阳明认作为太平安世一出的"麒麟"。又麒麟是文兽,"石麒麟"隐指文曲星,也同王华梦见天帝命文曲星下凡相合。

但是石麒麟下凡注定要经受一番无尽磨难。阳明生下后,有五年不开口说话(大概是一种小儿"自闭症")。在这五年之中,王华为生计长年奔波在外任子弟师,阳明在瑞云楼,全靠郑母悉心照料,躬操家务。王伦设家塾授徒,清寒度日。在成化十年,王华又一次参加乡试,依旧落榜。到成化十一年(1475年),王华被浙江布政使宁良聘为子弟师,远赴祁阳,客居梅庄书屋三载,课教宁良子宁玹。

到成化十三年,王华在祁阳已经三年,又到了新一届的乡试,他才告别祁阳,回到余姚家中。这时阳明已开口说话,显示出颖异非凡的聪明睿智。有一天,他忽然诵读起了王伦读过的书,王

---

[1]《陈书》卷二十六《徐陵传》。

伦惊奇地问他怎么会记诵的,他回答说:"闻祖读时,已默记矣。"这件事使王伦坚信阳明确是天降的"神童"与"文曲星",于是他把阳明改名为守仁,字伯安(并不是因神僧摩顶而改)。王华回到家里,又忙于秋试的大事,但出乎意料,他再一次落榜。因为阳明已能开口说话诵读,王华便不再外出做子弟师,而是留在家塾中课教阳明及一班王氏子弟。连阳明的叔父王德声也同阳明一起受王华家教。

阳明受教

阳明就在这一年多短暂的家教中学会了写诗作文。第二年,王华又携阳明外出四处任子弟师,阳明随父受教受学,接触了纷繁的社会现实,更增长了见识,这是阳明知识遽增与思想遽变的时期,小小年纪对佛、道已产生很大兴趣。大约在成化十四年(1478年)

岁终，王华与阳明归余姚过年，王伦又向阳明传授了《礼记》中的《曲礼》，阳明过目成诵。到成化十五年开春，王华又携阳明往海盐任子弟师，寓居在资圣寺的杏花楼。阳明生活在一个佛寺禅院的环境中，钟声梵音耳濡目染，滋长了他的好佛道的童心。他后来说自己从八岁时好佛老，沉溺在佛老异说中三十余年，就是指从资圣寺杏花楼中的生活开始的。阳明认为他来寓资圣寺杏花楼是一种"人世道缘"，海盐资圣寺成为他精神上的"故乡"。

王华与阳明在成化十五年（1479年）底离海盐回余姚，阳明在瑞云楼受王伦的家教，王华则全力准备秋中的乡试。这一次王华终于时来运转，他中了乡试第二名。

礼学是秘图王氏家族世代相传授的家学，王华与阳明都是以治《礼记》起家，相继考中了举人与进士。《礼记》中有《中庸》、《大学》篇，所以《礼记》学又是同《四书》学贯通的。王华在这次乡试中崭露头角，充分显示了他在礼学上的真知卓见。他的《礼记》试卷论历代庙祭之礼，简要精当；他的《四书》试卷论井田制法，道出先王王制遗意；他的《第五问》论浙中赈荒救灾、修筑石塘之法，切于实用。这都表现出了他的礼学因时制礼、古为今用的实学特色，为考官所看中。王华的《礼记》学，是王伦传授给他的，王华以《礼记》中举而归，又更刺激王伦向阳明精心传授了全本《礼记》。后来阳明也以治《礼记》参加科考，无疑就是在这时由王伦给他打下了基础，王华给他提供了榜样。

第二年的春天，王华赴京师参加了会试。王华终于梦想成真，高中状元——廷试第一甲第一人。这里也有一个微妙的机遇成就了他的大魁天下的状元梦。

明代儒士在中举出仕之前好投达官公卿门下就做子弟师（塾

师），本也有冀望在科举上近身得到达官公卿提携扶持的用意。刘珝是以户部尚书入阁的阁老，这一年的殿试策问题应就是他所出，他有意向塾师黄珣作了暗示，但却被王华看破天机，先有了思想准备。王华这篇策问对卷写得大气磅礴，融古通今，高屋建瓴，俯察古今治道大法。最引人注目的是，他从自己通贯礼学与《四书》学的思想出发，提出了"心学"，并用这种"心学"来论述三代以来的治道大法。

王华的"心学"思想的特点，是以心具众理为本体，以诚意致知为工夫，通过正心去蔽以复心体。王华这种复心的本体工夫论心学思想，正同明代心学思想崛起演变的历程合拍一致，接续了明初以来心学儒脉的发展进路。实际上，从明初起，理学已开始了从注重"性学"（人性）的研究向注重"心学"（人心）的研究的转型。从战乱生死中过来的朱元璋深感到"人心"败坏堕落的严重，远过于"人性"的败坏堕落，所以他带头提倡要治"心"，认为"人之一心，最难点检"，"心为身之主帅，若一事不合理，则百事皆废，所以常自点检"，"人心易放，操存为难"。因此他主张要"斋整心志，对越神明"，以实现人心的复明。朱棣亲自撰写了《圣学心法》，系统论述了圣人的心学心法，提出了修德以复心体之明的思想，认为万理具于吾心，通过正心以明天理，心与天合一。王华在殿试卷中说的话几乎就是从《圣学心法》上引来的。

明初统治者对复心的心法的重视与提倡，给心学的兴起带来了契机，明初的理学家已有转向注重说"心"与"心法"的倾向。刘伯温的心性论强调"主一心"[1]，主敬以明心、立心、

---

[1]《刘基集》卷十四《连珠·演连珠》。

养心、固心，主张默坐澄心、虚心观理的涵养心法，已同后来陈白沙的"默坐澄心，体认天理"的心学宗旨相合。潜溪宋濂以心为理，提出了"六经皆心学"说。到永乐中，一方面有薛瑄揭起"复性"的旗帜，大力倡导程朱理学的性学；另一方面也有吴与弼揭起"复心"的旗帜，开了明代心学的先河。到了陈献章，心学正式形成，自然也为王华所注目。从王华的殿试卷看，他的心学具有将陆氏心学与浙中事功学结合起来的色彩。阳明的心学原来也有秘图王氏的家学渊源，得以同陈白沙的心学取得了沟通。

王华的高中状元，整个改变了王华、阳明的生活道路。三月二十四日，朝廷授王华为翰林院编修。王华进入朝廷权力结构的高层，阳明也走出了瑞云楼的狭窄天地。

格竹：在京师塾馆受教

成化十八年（1482年）春中，在京的王华迎养王伦，王伦便携阳明一起赴京师。舟过镇江金山时，只见金山突兀耸立于大江之中，如中流砥柱，妙高峰下，千帆竞流，不尽长江滚滚东去。镇江守月夜来迎王伦，与一班骚人禅客登金山寺饮酒赋诗，众诗客都还未吟诵成篇，阳明已先在旁即兴口占了一首诗：

金山一点大如拳，打破维扬水底天。
醉倚妙高台上月，玉箫吹彻洞龙眠。

阳明作诗

众骚人墨客都十分惊异,便叫阳明即景再赋蔽月山房诗,阳明又冲口吟了一首:

山近月远觉月小,便道此山大于月。
若人有眼大于天,还见山小月更阔。[1]

这首诗颇类似于禅家的机锋悟偈,是用山月的大小变化说明事无

---

[1] 钱德洪:《阳明先生年谱》。

大无小，物非有非无，一切变化都是虚幻不实的假相，是人"心动"的着相。阳明以诗说禅，使人联想到禅家"月印万川"的故事。

阳明就这样带着一个神童才子的"光环"进入京师，居住在长安西街。王华供职的翰林院在长安东街，王华的官舍居地则在长安西街。长安西街有一著名的大坊叫长安街坊，简称长安街，又名时雍坊，王华、阳明就住在长安街坊中。这长安街坊正是京城最热闹的繁华去处，佛刹道观林立，三教九流杂居。誉为"第一丛林"的大兴隆寺就在长安街坊北，阳明就居住在大兴隆寺旁，大兴隆寺成为好佛道的阳明最喜欢来玩的地方。

原来这大兴隆寺是创建于金世宗大定年间的古刹，因寺内建有两座巍峨壮丽的巨塔，所以寺又称双塔寺。明时高僧姚广孝就病逝于双塔庆寿寺。正统年间，大太监王振动用民役共二万余人大修双塔庆寿寺，花银数十万两，修造得金碧辉煌，寺前建高大牌楼，匾题"第一丛林"，改名大兴隆寺，又名大慈恩寺。自此大兴隆寺名冠京师，连皇帝都亲往寺中问经受法，称为"弟子"。朝中大臣也多好居住在大兴隆寺四周，地方大员与名贤应召进京也多住在大兴隆寺中，讲经说法。除大兴隆寺外，长安街坊一带还有五显庙、文昌阁、土地庙、关帝庙、火神庙、马神庙、城隍庙、张相公庙（河神）、鹫峰寺、灵济宫、显灵宫等，多是斗鸡走狗之徒、卖卦相命之士聚集活动的场所。像城隍庙市，规模尤盛大。城隍庙市成为相卜巫祝、商贩走卒、杂技戏耍、斗鸡玩鸟的最大交流活动市场。

长安街还有规模宏壮的朝天宫，是北京城内最大的皇家道观，与大兴隆寺齐名。朝天宫在宣德八年（1433年）建成后，宣宗就下诏命百官今后习仪于大兴隆寺与朝天宫中。成化十七年六月,就在王华高中状元任翰林编修、阳明来京师前一年之际,宪宗又大规模重修了朝天宫。阳明住在长安街坊,就生活在这样一个弥漫浓郁佛道氛围的环境中,大兴隆寺与朝天宫成为他学佛问道的两大去处。少年阳明也变得性格放逸,旷达不检,喜好任侠,骑马射箭,常出入于佛、道、相、卜的场合。邹守益在《王阳明先生图谱》中记叙阳明一次在长安街与相士争黄雀的事说:

> 一日,走长安街,弄一黄雀,见众拥听相语,因失之,遂搦相士须责偿。相士偿之,为之相曰:"须拂领,其时入圣境;须至上丹台,其时结圣胎;须至下丹田,其时圣果圆。"先生大笑,放其雀而归。自是对书静坐,思为圣学,而未得所入。公怪问曰:"不闻书声。"曰:"要做第一等事。"公曰:"舍读书登第,又何事耶?"对曰:"读书登第还是第二等事,为圣贤乃第一等事。"

古代相士有以黄雀衔牌算命的相法,阳明手中的黄雀就是作为衔牌算命用的。少年阳明思想性情的转变,表面上好像是因为相士给他算卦,说他有圣贤之命,从此他收敛身心,认真读书为圣贤之学。实际上主要还是王华给他请塾师,在塾馆中受正统儒家思想教育的结果。王华在阳明住京师的第二年(成化十九年)就把阳明送进了塾馆。

王华为阳明请的塾师,估计就是石谷吴伯通。阳明尊称吴伯通为"先生",自称为"门下士",显可见吴伯通为阳明少时业师。吴伯通也是当时一大名儒,他从天顺七年(1463年)举进士到弘治元年(1488年)出任按察使,滞留京师二十余年,仕途乖塞，其间可能开过塾馆授徒。王华把阳明送进了吴伯通的塾馆，阳明成了他的"门下士"。吴伯通尊信程朱理学，阳明在塾馆中主要接受程朱理学的教育。

就是在成化十九年（1483年）阳明进塾馆受教这一年，在阳明的生活上发生了两件大事：一是他见到了心学大儒陈白沙，二是诸让把女儿诸氏许配给了他。原来陈白沙早年举乡试，后来三上公车不第，拜康斋吴与弼为师，归白沙林下习静论道三十载，成为一代心学大儒，祭酒邢让惊叹说："真儒复出矣！"成化十八年，广东左布政使彭韶、巡抚右都御史朱英都荐举陈白沙入朝。陈白沙到成化十九年三月三十日进京，寓居在长安街坊的大兴隆寺。后来陈白沙作《有怀故友张兼素》回忆自己寓居京师的情况说："万里长安看我病，夜阑两马出携灯。如今只有西涯在，宿草江边露满莹。"[1] 所谓"长安"就指长安街（坊）的大兴隆寺。陈白沙在京待了半年时间，而同他关系最密、日日讲论学问的，正是刑部员外郎林俊。

林俊与陈白沙比邻而居，而阳明又同林俊比邻而居。阳明经常出入于林俊家，与林俊兄弟论学问道，也就经常看到林俊与陈白沙两人讲学论道的情景，对林俊与陈白沙两人讲学论道已"熟闻习见"。王华与林俊也都尊信心学，多有往来，林俊荐陈白沙为翰林检讨，而王华任翰林编修，他与陈白沙肯定会在翰林院中相见。陈白沙住在大兴隆寺达半年之久，王华更会常携阳明登门拜访陈白沙。王华、阳明认识陈白沙，还可以从第二年白沙门人张诩进京考中进士进一步得到证实。成化二十年（1484年）的会试，王华任廷试弥封官，阳明侍父龙山公为考官，入场评卷。而

---

[1]《陈献章集》卷六。

白沙门人东所张诩就在这年奉师命参加会试中进士,他实际是王华的"门生",在场屋中同王华、阳明相识。后来张诩在弘治十八年(1505年)入京师将《白沙先生全集》赠王华、阳明,也可见阳明与张诩很早熟识,可以说张诩是阳明最早结识的白沙弟子。阳明为什么一生尊仰陈白沙,从早年立白沙的"默坐澄心,体认天理"为座右铭,踏上心学之路,到晚年立白沙的《题心泉》为座右铭,发明"九声四气歌法",由此可以得到完全的说明。

阳明在京师接受的思想十分驳杂,但他思维活跃,显露了他机敏过人的才华,被诸让一眼看中,欣然把女儿许配给他。诸让是余姚人,与王华早相识,两人定为金石之交。他在成化十一年(1475年)就中了进士。成化十九年,诸让任吏部郎中,在八月命主考顺天府乡试,来见王华,看中了正在嬉戏的阳明,当场定下将女儿许配给他。

但不幸的是阳明母郑氏在第二年去世,诸让也以外舅的身份致书来慰问。王华将郑氏归葬余姚穴湖。成化二十一年,王华在京娶了继室赵氏,侧室杨氏。这时赵氏方十七岁,阳明十四岁,也已定婚待娶,自称是"中年"人,意思是说过了少年。后世说赵氏对幼童阳明养育爱抚无微不至是不符事实的。

阳明这时主要在塾馆受教,王华对他庭训甚严。到成化二十二年,阳明在塾馆已经受教有成,自以为学得了宋儒格物穷理之学,有做圣贤之分。但儒家内敛的心性之学并没有消磨掉他好骑马射箭、倜傥放逸的性格,反而使他更沉浸于读兵书,习兵法,关注天下兵事,慨然兴起了经略四方之志。对兵书方志的爱好,形成了他作战注重考察山川形势的兵法思想。

就在这一年,朝中政局动荡,内忧外患加剧,北边战事紧张,农民起义四起。大约在春夏间,漠北鞑靼别部那孩率三万人马入

第一章 天上"石麒麟"的降生　　　　　　　　　　　　　　　027

阳明梦马伏波

侵大宁、金山，直达老河，攻杀三卫头目伯颜等人，掳掠人畜数以万计，三卫百姓扶老携幼大逃亡。边寇入侵事飞传入京中，王华、阳明都自然会听到的。朝廷大臣对边患无计可施，连巡抚甘肃的右副都御史唐瑜上备边方略疏，竟也都是些迂腐谬说，被罚夺俸三月。大概就是受到这些边寇入侵事件的刺激，阳明胸中生起了要学"马伏波"征讨边寇、建功立业的豪情壮志。有一次他梦见自己南征来到了广西的马伏波庙，在庙壁大书了一篇题辞、一首题诗：

题　辞

铜柱折，交趾灭，拜表归来白如雪。

题 诗

拜表归来马伏波,早年兵法鬓毛皤。

云埋铜柱雷轰折,六字铭文永不磨。[1]

这自然是因为他在平时读兵书、习兵法中对征讨边寇已有过深入的思考,所以才会在梦境中显现自己南征题诗的情景。他决定学南征交趾的马伏波出外考察边情。

大约在秋中,他一人潜出居庸关,考察山川形势,四处寻访少数民族居住的群落,探明造堡备御之策,逐胡儿骑射之法,一个多月后他才返回京师。这为他上书朝中宰辅陈述消弭边患的实战方略作了准备。阳明又看到边患寇侵的严重是同流民起义的炽燃交织在一起的,从正月起,就有广西瑶民发动大规模的叛乱,攻城掠地。贵州也有一万多苗民起来闹事。连京畿地带也爆发了石英、王勇的叛乱,惊动朝廷。阳明又想学做请缨的"终童",为书献于朝廷,自请往征石英、王勇叛乱。后来王华怒斥他太"狂",书终于未上。

阳明"经略四方"的努力未成功,自此他更沉潜在塾馆研习程朱理学,遍求朱熹遗书苦读,学宋儒格物之学。朱熹说理在物中,须格物穷理。阳明便试着想要实践去格天下之物。有一天,他坐在书斋,面对窗外亭前几株绿竹,想要格竹子中的"理",他坐在窗前格"竹"了七天,竹子之"理"没有格到,自己反而生了一场大病。

朱熹说的格物穷理,是认为事事物物各具其理,一草一木都有其理,这个"理"是指事物发展运动变化的规则,他称为"理

---

[1]《董汉阳碧里后集·杂存·铜柱梦》。

则"、"物则"、"物理";所谓格,就是去探究、穷究事物的发展运动变化的规则的意思。如朱熹举例说,农作物都有自己的生长规律,它什么时候播种,什么时候生根发芽,什么时候开花结实,什么时候施肥,什么时候浇水,什么时候收割等,都有一定的规律,这就叫农作物的生长之"理"与种植之"理",所谓格物穷理,就是去到种植的实践中认识探究农作物的种植生长的规律,并不是说农作物(包括竹)的体内有一个什么看得见、摸得着的"理"这个东西存在,可以看到它,把它格出来。阳明坐在那里痴痴盯着"竹"看,这并不叫"格",当然也格不出一个看得见、摸得着的"理"这个东西。反过来说,如果像心学家说的"理"不在物中,而在心中(心即理),那么去心中格物,痴痴盯着"心"看,就更不可能看到和格出竹之"理"这个东西了。所以阳明格竹的失败只反映了他对朱学的误解,而不是表现了他对心学的觉悟。格竹的失败,使阳明对朱学感到了失望怀疑,以为自己做圣贤无分,他没有转向心学,而是转向了科举之业与辞章之学。

格竹的失败,在阳明少年思想的发展转变上有重要意义。总的来看阳明在京师塾馆受学的五年,是阳明思想曲折剧变的时期,他从好佛老之学转向了信程朱理学,又从好程朱理学转向了习科举之业与辞章之学,又恢复了对佛老二氏的耽迷。格竹是他的思想转变历程上的一个关节点。格竹失败,他对程朱理学表示了怀疑,自认无做圣贤之分;上书不成,"经略四方"的路也行不通。留下来的也只有习举业,走科举入仕之路了。就在阳明格竹的第二年,王华在二月充会试同考官,这一科得名贤尤多,像文森、石玠、刘春、吴廷举、李堂、杨子器、杨廉、罗玘、费宏、夏镦、傅珪、蒋冕、潘府等人,都成了王华的"门生",阳明也就是在这时同他们相识,在后来的一生中阳明都同他们打交道往来。他们的高中进士也激励了少年阳明科举入仕的雄心。八月十九日,宪宗卒,九月六日,孝宗即位。新帝登极,朝中出现更化升平的新气象。正好这时阳明在塾馆五年学满。大约在冬间,阳明结束了塾馆学业,告别寓居五年的京师归余姚,开始了他的科举入仕之路。

归居余姚
——习举业之路

在弘治新帝的太平盛世下,唯有科举是天下士子梦寐以求的入仕的第一正途。但十六岁的阳明还只是一个塾馆童生,王华原打算自己任京官可望荫一子入监,让阳明进太学,但宪宗去世,他的这个愿望一时不能实现,只能让阳明走科举入仕一路。他所以在成化二十三年(1487年)命阳明归余姚,实际就是要他入余姚县学,成为县学诸生的"秀才",取得下一届乡试考试的资格。阳明奉父命归余姚,居住在秘图王氏故居。他归来的第一件事,就是先赴洪都完婚。这时诸让在洪都任江西布政司参议,书来招亲。于是在弘治元年(1488年)七月,阳明只身远赴洪都去见诸让,在布政使司官署中献纳了彩礼。他就在诸让居住的官舍中同诸氏完婚。据说结婚那天,阳明却走入有名的铁柱宫,与宫中道士对坐谈养生修炼之道,谈到深夜不归,把新娘冷落在洞房。诸让派人去寻找不见,阳明到第二天早上才回来。

新婚的阳明在南昌居住了一年半的时间。在这一段新婚日子中,他主要在布政司的官署中读书习字,书法大进。这自然都是为他以后参加科举考试做准备。阳明主要就是临摹唐僧怀素的字帖。书学怀素,对这时好佛道的阳明也产生了很大影响,后来阳明把自己从弘治五年(1492年)到正德元年(1506年)在京师所作的诗文集为一编,题名《上国游》,就是本自怀素《自叙帖》说的"西游上国,谒见当代名公,错综其事",他是把自己比为上国游的怀素了。

这时王华在朝任官也渐有起色,他先在弘治元年(1488年)闰正月被命预修《宪宗实录》,充经筵讲官。到弘治二年,他秩满九载,大有升迁的希望。但在冬间却传来了王伦病危的消息,他马上移病不出。朝廷遣人来促他任职,亲友也劝他先出任迁官再说,王华回答说:"亲有疾,己不能匍匐侍汤药,又逐逐奔走为迁官之图。须家信至,幸而无恙,出岂晚乎?"阳明在南昌得知王伦病危,马上在十二月偕夫人诸氏归余姚。他在舟过广信时,拜访了娄谅。因为娄谅的长子娄性与王华为同年,王华同娄谅、娄性早已相识。娄谅是吴与弼的弟子,同陈白沙不同,是一个尊信程朱理学的正统大儒。学以朱熹的主敬穷理为主,他曾花重金抄录一部古本《朱子语类》,说:"吾道尽在此矣!"[1] 他对来访的阳明,从思想上对症下药,一说宋儒格物之学,二说圣人可学而至。阳明在格竹失败后,正是一对宋儒格物之学感到失望,二是自认做圣贤无分,娄谅的教导正抓住了阳明的这两个"心病",所以使阳明又恢复了对做圣贤与宋儒格物之学的信心。当然,这也是阳明要成功走科举入仕之路所必需的信念。

阳明在十二月回到余姚。王伦在弘治三年(1490年)正月去世,王华也在正月自京奔丧回余姚,葬王伦于穴湖山,庐墓守丧。

---

[1]《夏东岩先生文集》卷五《娄一斋先生行实》。

丁忧期间，王华又有时间对阳明及王氏宗人子弟亲友进行家教。住在秘图王氏家族故居中，阳明与从姑父牧相，从叔王冕、王阶、王宫，太叔王克彰，从叔王德声都一起进入王氏家塾受教，王华课督他们讲析经义，勤读经子史书，实际主要是在为下一届的乡试做准备。阳明在习举业中，更加关注身心之学，收敛了往昔放逸不羁的习气。

就在这一年，阳明的塾馆业师吴伯通来任浙江提学副使，提督学政，阳明得以顺利进入了余姚县学。

从弘治三年到五年，阳明都是在余姚县学中习举业，学性命之学，同吴伯通关系密切，学问思想大进。他充满信心参加了弘治五年八月在杭州举行的乡试。弘治五年的浙江乡试，正是由吴伯通负责，凡得到他拔识的士子都高中了举人。实际这次浙江乡试还发生了不小的风波，刘世节在《刘忠宣公年谱》中谈到这场场屋风波说：

> 弘治五年壬子，公（刘大夏）为浙江左布政使……是年浙江乡试，至期大雨如注，贡院号舍皆漂流。诸生避雨，悉奔公堂。按察使令逐之，诸生急，乃投瓦砾掷按察，按察走匿，堂阶哄然。监临大惧，欲拟明日覆试。公曰："非制也。且雨骤，势必晚霁。"乃令一武官立案上传言："诸生宜各自度，拭目可决第者留，否者出。"诸生皆听如公言，已而出者云涌，监临惧，以为遂空群矣。薄暮雨止，诸生请烛者尚八百余众，方喜公处分得宜。是岁就试者既少，主司精于检阅，得人最盛，而王守仁、胡世宁、孙燧俱出门下云。

场屋闹事,淘汰了平庸考生,阳明终于脱颖而出,他不仅是吴伯通的门人,而且还是刘大夏的"门生"。这一科乡试依旧"得人最盛",单是余姚一县,就有韩廉、姜荣、魏朝端、吴天祐、诸文实、杨忏、陆唐、闻人才、朱跃、杨祐、方玺、诸忠、杨梁等十五人中举,为余姚争得了"人文荟萃"的声誉。

弘治五年(1492年)的乡试中举,不仅是阳明科举出仕之路上的一个转折点,而且也显示了他在思想发展之路上达到了一个新的高度。他的《四书》试卷,鲜明地表明他在四书学思想上已经成熟。最引人注目的是他的"论语卷"("志士仁人一节"),发"心体光明"、"心有定主"之说,令人耳目一新。阳明论志士仁人视角独特,他是以"心"说"志士仁人",以"心学"说仁学。在他看来,心是光明的本体,所以能正天下,"贞天下之大节"。心是身主,圣人心有定主,所以能德全至善;志士仁人心有定主,所以能行仁仗义,不惑于公私。仁就是德全,就是天德,因此心即仁,所谓志士仁人,就是能与仁心合德者,显然,这种"心学"贯穿在他对志士仁人的整个论述中,同王华在殿试卷中提出的"心学"如出一辙。心学是王华的家学,这种心学思想虽然同他后来提出的心即理的心学与致良知的心学还距离甚远,但它却是后来这种心学的初始萌芽与源头,表现出了他由传统对"人性"复归的召唤转向对"人心"复明的深切关注。只是这种心学的锋芒被他这时勤修的宋儒格物之学所掩盖,所以在《中庸》卷("诗云鸢飞戾天一节")中,他转而用程朱理学的"理一分殊"来论述"鸢飞戾天,鱼跃于渊"的思想。

阳明认为,盈天地之间皆理,盈天地之间皆物,所以道(理)即物,物即道(理)。天地之间唯有一道运行,一理充盈于宇宙,理御于气,气载于理。这正是程朱说的"理一分殊"。阳明就用这种"理一分殊"解说"鸢飞戾天，鱼跃于渊"，认为这两句诗是形象描述"万物显化醇之迹，吾道溢充周之机"，表现道在天地之间的上下化育流行，显现道由有形到无形、由有象到无象的流布充盈。这篇《中庸》试卷，显示了二十一岁的阳明在认识程朱理学上所达到的高度。

乡试中举，成为阳明人生道路上的一个新起点。十二月，他离余姚赴来年会试入京师。这时诸让也正好服阕起复入朝，给了阳明极大鼓励。弘治六年（1493年）二月，他参加了会试。意外的是他却南宫下第。据钱德洪与林俊说，他大概是遭忌者落榜。

但阳明并没有气馁，四月，他出京归余姚时，又是诸让给了他很大鼓励。阳明回到余姚后，正好王华服阕，朝廷在闰五月擢王华为右春坊右谕德，充经筵讲官。王华走出了四年仕途上的阴影，阳明也结束了在余姚习举业的生活。

在秋九月，王华携阳明赴京供职。舟过南都时，林俊作了一首意味深长的长诗送王华还朝：

送王德辉还朝

西风息庭树，落月在双杵。
揽衣候残星，送别江之浒。
岸枫叶赤天雨霜，日出未出江苍凉。
黄花白酒动春色，落霞孤鹜催归航。
客子流光一过鸟，别时转多会转少。
健翮宜凌霄汉间，倦身只爱风尘表。
状头学士君不孤，千年文气须人扶。
六朝典籍要秦火，此语外激中非迂。
平生独得言可为，知者道完质变青。

> 黄皇风薄丽藻君,归语伯安浮艳轻。
> 一扫商彝周鼎自有真,拽以万马酬千缣。
> 声名太早物所忌,未信今人非古人。[1]

林俊诗里说的话比较含蓄。所谓"客子流光一过鸟,别时转多会转少",是回顾了当年在京中他与王华、阳明的交游讲学,包括他同陈白沙的讲学论道。所谓"六朝典籍要秦火,此语外激中非迂",隐指明统治者尊程朱理学,禁陆氏心学(牵连到白沙学),对王华、阳明在科举试卷中讲"心学"提出了警戒。所谓"归语伯安浮艳轻。一扫商彝周鼎自有真",也是对阳明这时沉溺诗赋辞章之学的忠告。对阳明的科场失利,他认为并非坏事,声名太早必招人忌,所以说"声名太早物所忌,未信今人非古人"。林俊这些话,对进京"上国游"的阳明多少也是一种善意的警示。

阳明一到京师,王华就把他送进了太学。他告别了六年余姚习举业的生活,又开始了三年太学受教的苦寒生活,继续走着未完成的科举出仕之路。

---

[1] 林俊:《送王德辉还朝》,见《石仓历代诗选》卷四百十五。

第二章
太学上舍生:好作古诗文的名士

在北雍
——"上国游"的前奏曲

王华在弘治六年（1493年）九月回到京师。十月，他就以经筵讲官的身份上了《劝学疏》，劝孝宗常御经筵，勤于圣学圣政。孝宗增加了御经筵的次数，表示对圣学的尊崇，多接贤士大夫以熏陶帝德。这时正处在科举大比的间歇期，就在王华上《劝学疏》的同时，他把阳明送入了太学，一方面是要让阳明进一步受圣学之教，可与京中贤士大夫广泛交游；另一方面也是期望阳明将来可以太学生的资历参加下一届的会试，顺利科举出仕。阳明入北雍成为上舍生，他一生中重要的"上国游"开始了。

三年太学上舍生的生活时期，是阳明沉溺于举业之学与诗赋词章之学的时期，他自己说"予方驰骛于举业词章，以相矜高为事"，但他仍旧潜心于探求圣贤之学与圣贤之道。程文楷也是吴伯通奇其文而与阳明同年中举，并也与阳明同年入太学，密迩相居四年。两人习举业，学词章之学，交游唱酬最多。在太学，同他们两人交游唱酬、讲学论道最密切的，还有林庭㭿、王寅之、刘景素等同舍生。

林庭㭿是在弘治八年（1495年）乡试中举，并在这一年也入太学，与阳明相识，后来在弘治十二年又与阳明一同中进士。在弘治七年五月，京师大暑酷热，阳明曾作了一首感怀诗寄程文楷：

毒热有怀用少陵执热怀李尚书韵
寄年兄程守夫吟伯
晓来梅雨望沾凌，坐久红炉天地蒸。
幽朔多寒还酷热，清虚无语漫飞升。
此时头羡千茎雪，何处身倚百丈冰？
且欲泠然从御寇，海桴吾道未须乘。[1]

这首诗反映了阳明在太学清苦的学习与生活情景，是他在太学作诗赋词章的代表作，表明他的习诗赋词章之学是从盛唐杜诗的路径入手学"古诗文"（针对宋以来的"今诗文"而言），开始了他的以复古为革新的诗歌文学创作道路。弘治八年（1495年）正月，阳明的外舅诸让卒，他在四月作了一篇沉痛的《祭外舅介庵先生文》驰奠。

这是阳明生平写得最悲苦哀痛的一篇祭文。诸让的去世对在太学中的阳明是一个很大的打击，阳明在祭文中回顾了他与诸让之间相互砥砺往来的甥舅亲情，从中可以看到阳明在太学习举业词章时期前后挣扎在科举仕途上的身影。从祭文中也可以看出阳明在太学"上国游"中同朝内外贤士大夫唱酬交游的身影。这篇祭文作法别具一格，写得声情并茂，如诗如歌，感人至深，可以说是阳明在太学期间诗赋词章创作的代表作，标志着他的自求复古革新的"古诗文"的创作已渐趋成熟。一个还未登科入仕的太学上舍生，已经以一个善作诗赋词章的高手声誉鹊起，朝内外的贤士大夫都来请他写序作文。就在这一年，高平县令杨子器编成《高平县志》，他遣人迢迢入京来请阳明作序。杨子器在成化二十

---

[1]《光绪淳安县志》卷十五。

三年中进士,是王华的"门生",已经是名著士林的大家,却请一个未入仕的太学生作序,表现了对阳明学问才华的极大赏识。

这篇序可称为阳明在太学受学期间作"古文"的代表,同他为习举业作的"八股文"大异其趣。文章直论有关经邦治国、经世致用的实学道理。他把方志图经的编纂提到了一个"王政之首务"的高度,认为方志图经是载历代先王大道法制之书,古代先王建国分野,都有一定的规划经制。战国七雄所以灭亡,就是因为方志史书文献不足征,先王法制荡然无存造成的。所以今世当政者要想天下大治,"宜其民,因其俗,以兴滞补弊",方志图经是最重要的"龟鉴"之书,"必于志焉是赖"。阳明这篇序文,表明他在太学习举业中已十分关注对现实问题的思考,这就是当年王冕、王阶、王宫、牧相早说的"彼已游心举业之外矣,吾何及也"。他心目中的圣贤之学不仅是指心性格致之学,也包含了经世致用的实学。

在太学中,阳明已游心于举业之外,超然有得,对他来说,能不能科举中进士是迟早的事,已无关紧要。弘治九年二月,他参加了会试,由于忌者的从中作祟,他又一次落榜。但他却坦然处之,当一个同舍生以科举不第为耻时,阳明安慰他说:"世以不得第为耻,吾以不得第动心为耻。"[1] 他对前途更充满了自信,科举的落榜,太学的肄业,反而使他久被压抑的学圣贤之学、作"古诗文"词章的壮心得到了极大的释放。这时王华在仕途上正当春风得意之时,三月,他被命为日讲官。四月,又选为东宫辅导。阳明也以一个善作古诗文的名士走出了太学,更贴近了现实,在京师的文坛上活跃起来。五月,户部郎中李

---

[1] 钱德洪:《阳明先生年谱》。

邦辅忽然出为柳州知府,阳明精心作了一篇含蓄的《送李柳州序》送李邦辅。

李邦辅即李文安,在成化十七年(1481年)中进士,与王华为同年,是阳明"上国游"交结的贤士大夫。但李文安仕途乖蹇,滞处主事小官十五年,忽然外放为柳州知府,朝议一片哗然,为李文安抱不平。阳明对朝廷的用人不当也有微词,但他避开了从正面对朝廷的批评,而却从李文安的慨然赴任上歌颂了李文安的高尚节操品德,认为他"处冒艰险之名,而节操有相形之美,以不满人之望,加之以不自满之心","邦辅之节操志虑,庶几尽白于人人"。这其实也是阳明自况,借李文安的远放僻郡表达了自己科举落榜而不改节操志尚的决心。

同样的事情又发生在左府经历骆珑身上。骆珑也是与王华为同年,忽然在五月外放潮州知府。阳明作了一篇相类的序送骆珑赴任。如果说阳明作《送李柳州序》是把李文安比为贬柳州的柳宗元,那么他作《送骆蕴良潮州太守序》就是把骆珑比为贬潮州的韩愈。《送李柳州序》与《送骆蕴良潮州太守序》二序有异曲同工之妙,它们都涉及到了现实中尖锐的朝政弊端问题,阳明已敢于用敏锐的批评眼光审视朝局政事,大胆作直言无忌的"古诗文"。

在六月,朝廷平反了南京兵部郎中娄性的冤案,在京贤士大夫发起了一个诗会,作诗送娄性致仕归居,阳明作为一个太学出身的名士参加了这次诗会。原来娄性是娄谅的长子,与王华为同年。娄谅在弘治四年(1491年)去世。娄性在弘治七年任南京兵部郎中时,曾修筑高邮湖堤,亲临督造,很快修成,孝宗御赐名"康济渠"。但娄性却遭到了权贵阉官的陷害。直到两年后,这场大狱才终于辨白平反,娄性起复入京,得以挂冠归田。王华发起

第二章 太学上舍生：好作古诗文的名士

诗会，京中贤士大夫纷纷作诗鸣不平，集成《白驹联句》赠娄性。阳明是这场鸣不平的诗会中最年轻的诗人。

弘治帝政其实一开始就已呈现乱象，朝廷内斗加剧。到七月，又发生礼科都给事中吕献出任应天府丞的事件。

吕献在成化二十年（1484年）中进士，是王华的"门生"，与阳明早识。应天府丞实不过是一无权的闲职，他从都给事中出为南京丞。阳明作了《送吕丕文先生少尹京丞序》，对孝宗的用人失察作了委婉的劝谏，所谓"宠直道而开谠言"，"圣天子询事考言，方欲致股肱之良，以希唐虞之盛"云云，都只是对孝宗的微讽劝谏，并非实有其事。吕献出为南京丞的真正原因，恰是他的直言谠论得罪了孝宗所致。

李广是孝宗最宠爱的太监，正是李广阴使孝宗去抱领一个"民间子"养在内宫，立为太子（即武宗）。张鹤龄兄弟又是孝宗最宠信的内眷贵戚，在宫中横行跋扈。可以说宠信阉竖与贵戚是孝宗至死不改的两大"帝病"，对直言敢谏的吕献是从心底深恶痛绝的，把吕献外放为应天府丞正是孝宗驱逐诤臣的惯用手法，阳明从吕献的外放上也看清了孝宗的真面目。

在京师，阳明感受到了朝政的污浊混乱，生起了离京回余姚准备下一届会试的念头。王华也早有了移家绍兴的打算。正好这时佟珍起复入朝，擢升绍兴知府，给王华与阳明带来了期盼的好兆头。佟珍是王华与阳明父子的老友，阳明兴奋地作了一篇《送绍兴佟太守序》，称颂佟珍的政绩，盼望佟珍来治理好绍兴府。

阳明早在成化十八年（1482年）入京师时就已同佟珍相识，比邻而居，对他的施政才干非常信任和赏识。王华一向认为自己的先祖是绍兴的王羲之，怀念山阴的佳丽山水与王羲之的故居，早想要移家绍兴。现在阳明从太学肄业，佟珍又来任绍兴知府，王华感到移家绍兴的时机终于到了。他决定让在科举大比间歇期的阳明回余姚，措置移家绍兴的大事。九月，阳明告别了京都归余姚。他的不寻常的"上国游"暂时中断，开始了蛰居绍兴等待下一届科举会试的生活。

"静入窈冥"：向尹真人学道

阳明多少怀着科举落第的失落感回余姚，要想归山林当蛰居待出的"山人"。他的"上国游"交结的一班公卿士大夫却把他当作一个名满京华的诗人与名士送归余姚。户部左侍郎刘大夏作了一首送别诗，把他比为千里骏奔的良骥。翰林编修顾清作了一首送别诗，把他比为高鸣南飞的丹凤。翰林检讨石珤作了一首送别诗，把他比为搏击九天的鹍鹏。阳明也自认是一个运斤成风、疾足追电、独擅文场的"李太白"，舟过任城（济宁）时，他登览太白楼，凭吊诗仙李太白，即兴作了一篇气势雄浑的《太白楼赋》。

这篇赋倒真正成为他在京中三年学诗赋词章、作"古诗文"的代表作品。赋愤慨发千古文人命运生死浮沉的大悲大哀，既是悲悼太白的怀才不遇、遭谗被逐、天涯漂泊的一生，也是自悼自己的遭忌落第、世路险巇、天涯归居山林的命运，抨击了现实朝政的腐败，人心的险恶，奸佞当道，贤人远斥。所以赋最后大胆呼喊："去夫子之千祀兮，世益隘以周容。媒妇妾以驰骛兮，又从而为之吭痈。贤者化而改度兮，竞规曲以为同。"尤值得注意的

第二章　太学上舍生：好作古诗文的名士

是，赋悲叹自己没有能像太白那样遇到一个"季真"的知己同道。"季真"是贺知章的字，李太白在《对酒忆贺监》中说："四明有狂客，风流贺季真。"贺知章号"四明狂客"，是八仙中人，与李太白倾心相知，称李太白是"谪仙人"。所以李太白与贺知章都成为这时沉迷仙佛的阳明倾仰的仙中人物。贺知章取字"季真"是本自先秦战国时代的道家人物季真。季子是稷下人，崇尚道本自然，学主"莫为"、"虚无"，也是阳明心目中的"真人"。他期望能一遇季真这样的真人。果然，他经过南都时，真的遇到了一个"知我"的"季真"——朝天宫道士尹真人。

阳明在十月到达南都，立即拜访了朝天宫的著名道士尹真人（尹从龙），向他问道学仙。

尹真人是北地人，早年一直在京师传道修仙，早已声名大显。罗洪先说："弘治间，京师多传尹蓬头。"[1] 尹真人约在成化末来到南都朝天宫传道修仙，已经七十多岁。实际上，阳明居住在京师时也完全有可能听到和见到过尹真人。阳明住在长安西街，北京朝天宫也在长安西街，阳明是完全可以遇到尹真人的。钱德洪在《阳明先生年谱》中说阳明在成化十八年（1482年）进京师，一日游长安街，遇到一名"相士"，相士十分惊异地对他说："吾为尔相，后须忆吾言：须拂领，其时入圣境；须至上丹台，其时结圣胎；须至下丹田，其时圣果圆。"[2] 这实际是一种结胎果圆成圣（真人）的内丹修炼法：所谓"须拂领，其时入圣境"，是说修炼到成年，开始进入圣境；"须至上丹台，其时结圣胎"，是说修炼到中年，进入结成圣丹的境界；"须至下丹田，其时圣果圆"，是说修炼到老年，进入圣果圆熟（婴儿现

---

[1]《罗洪先集》卷十一《水崖集序》。
[2] 钱德洪：《阳明先生年谱》。邹守益：《王阳明先生图谱》同。

形）成圣人的境界。这正是尹真人独家的由凡成圣的内丹修炼之说，尹真人的《性命圭旨》就是专门讲这种结胎果圆成圣的内丹修炼的。

《性命圭旨》虽然后来曾由他的弟子赵教常补充成完书（其实也是补充尹真人的思想与材料），但尹真人在世时已经大致写成此书，而他的结胎果圆成圣的内丹修炼思想也早已形成。尹真人只是认为阳明没有修炼成仙的分，但学道学仙还是可以的，尹真人对他讲的也都是实话。尹真人认为，他的结胎果圆成圣的内丹修炼有六种心法，而以"真空炼形法"为最上乘的法门。所谓真空炼形法，是说心静入窈冥，可炼到形神俱化，内外洞彻，心身皆空，通体光明，有如水晶塔子，与虚空同体。

阳明就是向尹真人学了这种真空炼形第一法，以后在阳明洞中也是修炼这种真空炼形法。后来王畿亲耳听到阳明说他在阳明洞中是修炼这种真空炼形法。这一真相，除王畿外，就连后来耿定向也看出来了，他在《新建侯文成王先生世家》中说："壬戌，秋，请告归越，年三十二。究心二氏之学，筑洞阳明麓，日夕勤修。习静中，内照形躯如水晶宫，忘己忘物，忘天忘地，混与太虚同体，有欲言而不得者。"最令人注目的是，在《性命圭旨》的《天人合发采药归壶》中，著录了一首阳明体验"入窈冥"的《口诀》诗：

闲观物态皆生意，静悟天机入窈冥。
道在险夷随地乐，心忘鱼鸟自流行。[1]

---

[1] 《性命圭旨》利集《天人合发采药归壶》。按：阳明这首咏"入窈冥"的七绝诗，后来在正德五年增改为《睡起写怀》的七律诗，并将"行"字改为"形"。

原来，"静入窈冥"正是尹真人的真空炼形法的根本修炼思想，是结胎果圆成圣的根本法门。阳明诗云"静悟天机入窈冥"，正精辟概括了尹真人的"静入窈冥"的修炼思想，所以尹真人才把阳明这首诗作为"口诀"收入了《天人合发采药归壶》中，同尹真人自己作的悟入窈冥诗"欲达未达意方开，似悟未悟机正密。存存匪懈养灵根，一匊圆明自家觅"有异曲同工之妙。阳明这首"口诀"诗收入《性命圭旨》有两种可能：一是阳明在南都聆受了尹真人的"静入窈冥"的修炼之教，自己静坐修炼体验有得，作了这首咏"静入窈冥"诗呈尹真人；二是阳明在聆受了尹真人的真空炼形法后，归绍兴在阳明洞中静坐修炼，静悟天机，作了这首咏"静入窈冥"诗寄呈尹真人。阳明的这首诗就这样被尹真人收进了《性命圭旨》中。[1] 毫无疑问，阳明的"静悟天机入窈冥"来自尹真人的"静入窈冥"说。《口诀》七绝诗与《睡起写怀》七律诗，是阳明向尹真人学道的最好证明。

其实从《性命圭旨》中可以看出，尹真人的"真空炼形法"的修炼（结胎果圆成圣的修炼）有三个特点，都对阳明的思想产生了直接的影响：

一是认为真空炼形法的修炼就是"炼心"、"修心"、"复心"，通过修炼以复归心体。万理归于一心，故《性命圭旨》中有《九鼎炼心图》，以心为本体，强调炼心、修心、复心。

二是认为真空炼形法的修炼就是要静坐，静观内照，"静入窈

---

[1] 按：尹真人卒于正德元年，不及见阳明正德五年作的《睡起写怀》，故他绝不可能去从《睡起写怀》中取出中间四句为"口诀"放入《性命圭旨》中。其弟子赵教常在嘉靖中整理补充尹真人师的《性命圭旨》，其时正当嘉靖"学禁"，尹真人内丹修炼说与阳明心学皆斥为"邪说"，赵教常更不可能去从《睡起写怀》中取出中间四句作为"口诀"放入《性命圭旨》中。

冥"。静坐就是"悟入"，冥心就是"入窈冥"，要能"静入窈冥"，就须"中夜静坐，凝神聚气，收视返听，闭塞其兑，筑固灵株，一念不生，万缘顿息"。阳明也是把静坐内照同静入窈冥联系起来"静悟天机"的。

三是认为真空炼形法的修炼是以知为心体，故可以前知、预知、先知，尹真人称为"先知"、"先觉"、"真知"、"良知"、"他心通"。他以心为知，知即是心，知为心体。阳明后来也认为知即心，良知即心，心体能知，良知即心体。

尹真人堪称是道门中的心学宗师，他的这三个心学思想，对阳明后来的思想发展都一直在起着有形无形的潜移默化的作用。如仅就先知的"他心通"来说，阳明就认为自己已修炼到了"他心通"的境界，承认是在阳明洞中"行导引术"修炼成了这种"先知"的神通工夫，他的弟子记录下了阳明两次在阳明洞中"先知"的神通事迹，一次是在弘治十五年（1502年），钱德洪记录说：

> 遂告病归越，筑室阳明洞中，行导引术。久之，遂先知。一日坐洞中，友人王思舆等四人来访，方出五云门，先生即命仆迎之，且历语其来迹。仆遇诸途，与语良合。众惊异，以为得道。[1]

钱德洪说阳明在阳明洞中"行导引术"而先知得道，无异等于承认了阳明在阳明洞中是在进行真空炼形法的修炼。另一次是在正

---

[1] 钱德洪：《阳明先生年谱》。邹守益《王阳明先生图谱》则云："久之，忽能预知。王思裕四人自五云门来访，先生命仆买果殽以候，历语其过涧摘桃花踪迹，四人以为得道。"

第二章 太学上舍生：好作古诗文的名士

德二年（1507年），董穀记录说：

> 习静。正德初，先师阳明习静于阳明洞。洞在南镇深山中，先生门人朱白浦、蔡我斋等数辈，自城往访焉。道遇先生家童，问以何往，对曰："老爷知列位相公将至，故遣我归取酒肴耳。"众异之。既至，问曰："先生何以知某等之将至也？"先生曰："诸君在途，某人敲冰洗手，某人刻竹纪诗。"皆如目击，众益大骇。盖无事则定，定则明，故能心通，岂他术哉！[1]

董穀把阳明的"先知"说成是"他心通"，认为"无事则定，定则明，故能心通"，这同尹真人说"心定而能慧，心寂而能感，心静而能知，心空而能灵，心诚而能明，心虚而能觉"，"他虽意念未起，了了先知；他虽意念未萌，了了先觉。此是他心通也"，如出一辙。可见阳明的弟子其实都知道阳明在阳明洞中修炼的是尹真人的真空炼形法。

湛若水在谈到阳明生平思想的演变时，一再说阳明"四溺于神仙之习"，"变化屡迁，逃仙逃禅"，实际就是指阳明早年向尹真人的学仙学道，他只是没有把尹真人的名字直接点出来。阳明就是在这时候开始了他的"溺于神仙之习"的"逃仙"的心路历程。确实，阳明在南都聆受了尹真人的结胎果圆成圣的修炼之教后，对他来说，自然就是要回去寻一方道家的洞天进行真空炼形法的实践修炼了。他回到余姚后，果然在移家绍兴中找到了会稽山中的"阳明洞"，开始以一个导引行气、静入窈冥的"阳明山

---

[1]《董汉阳碧里后集·杂存》。

人"在洞中进行真空炼形法的修炼。

移家绍兴：阳明洞中的阳明山人

阳明在十月回到余姚后，居住在秘图王氏故居中，往返余姚与绍兴之间，开始忙碌奔波于移家绍兴的事情。在余姚，他同乡里名士魏瀚、韩邦问、陆相、魏朝端等人结诗社于龙泉寺，经常游山唱酬。其中致仕归居的魏瀚尤有诗名，与张琦、张宁、姚绶合称为"浙江四才子"，同阳明关系密切，经常与阳明登龙山，对弈联诗，阳明多先得佳句，魏瀚不禁钦佩道："老夫当退数舍。"

弘治十年（1497年）春，阳明又往绍兴寻访王羲之故居，想移家于王羲之故居之地。原来旧传说王羲之的故居有两处，一在戒珠寺，一在天章寺。阳明是来天章寺与兰亭寻访王羲之的故居，但天章寺在元时已毁于大火，千亩寺田也被豪右侵占，所以他没有寻访到王羲之故居，只有转而确定东光相坊为移家绍兴的新居之地。阳明定居到有王氏旧第的东光相坊，这仍然可以表明自己是王羲之的后人。

靠了绍兴知府佟珍从中的护助，阳明选定了东光相坊这块王氏旧地，绍兴新居很快落成，大约在秋末冬初，阳明搬进了东光相坊新居。接踵而来的就是到会稽山中寻访一方导引修炼的洞天。他迫不及待地在暮冬多次冒着大雪，踏着冰磴上山，终于发现了一方修炼的洞天福地——阳明洞。后来他在《来雨山雪图赋》中曾描述过自己多次冒着漫天风雪上山寻访阳明洞。阳明何以要在

第二章　太学上舍生：好作古诗文的名士

寒冬冒着风雪猛、冰磴滑的危险多次上会稽山，唯一可解释的原因就是他要上山寻访修炼的阳明洞，并在洞中进行静坐行气导引的修炼。这篇用游仙赋笔法写就的赋，实际就是一篇阳明游山寻访阳明洞的赋。原来绍兴的会稽山周回三百五十里，是"仙圣天人都会之所"的道家第十一洞天，总名为"阳明洞天"，山中有三十六洞天福地，阳明洞就是其中之一。阳明赋中说的"三十六瑶宫"，就包括阳明洞在内，这句话透露了阳明冒雪上山寻访阳明洞的消息。

阳明洞其实原来比较大，宋人徐天祐有诗云："何年灵石措夸娥，洞穴云深锁碧萝。巨木千章阴翳日，阳明时少晦时多。"[1]所以阳明寻访到阳明洞后，立即在洞旁筑灌山小隐作为静坐修炼之所。实际上，阳明洞是和龙瑞宫连成一体的，阳明洞从属于龙瑞宫，所以古人来游都以阳明洞与龙瑞宫并提。后来阳明门人弟子来阳明洞问学受教，实际阳明都是在龙瑞宫中聚讲论道的。

阳明之所以选择阳明洞作为自己的导引修炼之所，是因为"阳明"的洞名正好切合了尹真人的身心通体透明如"水晶塔子"的真空炼形法的修炼思想。道教说的"阳明"（阳明子）在外丹修炼上本指"汞"，又称"太阳"。在内丹修炼上，"阳明"又称为"阳神"、"纯阳"、"大明"。阳神又称元神，是说修炼到将神与精、炁凝结为胎，不仅出现先知、遥感、他心通的神通境界，而且可以出神入化，与太虚同体，这就是尹真人所说的结胎果圆成圣的修炼，他称之为"大明"的修炼境界。"大明"与"阳明"完全沟通，这就是阳明选择阳明洞进行真空炼形法修炼的真实原因。所以他在选定阳明洞后，便自号"阳明山人"——表示要做

---

[1]《万历绍兴府志》卷六《洞》。

一个修炼到身心透明如"水晶塔子"、与虚空同体的阳明子，学着尹真人在洞中开始了静坐入窈冥的修炼。整个弘治十一年（1498年），他都主要沉浸在山中阳明洞里做着行气导引的修炼。在春二月，他偕同会稽抱道之士陆相等人出游秦望山、云门山、峨嵋山。

秦望山、云门山、峨嵋山都在绍兴城南，由此可以想见阳明是偕陆相等人从阳明洞出发游山访仙的行踪。阳明《秦望山和壁间韵》诗说的"苏君观海篇"，指苏东坡的《观海》、《海上书怀》、《登州海市》等诗，披露了苏东坡对求仙得道的向往之情。阳明对秦始皇浮海求仙、追求长生的迷妄的批判，也就是对自己在阳明洞中静坐导引灵光修炼的肯定。在登峨嵋山、归经云门山时，阳明又作了一首诗：

登峨嵋归经云门

一年忙里过，几度梦中游。
自觉非元亮，何曾得惠休。
乱藤溪屋邃，细草石池幽。
回首俱陈迹，无劳说故丘。[1]

云门山也是佛教的圣山，《嘉泰会稽志》上记载说，晋义熙二年，中书令王子敬居此山中，见有五色祥云出现，晋帝马上下诏建寺，命此寺为"云门寺"，从此云门山名闻天下。阳明诗说"回首俱陈迹，无劳说故丘"，"陈迹"就是指云门寺，"故丘"就是指王羲、王献之的故居。可见阳明这次游云门山，一方面是要寻访佛寺古刹的陈迹，另一方面也是要寻访王羲之、王献之的遗踪，

---

[1]《云门志略》卷五。

这同他寻访山中的道观仙迹是一致的。这次游山访道，使他看到"仙舟一去竟不返，断碑千古原无踪"，心中升起了"吊古伤今益惘然"的迷惘，产生了再去南都拜访尹真人的念头。

就在游秦望山、峨嵋山、云门山以后，阳明就往南都见尹山人。钱德洪在《阳明先生年谱》中特别提到阳明这一年同一个"道士"谈养生之道说：

> 弘治十一年戊子……是年，先生谈养生……偶闻道士谈养生，遂有遗世入山之意。

这件事钱德洪说得含含糊糊，不知这个道士是谁。实际从当时阳明已移家绍兴在阳明洞中修炼尹真人的真空炼形法大有所得的情况来判断，这个能够进一步说动阳明"有遗世入山之意"的"道士"也非尹真人莫属。因为尹真人正是把他的结胎果圆成圣的修炼说成是一个养生的修炼体系。阳明在三月启程往南都，经过嘉兴时，他先去访问了名震东南的名刹金粟寺。从嘉兴到达南都，他马上去向尹真人问道。尹真人向他大谈了养生的修炼之道，更进一步坚定了阳明"遗世入山"修炼的信念。这次尹真人向阳明谈养生修炼之道对阳明思想有重要影响。原来在弘治十年到十一年中，阳明一方面学作诗赋词章，感到词章之学不足以通至圣之道；另一方面苦读宋儒书，又不能循序以致精微，一无所得，感到物理与吾心始终判而为二。越发感到自己做圣贤无分，于是好佛、老二氏的旧疾又发作，在听了道士的养生修炼之说以后，便更加沉浸在"遗世入山"的洞中养生修炼之中。他已经预感到宋儒理学的物理与吾心分而为二的弊病，乞灵于尹真人的道门心学来克服物理与吾心的二元分裂，这就是作为"阳明山人"的阳明在三年归居绍兴时期思想所达到的认识高度,隐隐兆示着他思想认识上的新突进。

但随着会试的临近,阳明山人也不得不从"遗世入山"的洞天修炼回到现世的尘嚣中来。从南都归来后,他加紧读起了程朱之书,又埋头准备科举考试。在八月,朝廷命王华主顺天府乡试,向阳明发出了参加科考的信号。这时王衮不幸去世。九月,阳明往余姚哭祭了王衮以后,立即在冬间北上回京师,等待明年的会试。三年归居绍兴林下的"山人"修炼生活结束了,他走出了"遗世入山"的洞天世界,又踏上了回京师的"上国游"之路。

第三章
"上国游"的交响新乐章

筮仕行道
——出山入世的进取之路

弘治十二年（1499年）的会试发生了一场不小的科场风波。户科给事中华昶奏劾主礼闱科考的礼部右侍郎程敏政出卖试题，贡士江阴徐经、吴县唐寅行贿得到试题。科场事发，唐寅、徐经都被取消了科举功名，程敏政勒令致仕。阳明在会试中本定为第一名，但同考会试官徐穆出于私意抗论力争，把阳明改为第二名。在廷试时，阳明定为二甲进士第六名。

阳明是以精通秘图王氏家传的《礼记》学的优势高中进士。会试卷清晰反映了阳明这时对儒家圣贤之学思想的认识所达到的新高度。在《礼记》试卷中，阳明实际是用程朱的"理一分殊"来解说乐与礼的关系，把"乐者敦和"（同）与"礼者别宜"（异）看成是"理一"与"分殊"的关系，把乐与礼看成是一与分、同与异、和与宜的统一关系，礼乐统一在自然造化之上，而由圣人成制礼作乐的大功。

阳明对礼乐文化的认识，可以说是达到了同时代人对儒家文化思想认识的极致。更值得注意的还是阳明的论卷，论"君子中立而不倚"的中庸之道，阳明独具慧眼地把"中立"与"不倚"、"立中"与"守中"结合起来加以论述，强调行中庸之道不仅要"独立于中"，而且更要"以勇力守中"。

阳明认为，要能做到立中与守中，一方面要存养其心，以立中道之体；另一方面要省察精微，以达中道之用，"君子则存养之熟，有以立乎中之体；省察之精，有以达乎中之用"。立中在仁，守中在勇,他特别强调这种执中行中守中之"勇"。阳明塑造了一个中立不倚、以仁立中、以勇守中的仁勇君子的形象,他自己后来的一生行事也都贯穿了这种仁勇行中道的无畏精神。这种行中道的仁勇精神得到了考官的一致赏识。

阳明入仕

这一科进士会考朝廷得人尤盛,阳明以一代诗人文士的才名脱颖而出,他是以一个一代骚坛的"王勃"的才子诗人锦衣荣归。到五月,他处理好绍兴家事,返归京师,朝廷命他观政工部,

第三章 "上国游"的交响新乐章

在屯田清吏司下实习试事,跨出了仕途上的第一步,"上国游"的交游唱酬又开始了。

五月十七日,是岑太夫人的八十寿诞,王华举行了一个盛大的祝寿庆宴,宾客登贺如云,这些宾客都是阳明在京师"上国游"的公卿士大夫人物。王华是把祝贺岑太夫人高寿与祝贺阳明荣登金榜结合起来举办的,一时耸动了都下。

在京师,在科举中进士以后,阳明挣脱了场屋举业的束缚,进入到思想放逸自由、独立不羁的境界,他的诗人的灵魂得到解脱,压抑的诗情极大释放,以同"前七子"、"茶陵派"展开诗赋辞章的争驰竞逐唱出了"上国游"的新篇章。

阳明是以一个声誉鹊起的当代"王勃"投身到弘治京师的各家诗歌唱和中,他同李东阳、李梦阳、何景明、顾璘、徐祯卿、边贡、乔宇、汪俊、邵宝等名家都有唱酬驰逐,成为弘治诗坛上的一个活跃人物。后来他把在京师写的这些诗文编成了一集《上国游》。

《上国游》大致收录了阳明自弘治十二年至正德元年在京师作的诗文(兼收有弘治十二年以前在京师所写诗文)。今阳明文集中尚存有《上国游》一卷,已多残缺不全,但从中依旧可以看到阳明在京师"上国游"的活跃身影,表明他已从对自己个人命运的吟唱转向了对国事朝政的关注。

仕世以行道为心,这就是阳明的出仕做官的理念,他自己也终生践履服行,从他筮仕之初在观政工部时就已开始这样做了。令人注目的是,正是他在工部屯田清吏司下处理军屯边戍等军事要务,展露了他的通兵法、懂军事、会用兵的才干。原来阳明早在太学时就已好读兵书,究心兵法,留情天下武事,潜研用兵打仗的奇法,已崭露头角,在弘治九年(1496年)归余姚时,石瑶就高度称赞他"伏波穷益坚,淮阴多益善"的军事才华与用兵之道，为他"志屈艺乃奇，才高君不见"抱不平。归绍兴后，他更关注天下军备武事，潜研实战的兵法兵阵。

这一年边事紧急，南京吏部尚书倪岳上修省军务等二十事，朝廷起用王越总制甘凉各边兼巡抚。阳明显然是受到这些现实事件的激发，更加精究兵书，习研兵法。作为读兵书笔记批语的《武经七书评》，应就是在这时作的。到弘治十一年（1498年）十月，由于边事紧迫，灾异频仍，孝宗被迫下诏求言，"敕群臣修省，求直言，罢明年灯火"。这给观政工部的阳明提供了上陈边务疏的机会。先是在弘治十二年初夏以来，边患空前紧张，边寇频频入侵。这就是直接推动阳明上《陈言边务疏》的边患背景。所以他一到工部观政试事，就在五月奉檄出使关外，详密考察了边戍军屯，探明边情，他自己在《堕马行》中说："我昔北关初使归，匹马远随边徼飞。涉危趋险日百里，了无尘土沾人衣。"从边徼考察回来后，他立即上了《陈言边务疏》。

《陈言边务疏》是阳明生平上的第一篇奏疏，实际是针对现实中严重的边寇大患进上了安边八策，条条都击中了腐败无能的朝廷军政的弊端。其中最重要的是蓄材以备急、屯田以给食、行法以振威、严守以乘弊四策。阳明这篇《陈言边务疏》，与其说是他向朝廷进献的经营边务的策略，不如说是他向朝廷进呈的克敌制胜的用兵之道，鲜明反映了阳明独特的军事思想及其用兵大法与作战谋略。他自己后来的一生也正是运用这种军事思想与用兵之道取得了平叛平乱的胜利。十八年后朝廷选中阳明去江西平叛平乱，无疑就是他们早在《陈言边务疏》中看到了阳明闪光的军事思想与用兵才能。只可惜阳明在疏中锋芒毕露地痛斥了那班昏庸的文武大臣，朝中大臣把阳明这个还在编外观政的小人物视为迂狂浮躁的儒生，对他的进言不予理睬。

第三章 "上国游"的交响新乐章

阳明上了《陈言边务疏》后，不见朝廷动静。七月，他在一次骑马中堕伤，西涯李东阳、白洲李士实等人多来探望，给他看了他们当年堕马受伤作的堕马歌行。阳明也怀着"激忿抗厉之气"作了一首《堕马行》。这首悲歌慷慨的《堕马行》，是阳明化取邵珪的《堕马歌》，咏叹了自己在观政工部的卑微处境，有借他人之酒杯浇自己之块垒的用意，强烈反映了他在上了《陈言边务疏》后不被朝廷所用的悲慨自悼之情。

朝廷对阳明的上疏不予采用，却在八月命他赴浚县督造威宁伯王越的坟墓。王越在弘治十一年（1498年）十二月去世，他在当时被认为是最善于统兵打仗的良将之才，也是阳明心目中有"韬略统驭之才"的统帅。委派阳明建造王越坟墓，却给了他学习王越作战兵法与演练军法军阵的机遇。

阳明决心把这次赴浚县督造王越坟墓之行作为训练与展示自己实际的军事用兵才干的机会，在督造王越坟墓的间暇实际演练作战的兵法兵阵，以实践他在《陈言边务疏》中陈说的用兵之道。

所谓"十五之法"即什伍法，是古代的一种军队作战编制。将士卒以五人为一伍，十人为一什，以便于军旅作战指挥。后来这种什伍法又成为古代的户籍编制，以五家为一伍，十家为一什，相联互保。阳明把这种什伍法运用到军用役夫上，将这些役夫按什伍编制起来，用他们进行兵法军阵的演练。所谓"八阵图"，是由八种阵势组成的图形，用来操练军队或指挥作战。阳明在这里说的"八阵图"，实际是指《孙子兵法》上说的八阵战法。阳明就是用什伍法把役夫编制组织起来，进行八阵战法的演练。这是一种有实战意义的阵战演练，同他在《陈言边务疏》中陈说的攻守战法一致，他摒弃了传统那种死板不切实用的布阵作战法，阵战灵活机动，后来他一生的平乱平叛的作战也都贯穿了这种机动灵活的实战精神。

　　王越的坟造在大伾山西麓。大伾山也是一方佛道的名山,山东南就崖石凿刻出一座八丈高的大佛;距石佛岩北有三大天然石穴,称为龙洞。石佛龙洞极大吸引了阳明。他一到浚县,就登览寻访了大伾山,在大伾山的石佛上题了一诗。到九月重阳,他再携二三士子来登高畅游,危峰觞咏,吊古伤今,作了一篇《大伾山赋》。

　　这篇赋构思精巧而又大气浑厚,化用庄子的恍惚窈冥之说而又融入苏东坡的赤壁赋笔法,发庄子齐万物、等生死的玄虚之论,而又归结于道家达观的人生哲学。赋最后出场的"歌者",暗示了阳明心目中的"山人"的理想典型,多少流露了出仕的阳明山人不能入山归隐、潜心修道的怅惘之情。这两篇诗赋,可以说是阳明在京"上国游"与前七子、茶陵派等众家争逐诗赋辞章的代表作。但它们还只是反映了阳明历经磨难的复杂灵魂的一面。在浚县,他又特给"大孝子"吴冠作了一篇《乐陵司训吴先生墓碑》,又强烈显示了他的儒家自我勇于济世行道的真精神。

　　阳明在浚县待了三月,到十月底他才事竣回京师。到弘治十三年(1500年)六月,他的一年观政工部的试事期结束,由于他的出色的办事能力,朝廷授他为刑部云南清吏司主事,开始了"西翰林"的论政讲学的生活。

在刑部:"西翰林"文士群体的中坚

　　原来阳明任职的刑部早已聚集了一班敢直言有作为的文士,他们在刑部中讲学作文,评议朝政,上章抗论,格外引朝内外注

第三章 "上国游"的交响新乐章

目,他们被誉为"西翰林"的名士。阳明到刑部任职,很快成为"西翰林"的中坚。

阳明一进刑部,"西翰林"成为他同朝内外的公卿士大夫讲学唱酬、评议朝政的翰苑"阵地",这是他在京师"上国游"最为活跃的时期。就在九月,兵部主事李永敷受命出使南直隶州,便道归省,阳明与在京大臣文士李东阳、杨一清、锺文俊、王恩、储巏等人赋诗送行。

李永敷是茶陵派诗人。从这次送李永敷的文会上可以看出阳明同茶陵派唱酬的身影。约在同时,李梦阳的业师平台李源擢升刑部郎中,成为阳明的"寅长",阳明与李梦阳都作诗庆贺,将他迎进了"西翰林"。

从这次与李梦阳、李源的唱和中,又可以看出阳明与前七子驰逐争鸣诗赋辞章新声的身影,唱出了"西翰林"文士群体们"鹏翼终当万里腾"的心声。十月二十六日,他的好友户部郎中邵宝出任江西按察副使,阳明又兴奋地作了一篇意气飞动的《时雨赋》送他赴任。

邵宝是李东阳的弟子,茶陵派诗人,阳明给他作《时雨赋》,也有同茶陵派争逐诗赋辞章高下的深意。这篇赋可以说是阳明在京"上国游"时期诗赋创作的巅峰之作,代表"西翰林"文士群体道出了为政行道泽民的做官理念。赋讽意高远,他以仁者乐山的"乐山子"自居,把赴江西任职的邵宝比喻为泽民育仁的"及时雨",认为当今正处"大旱"的凋敝衰败之世,朝廷多士都应以拯救民生时艰国难为己任,做洒甘霖、济仁泽的"时雨"。

其实在"西翰林"中,阳明也是用做这种洒甘霖、济仁泽的"时雨"自律的。他是刑部的"乐山子",亲眼目睹了刑部刑狱的腐败。弘治以来的司法三司已渐成朝中暗无天日的不仁之地。明代中央正规的司法机构是刑部、都察院、大理寺三法司。地方各省的刑狱都属刑部管辖,先由都察院评议地方上报案件处理刑狱是否平允,然后送大理寺复审,最终由刑部报呈皇帝裁定。但除了正常的司法机构与司法程序外,另还有直属皇帝的特种刑狱机构如锦衣卫,有专办钦定大案要案的诏狱,凌驾于三法司之上。后来更有东厂、西厂、内行厂,横行跋扈。所以阳明一进刑部,就抱有要更革刑部刑狱弊端的想法。在十月,刑部员外郎方良永出为广东按察司佥事,阳明作了一篇《送方寿卿广东佥宪序》,公然揭露刑部十三司的弊端。

更革刑部十三司弊端,阳明从抓小事上入手,他首先整顿了提牢厅的狱事。原来刑部下设有提牢厅,十三司的刑狱都归于提牢厅管理,厅牢所囚犯人,一岁以万计。但提牢厅是一个囚牢的执行机构,对各司的刑狱案情都不清楚,每岁在十月上司来提牢决狱时,多不能执法明善,从中作弊。经过"西翰林"官员的共同努力,刑部在十月十五日重修成提牢厅,正好是逢阳明来轮值提牢厅主事,他立即整饬提牢厅人事制度,命将凡来提牢厅提牢轮值的官员都题名在厅壁上,以备查考取法。他特作了一篇《提牢厅壁题名记》论述他的这一执法明善的思想。

阳明在提牢厅轮值,又正逢提牢厅的司狱司重修成,他听到了刑部主事刘琏拓建司狱司的功劳,立即写了一篇《重修提牢厅司狱司记》,称颂刘琏的政绩。刘琏也是"西翰林"中的重要人物。他制作了"木闲",即指木囚牢房,重囚犯可以免除手铐脚镣、身受桎梏之苦,也算是对重囚犯的一点"人道"待遇。提牢厅及其司狱司的重建与更革,成为"西翰林"文士群体们的政绩的象征,表明死气沉沉的刑部多少呈现出了执法明善的新气象。在十二月,阳明一次赴刑部供职,忽然见到来天球的气势磅礴的

《雪图》挂上了刑部的大堂,尤为兴奋,他立即作了一篇气势雄豪的《来两山雪图赋》,特意歌颂来天球的神来之笔。

来天球画的"冬雪",隐喻刑部之地的威严肃霜,决狱判刑的公正无私,平案雪冤的清明廉洁,因此他的《雪图》挂上刑部的大堂,不啻象征着"西翰林"文士群体在刑部讲学论文、评议朝政、更革刑狱弊端的胜利,阳明的赋也有隐然歌颂"西翰林"文士群体政绩的用意。自此他与"西翰林"同道更进一步展开了讲学议政、唱酬交游的活动。弘治十四年(1501年)二月,户部郎中钱荣以疾归养锡山,阳明与"西翰林"文士发起了一个文会送他,徐守诚、杭淮、杭济、秦金、杨子器、乔宇、陈伯献都来吟诗作赋,集成诗卷,阳明作了一篇《春郊赋别引》。钱荣在朝敢于直言,得罪当朝权贵,这是他归居的真正原因。朝中同道都有难言之隐,所以宛转作诗相送,阳明在诗引中也含蓄吐露真情,而以"相勉以道义,而相期于德业"相鼓励。

置身在刑部污浊的官场,阳明自认为是"没之污涂之中",他同"西翰林"文士与朝中士友的讲学议政、论文赋诗也旨在"相勉以道义,而相期于德业",所以他更注重同他们展开讲学论道,探讨圣贤之学。就在他送钱荣归养以后,户部员外郎秦金来同他讲学论道,请他为无锡崇安寺僧净觉的《性天卷诗》作序。阳明正好借这个机会论述了他对"性天"的圣贤之学的看法。在序中,以性为事物之理则,以天为事物之必然,阳明仍是用程朱的"人性即天理"来阐说儒家"性天"的圣贤之学,但有了更进一步的思考,对佛家的性天之说提出了质疑。这篇序反映了阳明在"西翰林"讲论圣贤之学所达到的又一重思想高度,表明这时的他不仅是一个誉满京华的名诗人,而且也开始以一个有学术造诣的"大儒"引人注目。约在七月间,储巏起复为太仆少卿入京,同阳明相识。他就是把阳明视为通义理的"纯儒",同阳明展开了讲学论道。阳明也有心要潜研儒家的圣贤之学。闰七月,刑部同僚侯守正回川,阳明就写了一封信给在蜀的业师"天下真儒"吴伯通,表示了要学儒家圣贤之学的决心。但刑部"日扰扰于案牍间"的事务经常干扰了他的讲学论道。

"今日揩双眼":南畿决狱的"游仙"之路

刑部每年都在秋八九月间遣官到地方各省审决狱案。在弘治十四年八月,刑部便委派了云南司主事阳明往直隶淮安等府去审决重囚。这是独当一面的重任,"西翰林"文士都对他寄予厚望,朝中僚友也纷纷来送行。

对阳明来说,南畿决狱又成了他生命中的一段曲折求索的心路历程。他远离朝廷污浊的官场,南下淮甸,一路沿淮安、凤阳、南京、和州、芜湖、庐州、池州审囚,不失"西翰林"文士的本色,放怀寄情山水,登览形胜,寻访佛刹道观,吟诗作赋,把这次南畿决狱当作了一次山水"游仙"之行。到凤阳时,审囚之暇,他先去登览了凤阳有名的谯楼,作了一首感怀诗。凤阳是太祖朱元璋的故里,那里还有太祖先父的"皇陵",所以凤阳的谯楼(鼓楼)也造得尤为壮丽巍峨,还拨一百六十四名军余守楼,演习鼓吹,显扬帝阙祖陵的王气,让人怀想当年太祖返故乡谒祖陵见父老的无上荣耀与皇瑞。但面对此时此景,阳明还是发出了"客思江南惟故国,雁飞天北碍长风"的怅惘。

约在九月上旬,阳明到达南都,开始全面的南畿决囚。他主要是会同巡抚、御史大力审决重囚,平反冤狱,取得了实效。

阳明要审决的狱案大多在南直隶的各府州,其中池州是决狱的重点。所以阳明很快从南京沿着和州、芜湖、庐州一线南下,一路审决各府狱案。约在九月下旬,到达池州。池州有佛教胜地九华山名闻天下,是阳明早就心驰神往的佛门圣山。九华山所以成为佛教名山,是因为在唐时有新罗国王金宪英的族亲金乔觉航海东来,卓锡九华山,苦行修炼。他被认为是地藏王菩萨的化身,尊称为金地藏,特为他建化城寺居住,圆寂后造肉身塔安藏。所以阳明一到池州,就乘决囚之暇往游九华山。他首先拜访金地藏的化城寺,凭吊了地藏塔。

阳明自叹自八岁好佛,二十年来怀契佛老二氏之说,如今来九华凭吊金地藏,凡眼方又开一重佛学的新境界。所以他又四处寻访金地藏一脉相传的高僧大德,见到了长生庵的实庵和尚,同他说佛谈禅。

但九华山不仅是一方芸芸佛僧出没的圣山,而且也是一方莘莘道徒修炼的圣境,山中那些藏龙卧虎、不露面目形迹的高道老仙,尤为阳明所倾心关注。他先寻访到了一名道士蔡蓬头,同他谈仙论道。蔡蓬头说阳明"终不忘官相",同尹真人的说法一样,阳明从蔡蓬头身上看到了尹真人的影子。在九华山,像蔡蓬头这样的高士真人一定不少。阳明稍后又寻访到一名神秘的"九柏老仙",同他谈道论仙,十分相契,两人有诗唱和。

从九月到十一月,阳明在九华山,几乎遍游了九华山的各处名胜,留下大量题诗。到十二月,他才在池州决狱结束,起程北返。这次九华山之游,阳明自己把它看作是一场不同凡响的"游仙"之行。阳明作了一篇仙气贯注的《九华山赋》来总结这次九华山"游仙"之行。

这是一首典型的游仙赋。阳明采用了屈原的"远游"的叙事手法,把这次九华山之游写成了一次自己上天入地求索大道的"游仙"历程。尤为奇特的是他把求"佛"与求"仙"结合起来,运用大量的佛教僧侣故事与道家神仙故事,营造了一个仙佛的天地境界,他的"游仙"的上下求索包含了对佛道与仙道的双重追求。赋也尤表现了他内心的儒家自我与佛道自我的痛苦的矛盾,一方面他目睹尘世的污浊凶险,决意要"逝予将遗世而独立,采石芝于层霄。虽长处于穷僻,乃永离乎愁嚣";另一方面他又痛感国事的日非,不忍弃黎民百姓而去,他最终还是决意像屈原一样浩然远行,继续走上天入地求索大道的自我奋进之路,自求更恢弘博大的精神超升。

"游仙"的求索之路还要走下去,游九华山还只是阳明的"游仙"心路历程的"第一乐章"。他对九华山仍久久不能忘怀,在十二月回程北归时,他竟又一次去登游了九华山。贵池县也有一座佛道名山齐山,因唐诗人杜牧来登览作诗而名闻天下。故阳明归程经贵池县时,先登览了齐山,寻访仙踪,作了一篇《游齐山赋》。

这篇《游齐山赋》作在弘治十五年正月初一,也是采用游仙赋的笔法,同《九华山赋》有异曲同工之妙,是他这次"游仙"心路历程中的"第二乐章"的开篇。接着他从齐山直接进入九华山,居住在无相寺,又一次寻访山寺佛僧,吟诗谈禅。直到在离九华山前夕,他还登览了芙蓉阁,作诗念念不舍地告别九华山。

正月十三日,阳明到达芜湖,他特往龙山拜访了舫斋李贡。李贡也是"西翰林"中的重要人物,时正好擢升山东按察副使。在芜湖,阳明又登览了驿矶山下的清风楼。清风楼是取名于苏东坡的"清风阁",建楼也有纪念"坡仙"的意义。阳明在途一路都注意这种仙家式的人物,所以经当涂县时,他又登上采石矶,游览谪仙楼,作诗凭吊诗仙李白,吐露了要追随太白游仙八极的愿望。

二月,阳明到达镇江府,立即往丹阳访汤礼敬。汤礼敬于弘治九年举进士,任行人,在朝直道敢言,尤慕好神仙之学,同阳明志同道合。阳明在《九华山赋》中就已喊出了"招句曲之三茅"的心愿,所以他马上偕汤礼敬往游名闻天下的道教胜地茅山。这是阳明这次"游仙"的心路历程的"第三乐章"。在茅山,阳明四处探访道教胜迹,登三茅山,探华阳洞,栖玉宸观,寻访"山中宰相"陶弘景隐居的遗踪。

茅山的道教胜地与九华山的佛教胜地,是阳明这次"游仙"的心路历程上下求索的两大佛道天地,它表现了阳明对佛道之学难分难舍的耽迷,但也流露了他内心儒家自我与佛道自我的灵魂交战。在寻访了三茅山以后,他又不得不回到严峻的现实中来,"翘首望长安"。从茅山回来以后,他给汤礼敬写了一篇《题汤大行殿试策问下》,又恢复了他的儒家真魂的清醒面目。这是勉励汤礼敬,也是自勉,显示了阳明积极用世济民的进取精神。

三月,阳明北上到达扬州,却因为一路风尘仆仆劳累生病,在扬州滞留了三月。直到五月才又起程北返,回京复命,结束了这次"游仙"的心路历程。

第四章
"善学善变":思想新变的涌动

归居林下的"阳明山人"

阳明在弘治十五年五月回京复命以后，又开始在刑部埋头日理案牍，苦读经史自励。不料又过劳成疾，得了呕血之症。其实阳明的病根是在南畿决狱的忙碌奔波中种下的。归京后，因为病势加重，他决意乞归养病调治。八月，他上了《乞养病疏》，得到朝廷允准。

就在八月下旬，阳明起程离京归越。对他来说，这不啻又踏上了一条曲折反复的"游仙"的心路历程。这是他思想发展历程上的又一段彷徨曲折之路：如果说疾病生死的痛苦使阳明心底向往长生久视的佛道思想一时又泛滥浮起，渴望归阳明洞进行"静入窈冥"的养生治病的修炼；那么游九华山与茅山的开眼启悟恰成了推动他归居阳明洞导引修炼的直接动力，继续走他的"游仙"的心路历程。经过润州时，他又再游金山、焦山、北固山，同三山高僧说法谈禅，作诗赠三山高僧。

经过苏州时，阳明又旧地重游，寻访佛寺禅刹，登华严寺吴江塔，览仰高亭，感怀作诗。经过嘉兴时，阳明遇到三塔寺的高僧芳上人闭关修炼后杖锡出游，阳明作诗送他归寺。经过海宁时，阳明更去游访了名闻东南的佛道胜地审山。审山又名东山，据说当年秦始皇东游过此山，见有王气不散，便发十万囚徒凿破大山，分而为东山与西山，山中有众多的佛寺道观的遗迹。审山是阳明这次归绍兴所游访的最主要的一方佛道胜境。

九月，阳明回到了绍兴。时隔三年，从京师官场归居林下，他又恢复了"阳明山人"的本来面目。他要做的第一件事就是上会稽山清理了久已荒冷的阳明洞，筑室阳明洞中，究极道经秘旨，行导引术，静坐习定，开始了"静入窈冥"的养生修炼。

阳明洞静坐

阳明这种静坐功（呼吸入静），同尹真人在《坐禅图》中说的"静坐少思寡欲，冥心养气存神，此是修真要诀"一致，耿定向说阳明在洞中如此"习静"，达到了"内照形躯如水晶宫，忘己忘物，忘天忘地，混与太虚同体，有欲言而不得"的境界。钱

第四章　"善学善变"：思想新变的涌动

德洪、邹守益、黄绾也都说他达到了先知的他心通境界。

在会稽山中隐居着一班抱道的"高士"、"山人"、"处士"，也都纷纷来阳明洞问道受学，谈仙说玄。他们当中最有名的是许璋与王文辕。许璋可以说是陈白沙的再传弟子，他好白沙心学，潜研性命之学，又精奇门遁甲术数。王文辕，也同许璋一样尊信白沙的心学，学以"治心"为本，阳明弟子季本甚至说阳明的心学思想由王文辕开其端，透露了阳明心学受白沙心学影响的信息。

阳明洞也吸引了绍兴的士子来向阳明问学受教。山阴的孝义之族白湾朱氏子弟众多，朱和之妻亲设家塾延聘阳明为师，督教朱节、朱簦、朱簠、朱篦等一班子弟。朱节、朱簦是朱和之子，朱簠、朱篦是朱导之子，他们都成了阳明最早的山阴弟子。[1]

到这年的冬间，又有著名的诗僧释鲁山来阳明洞拜访阳明，两人吟诗论道，释鲁山作了一首诗，描述阳明在洞中的心斋静修生活说：

王伯安书舍

一寻松下地，新构小精庐。
祛冗入深院，闭门抄古书。
草盆生意满，雪洞世情疏。
每欲携琴访，心斋恐宴如。[2]

"心斋"是借用《庄子·人间世》中的寓言，本意是指摒除心中杂念，使心境虚静纯一，澄明大道。这里就是指阳明在洞中进行

---

[1] 按：朱篦是正德八年举人，朱簠是正德十一年（1516年）举人，朱簦是正德十四年举人，朱节是正德九年进士，见《万历绍兴府志》。
[2] 《盛明百家诗前编·释鲁山集》。

的静入窈冥的修炼。释鲁山是能文善诗的禅僧，也是一个倡儒、佛、道三教合一的诗僧，他的来访，对阳明往东南佛国杭城去习禅养疴起了直接的推动作用。

在阳明洞，阳明就这样沉潜在静入窈冥的心斋修炼中，但是他的内心仍交织着痛苦的矛盾："绝情"与"念亲"的矛盾，"待时"与"出仕"的矛盾，"出世"与"入世"的矛盾，始终缠绕在他心头，尘世现实的矛盾也不容他宴坐在洞中进行静入窈冥的修炼。他归居林下，本也有待时而出的打算。他的妻弟诸经（用明）寄信给他，劝他出仕，走出阳明洞，他写了一封回信，吐露了内心这种痛苦难解的矛盾。

阳明在洞中寂寞修炼，他的"念亲"的情绪越来越强烈（思念亲人），这同他做绝情去欲的静入窈冥、与太虚同体的修炼产生了矛盾，促使他开始思考"念亲"与"种性"的关系问题。在十二月岁暮，他在洞中修炼，倍加思念亲人，同王文辕论道吟诗，他作了两首思念亲人的诗。

阳明在洞中心斋静修，同当年孔子在卫击磬的处境一样，这二首诗曲折表现了阳明在洞中"念亲"与"绝情"、"待时"与"出仕"的矛盾心理，发出了"漫有缄书招旧侣，尚牵缨冕负初情"的悲叹。尤使这个"阳明山人"不能静修沉默的是，就在他洞中勤修的时候，浙江发生了一件惊天大案，狱案牵连一千余人，浙江清洗掉一批不称职的官员，震惊朝野，"西翰林"文士、浙江按察司佥事陈辅也受牵连罢归。

这场大案充分暴露了官场上下官员的颟顸昏顽，也暴露了朝廷三法司与地方狱治的黑暗腐败。像陈辅不过是无辜的牺牲品，身为刑部主事的阳明是看得很清楚的。所以当浙江士夫作《两浙观风诗》送陈辅归时，阳明却作了一篇《两浙观风诗序》，称颂陈辅在浙的政绩，愤然为他鸣不平。而当胡瀛继代陈辅来任浙江按察司佥事时，阳明也作了一篇《胡公生像记》，大力称颂胡瀛在余姚与兴国任上的政绩，并作了一首长诗，殷切期盼他能如在兴国知州任上一样来浙振兴文治教化。又当罗鉴继代欧信来任浙江参政时，阳明也兴奋地给罗鉴刻版的其父罗懋的《罗履素诗集》作了一篇序，称颂罗鉴在浙振兴文治教化的政绩。

可见阳明在阳明洞中，他的济世拯民的儒家真魂并没有泯灭。沈澂大案，使人文荟萃的浙中的政治教化一时受到摧折，暴露了朝廷上下内外的严重问题，这就是阳明所以感到"以时当敛晦"的真正原因。阳明认为自己所以归隐阳明洞汲汲于心斋静修"非独以时当敛晦，亦以吾学未成"，朝廷内外的危机滋长蔓延，引发了他对儒佛道之学的众多问题的思考，尤其触发了他对"念亲"（儒）与"种性"（佛）问题的反思。他在洞中心斋静修中始终有一个"念亲"的问题困扰着他，无法摆脱对亲人的强烈思念。弘治十六年（1503年）的新春，阳明就是在深切思念亲人的心境中度过的，但他在同时转向对"释典"的探究中[1]，终于对久萦绕心头的"念亲"与"种性"关系的问题有了豁然大悟。

阳明觉悟到"念亲"与"种性"的统一，"念亲"即"种性"。亲之念生于孩提，是与生俱来的不灭的人性，亲念可灭，无异于即断灭种性。这种对"种性"不断"亲念"的信念，使他对在洞中静修更充满了信心，他决定"移疾钱塘"，往赴东南佛国的杭城习禅养疴，进一步印证他的"种性"不灭"念亲"

---

[1] 邹守益《王阳明先生图谱》云："辟阳明洞旧基为书屋，究仙经秘旨……久之，悟曰：'此弄精魂，非道也。'又屏去，玩释典。明年移疾钱塘。"

的思想之悟。

"念亲"与"种性"：钱塘习禅养疴

弘治十六年（1503年）二月，阳明起程赴钱塘，开始了他在钱塘佛寺习禅养疴的生活。阳明一路都注意寻访佛寺古刹，经过山阴时，他游访了本觉寺。经过牛头山时，阳明又游访了牛峰寺，禅兴尤浓，他把牛头山改名为浮峰，吟了四首诗。约在二月下旬，阳明到达钱塘，寓居在南屏净慈寺的普照廨院藕花居，仿鸠摩罗什修禅养疴。藕花居坐落在西湖雷峰之畔，傍靠华严千佛阁、宗镜堂，便于阳明读经习禅。

阳明一到杭城，就借着寻春游览了西湖，四处寻访钱塘的名刹古寺，往来奔走于南屏寺、虎跑寺之间，访禅问道。西湖周边，梵宫琳宇林立，都留下了阳明访僧问道的游踪。他乘明媚大好的春光先寻访了云居山的圣水寺，接着他又寻访了艮山门外的宝界寺，再接着他又寻访了凤凰山的胜果寺。

最引人注目的是，阳明又寻访了虎跑寺，在那里他遇到了一个坐关三年的禅僧，闭目不言不语，阳明上去用佛教的"种性"说一下子喝悟了这个闭关坐僧。

邹守益在《王阳明先生图谱》中记载：

> 往来南屏、虎跑诸寺。有坐僧三年不语不视，先生喝之曰："这和尚终日口巴巴说什么！终日眼睁睁看什么！"僧惊起，向佛拜开戒，即诣先生，指示心要。问其家，曰："有母

在。"问:"起念否?"曰:"不能不起。"曰:"此念,人之种性。若果可断,寂灭种性矣。吾儒与二氏毫厘之异,止在此。"僧泣谢。明日,遂反。

禅师高僧都善用机锋呵骂怒喝之法开启小僧心悟,显然,阳明是用佛教的"种性"说喝悟醒了闭关禅僧,显示了他已深得佛家"种性"说的三昧。阳明本来就是在觉悟"念亲"与"种性"合、"念亲"即"种性"之后,来钱塘佛国进一步印证他的"种性"不灭"念亲"的心悟的,他在喝悟闭关坐僧上又成功地印证了他的"种性"不灭"念亲"的思想。所谓种性,是佛家的根本说,佛教慈悲为怀,普度众生,大爱救世,不断爱亲。阳明的"种性"说的特点,就是认为"种性"不断心念,心念即种性,如"念亲"即"种性",念亲与种性不悖不断,体用一如。他先是在阳明洞中自证悟了"念亲"与"种性"合,以为"此念生于孩提。此念可去,是断灭种性矣";移疾钱塘后,便以"念亲"即"种性"之说喝悟坐关禅僧,以为"此念,人之种性,若果可断,寂灭种性矣"。阳明用"种性"说自证悟与用"种性"说喝悟坐僧,二者都显示了阳明在杭学佛逃禅、证悟佛家种性说(佛性说)所达到的新境界。

在喝悟坐关禅僧以后,阳明更沉潜于习禅静修中。到六月,藕花盛开,他又再游西湖,寻访了灵隐寺,甚至兴起了要学做林和靖移家钱塘的念头。

到七月,凌溪朱应登来钱塘拜访阳明。朱应登与阳明为同年,也是弘、正间的著名诗人,为"弘治七子"之一。他同顾璘、陈沂、王韦号称"四大家",又同景旸、蒋山卿、赵鹤并称"江北四子"。阳明同他游胜果寺,上中峰越王台,登台唱酬。

到八月，有更多的士子学者来拜访阳明，问道谈禅。南京大理寺评事夏鍭为成化二十三年进士，是王华的"门生"，他以母老告归天台，经杭城来拜访阳明。阳明同他登览了塔山，一路访禅唱酬。

大约与夏鍭同时，又有东溪徐霈来钱塘向阳明问学。阳明同徐霈主要讲论格物致知之学，批评科举之学，评论儒、佛、道三家之学的异同。徐霈后来三次提到了他初见阳明受教的情况。

徐霈的记叙表明，阳明在钱塘对程朱理学与儒、佛、道三家的异同在努力作新的思考，他生平第一次对朱学提出了批评，对儒、佛、道三教的异同也开始有模糊朦胧的认识，但还没有从三教同根同源的溺禅溺仙中解脱出来。当慈云寺的禅僧秋中召客开尊时，阳明参加了这次禅门结社，回了一封《答慈云老师书》。

阳明这封书正反映了他的"种性"不断"念亲"的思想，他把"念亲"（儒）与"修禅"（佛）统一起来，也就意味着把儒道与佛道统一起来。慈云结社禅定再一次印证了他的"念亲"与"种性"合的心悟。

最令人注目的是，在八月正当慈云禅师结社修禅的时候，诗人吾谨也来钱塘拜访阳明，同他展开了儒家心性之学与儒佛异同的论辨。吾谨也是一个好佛老的名士，八岁能赋，博综经传、子史、天文、地理、兵家、阴阳、释道之书，隐居少华山中，与李梦阳、何景明、孙一元等人唱酬颉颃，称为"四才子"。这次吾谨来钱塘同阳明进行儒释心性异同论辨的直接资料都没有保存下来，但从吾谨后来的一封给阳明的重要的长信中，仍可以看到两人当面论辨儒释心性异同的情况。

这封长书，可以说是一篇论心性之说的大论。两人论辨的焦点是在"性"上：吾谨认为"性"虚灵不昧，所以他指虚灵为性，认为"性乃太虚之名"。阳明却认为指性为虚灵不昧是"禅家语"，类同于释氏的知觉是性说，批评这是"认虚灵之识而昧天理之真，淫于虚寂之教而终身不知返"。在"性"说上，双方都用程朱之说来辨证己说。吾谨认为自己所说的"虚灵不昧"是指统情性的"心"而言，并不是指虚灵之"识"而言。理虚气实，他说的"性"是合虚与气而言，而同释家只取气的知觉运动的虚寂之说并无共同之处。他特别强调既可以用虚灵不昧指"心"，也可以用虚灵不昧指"性"。从"心"上说，因为心具万理，浑然至虚至灵，这已是一种心具众理的心学思想。从"性"上说，因为性是合理与气而言，心可兼性，故可以虚灵说性。至于阳明则坚持认为只可以虚灵不昧说"心"，而不可以虚灵不昧说"性"，这里已包含了对朱学的心性说的批评，隐然透露出阳明也在对本然之"心"（心体）作自己的思考探索。由此可见，阳明与吾谨的讨论重点是在论辨心性之说上，而不是在论辨儒佛之学的异同上。虽然论辨涉及了儒佛之学异同的问题，但吾谨主张不必去斤斤论辨儒佛之学的异同，更不必去排辟佛、老，而应当像欧阳修一样首先"修其本以胜之"，即首先把自家的儒家圣学思想探明修好，笃于力行，勇于践履。这种"不谴是非"式的对待佛道的立场态度，也是阳明后来终身所践行的。

　　同慈云禅师的结社修禅及同吾谨的心性论辨，增强了阳明对儒、佛、道三教同根同源的信念，进一步印证了他的"种性"不断"念亲"的心悟，使他感到可以归居待时出仕了。所以在同吾谨论辨心性之学以后，九月，阳明便告别钱塘归绍兴。他在钱塘待了不同寻常的习禅养疴的七个月，又经历了一次自我的上下求索，成功地走出了一条明心修禅的觉悟之路。他这时急于回绍兴，大约一方面是因为在京的王华升任礼部右侍郎，可以参预官员的调遣与典礼闹的重任，这给阳明的"出仕"带来了机遇；另一方面是因为王华即将以礼部侍郎奉命祭江淮诸神，便道归省回绍兴。阳明在九月初出发，一路依旧访禅问道。经过萧山时，他游览了湘湖，寻访了曹林庵、觉苑寺，陶醉于湘湖的青山秀水，竟兴起了卜居湘湖的雅念，经过山阴时，阳明又去登游牛峰寺，又有新的感悟。

阳明在九月中旬回到绍兴，开始作"出仕"的准备。

泰山高
——回归孔孟儒学的"泰山之思"

阳明回到绍兴后，继续居家养病，等待王华归省到来，处理家事。从钱塘归来的阳明道貌一新，赵宽给了他两句最好的评价："已觉沉酣皆道气，独难驱逐是诗魔。"赵宽是王华的同年，这时任浙江按察副使兼董学事，同阳明情好日密，尤赏识阳明的诗词墨宝。重阳节那天，赵宽邀约阳明稽山登高，阳明因病未赴，但两人仍作诗唱酬相答。赵宽把阳明比为唐诗八仙之一的贺知章。

阳明病愈以后，立即去拜访赵宽。两人登览火珠山稽山堂，吟诗唱酬。赵宽邀阳明住宿在行台，阳明亲眼目睹了赵宽作诗的严谨，批校士卷的认真。

归来的阳明更加关注现实的民生问题。绍兴自弘治十六年来大旱不断，粮食歉收，民生艰难。绍兴守佟珍下命民间积谷收藏，鸠工建预备仓储粮备粮，度过灾荒。阳明也参加了祷雨救灾的工作。他特作了一篇《新建预备仓记》，鲜明反映了他的经世致用

第四章 "善学善变"：思想新变的涌动

的实学思想。

在经历一番归隐林下洞中修道与钱塘修禅以后，阳明又清醒地回到现实中来，"复思用世"[1]，决计"出仕"了。正好到十月，王华奉命祭江淮诸神，便道归省回到绍兴。他这次奉命祭告江淮诸神实际真意在祈神禳灾，因为这一年江淮一带受灾严重，朝廷在遣王华的同时又遣右佥都御史王璟往江淮巡视赈灾。王华身为礼部侍郎，已在考虑明年各省的乡试与阳明的"出仕"。他向朝廷建议用京官主各省考试，所以他在南下途经山东时，就向御史陆偁（与阳明同举弘治五年浙江乡试）暗示建议山东聘用刑部主事阳明主考乡试。到浙江后，他又暗示建议浙江聘用南京光禄少卿杨廉（王华的门生）主考乡试。到了绍兴，他首先偕同阳明归余姚展墓，拜见了岑太夫人，迎归绍兴。在绍兴，他又访问了同年赵宽，经赵宽推荐，选择了绍兴府学诸生徐爱为女婿，徐爱成了阳明的第一个最得意的余姚弟子。

在处理好一应家事以后，十一月，阳明送王华往江淮祭神，北上至姑苏，访问了都维明、都穆父子，共游玄墓山、天平山、虎丘，同都穆父子讲学论道十五日。这次姑苏之会对将"出仕"的阳明的思想产生了极大影响，阳明作了一篇《豫轩都先生八十受封序》，谈到这次非同寻常的姑苏之会。这篇文章用庄子笔法，写得惝恍迷离，含蓄隽永。实际上都维明也是一个老庄式的抱道高士，好道敬神，博学多艺，以善画闻名当世，韬晦不仕，都穆说他"于道鲜不究"，阳明也称他是"有道者"，不可"迹形骸而求之"，同"粹于道"的阳明在思想上感应沟通。都穆更是一个崇尚陆氏心学的学者兼诗人，他也好老庄易三玄之学，清修博学，

---

[1] 按：钱德洪把阳明"复思用世"叙在阳明移疾钱塘之时，谓"明年遂移疾钱塘西湖，复思用世"，乃叙述颠倒。

著有《周易考异》、《金薤琳琅》、《寓意编》、《南濠诗话》等书。阳明也称他是博学的"有道者",学一出其父都维明。显然,阳明这次同都穆、都维明的姑苏之会,对阳明出仕入京后的思想新变起了直接的默化推动作用。

阳明从姑苏归后,已定下了出仕的打算。他在弘治十七年(1504年)二月再往姑苏送王华祭江淮诸神回京,归来后,他便埋头在阳明洞中准备主考山东乡试的事项。五月,阳明撰成了为主考山东乡试用的程文范本(二十篇)。这二十篇程文是阳明自拟题,自作文,旨在为乡举考试立式示范,供举子揣摩学习。原来明以来科举考试官有自作程文之习。所谓"程文",就是为科举考试用作示范之文,应试者须依此程式作文。明以来便将考试官所拟作者称为"程文",举子所作者称为"墨卷"。阳明这二十篇程文应称为《山东乡试程文》,今阳明集中题作《山东乡试录》是不确切的,这就把它同另一部书《弘治十七年山东乡试录》混为一书。这二十篇程文是钱德洪后来从阳明继子王正宪家中取得阳明的手写本刊刻的,所以毫无疑问为阳明所作。嘉靖二十九年刻版的《山东甲子乡试录》已是再刻,初刻则当是在嘉靖十四年,由钱德洪、黄绾、闻人诠等人刻入《阳明文录》中。后来在隆庆六年编刻《王文成公全书》时,便据王正宪所藏原本程文手稿刻录于卷三十一之下中。

六月,阳明就携带这部《山东乡试程文》启程赴山东济南主考乡试。他经过嘉兴石门时,又遇见了都穆。都穆看到了他写的《山东乡试程文》。

阳明在乡试程文中提出了"心学",尤为尊崇陆氏心学的都穆叹赏。相见以后都穆也很快起用入京,同阳明在都下展开了心学的探讨。

第四章 "善学善变":思想新变的涌动

七月初,阳明到达徐州,他的诗兴又郁勃大发。原来这徐州古城地处泗水、汴水交会处,黄河泛滥缺口,大水往往直灌徐州城下。徐州三洪之一的百步洪,就是泗水的一处急流,多湍浪险滩。当年苏东坡来任徐州知州,曾与民筑堤抗洪,水退后又增筑徐城,在城东门筑高楼,垩以黄土,称为黄楼。秦观、苏辙都作有《黄楼赋》。阳明到徐州时,正逢工部都水司主事朱衮(朝章)奉命来徐州理洪,修复黄楼。朱朝章号观微子,也是一个好老庄的名士,善作古文词,尤精草书,也慕好圣贤身心之学。阳明一到徐州,他便投入了阳明门墙之下。阳明夜泊彭城下,怀想着苏东坡当年游百步洪、衣着羽衣、伫立黄楼之上、吹笛饮酒的情景,作了一篇大气的《黄楼夜涛赋》。

阳明这篇赋在写法上与讽意上都同《大伾山赋》相似。他从黄楼涛声上感悟到天地无心,天道自然无为,涛水无心,涛声无情,天地间万古汪洋澎湃汹涌,呼啸奔腾,都是一种"莫之为而为者"的永恒的自然过程,既不是"造物者将以写千古之不平",也不是"用以荡吾胸中之壹郁者"。仁人应以达观的胸怀俯仰天地宇宙,不以物喜,不以己悲,消泯万化的有无、动静、彼我、今古,乘一气之道以逍遥游于浑沌鸿濛之境。这篇赋,实际是阳明以苏东坡自况,借苏东坡的诗仙之口,畅发老庄达观的人生哲学真谛。

阳明一路就怀着这样的老庄达观情怀,在七月中旬到达济南,立即投入到主考乡试的紧张工作中。但是置身在齐鲁古国的大地,孔孟儒家文化的浓郁氛围一下子强烈感染了他。济南有著名的趵突泉,泺源堂壁上大书有赵孟頫的诗。在八月一日,阳明就与提学副使陈镐同游趵突泉。

处身在齐鲁的中原历史腹地,激发起了阳明对孔孟儒家之道的深层思考，兴起了要往游朝拜象征孔孟儒家文化的泰山的热切愿望。

从八月初九到十七日，是场屋举子考试的日子，考三场。二十九日后考官又进行了紧张的阅卷批卷工作。这科山东乡试共录取举人七十五名，阳明亲取堂邑穆孔晖为第一名。这一科在孔子故里的取士取得了巨大成功，被认为"得人最盛"，甚至说这年阳明主山东乡试"尽收东人，称科场之盛者，以是榜为最"。他们当中后来有的成了阳明弟子（如穆孔晖），有的入阁为首辅（如翟銮），有的成了名诗人（如"十才子"之一殷云霄）。八月二十七日，阳明编集好了《弘治十七年山东乡试录》，特作了一篇序评析这次得人才最盛的乡试。阳明这篇序，反映了阳明来孔孟故里主乡试后对孔孟之道认识的新升华，可以看出儒家文化在阳明心目中的地位之重，胸中更升起了要朝拜孔子阙里与泰山的心念，"夫子之乡，固其平日所愿一至焉者"。所以在主考乡试结束以后，九月，他就在提学副使陈镐、佥事李宗泗的陪同下往游孔子阙里与泰山。

原来曲阜的孔庙在弘治十二年遭到雷击，大成殿等一百二十余楹建筑化为灰烬。以后历时五年，耗银十五万，才在弘治十七年正月重修成阙里孔庙。另外，孔子进太庙每事问的周公庙也在同时修建成。四月，就在阳明赴山东来主考乡试差不多同时，李东阳奉命来阙里祭告新孔庙，谒新周公庙，行释菜礼。所以阳明到济南主考乡试，是必定要往祭新孔庙与新周公庙的。他走的还是当年苏辙从济南到泰山的老路。

九月九日，阳明到达曲阜，立即去拜谒孔子庙、周公庙。他在周公庙前有千言万语要说，却默然不语，吟了一首诗：

第四章 "善学善变":思想新变的涌动

谒 周 公 庙

守仁祇奉朝命,主考山东乡试,因得谒元圣周公庙。谨书诗一首,以寓景仰之意云尔,时弘治甲子九月九日。

我来谒周公,嗒焉默不语。

归去展陈篇,《诗》、《书》说向汝。[1]

他拜谒孔子庙作的诗没有保存下来,但这次朝拜孔子庙在他心中引起了巨大的震撼,只是他还一时不愿向世人说出来,要"归去再向汝道"。

阳明就是带着这种心灵的震撼北上往游泰山。他从十八盘登山,过五大夫松,转御帐坪,上天门,直登日观峰巅,一个浩瀚灿烂的泰山世界展现在阳明眼前,有千言万语、千思万想涌向他心头。

泰山在春秋战国以来的历史沧桑变幻中已发展成为积淀丰厚的儒佛道三大文化的东天砥柱独尊于天下,阳明登泰山叩问天地风云,古今人物,上下求索,他最终把目光投向了"孔子"。阳明在泰山之巅的"泰山之思",充满了思想新变的涌动,也仍交织着内心的矛盾,歧路的彷徨,觉醒前的迷茫,但"孔子"的圣人形象在他眼前光辉高大起来,成了他心中高出青天之上的"泰山"。"泰山之思"其实是阳明对自我灵魂的一次"拷问",一次"自我反思",回归孔孟儒家之路在这种自我反思中向他敞开。在登泰山归来后,阳明对他在日观峰启悟的"泰山之思"更有了新的升华,九月十六日,他效法欧阳修的《庐山高》作了一篇《泰山高》。

---

[1] 吕兆祥:《东野志》卷二。

阳明泰山作赋

这篇《泰山高》实际是对儒家圣人孔子的崇高礼赞，是把孔子尊仰为高不可极的"泰山"，由衷歌颂了这个泰山北斗式的圣人及其思想。一下子感悟到孔子的伟大，就在于他超越了古来登封的七十二王，虽然宣尼一去不返，但是他的思想光辉却永照天地。阳明自叹还在孔子的门墙之外，渴望入其堂室，能够进入孔子三千弟子的圣贤行列，阳明从心底发出了对儒家圣贤之学觉醒的呼声，迈出了由佛、老之学向孔孟儒学复归的第一步。

从游九华山到游泰山，阳明走过了一条曲折反复的觉醒的心路历程：如果说九华山之游是一条"游禅"之路，茅山之游是一

第四章 "善学善变"：思想新变的涌动

条"游仙"之路，那么泰山之游就是一条"游儒"之路，推动他终于走上了儒家圣贤之学的觉醒之路。他的"泰山之思"，实际上是他在走上心学之路前夕的一个"泰山之悟"：这是对儒学高于佛、道之学，孔圣高于释、老二氏的觉醒，他以孔门弟子自许，脱却溺于仙佛之习，踏上了归儒之路。"泰山之游"实现了一次阳明精神上的自我"封禅"，所谓"此身不觉已在东斗傍"，就是宣布他已走上了回归孔孟儒学之路。《泰山高》诗碑引人注目地竖立在文庙的明伦堂中，成为阳明复归孔孟儒学的觉醒之碑。

九月下旬，阳明自济南府回到京师，朝廷改除他为兵部武选清吏司主事。他离开了"西翰林"，"西翰林"的文士星散四方，但阳明在京中却开始了他归儒觉醒后的新的讲学论道。《泰山高》的宏大颂诗是他回归孔孟儒学的"宣言书"，表明他超越了"九华山"的游禅之路与"茅山"的游仙之路，踏上了通往"泰山"的归儒之路。他的心学思想的飞跃从"泰山"之巅真正起步了。就在阳明回归朝廷后，弘治十八年（1505年）春间，阳明送梧山王缜归南海。王缜作诗称赞阳明"善学亦善变，大鹏其自生。神化固玄妙，天地终有形"。[1] 王缜是陈白沙的弟子，他称赞阳明是"善学亦善变"的"大鹏"，就是肯定了阳明在思想上的不断新变新进，也透露了阳明向陈白沙心学思想转型的信息。汤《盘铭》说："苟日新，日日新，又日新。"王缜借用《盘铭》道出了阳明思想的日进日新，阳明也正是在《盘铭》"苟日新，日日新，又日新"精神的指引下，开始了他的回归孔孟儒学、向白沙心学转型的思想历程。

---

[1]《梧山王先生集》卷十五。

第五章
乙丑之悟
——阳明心学之路的起点

京师驰骋词章新声的余响

当阳明重回京师时，京中诗风又斐然大变，却更吸引了善学善变、心高气盛的阳明，仿佛是一种陷溺词章之学的诗心的"回光返照"，他又以更沉郁放逸的诗情投入到同前七子的交游唱酬中。弘治十五年（1502年）他在京因感到作古诗文是将有限精神消耗在无用之虚文上，所以借告病归越隐居山林潜心学禅习道，但他的好诗赋词章习气并未消泯；两年后回京师，他因学禅学道有得，反而更激发起了他的师心重情的感性诗人的气质，归来更热衷于同前七子驰骋诗赋词章之学。这还是赵宽说的"已觉沉酣皆道气，独难驱逐是诗魔"。

弘治末的京师诗坛诗风新变的声势，是前七子呼啸崛起，高唱文规秦汉、诗追汉唐的口号，李梦阳任户部主事，成为盟坛宗主，何景明任中书舍人，康海任翰林院编修，边贡任太常博士，后任兵科给事中，王九思任翰林院检讨，王廷相选翰林庶吉士，后授兵科给事中，徐祯卿任大理左寺副，七子齐聚都下，赋诗论文，激扬新声，同茶陵诗派展开了角逐。原来在阳明离京师归越后，先是在弘治十五年殿试中，康海高中状元，王廷相、何景明、鲁铎一班名士也都中进士，在京聚集到李梦阳旗帜下，同王九思、顾璘、朱应登、刘麟声气相通。到弘治十八年（1505年）殿试，徐祯卿、殷云霄、倪宗正、王韦、方献夫、陆深、郑善夫、谢丕、湛若水、穆孔晖等一班名士又都高中进士，喧噪一时的"前七子"、"弘治十才子"、"金陵四大家"、"江东三才子"几乎齐聚都下，形成一股文学复古运动的巨大声势，冲击李东阳的茶陵派的营垒。

诗歌太空的前七子群星照出了阳明在京师争驰词章的身影，好作古诗文的阳明一回京师，就同这股来势汹涌的文学复古运动潮流一拍即合，同李梦阳、何景明声气相通，后来他的诗友、余姚诗坛霸主倪宗正说："阳明诗文，起初亦出自何李之门。不数年，乃能跳出何李窠臼，自成一家。呜呼！当世若阳明者，真可谓豪杰之士矣。"[1] 邵得愚也说："有明以来，吾姚能诗者不下数十家，而长于乐府者，唯倪小野、王阳明二先生而已。"[2]

李梦阳主盟诗坛，领袖群伦，阳明自认为是李何引领的这股诗文复古运动潮流的"弄潮儿"。李梦阳作诗主真情真心真性，所以他倡导的复古并不是仿古拟古（模拟），他的真意是要超越近代以来日渐衰败、弊端百出、恹无生气的宋诗旧径，返回到汉唐优秀的诗文传统，恢复诗文的当行本色。由汉唐传统返视宋代，直可谓宋人无诗，故他自己标榜的作诗的复古之路就是超越宋诗，由盛唐而上溯六朝，由魏晋而追本两汉，由《三百篇》而直至倡导学习民间真诗（民歌）。

阳明作诗也主真情真心真性，以心写诗，他说的"古诗文"是针对宋代的"今诗文"而言，所以也同李梦阳取径一致，他的"复古"之路是上本于《诗经》、《楚辞》，继承风雅传统，学秦汉文章，汉魏古诗，盛唐近体。

弘治十八年（1505年）正月，金陵诗人龙霓由刑部员外郎出任浙江按察佥事，空同李梦阳发起了一个声势宏壮的文会，由前七子们打头，二十二名京中文士挥毫作诗壮行，写成书法墨卷，由画家小仙吴伟作画相配，翰林编修罗玘作序，集成诗书画长卷，

---

[1]《倪小野先生全集·别集附》。
[2]《倪小野先生全集·别集附》。

轰传都下。这是一个空前别致的诗书画胜会。李梦阳设文会聚文士大作歌咏浙中山水胜迹诗，表面上像是在指点龙霓到浙后如何有所作为，但真意却是在给那班在京复古派文士们提供了一个尽情抒写汉唐古风诗歌的绝妙空间。来会的"前七子"、"金陵四大家"文士们纷纷追逐李梦阳诗风，各选浙中一景作诗，发思古之幽情，诗风各异，如百花齐放，争奇斗艳，一时沉寂的弘治末诗坛爆出了一片奇光异彩。阳明在诗会上作了一篇奇特的《西湖》诗，显示了自己独特的诗风。

这场京师名士才子吟咏浙中山水名胜的雅集文会，全然是仿效当年王羲之的兰亭雅集觞咏的余风流韵，摆出了以"前七子"为代表的复古革新派的诗歌阵容。这些文士才子们特意把诗抄写在一幅长卷上，展露各自的书法审美风貌，再由吴小仙配上恢弘放逸的山水图，构成了一幅大气磅礴的诗书画长卷，宛如一篇宣告前七子派登上诗坛的无声的"宣言书"。如此诗才荟萃、声情并茂的融诗、书、画于一炉的京师文会雅集，是整个明代弘、正诗坛上都未见有的宏壮气象。这次文会是以前七子派诗人为主体，表面上他们是在咏叹古迹，实际是在各展诗风，各逞文情，吐露了前七子共同的诗文审美追求。可以说前七子诗派在弘、正中的崛起，就是以这一次不同凡响的文会雅集为起点的。

阳明在京师的这些文会雅集中是一个追随李梦阳的中坚人物，又是一个自具面貌、特立独行的诗人。他经常参加这样的文会。这一年的秋间，有一次他赴文会，目睹了京师一位名画师泼墨作巨幅山水画，文士纷纷作诗歌颂，阳明也着意作了一首长篇歌行《观画师作画次韵》。诗中写的泼墨千斛的"画师"估计就是吴小仙。吴小仙的山水人物画时人目为入神品，他早在成化中就被宪宗皇帝召至京师，待诏仁智殿。他蓬首垢面，脚着破皂履，醉中作画，翻泼墨汁，信手涂抹，宪宗皇帝惊叹说："真仙人笔也！"弘治中孝宗皇帝又召见他，特赐"画状元"印章，还送给他一幢长安西街居第。阳明也住在长安西街，是可以经常见到吴小仙的。这时阳明在京师也在认真学画练书法，他的绘画老师估计就是这位吴小仙，诗中说"俗手环观徒叹羡，摹做安能步一蹴"，透露了阳明向吴小仙学画的消息。

在诗人麇集、诗派林立的京华，阳明不仅同前七子唱酬，他还同茶陵派、"金陵四大家"、"湖南五隐"、"弘治十才子"等诗人群体驰逐。参加正月文会的陈沂、王韦、顾璘，估计还有朱应登，就是名震江南的"金陵三俊"、"金陵四大家"。刘麟与顾璘、徐祯卿三人被尊为"江东三才子"。刘麟与龙霓、孙一元、施侃、吴玭又组成了"湖南五隐"。谢承举与徐霖、陈铎又组成了另一"江东三才子"群体。李梦阳、何景明、徐祯卿、边贡、朱应登、顾璘、陈沂、康海、王九思、郑善夫组成了名动大江南北的"弘治十才子"，在正月文会中几乎都有他们出入唱酬的影子。

在都下，其实阳明自己也好结这样大大小小的诗会诗社。这时同阳明经常讲学唱酬的还有吏部考工司主事杨子器。在送走了龙霓不久，六月，适逢杨子器母张氏的生日，京师一班卿士同僚都来祝寿，张氏却提出要归居慈溪，态度异常坚决，任孝子杨子器怎么劝说都无济于事。于是京师一班卿士同僚都咨嗟赞叹，纷纷作诗唱酬，歌颂张氏之贤，集为诗卷相送。阳明也参加了这次唱酬诗会，他特为唱酬诗卷作序点明深意。

序表面上是在写张氏的敏慧贞肃，杨子器的忠孝勤廉，其实在张氏离京南归的背后隐藏着一场莫名其妙的冤狱：原来就在六月，朝廷选定孝宗山陵（泰陵），敕太监李兴、新宁伯谭祐、工部侍郎李鐩督造。杨子器听说太行山陵有水石，便上疏奏论，一

第五章 乙丑之悟——阳明心学之路的起点

下子得罪了太监李兴，竟下杨子器锦衣狱。幸亏皇太后张氏闻知此事，才释杨子器出狱。这场狱事对杨子器打击很大，也是母张氏决意归居慈溪的真实原因。参加这次唱酬诗会的，阳明只含蓄地说是"缙绅士大夫"，估计应就是参加正月文会的那一班诗友。

这一次的诗会唱和，表明阳明在京师的吟诗作赋、词章争驰已经同国事政事朝事纠缠在一起，不再是一味吟风弄月的自我吟唱，遣情自娱的交游私酬。所以接踵而来的是王华、阳明也被莫名卷进了朝中纷争。六月二十八日，科道官忽然交章奏论王华"典文招议"，"俱宜罢黜"。这件事恐怕也同阳明作这篇得罪太监李兴的《寿杨母张太孺人序》有关。所谓"典文招议"，指王华以礼部侍郎典礼闱，处事多有不当，招人议论。事情可能远牵扯到弘治十四年王华主应天乡试时"暮夜受金"，虽然王华已经交金自首，却给人留下议论口实。接着在弘治十七年乡试中，王华以礼部侍郎身份代表礼部建议用京官主各省考试，暗示推荐浙江聘用南京光禄少卿杨廉，山东聘用刑部主事王守仁，为人所非议，在十二月就有南京御史王蕃奏劾阳明以托养病主山东乡试，矛头实针对王华。

其实明代用京官主各省乡试本有先例，而阳明是病痊愈后北上主山东乡试，并不是现在官，御史王蕃的弹劾显然是不合理的，但是他这一弹劾却留下了隐患。接着在弘治十八年二月的省试中，王华以礼部侍郎典礼闱，山东方面中进士的有穆孔晖、刘田、陈鼎、孟洋、殷云霄、袁裛、董建中、翟銮等多人，王华对他们都有"座主"之谊，有的后来成了阳明弟子；浙江方面中进士的有张邦奇、陆深、胡东皋、倪宗正、顾应祥、谢丕、叶溥、吴昂、苏民、陈璋、胡铎、闻渊、董玘、蔡潮、戴德孺等多人，他们有的是王华的亲戚（如胡东皋），有的是王华的门人（如陆深），有的是与王华关系密切的余姚同乡（如倪宗正），有的后来也多成了阳明门人（如顾应祥），这就招致了人们的非议。而在三月从新科进士中选翰林庶吉士时，又偏把倪宗正、陆深、胡铎、穆孔晖、张邦奇等选为翰林庶吉士，更招致了朝臣的非难。科道官指斥王华"典文招议"不过就是指这些事，因为新登极的武宗不允，科道官们在七月二日又交章劾王华，迫使王华在九月十八日上章乞休致，阳明在兵部清吏司也坐不住了。

九月重阳节过后，正是王华上章乞休致后不久，阳明目睹职方署中菊花盛开将败，黯然动了莫名惆怅的诗兴，他便约了职方司主事黄昭去访职方司正郎李永敷。三人对菊吟诗，感叹武宗登极以来的时事乱象，联句唱酬，忧愤沉痛，已经无复年初文会举酒花前、剧饮酣歌、陶然而乐的淋漓兴致，不禁生起了效仿陶渊明归居隐逸的念头。

李永敷是李东阳弟子，茶陵派诗人。黄昭工诗吟，尤擅长古文，常向阳明问学，本也是刑部"西翰林"中的人物，后来成为阳明弟子。这次诗会是受武宗即位后内外交困的现实所激发，也是对科道官交章弹劾王华"典文招议"的回答，犹回荡着"西翰林"论政讲学的余响。就在五月武宗即位的同时，北方鞑靼大举入侵宣府，边军逡巡畏敌，不敢迎战。目睹边防鞑靼侵患未除，朝廷"大蠹"（张鹤龄）未去，朝廷内斗已起，阳明感时咏物，心情自是沉痛惋悒，油然生起了和王华一样的归隐的念头。

武宗即位以来，政局动荡混乱，阳明处在朝廷矛盾纷争的旋涡中。阳明对溺于词章之学的觉醒是与他对溺于仙佛的觉醒同步的，对溺于仙佛的觉醒成为他由词章之学转向圣贤之学的起点。他在日观峰上的"泰山文化之思"，已强烈吐露了对神仙道家外丹烧炼服食的怀疑，归来后很快从陷溺仙道中觉醒，在五月，当

第五章 乙丑之悟——阳明心学之路的起点

入京会试落第的内弟诸偁告归时,阳明作了一首诗赠别,倾吐了他对自己三十年来耽迷仙佛的觉悟自悔之情:

书扇赠扬伯

扬伯慕伯阳,伯阳竟安在?
大道即吾心,万古未尝改。
长生在求仁,金丹非外待。
缪矣三十年,于今吾始悔。

诸扬伯有希仙之意,吾将进之于道也。于其归,书扇为别。阳明山人伯安识。[1]

"金丹非外待",是对仙家外丹修炼长生不死的否定;"长生在求仁",是对儒家生命仁学的回归;"大道即吾心,万古未尝改",是明确宣告了他对"心即理"此心万古不磨的"圣贤之学"的崇仰,与陆九渊兄弟"心即理"、"古圣相传只此心"、"斯人千古不磨心"的吟唱如出一口。所谓"吾将进之于道",实际就是表白要抛弃仙佛长生之学而向儒家圣贤求仁之学皈依。显然,这首诗所吐露的"觉醒"还仅不过是表现了阳明对神仙外丹修炼的否弃,对神仙长生不死之说的怀疑,以及对自己三十年来溺于仙佛长生之说的愧悔,他并没有否定仙佛之学,但这一小小的"觉醒"已足以使他开始看清了儒家圣贤之学超越仙佛长生之学的精微广大,所以这首诗是阳明由词章之学与仙佛之学转向圣贤之学的信号,他在弘治末重返京师与前七子的争驰唱酬,已是他多年来溺于词章之学的最后余响,陈白沙的心学指引他踏上了与湛

---

[1] 书扇真迹今藏于日本定静美术馆。《王阳明全集》卷十九有此诗,但无后题,作"阳伯"亦误。

甘泉共倡"圣贤之学"的新路。

阳明崇仰的"心性之学",就是陈白沙的心学。正是这一向心性之学的转变,开启了他的通向白沙心学的"乙丑之悟"。

白沙"心法":默坐澄心,体认天理

阳明的"乙丑之悟",就是由"辞章之学"转向"心性之学"之悟,是以他回归孔孟儒学的"泰山之思"为起点,以陈白沙的心学为转换中介的一次思想大转型。实际上,阳明由词章之学转向圣贤之学,由仙佛之学返归儒家之学,直接的动因还是弘正帝位交替之际国事政事的衰败糜烂。他在京师任职,也卷进了朝政矛盾纷争之中,面对频繁的朝局内斗、朝政乱象,开始痛切感到吟风弄月的词章之学的无用,修禅求仙长生不死的谬妄,唯有"圣贤之学"才能拯救世道人心。

孝宗皇帝向来被尊为是宅心仁厚的有道之君,弘治之世被称为是煌煌太平盛世,明人甚至把他同汉文帝、宋仁宗并列为三代以后的三大明君贤主。其实孝宗骨子里还是一个懦弱少谋的皇帝,在他的弘治太平之治的升平气象底下已经潜伏着严重的社会危机与朝政危机,到弘治末败象已露,抵不住外有鞑靼的频频入寇,内有外戚阉竖的恣横弄权。李梦阳上书论弘治时政,就尖锐提出了"二病"(元气之病,腹心之病)、"三害"(兵害,民害,庄场畿民之害)、"六渐"(匮之渐,盗之渐,坏名器之渐,弛法令之渐,方术眩惑之渐,贵戚骄恣之渐)的深入骨髓的社会病害,阳明在京也早耳闻目睹,所以他尽力暗中助李梦阳上书弹劾寿宁

第五章 乙丑之悟——阳明心学之路的起点

侯张鹤龄。

孝宗的最大帝病就是宠幸外戚中贵,他重用宦官,皇城内的跑腿太监已有一万多人,他还敕礼部到民间一次选取年龄十五岁以下的净身男子五百名入宫。寿宁侯张鹤龄依仗张皇后的庇护早已贵震天下,骄横跋扈,朝内外官员纷纷请托求进,结党营私。他凶如翼虎,由跋扈宫廷直到横行江湖,招纳无赖,强夺民田,房良家子女,开张私店,剽截商货。朝中有清望的大臣多畏不敢言,怕撄龙怒,最后还是由一个朝中小臣户部主事李梦阳出来发难,捅了帝政禁区。

弘治十八年二月,由于灾变荐至、边寇屡侵,孝宗被迫在十二日下诏求言,李梦阳抓住这个机会很快写了长篇奏章,但对上奏章的吉凶祸福一时还心存疑虑,便袖藏了奏稿去见太常博士边贡,正好遇到也在那里的阳明。阳明看着李梦阳的衣袖说:"有物乎?有必谏草耳!"李梦阳心想写此奏章连妻子儿女都不知道,他怎么会知道呢,于是就取出奏稿给阳明与边贡看。阳明说:"疏入必重祸。为若筮可乎?然晦翁行之矣!"于是三人就一起出门骑马到阳明居处,请阳明筮占。阳明占得《解》卦九二:"田获三狐,得黄矢,贞吉。"狐善迷人中邪,象征小人。《解》卦有四个阴爻,除了在君位的六五之外,还有三个阴爻,故说"三狐"。九二阳爻刚健,在内卦中位,又与君位的六五应,能够驱逐迷惑君主的小人,所以坚守正道,才得吉祥。于是阳明说:"行哉,此忠直之繇也!"[1] 李梦阳这才放心投进了奏章。

李梦阳的上章,后人都认为是旨在弹劾张鹤龄的奏疏,这是错误的。李梦阳其实是应诏上书论孝宗朝政事,并不单为奏劾张

---

[1]《空同集》卷三十九《秘录》。

鹤龄，他只是在最后论"贵戚骄恣之渐"时抨击到了张鹤龄。所以他的奏章实际是对孝宗的弘治帝政作了一个黯淡不祥的总结，有"显暴君过"的嫌疑，自然为孝宗所不喜，他立即下旨拿李梦阳下锦衣狱。张鹤龄也乘机上书自辩，攻击李梦阳上书真意在谤讪母后，有十大罪该杀。只是后来经大臣谢迁等人与科道官交章救援，李梦阳才得免一死，从轻罚俸三个月了事。孝宗对张鹤龄也只是稍加抚慰批评，平息和解了事态，他的宠幸外戚宦官依旧故我。李梦阳的这次奏劾张鹤龄，其实是他后来奏劾刘瑾的前奏，为阳明暗中所促成，也对阳明产生了很大影响。李梦阳在奏章中直言批判佛老，道出了阳明的心声，隐隐透露了阳明对佛老之学态度的转变：在弘治十七年春间写的论佛老的第二道策中，阳明还认为儒佛老三道同一，不主张攻佛老二氏异端，而要儒家先自攻己弊，"先自治而后治人"；到弘治十八年二月他助李梦阳上奏章，已鼎力支持李梦阳批判佛老异端，以仙佛长生之术为不可信。在这一态度转变的背后，已透露出阳明自悔三十年陷溺仙佛之学、弃仙佛之学转向儒家圣贤之学的消息，无怪到四月他在送诸偁的诗中便高唱着"缪矣三十年，于今吾始悔"，"吾将进之于道"了。可以说，阳明的悔悟三十年陷溺仙佛迷途的觉醒就是从他尽力助李梦阳上奏章开始的。正是随着这种觉醒，他开始了艰难探索"心学"的心路历程。

经历了李梦阳上章下狱的悲剧，阳明已经清醒认识到，李梦阳提出的"二病"、"三害"、"六渐"的里外上下的社会腐败已病入膏肓，根源还是因人"心"的败坏所致。要治"心"制"心"，貌似"道妙法灵"的仙佛之学已失灵无用，而唯有修儒家的"身心之学"来救治。他要皈依、探求和倡导的圣贤之学，就是指儒家这种治"心"制"心"的身心之学（心性之学），他明确称为

"心学"。早在弘治五年，他在乡试卷中已提出了"心体光明"、"心有定主"的心学思想。在弘治十七年他作《山东乡试程文》时进一步提出了儒家的"心学"。但是这时他说的"心学"主要是指帝王的养心制心的中道大法，还不是儒家纯粹形上心性之学意义上的"心学"。到弘治十八年从陷溺仙佛迷途觉醒皈依圣贤之学后，他才潜心探索真正的修心养性的"心学"（身心之学）。他加强了同京师士子学者"身心之学"的讲学往来，适逢这年二月会试录取的新科进士先后纷纷涌入京都，他们当中有很多同阳明有或明或暗的不同寻常的关系，如湛若水、方献夫、王韦、董玘、刘节、张邦奇、陆深、周广、郑一初、郑善夫、胡东皋、胡铎、闻渊、倪宗正、顾应祥、徐祯卿、谢丕、穆孔晖、戴德孺、陈鼎、许完等人，有的在一中进士后就来问学，成了阳明的弟子，这就是钱德洪说的"是年先生门人始进"。三月朝廷又选湛若水、方献夫、倪宗正、穆孔晖、陆深、张邦奇、刘寓生等人为翰林庶吉士，他们成为阳明在京讲论身心之学的核心人物，推动阳明走上了陈白沙的"心学"之路。

在湛若水、方献夫来京师之前，除白沙弟子张诩、王缜之外，其实早已有两个人对阳明的讲学论政起了很大影响，这就是储巏与都穆。储巏是神童诗才，一个活跃于弘正诗坛的茶陵派诗人。他在弘治十四年起复为太仆少卿，与阳明相识，成为与阳明唱酬讲学的重要人物。但储巏更关注政事、兵事，在讲学论政上多与阳明合拍。五月孝宗卒，武宗即位，政局大变，北方鞑靼乘机大肆入侵宣府、上谷，储巏这时正好以太仆少卿往南都处理马政，他马上写了一封信给阳明，希望阳明对朝局政事有所建言。

信中提到阳明曾应武宗即位时所下求言诏而上书，已经亡失，估计他应是以兵部主事的身份上书论兵事边事，所以储巏看到他的上书后，立即复书阳明，专谈及边寇入侵，外患严重，希望阳明在"攘外必须治内"上再有所建言，劾逐"大蠹"（张鹤龄）。只是这时科道官交劾王华"典文招议"甚嚣尘上，事牵阳明，故阳明也没有再上书论政，但储巏很快在六月从南都回京后即上御敌疏，条陈御敌五策，估计就是同阳明商量过的。

都穆与阳明是最相知的同年，关系比储巏更密切。阳明称他"其学无所不窥"，"学以该洽闻"，在当时已经"四方之学者，莫不诵南濠子之名"。在弘治中，都穆成为与阳明讲学唱酬最知心的同道人物，几乎可以说正是都穆不知不觉把阳明引到了陆九渊、陈白沙的"心学"的大门口。都穆在弘治十七年八月除工部都水司主事入京，同阳明更密切展开了讲论学问，思想一拍即合，对双方都产生了深刻的影响。都穆实际是一个崇陆学的学者诗人，后来他还特地为新刻的严羽《沧浪诗话》作序。可见他崇信陆学与严羽诗学，无论在诗学还是在儒学上都与阳明思想息息相通。两人的讲论学问促使双方都关注起陆九渊、陈白沙的"心学"来。正好在弘治十八年五月罗侨、张诩编集的《白沙先生全集》出版，由张诩携入京师，在士子中传播开来。阳明就是从张诩那里得到了这部《白沙先生全集》。张诩实际是王华的"门生"，也是阳明生平结识的第一个白沙弟子，他约在成化末丁艰归南海，隐居二十年不出。其间只有在弘治十八年《白沙先生全集》出版时，他曾携这部全集一赴京师，往见王华与阳明。阳明在正德九年作的《寄张东所次前韵》中说："江船一话千年阔，尘梦今惊四十非。"[1] 这里说的江船一话相别就是指弘治十八年在京阳明与张诩的相别。因此张诩到京，必定首先要将《白沙先生全集》

---

[1]《王阳明全集》卷二十。按："千年阔"疑是"十年阔"之误。自弘治十八年到正德九年，正为十年。

第五章 乙丑之悟——阳明心学之路的起点

送王华、阳明。正是这部《白沙先生全集》，成为开启阳明"默坐澄心，体认天理"的心学之悟的"宝钥"。

陈白沙一生跼处广东南海，死后诗文散佚四方，中原士人对陈白沙的思想一时多还如雾里观花，难究底里。《白沙先生全集》的刻版广传，向世人揭开了陈白沙心学思想神秘的面纱。阳明尤为亢奋，他精心研读了《白沙先生全集》，童年的记忆被唤醒，对陈白沙的思想顿然有了全面真切的悟解，他兴奋地给白沙之学写下了一段感悟评语：

> 白沙先生学有本源，恁地真实，使其见用，作为当自迥别。今考其行事，事亲信友、辞受取予、进退语默之间，无一不概于道；而一时名公硕彦，如罗一峰、章枫山、彭惠安、庄定山、张东所、贺医闾辈，皆倾心推服之，其流风足征也。[1]

这条评语实际就是阳明对他的弘治十八年（1505年）的"心学之悟"的自我记录。阳明肯定了陈白沙"学有本源，恁地真实"，这个"本源"他没有明说，实际就是指白沙之学上本于陆九渊、李侗、程颢的心学真传。阳明在读《白沙先生全集》中敏锐把握到了陈白沙心学的宗旨，洞察到了陈白沙心学上承程颢、李侗、陆九渊的内在儒脉，他终于从陈白沙那里找到了自己梦寐以求的"圣贤之学"（身心之学）。从白沙心学的儒脉渊源上看，陈白沙实际是直接拈取了李侗的"默坐澄心，体认天理"作为自己心学的宗旨，构建了一个独特的心学体系。阳明从读《白沙先生全集》中心领神会，大悟到

---

[1]《大儒学粹》卷八上《白沙陈先生》。

白沙心学的根本宗旨,所以他马上拈出陈白沙的"默坐澄心,体认天理",立为倡导圣学的座右铭,确立为自己的心学(身心之学)的根本大旨。大约就是在十月都维明八十寿辰与因子受封时,都穆来请阳明作《豫轩都先生八十受封序》,他到阳明居处看到了这幅座右铭,心有神契,大为赏识,阳明便又把这座右铭书写赠给了都穆,两人共同相守。阳明对陈白沙的"默坐澄心,体认天理"心学宗旨的悟解,堪称"乙丑心学之悟",在他一生心学的形成发展道路上,是一个比后来的"龙场之悟"更有重要意义的悟道,"乙丑之悟"是阳明心学之路的起点,"默坐澄心,体认天理"的座右铭,成为他的乙丑心学之悟的标志。

显然,阳明不是直接从李侗那里接受了他的"默坐澄心,体认天理"的理学思想,而是从读《白沙先生全集》中接受了白沙的"默坐澄心,体认天理"的心学思想,把它立为自己心学的座右铭。从理学发展的儒脉进路看,李侗是从"性即理"、"理一分殊"上提出了"默坐澄心,体认天理",所以他的"默坐澄心,体认天理"还是一个理学的哲学命题;而陈白沙是从"心即理"、"心理合一"上诠释了李侗的"默坐澄心,体认天理",所以他的"默坐澄心,体认天理"已是一个具有心学意义的哲学命题。

阳明的"默坐澄心,体认天理",直接取自陈白沙,他正是从读《白沙先生全集》中汲取了陈白沙的"默坐澄心,体认天理"的"心泉",阳明晚年在伯府中建"天泉楼",在楼壁上大书陈白沙的《题心泉》诗,道破了这一秘密。当时亲来天泉楼受教的董沄在《从吾道人语录·日省录》中说:

> 吾昔侍先师阳明先生于天泉楼,因观白沙先生诗云:"夜

半汲山井，山泉日日新。不将泉照面，白日多飞尘。飞尘亦何害，莫弄桔槔频。"遂稍有悟千圣相传之机，不外于末后一句，因又号"天泉绠翁"云。

原来陈白沙这首诗题作《题心泉（赠黄叔仁）》，正是吟他的"默坐澄心，体认天理"的"心泉"思想的。天泉楼就是阳明汲取良知心学的"心泉"之楼。阳明曾作一首诗赠董沄云："尔身各各自天真，不用求人更问人。但致良知成德业，谩从故纸费精神。乾坤是易原非画，心性何形得有尘？莫道先生学禅语，此言端的为君陈。"[1]这里说的"先生"向来不知是指谁，但据董沄的一首和诗《敬次先师韵求教》吟道："为学当从一念真，莫将闻见骇时人。要知静默无为处，自有圆虚不测神。谷种滋培须有事，镜光拂拭反生尘。藏而后发无方体，听取江门碧玉陈。"[2]这里说的"江门陈"就指陈白沙，可见阳明诗说的"先生"必是指陈白沙无疑。所谓"要知静默无为处"，就是指陈白沙的"默坐澄心，体认天理"。所谓"镜光拂拭反生尘"，就指陈白沙《题心泉》诗说的"飞尘亦何害"。因此阳明诗说"此言端的为君陈"，必就是指陈白沙的《题心泉》诗，阳明这首诗显然是对着壁上题的白沙《题心泉》诗感悟而发。就是在这座天泉楼中，阳明又汲取了白沙的"诗教"，吸收白沙的"古诗歌法"，创立了"九声四气歌法"，表明直到晚年阳明仍尊仰陈白沙的心学心法。

无独有偶，湛若水也慧眼看中了陈白沙这首《题心泉》诗，承认自己的思想也是汲取了陈白沙的心学的"心泉"（心法）。阳

---

[1]《王阳明全集》卷二十《示诸生三首》之一。
[2]《董沄集・从吾道人语录・求心录》。

明也同湛若水一样返本求新，追溯李侗的思想，用陈白沙的心学思想去诠释李侗的"默坐澄心，体认天理"，成为阳明与湛若水共倡圣贤之学的共同思想语言与共同思想基础。

在李侗看来，心具众理，因此体认天理须以静摄心，默照澄观，静中体认大本达道。静，就是指心虚一而静，"心源寂静"，"以身去里面体认"，李侗自己解释说："虚一而静，心方实，则物乘之；物乘之则动，心方动，则气乘之；气乘之则惑，惑斯不一矣，则喜怒哀乐皆不中节矣。"[1] 静中体认要求静坐，从静坐中澄心观照，所以称"默坐澄心"。

但是李侗不仅强调静中体认，而且更注重分殊体认；不仅强调"默坐澄心"，而且更注重"体认天理"。在他看来，因为理在物中，"理一"在"分殊"中，所以须即物求理，就分殊体认理一，这就叫"分殊体认"，"随处体认物理"。当初朱熹第一次见到李侗大谈"昭昭灵灵"的禅学时，李侗就语重心长地对朱熹说："天下理一而分殊，今君于何处腾空理会得一个大道理，更不去分殊上体认？"[2] 分殊体认就是从分殊中认识理一，随事随物随处体认天理。故李侗把"静中体认"称为"于静处下工夫"，把"分殊体认"称为"就事上下工夫"，"于日用处下工夫"，"日用间著实做工夫"。

静中体认与分殊体认的统一，构成了李侗的思想体系，他的默坐澄心（静中体认）后来为陆九渊的心学所接受，他的分殊体认（格物求理）后来为朱熹的理学（性学）所接受。陈白沙全面接受了李侗的默坐澄心与体认天理思想，所以他的思想体系也具有杂糅陆氏心学与朱氏理学的特点，或者说，陈白沙的思想体系

[1]《延平答问》下。
[2] 徐用检：《仁山先生集序》，《仁山集》卷五。

其实还是一个不彻底的心学体系，正如阳明自己后来说："譬如这一碗饭，他人不曾吃，白沙是曾吃来，只是不曾吃了。"[1] 正是这个"不曾吃了"的"不彻底"的心学体系吸引了这时正由词章之学向圣贤之学、由宋儒理学向心学转变的阳明的极大注意，也为湛甘泉与王阳明各自借陈白沙心学发展自己的思想体系留下了不同的诠释空间。

阳明的"乙丑之悟"，就是阳明汲取陈白沙的"心泉"的心学思想之悟，也是他生平超越宋儒理学走向心学的起点。正好这时陈白沙门人湛若水入京任翰林院庶吉士，阳明找到了讲论陈白沙心学的知心同道，他的"默坐澄心，体认天理"的座右铭成了他同湛若水共倡圣贤之学的指路明灯。

同行白沙心路：与湛甘泉共倡圣学

湛若水在中进士后入选为翰林庶吉士，在五六月间由增城北上赴京。他的到来，给程朱理学阴霾笼罩的京都投进了一道岭南白沙心学的亮光。他在春间会试中写的《中者天下之大本论》，其实就是发挥白沙的心学。入京选为翰林庶吉士后，湛若水又引人注目地写了一系列鼓吹白沙心学的文章，如《责志论》、《学颜子之所学论》、《学说》等。湛若水这些文章必然会引起阳明的关注，但因为湛若水初进京师并不认识阳明，新选庶吉士后又很快紧张地投入翰林学士张元祯、刘机负责传授的教习中，所以他和

---

[1] 见《明儒学案》卷二十九《主事尤西川先生》引《拟学小记》。

阳明并没有能马上见面相识。大约到了冬间，新选庶吉士繁忙的教习结束，可能湛若水听到了阳明立陈白沙的"默坐澄心，体认天理"为座右铭，与他的思想完全合拍；也可能是阳明从新选庶吉士倪宗正、穆孔晖、陆深、王韦那里得知湛若水是陈白沙的门人，得白沙真传，两人才心生渴慕，倾心会见，当面讲论学问，相互了解，得悉各人"圣学"的思想学问大旨完全相同，于是一见便定交，相约共倡圣贤之学。

阳明与湛若水共倡圣学

两人首次见面，估计徐爱、方献夫都在场，湛若水也肯定会看到阳明大书的"默坐澄心，体认天理"的座右铭，一下子说到了湛若水的心坎。所以阳明和甘泉都称这次初见是一次神交意会、心心相通的会见，湛若水自认"自我初识君，道义日与寻。一身当三益，誓死以同襟"。阳明更欣然称湛若水为"同心人"，"吾

第五章 乙丑之悟——阳明心学之路的起点

之同道友"。

在相见定交以后，为了"同驱大道"，阳明与湛若水正式相约共倡圣学，已经是到了正德元年（1506年）新春。所以湛若水三次明确地说他与阳明始相约共倡圣学是在正德元年（丙寅），不会记忆有误。显然，所谓"圣贤之学"其实就是指他们两人共尊信的陈白沙心学，不过他们都说得比较含蓄。由于朱明王朝统治者从朱元璋开始就以程朱理学统治牢笼天下，视陆九渊心学为异端。陈白沙的心学在民间崛起，被时人目为"禅学"，连湛若水、王阳明的思想也被连带"疑其为禅"。弘治中的京城，充斥着一班笃守正统程朱理学的官员与士人。冠盖满京华，斯人独憔悴，阳明与甘泉不得不打起"共倡圣贤之学"的旗号，以"圣贤之学"为掩盖来讨论、发展、倡导陈白沙的心学，借着宋儒程明道、李延平（朱熹老师）的权威说法为陈白沙的心学找到合法正统依据。所谓"共倡圣学"，就是两人共同汲取陈白沙的心学思想的"心泉"，讲明讨论陈白沙的心学思想，进一步统一两人对陈白沙的各种心学观点的认识，建构一个两人都认同的完善的心性之学体系（圣学），广泛向学子士人倡导、宣播、推行。后来湛若水说他们两人共倡圣学就是"共尊明道'仁者浑然与天地万物为一体'之学"，仿佛两人共倡的圣学就是指明道的程学，也是一种掩饰之词。实际他们是在程学掩盖下讲论陈白沙的心学，讨论的心学问题也很广泛。两人讲论圣学的焦点还是在陈白沙的"默坐澄心，体认天理"上，也正是两人共倡共尊共守的圣学宗旨。

在体悟陈白沙的"默坐澄心，体认天理"上，湛若水几乎经历了一个与阳明相同的心悟历程。弘治七年（1494年）湛若水往江门问学于陈白沙，白沙就是首先向他传授了"默坐澄心，体认天理"的心学。湛若水首问"体认天理",陈白沙回答说:"其兹可以至圣域矣。"[1]但由于他把"默坐澄心"(静坐)与"体认天理"(随处体认)看成是对同一静观体认工夫思想的两句表述,所以对陈白沙教他的"默坐澄心"与"体认天理"皆两未有悟。[2]归来后他涵养体认三年,终于豁然大悟。

陈白沙很快写信称赞湛若水的心悟说:"去冬十月一日发来书甚好。日用间随处体认天理,着此一鞭,何患不到古人佳处……"[3] 实际上,陈白沙对自己的"随处体认天理"早有经典独到的解说,他明晰详密地说:

> 终日乾乾,只是收拾此理而已。此理干涉至大,无内外,无终始,无一处不到,无一息不运。会此,则天地我立,万化我出,而宇宙在我矣。得此把柄入手,更有何事?往古来今,上下四方,都一齐穿纽,一齐收拾,随时随处,无不是这个充塞……此理包罗上下,贯彻始终,滚作一片,都无分别,无尽藏故也。[4]

所以湛若水在初受白沙教后,就接受了白沙"默坐澄心,体认天理"的心学宗旨,并且拈出"默坐澄心,体认天理"立为白沙心学入门的"不二法门",不以白沙心学为"禅"。

湛若水的自悟体证,真正把握并接上了李侗、陈白沙的"默坐澄心,体认天理"的思想真脉,完全符合李侗、陈白沙的本意。

---

[1] 湛若水:《白沙先生改葬墓碑铭》,《陈献章集》附录二。
[2] 参见阮榕龄:《编次陈白沙先生年谱》。
[3] 《陈献章集》卷二《与湛民泽》书十一。
[4] 《国学献征录》卷二十二《翰林院检讨陈公献章传》。

他的自我超越的悟解表现在两个方面：一是认识到二程说的"天理二字是自家体认出来"与李侗、陈白沙说的"体认天理"是两回事：二程说的"自家体认天理"是指吾心的静中体认（默坐澄心）；而李侗、陈白沙说的"体认天理"是指日用间的分殊体认（随时随物随处体认天理，就分殊体认理一）。故湛若水特地在"体认天理"前加"随处"、"日用间"，是完全准确体悟到了李侗、陈白沙的"体认天理"的本意，而陈白沙在称颂湛若水的颖悟时明确肯定了他在"体认天理"前加上"日用间随处"的做法，也更清楚道出了白沙自家"体认天理"未被人看透的真谛。二是认识到了李侗、陈白沙说的"默坐澄心"与"体认天理"是两回事："默坐澄心"是指静中体认大本达道，体认喜怒哀乐未发时气象，所以注重静坐静观；"体认天理"是指日用间随处体认天理，从分殊中体认理一，所以强调随处格物穷理。自陈白沙去世后，世人多只以"以静为主，但令人端坐澄心"的向内体认的一面认识陈白沙之学，而遗弃了陈白沙的"随处体认天理"（分殊体识）的向外体认的一面，遂为后人定白沙学为"禅学"找到口实依据。湛若水第一个纠正了世人对白沙之学的这一最大错误认识，他从默坐澄心向内体认的一面与随处识理向外体认的一面的统一上完善诠释了陈白沙的心学体系，也为他后来建立自己的"随处体认物理"的心学体系打下了基础。

  阳明立"默坐澄心，体认天理"作为自己心学的座右铭，与湛若水不谋而合，可谓心有灵犀一点通。他对"默坐澄心，体认天理"的悟解，也同湛若水的悟解一致。虽然两人在京师共倡"默坐澄心，体认天理"思想的直接资料现已不可见，但依旧可以找到明显的相关证据与思想印迹。在"默坐澄心"（静坐）上，阳明本早已在阳明洞中进行真空炼形法的静坐修炼，同白沙的

"默坐澄心"完全合拍,所以他把白沙的"默坐澄心"同他的静入窈冥的静坐修炼一下子通贯联系起来,仅从阳明在正德元年(1506年)以后便大力提倡静坐静观,并且自己身体力行,终其一生都好静坐静观不变来看,他显然完全领悟并接受了陈白沙的默坐澄心、静中体认大本达道的工夫论思想,这是阳明与湛若水共倡圣学的直接思想成果,阳明后来更把这种"默坐澄心"的静中体认融化进了"体认心体"、"致良知"的心学工夫论中。可以说直到正德十四年提出"良知"说以前,阳明都是以"默坐澄心"为主要的本体工夫传授门人学者。如在正德十三年欧阳德来赣州问学受业,据他自己说,他主要就是学"默坐澄心"的工夫。到正德十四年"良知之悟"以后,他又把"默坐澄心"的静观体认融进了良知心学中。

在"体认天理"上,阳明也和湛若水一样体悟到陈白沙"日用间随处体认天理"思想的精义。

如果说两人这时思想认识上有什么不同的话,那么可以说在体认践行陈白沙的"默坐澄心,体认天理"上,湛若水更注重随处体认天理,而阳明更注重默坐澄心观理,这里已经隐伏了两人未来不同的心学走向的矛盾分化,他们都逐渐看出了陈白沙的"默坐澄心"与"体认天理"的内在矛盾,开始尽力各自作出新的诠释来弥缝统合白沙心学中的矛盾裂痕,两人的思想由此渐渐拉开了距离,终至分道扬镳:湛若水主要抓住并发展了白沙的"体认天理",建立了"随处体认天理"的心学思想体系;阳明则主要抓住并发展了白沙的"默坐澄心",走向了"致良知"的心学思想体系。

在正德元年两人共倡圣学上,除了陈白沙的"默坐澄心,体认天理"思想是两人讲论倡导的焦点外,程明道的"仁者浑然与

第五章　乙丑之悟——阳明心学之路的起点

"天地万物同体"思想也是两人讲论倡导的圣学中心议题。

阳明与湛若水共论"仁者浑然与天地万物同体"同他们共论"理一分殊"、"分殊体认"、"随处体认天理"有密切关系，是他们总的从共论"默坐澄心，体认天理"的心学宗旨中推阐出来的一大心学本体工夫论命题。"仁者浑然与天地万物为一体"本也是陈白沙突出宣扬的重要心学思想，不过是他的"心即理"、"心理合一"、"心物合一"、"心外无理"、"心外无物"的心学大旨的另一种表述，所以阳明与湛若水两人表面像在讨论尊崇程明道的"仁者浑然与天地万物为一体"，实际还是在讨论共尊陈白沙的心学。陈白沙用陆九渊的"心即理"、"心外无物"对明道的"仁者浑然与天地万物为一体"作了心学的诠释，他的这种神秘的仁心与万物浑然一体的思想在当时也鲜为世人所理解，正是湛若水在《白沙先生改葬墓碑铭》中作了明晰的阐述。

湛若水精心作《白沙子古诗教解》，阐释解说陈白沙的"心理万物浑然一体"的心学本体论与"默坐澄心，体认天理"的工夫论，正是本书解诗教人的醒目的两大主旨与主题。他在解说白沙的《偶得寄东所》诗时，更揭开了陈白沙的"心理物我浑然一体"的心学本体论的未发之秘。

在陈白沙的心学视阈中，道在吾心，道心合一；道又在万物，道物合一。因此从道在吾心的一头言，须默坐澄心，静中体认；从道在万物的一头言，须随处体认，分殊穷理。"心理物我浑然一体"的心学本体论与"默坐澄心，体认天理"的心学工夫论是统一不分的，所以在共倡圣学上，湛若水表面只含糊说两人"共尊明道'仁者浑然与天地万物为一体'"的本体论，其实也已完全把两人共尊"默坐澄心，体认天理"的工夫论包含了进去，他只不过用共尊程明道之学来掩饰两人共倡陈白沙心学的良苦用心。

阳明在尊明道"仁者浑然与天地万物为一体"上，也洞悉到了陈白沙的"心理物我浑然一体"的心学本体论，与湛若水达到同样的认识高度，故湛若水说"我则是崇，兄亦谓然"。阳明把明道的"仁者浑然与天地万物为一体"理解为心理物我为一体，人与万物内外本末、动静显微浑融于一心，这是一种心学的诠释，与陈白沙、湛若水的心学诠释思路完全相同，显示了他在正德中与湛若水共倡圣学时对心我万物浑然一体思想的认识已达到时人难以企及的高度，即使阳明自己后来也未能再有新的超越。

阳明晚年的"天地万物浑然一体"思想的定说同他在正德元年体悟到的"心理万物浑融一心"思想的早年之说脉络一气贯通，并无二致，晚年的阳明完全重复了他当初与湛若水共倡圣学时的看法，从中尤可清晰看到他的这一心学思想上本程明道、陈白沙的明显痕迹。

所谓"共倡圣学"并不仅是指阳明与湛若水两人之间讲学讨论圣学，而且更是指他们用这种两人认同的圣学去向士子儒生群中倡导、讲论、宣传，发扬光大，因此"共倡圣学"并不只是在他们两人之间进行，而更多是他们同京师莘莘士子学人展开圣学的讲学讨论。这样，两人的共倡圣学便同他们的讲学论政紧密联系起来，他们的"圣学"在讲学论政中得到了进一步阐扬升华。湛若水从会试中以一篇独特的论心学（圣学）的试卷《中者天下之大本论》开始在京大力宣扬从陈白沙那里传授来的圣学，引起朝士的注目，一大批同他一起选为翰林庶吉士的方献夫、胡铎、陆深、倪宗正、穆孔晖、蔡潮、张邦奇、刘寓生、王韦等人，成了同湛若水讲论圣学的"讲友"，日日相互切磋，深得李东阳、谢迁的器重。他们同时也成了同阳明讲论圣学的"讲友"。这时同阳明讲论圣学的主要有两类人：一类是弘治十八年的新科进士，

第五章 乙丑之悟——阳明心学之路的起点

像湛若水、方献夫、刘节、张邦奇、陆深、周广、郑一初、郑善夫、胡东皋、胡铎、闻渊、倪宗正、徐祯卿、顾应祥、谢丕、翟銮、穆孔晖、戴德孺、陈鼎、许完等，他们有的留朝任职，有的选为翰林庶吉士，有的虽到地方州县任官，但也常来京师见阳明问学，不少后来陆续成了阳明弟子。一类是在京的同僚士友，像都穆、汤礼敬、黄昭、李永敷、杨子器、陈珂、杭淮、储罐、崔铣、汪循、汪俊、汪伟、乔宇、林富、刘菑等，阳明同他们经常讲学唱酬，他的"圣学"在讲学唱酬中也得到了宣扬提升，把那些在学途徘徊的士子引进了自己"圣学"的"彀中"。

阳明与湛若水讲论倡导的是陈白沙的心学，但京师芸芸学子士人在朱明王朝尊朱统治思想的笼罩下多是走朱学之路，不识陆九渊学，更无论陈白沙学。阳明已经意识到，同他们讲论学问，就是要把他们从朱学的迷途拉回到陆学、白沙学的思想轨道上来。选为翰林庶吉士的陆深，原就是王华的门生，他在同阳明的讲论学问中转向了阳明的"圣学"，成了阳明的弟子。后来阳明被谪龙场驿，众人多畏不敢言，陆深却作了一首长篇《南征赋》为阳明鸣不平了。另一名阳明的弟子穆孔晖，起初不肯宗阳明说，对阳明的思想并不怎么理解，也是在同阳明讲论圣学中开始渐信王学。阳明面对的学子士人大多数都是比穆孔晖还要"保守"的尊宋儒、信朱学的人，同阳明讲论圣学总隔一层。"姚江三廉"之一的胡铎，也是余姚人，与阳明早识，他是一名笃守朱学的正统名士，人们呼他为"胡道学"。选为翰林庶吉士后，同湛若水与阳明讲论圣学都不合。胡铎的《异学辨》，是他正德十六年（1521年）针对阳明的《古本大学傍释》与《朱子晚年定论》所作的一部论辨之书，指斥阳明王学为"异学"，犹回响着他在正德元年同阳明、湛若水论辨圣学时的认识基调。这时阳明已提出了"致良知"的心学，胡铎则把阳明从正德元年讲论的"圣学"到正德十六年讲的"良知"心学都视为"异学"。

另一名著名的崇朱学者汪循，也是同阳明讲论圣学的主要人物。他任顺天府通判，尤好论政讲学。在八月他接连上《陈言外攘内修疏》、《论裁革中官疏》，触忤权阉刘瑾，罢归休宁。阳明在他的讲论学问的书卷上题文赠别。这篇赠文不仅反映了汪循同阳明讲论圣学存在的分歧，而且更可窥探到阳明自己在正德元年是怎样讲论圣学的"全豹"。阳明实际在文中提出了论辨圣学的两条基本原则：一是讲学须先立志，立志为根本，讲学为枝叶。所谓立志，就是立心（心之所志向），先立信圣学之心，才能讲论圣贤之学，否则讲学辨析愈繁，去道愈远。二是论辨圣学如有异同是非得失，可以无辨，不必强辨纷争。求同存异，从根本立志入手，加为己谨独之功，异同得失是非不待辨说而自明。其实，这两条原则也就是阳明与湛若水两人共倡圣学遵循的原则，后来贯穿在阳明一生的讲论学问中。

阳明与湛若水共倡圣学就是同他们与学子士人讲论圣学联系在一起的，正是在同这些顽固尊信朱学的学子士人的讲论圣学中，"嗟予不量力"，阳明也有自己心路的迷茫，痛苦的精神徘徊，沉潜新的心性学的深思，感到了自己圣学（白沙心学）的不完善，推动他与湛若水各自反思自己的圣贤之学，在心学之路上奋勇前行。所以他们两人的共倡圣学只进行了一年多，就因阳明上书援救言官下狱被贬而中断了。正德二年（1507 年）闰正月阳明离京赴谪龙场驿时，湛若水精心作了《九章赠别》送阳明。其诗序不露痕迹地道出了《九章》咏叹"仁者浑然与天地万物为一体"与"默坐澄心，体认天理"圣学的主题，所以第八首《穷索》诗云："穷索不穷索，穷索终役役。若惟不穷索，是物为我隔。大明无遗照，虚室亦生白。至哉虚明体,君子成诸默。"第九首《天地》诗云:"天地我一体,宇宙本同家。与君心意通,离别何怨嗟?浮云去不停,游子路轻赊。顾言崇明德,浩浩同无涯。"《九章》分明震响着两人一年来共倡圣学的余音。阳明自是心照不宣,心性之思比湛若水更深邃明澈,他也不露痕迹地作了《八咏》相应答。

阳明的《八咏》与湛若水的《九章》,可以看作是两人各自对自己这时的心学思想的一个总结。在赴谪龙场驿之前阳明与湛若水《八咏》与《九章》的长歌互答,是阳明与湛若水两人共倡圣学的悲慨的最后一幕,他们用这两组诗宣告了两人共倡圣学无奈的结束,但是两人的心学之路并没有中绝,随着两人共倡圣学的结束而来的,是两人各自对自己心学的新的探索,在正德二年以后,湛若水在京中纷争的旋涡中深思熟虑地发展着自己的"随处体认天理"的心学,而阳明也在穷困处夷的磨难中踏上了新的心学觉悟之路。

第六章
从兵部主事到龙场驿丞

八虎弄权：武宗新政的乱象

自武宗在弘治十八年五月登极以后，朝内外潜伏的危机严重暴露，朝中纷争内斗加剧，撕下了孝宗时代煌煌"太平成象"的表面升平气象。武宗生性荒淫冥顽，刚愎自用，他比孝宗更独断专横，倍加宠信阉竖。从孝宗朝风光过来的八大权阉刘瑾、马永成、谷大用、张永、罗祥、丘聚、魏彬、高凤乘时而起，武宗一一宠爱有加。八虎日日侍武宗宴游嬉戏，诱引武宗玩养狗马鹰兔，舞唱角觝，形同倡优，皇宫中丝竹钟鼓之声响彻宫外。又造豹房供十五岁的"少年天子"淫乱，招引善秘术的番僧入宫。八虎大权在握，炙手可热，大臣纷纷攀援结托，加深了朝臣间的勾心斗角。吏部左侍郎焦芳就靠太监的内援，升为吏部尚书。但他的野心是想入阁，身为元老大臣的王华便成了他首要打击的目标。

王华以状元闻名天下，又是三朝元老的重臣，本来最有入阁的希望，但却遭到政敌一连串的弹劾，阻挡了王华的入阁之路。正德元年（1506年）正月，礼部右侍郎王华直经筵。二月，王华奉命祭祀诸陵、历代帝王陵寝、岳镇海渎诸神。五月，王华又升礼部左侍郎。他在仕途上一时骎骎有复起之势，这被入阁心切的焦芳视为眼中钉，马上暗中嗾使科道官再弹劾王华。先在三月，兵部侍郎熊绣忽然无故被擢左都御史出抚两广，离朝远去。这件事其实同御史何天衢弹劾吏部尚书马文升有关系，都是焦芳嗾使同党击去政敌、为自己入阁扫清道路的杰作。

熊绣成化二年（1466年）中进士，是比王华资历更老的三朝元老重臣，所以也尤为焦芳所嫉，王华、阳明都心里有数。因为熊绣是阳明的兵部上司，在熊绣离京赴两广时，兵部同僚唱酬相送，阳明特意作了一篇《东曹倡和诗序》。阳明的序写得很含蓄，却又十分尖锐，也道出了朝中内斗的激烈。在朝臣们弹劾刘瑾之前，阳明其实已以这一篇《东曹倡和诗序》卷入了朝廷纷争。

焦芳排逐了马文升、熊绣，得到了荣升吏部尚书的御赏，这是他在入阁之路上跨出的决定一步。接下来的目标就是排击王华。九月，南京十三道御史李熙等忽然再劾王华，迫使王华上疏抗辩，辞免日讲。

其实焦芳才是与刘瑾勾结作恶的真正的元凶大臣，他为入阁先是嗾使十三道御史弹劾王华；弹劾王华失败后，他转而投靠刘瑾，表里为奸，靠刘瑾的内援登上阁老的宝座；朝臣弹劾刘瑾要以吏部尚书领头，他却断然拒绝，反将大臣伏阙上书的消息透露给内阁，听任户部尚书韩文罢斥而去；他靠阿附奴事刘瑾顺利当上阁老，后来"余姚人"阳明、王华贬谪罢官，原来也都有他在从中作祟。

朝中大臣起来弹劾刘瑾八虎，就是因焦芳嗾使南京十三道御史劾礼部尚书张升、礼部左侍郎王华、吏部左侍郎兼学士张元祯等人而激化的。朝臣对八虎的嚣张跋扈早已痛心疾首，但武宗无动于衷。到六月，又有给事中刘菡、陶谐劾太监丘聚、魏彬、马永成，反以奏章有讹字被责罚。到九月，谏官交章论劾无用，朝中大臣不能再沉默，户部尚书韩文首先拍案而起，决定以死抗争，便叫李梦阳起草奏稿。第二天他就去密见三大阁老李东阳、刘健、谢迁，得到三老的允许支持。又到六部大臣中宣扬倡议，得到六部大臣的踊跃响应。第二天，韩文便率领大臣上了弹劾八虎的

第六章 从兵部主事到龙场驿丞

奏章。

李梦阳把这次上疏称为"诸大臣疏",韩文所率的"诸大臣"是指六部的尚书与侍郎,所以必包括礼部左侍郎王华。后来武宗下诏召上疏诸大臣诣左顺门问对,王华也是参加了的。至于朝中一班小臣如阳明,也只能和李梦阳一样密切注视着大臣弹劾的动向。诸大臣的上疏弹劾表面上声势雄壮,其实内部一盘散沙,由于三阁老的软弱无力与诸大臣的胆小怕事,弹劾竟然一击即溃。

武宗以闪电般速度一手"钦定"了这桩大臣弹劾权阉的大案。十月十三日,刘健、谢迁俱致仕罢归。内阁只留下一个唯唯诺诺的李东阳,焦芳反以文渊阁大学士直阁。权阉的地位得到空前稳固。

刘健、谢迁的罢黜,在朝内外掀起了轩然大波,朝臣们立即发起了一个声势壮大的援救刘健、谢迁,再劾八虎的行动,却一个个落得了下锦衣狱、贬谪罢逐的命运,演变成为一场惊心动魄的"党籍"、"党锢"之祸,小小兵部主事的阳明居然也成了朝廷开列的五十三名"奸党"中的重要人物。声势最大的一次奏援弹劾是在十月下旬[1],南京给事中戴铣、李光瀚、徐蕃、牧相、任惠、徐暹以及御史薄彦徽、蒋钦等人连章奏留刘健、谢迁,疏刘瑾不法数十事,并劾太监高凤从子高得林冒升锦衣卫指挥佥事,批评武宗晏朝废学游宴、驱驰射猎失君王大体。奏章抨击的矛头已经直指武宗,武宗恼羞成怒,大发雷霆,立刻下旨将南京言官戴铣、牧相、薄彦徽等十八人捉拿械系送京师,下锦衣狱。

---

[1] 按:关于戴铣上奏章之时间,史书均以为在十二月,显误。戴铣上疏旨在乞留刘健、谢迁,而刘健、谢迁去位在十月十三日,可见戴铣等上疏当不出十月底之前。

阳明一直关注着朝臣弹劾权阉的动态。焦芳唆使科道官连连弹劾王华与王华参与大臣疏劾刘瑾的失败，已使阳明感到十分担忧。阁臣焦芳的"南人"、"余姚人"不可信不可用的叫嚣，也使他感到十分危惧。这次戴铣、牧相连章奏劾刘瑾被逮下诏狱，牧相又被认为是阳明的姑父，更同王华、阳明有直接的利害关系。在他看来，言官以谏为职，言者无罪，如以言定罪，摧残杀戮言官，乱了朝纲国法，是独裁帝王无从推诿掩饰的君过，朝臣人人都有正君心、纠君过的责任。于是在十一月中旬，他乘南京言官还没有械系到京的时候，上了一道《乞宥言官去权奸以章圣德疏》。

阳明这道上疏其实不过是一篇乞宥言官的奏章，后世多把它误认为一篇抗论权阉的劾章。如果把阳明此疏同蒋钦、刘蒝、张敷华等人义愤激烈、以死相抗的劾章相比，那就可以清楚看出阳明此疏是当时一篇态度最温和的奏章。阳明在疏中完全未涉及弹劾权阉事[1]，而只是就南京言官戴铣等被捉拿械系进京一事上谏，论言者无罪，乞武宗宽宥谏官，这同当时所有的弹劾权阉的劾章是完全不同的。那些所有弹劾权阉的劾章都是将弹劾的矛头指向刘瑾八虎，以刘瑾八虎为罪魁祸首，一切都是刘瑾矫诏为之，而对真正的罪魁祸首武宗不敢置一词。而阳明的奏章矛头所指却不是刘瑾八虎，而是暴君武宗，言官戴铣等人被捉拿械系进京不是刘瑾矫旨为之，而是武宗自己独断独行。全疏反复指陈武宗阙失，直指君过，批评武宗"赫然下令，远

---

[1] 按：阳明是次上疏，《国榷》只云"疏救戴铣等，下狱"，《明武宗实录》亦只云"守仁具奏救之"，并无乞去权奸刘瑾之事。《王阳明全集》中此疏题目作"乞宥言官去权奸以章圣德疏"不通，亦与疏中内容不合，"去权奸"云云显乃后来所加。今存《阳明先生文录》中此疏正题作《乞宥言官疏》。

事拘囚"，"特敕锦衣卫差官校拿解赴京"，"使陛下有杀谏臣之名，兴群臣纷纷之议"，圣德有亏。这种显暴君过，撄触龙鳞，犯了谏官大忌，武宗尤为震怒，一场意想不到的厄运顿时降落到了阳明的头上。

名入"党籍"：贬龙场驿

其实在阳明上这道乞宥言官的奏章时，武宗已决定把那些上章弹劾刘瑾八虎的朝臣统统当作朋党勾结的"奸党"来打击，纷纷投入锦衣狱，阳明的奏章直指君过，批评圣德，更动了武宗的杀机，焦芳的"余姚人不可用"的叫嚣这时在武宗的独裁帝王心态深处引起了回响，他马上也像抓南京言官一样敕锦衣卫差校官去逮捕了阳明，投入锦衣狱。阳明开始了漫长的狱中囚徒生活。

阳明被关在锦衣狱的囚室里，朝廷勒令他"省愆内讼"，交代罪行，同时等待锦衣卫的鞫狱定案。在如洞穴一般的阴暗破漏的囚室里，不见天日，不知冬夏，天天思咎省罪，这是一种何等痛苦难耐的灵魂折磨与煎熬。

在囚牢中，阳明唯一的精神安慰与支撑，就是几个同道的同室狱友，特别是林富与刘茝。他们也是因弹劾刘瑾八虎而被投入了锦衣狱，阳明与他们都早相识。在如鬼魅般冷寂阴沉的囚室中，阳明同他们同声响应，同气相求。大理寺评事林富字守仁，号省吾，也因弹劾刘瑾八虎与阳明同时被投入锦衣狱。阳明同他志同道合，同病相怜。两人学着当年周文王被囚羑里演《易》的故事，在囚室中带着枷锁相对讲论《周易》，昼夜不倦，忘了自己

阳明被贬龙场驿

是身陷囹圄的囚犯。两人讲论《周易》一个多月,直到出狱。

阳明称他与林富狱中讲论《周易》是旨在"洗心",这其实是阳明在京与士子学者讲论圣学的另一种特殊方式。后来他贬谪到龙场驿后筑玩易窝潜玩《周易》,著《五经臆说》,直至进一步悟陷溺佛道之非,实际就是从他在狱中日夜潜研讲论《周易》起步的。阳明在狱中讲论《周易》,其实也是在《周易》中汲取为人处世、明哲保身的人生智慧,度脱人生遇到的凶厄危难。《遁》

第六章 从兵部主事到龙场驿丞

卦的九四说:"好遁,君子吉,小人否。"是说君子在应当隐遁时,必须断然隐去,不可留恋犹豫。《蛊》卦的上九说:"不事王侯,高尚其事。"是说要有隐士的高尚气节,不为王侯所用,隐遁自保。阳明生平有遇事蓍占的习惯,这里的《遁》卦九四与《蛊》卦上九,就是他在狱中预卜命运吉凶所作的两次蓍占,都是告诫他应隐遁自保,才能脱却灾厄,不可贪恋仕途富贵。后来他出狱后竟不赴龙场驿谪地而却远遁武夷山避祸,这一"千古之谜"可以从阳明占得的这两卦中解开了。

阳明在狱中对自己命运的担忧与占问,其实也是他针对现实斗争的一种清醒明智的对策与抉择。在他下狱后,朝中的纷争愈演愈烈,朝臣们更接连不断地上章弹劾刘瑾八虎,援救南京言官。最激烈的奏劾是工部尚书杨守随与左都御史张敷华的上书。张敷华在奏章中一无顾忌地痛斥小丑皇帝武宗,把武宗昏愦奸诈的嘴脸揭露无遗,无处遁形。暴怒的武宗立即下旨罢逐了张敷华。为了阻遏住朝臣愈演愈烈的弹劾刘瑾八虎的汹汹势头,武宗使出了阴毒的招数,他把五十三名上章弹劾的朝臣诬为一个与太监王岳朋党勾结的"奸党"来打击,设"党籍"榜示天下,把他们统统禁锢起来。于是他加快了鞫狱的进程。十二月二十一日,阳明狱具,他被定为"奸党"中人,出狱在午门廷杖三十,谪为贵州龙场驿丞。

阳明杖创尚未平复,武宗却下令赶阳明迅速出京赴谪。正德二年闰正月初一,阳明离京赴龙场驿谪地。这时正好李梦阳也因为替韩文起草劾章谪山西布政司经历,阳明与他同一天离京赴谪。京中湛若水、陆深、杭淮、储罐、崔铣、汪俊、乔宇等人都赋诗饯行。除湛若水作《九章》外,最引人注目的是陆深作了一篇《空同子阳明子同日去国作南征赋》。

陆深盛赞阳明、李梦阳的上奏章是敢于批龙鳞的壮举,认为他们斥逐刘瑾八虎而遭权阉反噬，朝廷黑白不分，使大道不行，冤屈不伸，贤者枉遭贬黜。陆深是王华的门生，又自认是阳明的弟子，这时王华虽仍在礼部侍郎位上，也已经处境岌岌可危。送行同僚多噤不敢言，陆深的《南征赋》公然为他们鸣不平，可谓是空谷足音，给了阳明很大安慰。

阳明与李梦阳是最相知的诗友与道友，作为学坛与诗坛的领袖，两人的同时离京远贬，仿佛是一种象征，宣告了弘正京都诗坛前七子驰骋新声美好时代的黯然结束。两人从彰义门出京，过白沟河，到卫上才分手。白沟古战场荒沙浩浩，阴风惨惨，面对白骨成丘、荒滨断岸的白沟河，两人胸中都升起了思古慨今的幽情，欲哭无泪，李梦阳作了一篇《哭白沟文》。

李梦阳这篇《哭白沟文》其实是一篇吊古战场赋。白沟古战场闻名天下，白沟河在宋代就是宋与契丹的界河，辽国军队曾在这里大败宋军，尸骸成堆。建文二年（1400年）四月，燕王军队与建文帝军队在白沟河展开决战。大将军李景隆率军六十万进抵白沟河，燕王率马步军三十万迎战，建文帝军队大溃，死伤十余万人，白沟血流成河，白骨蔽野。李梦阳就是痛哭这一场惨烈的白沟大战，他和阳明由"靖难之役"的这场白沟大战联想到眼下的阉竖擅权，武宗昏愦误国，担心摇摇欲坠的大明王朝会有一场新的"白沟大战"袭来。不幸的是他们的预感十二年后变成了现实，全靠阳明在江西打了一场胜利的"白沟大战"挽救了武宗的统治，而李梦阳的这篇吊古战场赋仿佛就是预先为阳明的江西"白沟大战"写的哀赋了。

阳明与李梦阳都怀着吊白沟古战场的沉痛心情分手，李梦阳回大梁，阳明继续南下。三月，他到达东南佛国的钱塘，他的弟弟王守章、王守俭、王守文都已先在钱塘，来北新关接迎他，住

第六章 从兵部主事到龙场驿丞

进了南屏寺隐居养病。

阳明到了钱塘忽然滞留不行，隐居寺中养病，迁延时日，是有原因的。原来在阳明一离京赴谪后，朝廷对弹劾刘瑾八虎的五十三人"奸党"使出了杀手锏。先是在闰正月六日，朝廷以重刑惩治了五十三人。在蒋钦被杖死后，二十九日，王华也被赶出京师，任南京吏部尚书，王守俭也只好随父由北监改入南监。到三月十六日，武宗正式立五十三人为"奸党"，设党籍榜示朝堂，他下了一道党籍敕，命朝中文武群臣统统跪在金水桥下受旨。

所谓设奸党党籍榜示朝堂，就是效法北宋元祐党籍与南宋庆元党籍的故伎，把反对派言官、朝官作为一个"奸党"、"乱党"的群体加以禁锢，开列党人的名籍，榜示朝堂，昭告天下，永不叙用。这是历来昏君权奸惯用的最阴毒的手段。武宗侮臣杀官如同儿戏，竟无中生有地把五十三名弹劾的言官定性为是与太监王岳朋党勾结的"奸党"，杀戮放谪，比起元祐党籍与庆元党籍来真是等而下之的拙劣之举，却开了后来嘉靖党禁、学禁的先河。阳明在三月到达钱塘时，正好武宗的党籍敕也下到南京、钱塘，阳明肯定是从王守章、王守俭那里得知自己已名入"党籍"，前途更加凶险难卜，成了他终于决定不赴龙场谪地而远遁武夷山的直接动因。

阳明以养病为名寓居在净慈寺，其实在等待着隐遁的时机。他在困境中仍不忘与学子士人讲论学问，洗心自求灵魂的超升。这一年正好是乡试之年，浙江举子士人都提早来到钱塘，闻知阳明也寓居在钱塘净慈寺，多来拜访问学。最早是阳明的妹婿徐爱来钱塘，以家君之命正式执弟子礼。估计他是同王守章、王守俭、王守文一起到钱塘，主要也是来参加这一年的乡试。他和阳明一起住在净慈寺，一面问学，一面准备秋试，多有诗歌唱酬。在六月他曾因家事一归余姚,至七月又再返钱塘参加乡试。他对阳明在钱塘的行踪去向了如指掌,估计阳明后来秘密远遁武夷山,阳明事先是和他商量过的。

与徐爱同时,胜果寺的诗僧释雪江也来探望阳明。两人唱酬吟诗,谈起阳明谪龙场驿事。释雪江号石门子,与孙太白、郑少谷、沈石田交游唱酬,作诗有唐人风韵,故深为阳明所赏识。大约在弘治十六年(1505年)阳明来钱塘习禅养病时与释雪江相识,现在释雪江仍居胜果寺,成为阳明寂寞隐居中常带来精神安慰的诗友。

到六月,因天暑热,阳明移居到了万松岭的胜果寺。阳明避居胜果寺,是他在钱塘长达五个月的困顿隐居养病避世生活中显得较为平静的一段时光,但这是暴风雨到来前的平静。在胜果寺中,他依旧以陈白沙的"默坐澄心,体认天理"为座右铭"洗心"。随着乡试的临近,举子士人纷纷赶考涌入钱塘,有不少人都在考前来探望阳明。大约在六月,江西士子、罗玘门人夏良胜上万松岭来见阳明,两人讲学唱酬,十分相知。夏良胜把阳明比之为被谪的苏东坡,遭谗的伍子胥,相信大义充塞天地,大道播运天下,终究有一天会云开日见。

另一名余姚士子陆斡也来钱塘赶考,他和孙惟烈一起登万松岭拜访阳明,同游中峰唱酬,月夜禅窗论文。陆斡字良材,是陆相之弟,也是阳明弟子。他赴乡试来居钱塘,耳闻目睹了阳明在钱塘隐居与远遁武夷山的前前后后,后来阳明所以独向陆相口授游海故事,命写《阳明山人浮海传》,恐怕就是因为他的弟弟陆斡亲眼目睹与熟悉事情的经过的缘故,陆相写《阳明山人浮海传》可以随时问陆斡。

到了七月,徐爱又带了朱节、蔡宗兖来见阳明。朱节、蔡宗兖也是来钱塘参加乡试的,考前也便多来向阳明问学,执弟子礼。

第六章 从兵部主事到龙场驿丞

但这时阳明已经无法再在胜果寺过隐居避世讲学唱酬的平静生活了，从朝中不断传来的打击"奸党"的凶险消息使他感到栗栗危惧。朝廷在颁示"党籍"以后，进一步大力清除"奸党"。四月，姚景祥、张锦以"王岳党"杖毙，王缙、郭仁、张钦、罗锦、薛鉴、沈锐、刘雄、朱绶、董安均以"王岳党"戍边。五月，谢迁之弟谢迪致仕。七月，监察御史王涣廷杖削籍，谢迁之子谢丕削籍。八月，李东阳加俸一级，焦芳进少傅兼太子太傅、谨身殿大学士，许进升兵部尚书。杨源以言天象廷杖谪戍，卒于河阳驿。阳明如再迁延时日不赴谪地，将有更凶险的命运落到他头上。阳明已处在两难的危境：如不赴龙场谪地，抗拒朝命，迁延岁月，必将有更严厉的惩罚，置他于死地；如赴龙场谪地，则将万劫不复，生死难料，永无出头生还之日。再三彷徨权衡之下，阳明作出了惊世的选择：他采用箕子佯狂避祸之计，决意佯狂远遁武夷山避祸。他痛苦地预感到了像于谦一样杀身亡家的悲惨命运正在向他袭来，就在他作出远遁避世的决定之前，他专门去拜谒了于谦祠。在那里他徘徊于于忠肃像前，激烈永啸，思如潮涌，在祠壁上淋漓大书了一首于忠肃像赞。

阳明对于谦被诬受戮的悲剧一生的思考，使他领悟到了生死祸福寿夭盈虚无常的人生真谛，他不愿像于谦那样做一个帝王独裁的殉葬品，决计要学屈原遁世远行，去上天入地求索了。

远遁武夷山之谜

阳明还在狱中时预卜命运吉凶作了两次蓍占（遁卦九四，蛊卦上九），都是告他要隐遁自保，不可留恋仕途。蓍占为大，所以在出狱后，虽然明知自己被谪为龙场驿丞，他也坚决听从蓍决，不赴龙场驿凶险之地，而准备隐遁避世，在《咎言》中明确表白说："深谷嵌峒，逝游息兮。"所以到了钱塘，他便滞留不前，而在暗中寻找着隐遁的"深谷嵌峒"。最初他想选择天真山隐居，但天真山太靠近钱塘都市，近遁隐居容易被人发现，反致祸咎。于是他想到了道教胜地的武夷山，想象那里是一方隐遁的理想世外桃源，决意远遁武夷山隐居避世。

乡试的到来给阳明提供了远遁武夷山的最好时机。乡试在八月初九至十七日举行，满城钱塘举子全进了考场，与阳明同居的徐爱以及来受学的朱节、蔡宗兖等弟子也都入场考试，万松岭上下空寂无人，便于悄悄远遁。八月十六日，阳明在远遁之前，佯作狂语，先精心虚构了一个刘瑾派遣二名军校（特务）来钱塘追杀阳明、捉拿阳明投沉钱塘江的故事，以写家信的自叙口气洋洋洒洒写在二张纸上，贴到他居住的胜果寺僧舍壁上。

阳明将自叙文贴上僧舍寺壁后，就急急忙忙下万松岭，跑往钱塘江，脱下两只鞋放在江边，做好投江自沉的现场。然后登上江船，沿着富春江、兰江南遁。他虚构了一首《泛海》吐露自己远遁避世的决心说：

险夷原不滞胸中，何异浮云过太空。
夜静海涛三万里，月明飞锡下天风。[1]

其实阳明虚构这首"泛海"诗是为了掩人耳目，遮盖自己的真实

---

[1]《王阳明全集》卷十九。按：此诗当原收在《游海诗》中，为虚构游海诗之首篇。

第六章 从兵部主事到龙场驿丞

行踪。他并没有沉江游海，更没有飞越"夜静海涛三万里"的"泛海"之事。他只是在陆上乘船沿富春江急急南下，七日到达江西广信，又舟行乘轿七日，大约在八月底，到达福建武夷山。第二天，他就坐着轿子悠然上武夷山，寻访隐遁避世之地。他先游访了九曲溪，在五曲拜谒了隐屏峰下著名的武夷精舍，未有所获。于是他又登上六曲附近著名的天游峰，拜访天游观的道士。武夷山被奉为"天下第一山"，列为道教三十六洞天中的第十六升真元化洞天。天游峰高耸于六曲溪北，壁立万仞，登峰眺望茫茫烟云弥山满谷，犹如大海波涛汹涌翻卷，恍若置身于蓬莱仙境，遨游于天宫琼阁，故称为"天游峰"。奇伟的天游观高踞峰顶，翼然欲飞，是武夷山第一道观，由宋代道士刘碧云、张希微所建，供奉开山祖师彭祖及其二子彭武、彭夷，香火旺盛。据说彭祖与二子彭武、彭夷隐居于幔亭峰下，茹芝饮瀑，遁迹养生，尤善道术修炼，导引行气，长生成仙。这对耽迷尹真人"真空炼形法"修炼的"阳明山人"来说是太富有诱惑力了，阳明所以不计吉凶祸福，不畏千辛万苦，佯狂远遁武夷山，原来就是冲着这天游观而来，把武夷山中的天游观选择为自己未来新的隐遁修炼的"阳明洞"。

古代单个人远遁隐居，不可能去找一处与世隔绝、封闭陌生的山林之地独身栖居（无法生存），一般多只能寻觅山林荒僻的寺庙道观隐姓埋名遁处，如在阳明当时就流传着建文帝逃往某处佛寺削发为僧的故事，阳明自己在钱塘也是隐居在胜果寺中。因此可以肯定阳明千里远遁武夷山不是漫无目的的盲目行动，他心中早选定了天游观为埋名隐遁的目标。无奈天下佛寺道观的和尚道士有敢于藏匿逃亡的皇帝隐姓埋名为僧的忠心，却没有敢于收容朝廷通缉的罪官潜逃隐居的胆量，何况天游观天下闻名，游人如织,朝廷每年都派要员来武夷山祭神,要想在天游观众人眼皮底下潜逃隐居而不被发现也是根本不可能的。阳明拜访了天游观的道士,说明了远遁隐居的来意。天游观的道士告诉他此处不是隐遁避居之地,劝他赶快回去。阳明到了武夷山天游观,身处其境,不用道士点拨,其实自己也清楚看出了天游观不是潜遁隐居之地。于是他再以蓍占断决吉凶祸福,占得"箕子之明夷"[1]。所谓"箕子之明夷",就是指《明夷》卦六五:"箕子之明夷,利贞。"《象》曰:"箕子之贞,明不可息也。"是说箕子劝谏纣王不听,有人劝告他远遁逃亡,箕子不肯,认为劝谏君王不听就逃离,岂不是显暴君王的罪行而讨好于人民。于是他就披发佯狂,沦为奴隶,宁可伤害自己的明德以守正,不遁逃自保。六五爻在中位,是最黑暗的时刻,应当像箕子一样不失坚贞,光明终会到来。蓍占告诫阳明不应遁逃自保,而应坚守正道,光明自然普照,终于打消了阳明远遁隐居的念头,决意明天就归。他大写了一首诗,题在天游观的壁上:

武夷次壁间韵

肩舆飞度万峰云,回首沧波月下闻。

海上真为沧水使,山中又遇武夷君。

溪流九曲初谙路,精舍千年始及门。

归去高堂慰垂白,细探更拟在春分。[2]

---

[1] 邹守益:《王阳明先生图谱》。
[2] 《王阳明全集》卷十九。按:关于阳明此在武夷山作何诗题何壁事,钱德洪、邹守益均谓阳明是作《泛海》诗题于一荒僻佛庙,谬甚。《泛海》非题壁诗,更非佛庙壁上。阳明此诗名《武夷次壁间韵》,显可见题壁者即此诗,本自了了分明,钱、邹调包另引《泛海》易之,诡称题佛庙壁上,盖在掩饰真相,恐露出作伪马脚也。

第六章　从兵部主事到龙场驿丞

这首题壁诗是揭开阳明远遁武夷山"千古之谜"真相的最关键的一首诗。阳明在这首诗中清楚叙述了他远遁武夷山的全过程:"肩舆飞度万峰云",是说他坐着篮舆(抬轿)悠然自得地上武夷山,可见绝无刘瑾派二军校追杀、阳明跌跌撞撞跑入荒山破庙之事。"溪流九曲初谙路",指游访九曲溪。"精舍千年始及门",指拜谒武夷精舍。"山中又遇武夷君",暗指拜访天游观道士。"归去高堂慰垂白",是说自己决意明日即归省探望白发老父王华。"细探更拟在春分",是说拟在明年春分赴龙场驿谪地。阳明自己道出了远遁武夷山的全部秘密。

第二天(九月初),阳明离武夷山北归,准备往赴南京归省王华,这时离他来武夷山不过半个月时间。他取道建阳,一路心情悠然自得,把北归当作了一路游山水、访故友的旅途。经铅山,过上饶,他拜访了娄谅故居。经玉山,他游东岳庙,遇到一名严星士,向他问卜,进一步印证了自己的蓍占决断。经过西安时,他拜访了衢州知府同年张维新。

经兰溪时,他又往游大云山下的圣寿教寺,拜访了枫山章懋,在圣寿教寺寓居了十多天。章懋字德懋,号黯然居士。他在京早窥破刘瑾欺主弄权的阴谋,在正德元年十月疏乞休致,归兰溪筑室枫木山下,读书讲学,号枫山先生。阳明称赞章懋的先机退隐说:"先生专一主敬,国子祭酒时,年逾七十三,疏得请。逆瑾擅权,名卿多遭斥辱,而翁已先机去矣。"[1] 他在过了兰溪后,有意避开了再经钱塘是非之地,而由金华转道芜湖,直入南都。经芜湖时,他登上螺矶,凭吊凄凉残破的螺矶庙。螺矶庙就是祀昭烈孙夫人庙。想到当年的永安宫早已埋没草莱中,螺矶庙如今也

---

[1]《枫山语录》附。

摇摇欲坠,孙夫人因不能归蜀投江自沉,与自己投江游海远遁的命运千载遥接相通。

九月下旬,阳明由芜湖到达南都,见到父亲王华和岑太夫人,才知道王华已在十一日罢南京吏部尚书,朝廷勒令致仕。九月二十九日是王华的六十二岁生日,阳明归省本就是要赶在二十九日之前到南都,向王华祝寿,没想到祝寿筵变成了送别筵。在二十九日,南都僚友纷纷来祝寿,同时也是送王华、阳明归绍兴。阳明自到南都得知王华已罢官,他也就不再避人耳目,无所忌惮,祝寿送行他也都在场。他甚至还和储𬸦同游清凉山,放言高论政事。

阳明诡秘的远遁武夷山之行,从钱塘开始,到南都结束,潜遁来回一个半月,只成为他正式赴龙场驿谪地的诡异的"前奏曲"。天地茫茫,阳明绕了一个封闭的圈子,除了赴谪以外,也无别路可走。十月初,王华、阳明奉岑太夫人归绍兴,南都相知的公卿大夫们都来都门饯别。

大约在十月中旬,王华、阳明回到了绍兴。王华安然过起了侍亲养老的生活。阳明决意到明年开春再赴龙场驿,他在赴谪前的一段有限时间里又投入了紧张的讲学与修炼的生活。

阳明经过这场朝中"党籍"的磨难与远遁武夷山的失败,对前途命运感到分外迷惘,心底的修禅炼道思想一时又回潮泛起,倒也成为他在贬谪困顿生活中最大的精神慰藉。他登上冷落的阳明洞,又开始了导引炼气的修行。

在阳明洞中,阳明把陈白沙的"默坐澄心"(静坐)同尹真人的"真空炼形法"结合起来导引炼气,又达到了一种前所未有的修炼境界。徐爱、朱节、蔡宗兖等弟子,他们在秋试中都中举,自钱塘归来后,一起来绍兴问学于阳明。他们在十二月又一起赴

第六章 从兵部主事到龙场驿丞

京师，参加明春的会试。

在赴龙场驿前夕，面对世人汹汹而来的对他投江游海、远遁武夷而又最终委曲求全赴谪的质问与疑惑，阳明写了一篇《田横论》，借古讽今，对自己的生死抉择作了堂堂正正的回答：

> 知死之为义，而不权衡乎义，勇有余而智不足者也。天下未尝有不可处之事，吾心未尝有不可权之理。死生利害撄于吾前，吾惟权之于义，则从违可否自有一定之则，生亦不为害仁，死亦不为害义。……横之死则勇也，而智则浅矣。吾为横计，虽不死可也。死于汉争衡之日可也，为夷齐王烛之死可也，而横也盍亦权衡于心乎？不死于可为之时，而死于不可为之时；不死于不得已之地，而死于得已之地。……是时不可以死，而横则死之；是时可以死，而横则不死。事不可已，而横则已之；事可以已，而横则不已。智者故如是乎？……然则其死也，皆失于前而困于后，徒知慕义，而不知义之轻重者也。……[1]

这是阳明自我倾吐生死抉择、义勇取舍的豪情壮举的内心独白，真可谓是一篇离经叛道、惊世骇俗的大论，是针对自己先欲投江自沉而终以委曲求全赴谪的生死抉择所作的辩白，也是因自己遭遇颇类于田横有感而发，为自己的生死抉择有异于田横明己辩诬。阳明上疏忤权奸，下狱廷杖，贬谪蛮夷之地，面临生死抉择，与当年田横的命运遭际相类；然而他没有像田横那样不肯事汉，杀身取义，而是委曲求全，谪赴龙场驿，顽强生存。在他看来，田

---

[1] 钱普：《批选六大家论·阳明先生论》，林有望：《新刊晦轩林先生类纂古今名家史纲疑辩》卷三。

横之死不过是逞匹夫之勇,他的杀身取义乃是有勇无智,所以他是勇有余而智不足者,没有权衡于义。而阳明认为取义不一定要舍身,而应权衡于义作出是生是死的抉择,"死生利害撄于吾前,吾惟权之于义"。这就把仁智义勇同愚忠愚智愚勇区别开来。他不取舍身杀身而委曲求全赴谪,就是权衡于义的既勇且智的壮举。阳明对孟子说的舍身取义、杀身成仁作了完美的诠释。

《田横论》是阳明赴谪前夕写的一篇表白逐臣赴谪之心的"宣言书"。正德三年正月初一日,他就怀着这种权衡于义的智勇踏上了赴龙场驿的贬谪之路。

第七章
龙场之悟：超越白沙心学之路

居夷化俗，士穷见义

正德三年（1508年）三月上旬，阳明怀着一腔"投簪实有居夷志"到达龙场驿，开始了居夷处困的生活。

龙场驿离贵阳治城西五十里，在群山万壑的包围之中。自从洪武中奢香开赤水乌撒道通乌蒙，立龙场、陆广、水西、奢香、金鸡、阁雅、归化、威清、谷里九驿，这条长长的驿道便成为贵阳与水西之间东西交通的要道和联系苗民汉人的纽带，苗、汉民杂居，九驿中唯龙场驿、陆广驿在贵阳界内，已经是一个逐渐"苗俗化衣冠"的地带。阳明并不是编管或流放的囚犯，他毕竟是龙场驿的驿丞，大小还是个官，又是从京都下放的名人，无辜的谪臣，他自称"却喜官卑得自由"，所以地方上的官民对他还是尊敬有加，在生活上尽量给予照顾安排。刚到龙场驿，一时没有住处，就先造了一座草庵给他临时居住。同僚们都来问讯祝贺，开怀醉饮。

这时正逢春末青黄不及断粮的时候，阳明主动提出请学于农，学陶渊明一样躬耕陇亩，种田南山，下地干活。

阳明实际是以驿丞的"地方卑官"带头耕稼，学夷俗火耕，同时推广华夏的农耕之法，进行"贫寡发余羡"的春荒救济。他自己在躬耕田亩的实践中也懂得了农稼"物理"，"物理既可玩"，真正体会到了"格物穷理"、"随处体认物理"的真谛。带头耕稼成了阳明到龙场驿践行居夷化俗之志的首善之举。

但是身处贬谪困境的"阳明山人"尤忘怀不了"默坐澄心"、

"静入窈冥"的心我修炼。所以他一到龙场驿，就寻找可以静坐修炼的洞穴。他先在东峰发现了一个叫东洞的石穴，高敞深广，洞岩上建有僧寺与文昌阁。于是他就把东洞改名为"阳明小洞天"，从草庵移居到洞穴中。这个阳明小洞天既是他的起居之室，也是他的修炼之所。

阳明选择石穴居住，并不是因为龙场驿穷到没有住房供他家居，也不是因为当地苗民蒙昧到还不会范土架木造屋，更不是要浪漫地学过上古先民的洞穴野处生活，而是作为"阳明山人"的他要"豹隐文始泽，龙蛰身乃存"，从他把东洞改名为"阳明小洞天"来看，显然他是要像在绍兴阳明洞中一样在阳明小洞天中端居静坐，进行"默坐澄心"、"真空炼形法"的修炼。

为了静坐导引修炼，阳明很快又在阳明小洞天附近找到一石洞，也宽敞高深，可坐上百人。他便将石洞取名为"玩易窝"，在洞石上镌刻"阳明玩易窝"五字，洞口也镌刻上"阳明小洞"四字，表明这个石穴既是他玩《易》用《易》的阳明洞，也是他静坐澄心修炼的阳明洞。道教的内丹学本来就是借用《易》学的卦爻思想体系建构起来的，在玩易窝中，阳明奇妙地把用《易》占《易》同静坐修炼的实践结合起来，儒家《易》学同道教内丹修炼学珠联璧合。

阳明在玩易窝中，俨然把自己看作为一个"甘囚奴，忘拘幽"的周文王在演易卦，但他的玩《易》用《易》却落实到他的静坐导引的修炼实践中，所以能"函六合，入无微，茫乎其无所指，孑乎其若株"，最终达到了"精粗一，外内翕"的修炼境界（万物一体，我道合一），也成为直接开启他的"龙场之悟"的心钥。小小的玩易窝与阳明小洞天不仅是他静坐修炼的洞天福地，而且也是他读经求道、反思宋儒之学、顿悟心学的精神逍遥游的

第七章 龙场之悟：超越白沙心学之路

天地，他的《五经臆说》就是在玩易窝与阳明小洞天中写出来的，他的"龙场之悟"也是在玩易窝与阳明小洞天中"日坐石穴"、"澄心精虑"中豁然顿悟的。

但阳明贬谪到龙场驿不仅抱着个人修道自悟的信念，而且更怀着为民居夷化俗的"君子儒"的志向。他是作为一个以倡"圣贤之学"闻名天下的理学家贬谪到龙场驿，从贵州地方官民来说，他们自然最希望阳明能在南夷民间讲学教学，培养诸生，教化百姓，传播推广中原文化。这正同阳明居夷化俗的志向抱负合拍。所以阳明到龙场驿只一个月，到四月中，驿地夷民就为阳明构建了龙冈书院，请阳明主教书院。龙冈书院在龙冈山下，书院中建有西园，是阳明的起居之所，他从草庵搬居到了西园，生活终于安顿下来。

"龙冈"是取诸葛亮隐居卧龙冈的故事，阳明有自比孔明之意，要在龙冈山下潜隐，学做许由、子游、颜回、管仲、乐毅一流的人物。夷地如故乡，不知夷居之陋。

在龙冈书院中，建有何陋轩、君子亭、宾阳堂等，都是为书院来学诸生而设，鲜明表明了书院培养"君子"的教育宗旨。何陋轩是诸生来集问道之所，轩名为阳明所取，是发挥孔子"君子居之（九夷），何陋之有"的思想，他专门作了一篇《何陋轩记》给诸生看。在阳明看来，中原华夏貌似典章礼乐文明灿烂鼎盛，但是自古及今的当权者们蔑弃道德，专用法令，专制独裁，法网严苛，极尽杀戮残民的权术，人心谲诈奸猾，浑朴尽失，礼俗已是恶陋；而边地夷民反倒是原始淳风未泯，淳朴天性犹在，可以启蒙教化，行礼化俗，何陋之有。所以君子才欲居九夷，以居夷化民为乐，不以"陋"视夷地夷民夷俗。阳明便在君子亭四周种上了象征"君子"的竹子，又作了一篇《君子亭记》，进一步发挥君子居夷不陋的思想，提出了居夷君子的四大品格。

阳明说的"君子"就是指君子儒，他自己以这样的君子儒自期，他在夷地的书院主教讲学，也是要培养这样的君子儒。书院中的"君子亭"，成为君子儒的崇高象征。阳明描绘这种伟岸的君子儒：持敬以直内，虚静而若愚，遇屯而不慑，处困而能亨，顺物而能当，守方而不拘，意适而非懈，气和而能恭。在这里阳明其实不仅塑造了一个居夷处困的贬谪者的形象，而且更塑造了一个居夷化俗的心学大儒的形象。为了进一步阐发这种君子儒的思想，阳明特意在书院里建造了驿传宾阳堂，作了一篇《宾阳堂记》。

驿传寅宾是仿羲仲寅宾而效其职，羲仲是以宾宾之寅而宾日，驿传是以宾日之寅而宾宾。日为阳，在人为君子，所以驿传的职责实际是寅宾君子，内君子而外小人。阳明有意把驿传的宾阳堂建在书院内，就是鲜明表明书院的"志向"也是寅宾君子，培养君子，内君子而外小人。书院诸生每天东方日出时都要对着太阳唱宾日之歌，以表明他们要把自己培养成君子的坚定"志向"。可以说，阳明写的《何陋轩记》、《君子亭记》、《宾阳堂记》三记构建了一个居夷化俗、培养君子儒的书院教育思想体系，并把它贯彻在龙冈书院的教育实践中。

龙冈书院就在四月开学，来学诸生大部分都是苗民学子，但他们都会说汉话，识汉字，同汉人学子一样。在开学典礼上，阳明向诸生宣读了《教条示龙场诸生》。这实际是阳明为龙冈书院制定的学规，他定下立志、勤学、改过、责善四大教条，都指向书院培养君子、诸生勇做君子的崇高教育目标。强调一个书院的学生必须立做君子之志，敦睦父母兄弟宗族乡党，矢志不渝。勤于君子之学，笃志力行，勤学好问，忠信乐易，表里一致。勇于改过迁善,日日自新。行君子忠爱之道,与人为善,责人以忠。阳明塑造了一个清明仁爱的"君子儒"的形象,他在夷地书院中推行"君子儒"文化的教育,在夷地夷民中进行"君子儒"文化的传播。阳明指出这种"君子儒"文化的人格特质有二:一是行道,二是行义。配合给龙冈书院制定的教规,他为书院诸生作了一篇奇特的《龙场生问答》,假设阳明子与龙场生问答,阐述"君子儒"文化的人格特质。

君子儒的崇高人格就表现在出仕行道,用世行义;道不可屈,唯义是从;义无不宜,气不可夺。这种人特立独行,道厄而能弘义,处困而能养气,固穷而能守节,正闪射着君子儒的悲剧性人格美的光辉。阳明是从一个居夷处困、安贫守道的贬谪者的眼光来看君子儒的崇高人格的,所以他特别强调君子儒的困穷持节义的士夫操守与浩然正气,为此他精心作了一篇《士穷见节义论》的大文,进一步发挥《龙场生问答》的行道守义思想。

这是一篇大气磅礴的论君子儒的宏文,在阳明一生所写的文章中都不多见。在《士穷见节义论》中,阳明精辟阐述了君子儒的人格特征,是对《龙场生问答》的思想的进一步诠释,这就把他的君子儒思想同他的龙冈书院教育实践沟通起来。在龙冈书院中,他正是以一个"士穷见节义"的君子儒师教育君子儒生。

一个驿丞卑官抓起了书院教育,像阳明这样采取儒师与诸生(夷民)融洽相处、随地讲学的教育方法,在整个贵州省都是从来没有的新鲜事,阳明在龙场驿兴办书院教育的消息很快传进了贵阳省城,惊动提学副使毛科。五月,他就遣使来请阳明主教贵阳文明书院。毛科在弘治十五年以贵州按察副使兼贵州提学副使来贵阳,大力推广学校书院教育。正德元年(1506年)建成了文明书院,到正德三年五月又在文明书院西建成忠烈桥与远俗亭，接通提学分司与文明书院的道路。这时贵阳的学校教育规模大开，在省城儒学有弟子员一百七十人，武弁幼官应袭官生读书习礼者近百人，社学有二十四处，习学童生共七百人，选入书院肄业者共二百人，近城廓的社学有仲家、蔡家、仡佬、苗子、罗罗幼生共百人，可见文明书院教育在其中的重要地位。但阳明却婉拒了文明书院的聘请。

表面上阳明是以"野夫病卧成疏懒，书卷长抛旧学荒"辞聘，实际真正的原因还是发生了思州官员来龙场驿侮辱阳明的事件。大约在六月，有一个思州的官员路经龙场驿，自以为是一名堂堂州府要员，竟要小小的驿丞阳明下跪接待。驿场的夷民与书院诸生看到思州官员如此凌辱阳明，愤愤不平，群起殴打了这位官员。思州知府李概得知此事后大怒，立即通告了贵州巡抚王质，不明真相的王质便令毛科通知阳明往贵阳巡府谢罪。阳明给毛科写了一封自辨信，说明事情的原委。

阳明建驿传宾阳堂寅宾，就是要迎宾君子，内君子而外小人，像思州官员这样凌辱驿站小官的人，是小人而不是君子，自然遭到了驿站的拒纳与书院诸生的殴击。毛科聘阳明主教文明书院的事为此搁置下来，但阳明还是应邀为他写了一篇《远俗亭记》，用"君子之心"告诫毛科的自鸣"远俗"。

阳明用君子儒的思想重新诠释了"远俗"的内涵，也委婉批评了毛科的自命清高脱俗的士习。七月，他亲往贵阳去见巡抚王质面陈，消释了误会。文明书院远不可及，阳明抱定"化俗"之志，决意不"远俗"，继续在龙场驿龙冈书院中教"古人之学"，行"古人之政"。但这时发生了乖西苗民阿贾、阿札的叛乱，不容他安坐在龙冈书院的何陋轩中讲论"古人之学"了。

第七章 龙场之悟：超越白沙心学之路

建言立功的"言士"：在平阿贾阿札乱中

阳明谪居的贵州省，是明代全国十三行省中辖地最小、编户最少、财政收入最贫困的行省。在这片广袤的高原山地上，除了土司的领地，就是所谓"生界"，众多民族散居杂处，繁衍生息。早在元代，朝廷就在"八番"（八姓番）设置了十四土司，其中有十个土司为安抚司级。到至元年间元朝平定了彝族土司的叛乱，将八番各土司领地合并，设置为顺元路，推行土司制度。到明初，原归附明玉珍的贵州各土司相约降明，总计有大小十六土司。十六土司中就有贵州宣慰使霭翠与贵州宣慰同知宋蒙古歹。"霭翠"是贵州宣慰使司安氏家族首领的彝语人名，后来贵州宣慰使司又别称水西土司。"蒙古歹"为贵州宣慰同知的蒙古语人名，姓宋氏，为汉族土司，朱元璋特赐汉名为钦。到永乐年间设立贵州布政使司时，贵州宣慰使司与贵州宣慰同知的职权与领地均未变动，贵州宣慰使安氏统辖水西地区，管苗民四十八族；贵州宣慰同知宋氏统辖水东地区，管水东、贵筑等十长官司。

阳明来到龙场驿时，贵州宣慰使是安贵荣，贵州宣慰同知是宋然。安贵荣是霭翠的孙子。奢香死后，霭翠弟安均继立，子孙便以"安"为姓。宣慰官司设在贵阳城内，由安贵荣掌印，平时不得擅自还水西；但允许按时巡历所部，督办贡赋时，可以暂时回水西，将印授宣慰同知宋然代理。阳明原是朝廷兵部主事，精通兵法；又是名闻天下的大儒，文武通才。所以阳明一来到龙场驿，首先引起了安贵荣的注意。他得知阳明初来龙场驿生活困难，马上遣人送来粟米肉禽，派人役来造住屋。

当地灵博山下建有一座古老奇特的象祠，苗民尊奉虞舜弟象为神，世世代代都到象祠来祭拜舜弟"象神"。因象祠年久失修，安贵荣应苗民请在四月将象祠全部修复一新，立即遣人来请阳明为象祠作记。象是舜的同父异母弟，生性凶傲，同舜父瞽叟多次要杀害舜，史书上说"瞽叟顽，母嚚，弟象傲，皆欲杀舜"，为什么贵州苗民却崇拜象神？安贵荣希望阳明解开这一历史疑团。阳明作了一篇《象祠记》，从人性本善、人性感化的视角诠释了贵州苗民祭拜象神这一历史现象。

阳明在记中最后强调，一个高尚"君子"修德行仁，臻于至高的道德境界，那么哪怕是像象一样的桀骜不仁的恶人，也都是可以感化向善的。阳明的《象祠记》从人性向善的积极意义上解释了象被后世祭祀崇拜的特殊文化现象，表现出对苗民祭拜象神的夷风土俗的尊重，这使安贵荣感到很满意。他立即遣人送来金帛鞍马的厚礼作酬谢，阳明又委婉辞谢。

阳明谦恭礼敬守土之官，安宣慰从此也更加敬重阳明，推心置腹，多以政事来相问。原来安贵荣在正德二年（1507年）从征普安香炉山立功，曾请朝廷加他为贵州布政司右参议，他心中犹不满足。正好这时朝廷决议在水西设军卫，构筑驿城驻兵，半途虽又中止，但驿传还存在。安贵荣惧恨这一驿卫设在水西腹心，视为心腹之患，便想减废这一驿卫，但又心存疑惧，于是他便遣使来向阳明询问减驿事的利害得失。阳明看透了安贵荣干进心切，感到他作为一方守土之官的"诸侯"，擅减驿卫正同他的干求参政一样，都是擅自变乱朝廷礼法制度的非义之举，只会招灾引祸。他写信给安贵荣作了肯切分析。在信中，他警告安贵荣：宣慰为土官，参政为流官，按惯例土官有功，唯赐衣带或赏给部卒，安贵荣不守祖宗制度，越权求为参政，是变乱礼法制度，土官兼流官，朝廷如以此为借口设立郡县制，将来水西的土地人民就不复为安氏所有了。军卫为朝廷所设，流官所管，安贵荣裁减驿卫，也是擅权逾制，变乱礼法，土官如可擅自革除驿卫的话，那么朝廷也可以此为借口来革除宣慰司，千百年来水西的土地人民也不复为安氏所有了。安贵荣这才感到问题的严重，他打消了减驿的念头，但是并没有辞去参政，留下了后患。

到七月，乖西苗跛氏部罗酋长阿贾、阿札发动叛乱反宋然，事情又牵连到安贵荣。原来安贵荣好干进，宋然贪淫乐，两人之间多有争斗。宋然所管辖的陈湖等十二马头苗民深受宋然横征暴敛之害，引发激变。安贵荣想乘机并吞宋然领地，外间传说安贵荣曾赐给阿贾、阿札毡刀弓弩，阿贾、阿札叛乱出于安贵荣暗中指使。经过"三堂两司"的会审[1]，决定由总兵施瓒出兵镇压，宣慰使安贵荣出"偏师"兵力协助平叛。但是一开始施瓒平叛不力，安贵荣也不积极出兵，三堂两司三下移文催促，安贵荣才勉强出偏师之兵，配合主力师击败洪边叛军，击杀了苗酋阿麻，取得小胜。但刚解了洪边之围，施瓒、安贵荣又按兵不动，徘徊观望，拖延三月不出兵，安贵荣称病归卧水西，各军也不战而偷偷潜回，分屯寨堡的军队反而四处剽掠骚扰，民怨沸腾，对安贵荣的诋毁愤恨汹汹而来。在这样危急的形势下，阳明不顾自己的贬谪罪臣的身份，毅然再写信给安贵荣，痛陈利害，劝他速出兵平定叛乱。

阳明几乎用一种纵横家的捭阖驰骋之笔向安贵荣剖析利害，指陈罪误，入木三分，大义凛然，披肝沥胆的劝说打动了安贵荣，终于出兵。在平阿贾、阿札乱上，倒是阳明以劝说安贵荣出兵立

---

[1] 三堂，指总督、巡抚、巡按；两司，指承宣布政使司、提刑按察使司。

了首功。但是叛乱并没有平息下去，关键其实还在总兵施瓒身上。施瓒在正德二年以怀柔伯充总兵官镇守贵州，他是袭曾祖施聚爵为怀柔伯，雅好文学书画，实际不会带兵打仗，镇压叛乱比安贵荣还不力。三堂两司的贵州省官们这才想到了懂兵法的阳明。阳明虽然是以兵部主事贬谪到龙场驿的"逐臣"，但在贵州省官们的眼里依旧还把他看成是一个精通兵法的"兵部主事"，对他十分敬畏，在平阿贾、阿札乱上便一再请他来贵阳出谋划策，问用兵之法。于是从七月开始，阳明应贵州省官们的邀请，开始频频往返于龙场驿与贵阳城之间。

最初在七月七日，阳明第一次往贵阳。阳明作为贬谪罪官，按规定是不准随便离开谪地跑到省城去的，他这次赴贵阳必是奉三堂两司省官之命来省城商议平阿贾、阿札叛乱事。所以他一到贵阳，首先拜访了巡抚王质，消释了龙场诸生殴打思州官员的误会。王质自然要同他谈起平阿贾、阿札叛乱的大事，估计阳明在谈论中的平叛陈策得到王质的赏识，王质才立即欣然请阳明为他写了一篇《卧马冢记》。接着阳明又去拜访了总兵施瓒，肯定主要也是商讨平阿贾、阿札叛乱之事，阳明后来作了一首含蓄不露的《题施总兵所翁龙》。

在贵阳，阳明又拜访了巡按王济，自然主要也是要商讨平阿贾、阿札叛乱之事。王济在正德三年（1508年）正月以监察御史来巡按贵州，但他的兴趣主要放在整顿马政与贵州的举业上，对平叛并不很关注，也埋下了"考察不及"的隐患。还在正德元年，王济的父母因王济贵显而被封赠监察御史与孺人，阳明与在京彦士都纷纷作诗庆贺，称美王济贤孝，集为《恩寿双庆诗》。到正德三年王济巡按贵州，上上下下贵州同僚又齐声相与唱和《恩寿双庆诗》，联为巨轶。阳明一到贵阳，王济就请他为《恩寿双庆诗》作序。

第七章 龙场之悟：超越白沙心学之路

阳明写了一篇《恩寿双庆诗后序》。

阳明论孝别具一格，他把"抚诸夷而纳之夏，以免天子一方之顾虑"也定为行"孝"道的根本方面，实际是在劝勉巡按王济应积极平定阿贾、阿札的叛乱，"抚夷"也是巡按的重要职责。但王济并没有听出阳明序的弦外之音，却热衷于振兴贵州的举业。正德三年的科举会试，贵州省几乎无人中进士。王济到贵州，适逢会试结束，他目睹了贵州科举的萧条落后，决定与布政使郭绅刊刻宋谢枋得的《文章轨范》，给举子学者习举业之用。谢枋得的《文章轨范》，是选取汉唐宋六十九篇古文作为科举程文范本，每篇标揭其篇章字句之法，成为学子习举业的简便"入门书"，而贵阳举子学者竟还多不知有此书。王济便又请阳明为新刊的《文章轨范》作序加以推阐，阳明写了一篇《重刊文章轨范序》，代巡按王济与布政使郭绅立言发意。

阳明自贬谪到龙场驿后，一直更紧张地在思考探索着"圣贤之学"，期待自我的新知新悟。在这篇序中，他把"圣贤之学"与"科举之学"（举业）统一起来，认为举业的目的并不是一己沽名钓利，弋身家之腴，而是要致君之诚，输君之忠。因此圣贤之学与举业是不矛盾的，一个士人如果立"圣贤之学"之志，心有致君输忠之诚，那么他专心致志求之于举业，也是可以达到"伊、傅、周、召"的圣贤境界的。阳明从圣贤之学与科举之学相统一的意义上肯定了举业，也为贵州士人举子习举业、入仕途指明了方向。

在贵阳，阳明同三堂两司的要官都有广泛的接触，包括有责直接参预平阿贾、阿札乱的官员如布政使郭绅、按察使张贯、按察副使毛科、监察御史刘寓生、贵州佥事陆健、参议胡洪等人，议论的核心问题都是商讨如何出兵平定阿贾、阿札叛乱的大计。

但是这时安贵荣远归水西卧病不出,贵州三堂两司的官员们不和,意见不一,加上朝中刘瑾的从中掣肘,出兵平阿贾、阿札乱之事迟迟不能落实。八月,阳明在贵阳就亲眼目睹了按察使张贯因勤饬边务、执法严明触忤了刘瑾,在平叛的关键时候左迁云南参政而去。

张贯的左迁云南参政,充分暴露了贵州省官们之间的矛盾。监察御史刘寓生在七月来刷卷贵州,正好与阳明在贵阳相见。但他盛气傲人,侵凌总兵施瓒、巡按王济、布政使郭绅、按察使张贯,同贵州佥事陆健矛盾激化,相互忿争,酿成大案,以至惊动朝廷,遣人来侦查,却又不分是非,处理了双方官员。这件案子严重影响了出兵平阿贾、阿札叛乱的大计,久久悬而未决。阳明对争斗的双方(刘寓生与陆健)都不偏袒,他奔走于三堂两司的官员中间,做着协调和解的工作,希望三堂两司官员尽快落实出兵平阿贾、阿札叛乱的大计。对三堂两司官员的争斗,阳明感到十分痛心,他专门去吊祭了南霁云祠。

南霁云是张巡部下将领。安禄山叛乱时,尹子奇围困睢阳,城中粮尽,南霁云奉张巡命一骑突围而出,驰至贺兰进明求援。贺兰进明贪生怕死不救,南霁云抽刀断指,含恨泣血而返。不久睢阳城破,张巡、南霁云均被执遇害,受刑时,张巡大呼:"南八,男儿死耳,不可为不义屈!"南霁云大声回答说:"欲将以有为也,公知我者,敢不死?"后来南霁云子南承嗣来贵州做官,政绩斐然,时人便在贵阳建立了南霁云祠,岁岁祭祀南霁云将军。阳明尤痛恨贺兰进明的不发兵救援,导致睢阳城破,南霁云遇害,由此联想到三堂两司官员迟迟不出兵平阿贾、阿札之乱,所谓"贺兰未灭空遗恨,南八如生定有为",其实是针对眼下平叛的现实而发,慨叹今世无像南霁云这样的平叛抗乱的英雄,有的多是

第七章 龙场之悟：超越白沙心学之路

像贺兰进明这样怕死不发兵的懦夫，呼吁能有像南霁云这样的人出来平定阿贾、阿札叛乱。

由于阳明的从中协调努力，参议谋划，到九月，三堂两司官员在平叛上终于取得一致，定下出兵平阿贾、阿札乱的大计。但由于秋季已过，错失出兵的良机，所以三堂两司决定今冬先作好平叛的充分准备，深入水东乖西内地侦探军情，到明年开春出兵平叛。这一平叛大计估计是佥事陆健提出来的，但肯定和阳明商量过，为三堂两司官员所接受。出兵平叛大计终于落实，阳明这次来贵阳的使命完成，也就在九月返回了龙场驿。

在龙场驿，阳明又埋头于《五经臆说》的撰写。但他依旧密切关注着平阿贾、阿札叛乱之事。他回到龙场驿不久，总兵施瓒便遣人携厚仪送来一幅《七十二候图》，请他作序。怀柔伯施瓒是镇压阿贾、阿札叛乱的总领，对他这时送画乞序，阳明心有灵犀一点通，担心施瓒依旧故我，沉醉于文学书画的迷恋中，对出兵平叛仍然不力，于是马上写了一篇《七十二候图序》，坦诚告诫。

施瓒命绘工画候图本来并无深意，阳明巧妙地把节候变化同政事得失、天道兴衰与人事污隆结合起来，从自己的"心学"视角重新诠释了候图的意义，认为节候关乎气运，从候图上可以见天道的运行变化，人道的兴衰治乱。候图的功用就在于向君臣显示"恐惧修省之道"，要君臣"警惕夫人为而谨修其政令"，"致察乎气运而奉若夫天道"，这实际就是在规劝作为怀柔伯的施瓒要勤修政令，奉行天道，恐惧修省，做好自己怀柔平叛的本职大事。这是在出兵平阿贾、阿札乱之前阳明对总兵施瓒的最后一次警告。

三个月的寒冬很快过去，阳明在阳明小洞天读经反思，默坐澄心，也终于豁然有悟。冬至一阳生，夜半忽然响起了雷声，仿佛预告着阳明心头酝酿的"龙场之悟"的到来。

眼看冬尽春来，出兵平叛在即，这时三堂两司又来请阳明速赴贵阳议事，正合了阳明的心愿。正德四年（1509年）正月初一，阳明骑马踏雪往赴贵阳。

开春以后出兵平叛，主要采用佥事陆健的奇袭之计，也是由他作先锋打头进兵深入，所以阳明一到贵阳，就首先同陆健再次详谈了出奇兵深入敌营的进攻之计。

这次在贵阳两人的相见商讨，显然对春间出兵平叛起了最直接的作用。接踵而来发动的大规模出兵镇压阿贾、阿札之战，正史都隐晦不载，但是《贵州通志》中的《陆健传》却透露出了陆健出奇兵袭阿贾、阿札苗窟与阳明为平阿贾、阿札叛乱出谋划策立功的秘密。

陆健的出奇兵袭苗营之计，同阳明后来在江西设计出兵平乱与平宸濠乱十分相似，有极大可能陆健的奇袭苗营之计就是阳明向他提出来的，至少也是两人经过周密商讨定下的。出兵平叛定在春二月，阳明在正月十五元宵节便由贵阳回龙场驿。因道中受风寒病卧西园，陆健马上寄诗来安慰。

平叛在二月出兵，到四月取得了胜利。陆健率奇兵直捣苗营，击杀苗酋，立了首功。奇怪的是他却在六月迁福建按察副使而去。阳明听到平叛胜利与陆健功升福建副使的消息，便在六月又赶往贵阳，亲送陆健赴福建副使任。

陆健忽然改任福建副使并不是因功升职，而其实是被御史衔恨奏劾而去。陆健在告别阳明赴福建副使任时，阳明曾有一信托他带给在京翰林检讨张邦奇，后来张邦奇有回信也感叹"芳馨凋落"。陆健在弘治十五年举进士，入刑部任职，与阳明相识，也是"西翰林"中的人物，所以阳明称他为京国中交游的人物。阳明

第七章　龙场之悟：超越白沙心学之路

把陆健的远任福建副使称为"交游零落尽"，隐然透露了陆健被御史诬奏夺功而去的内幕。

阿贾、阿札的叛乱还没有平定，三堂两司的官员们已先自争功纷斗起来。巡按御史王济冒夺陆健之功，而他自己也在五月以"考察不及"谪东平州判官而去。监察御史刘寓生攻两司平叛不力，与陆健忿争，而他自己也在十月被逮锦衣狱而去。总兵施瓒、宣慰安贵荣又都畏避不出，平叛几乎无官统领，朝廷只好再遣监察御史徐文华来巡按贵州，主持平叛，收拾残局。

徐文华接王济任在八月到贵州，马上请阳明来贵阳商议平叛事。阳明便在九月初又一次赴贵阳，与徐文华相见。这时徐文华已做好出兵平叛的准备，他是把阳明作为文章道德名重当世的"有道之士"与深通兵法的"兵部主事"请来贵阳，垂询出兵平叛的事宜。徐文华这次出兵一反前官的杀戮镇压，采取了招抚之法，出兵有道，不假兵戈，不杀一卒，叛乱尽平，为乖西苗民积无量功德。这一招抚之法应就是徐文华与阳明共同商议定下的，甚至有极大可能是阳明提出来的。因为同那些三堂两司诸官好杀戮镇压而相互纷争邀功不同，阳明一向不以夷俗为陋，反对滥杀乱伐，主张教化夷民，"抚诸夷而纳之夏"，师出有名，以招抚为上策。后来他在江西平定三浰之乱，在广西平定卢苏、王受之乱，都是采用了招抚之法，同这次采用招抚之法平阿贾、阿札之乱如出一辙。在经过一年多的镇压并已取得基本胜利的情势下，采取招抚之法抚定叛民，不失为是明智的用兵有道之举。两人招抚平叛的商议肯定十分融洽一致，使徐文华在平叛上感到了极大的自信，心情轻松，他甚至邀阳明共游南庵，相互唱酬。

在这些悠然自得的唱酬诗底下，其实掩藏着两人在出兵平叛前夕相互商讨平叛事宜的紧张情绪，共游南庵消解了他们心头的紧张与亢奋。后来在正德十四年（1519年）南庵改为武侯祠，祀诸葛武侯，并选十六名有功德于贵州的名臣合祀，徐文华入选，这恐怕就同徐文华采取武侯的招抚方法平定阿贾、阿札乱及与阳明共游南庵有关。

在共游南庵以后，徐文华便率领参将洛忠出兵平叛，阳明留在贵阳主教文明书院，等候消息。因采取招抚的有道之法，徐文华很快就在九月平定了阿贾、阿札的叛乱。[1] 拖延了一年半之久的阿贾、阿札之乱终于平息。从写信劝安贵荣宣慰出兵开始，到与徐文华共议以招抚之法抚定叛乱结束，阳明默默无闻地在背后参预了平定阿贾、阿札之乱的全过程，他虽是处在贬谪中的逐臣，但贵州地方官员依旧把他尊为京都来的"兵部主事"，垂询用兵之道，他在背后立下了外人不知的平叛功劳——他是在平叛上"建言"立功的"言士"。徐文华在上报朝廷的平叛捷音疏中，肯定要开列平叛立功人员与平叛不力人员，请朝廷赏罚。于是平叛不力的施瓒在九月被劾罢[2]，平叛建言立功的阳明在闰九月升庐陵知县。[3]

阳明在平阿贾、阿札之乱上建言献策立功，揭开了一个被埋没了五百年之久的秘密：在正德二年以"奸党"被贬、被罢的五十三名官员，都是在正德五年八月刘瑾伏诛以后才陆续起用，为什么独有阳明一人却在正德四年闰九月被起用为庐陵知县？他的起用显然同刘瑾的生死毫无关系，而同他在平叛中建言立功有密

---

[1] 按：阿贾阿札叛乱最终由徐文华平定。《嘉靖贵州通志》卷九："徐文华，正德间巡按，适阿贾、阿札之变，文华多方筹画，不假兵戈，而兵尽平。至今贵之人谈乖西事者，皆称其功德。"卷十《兵变》："宣慰司默西苗贼阿贾、阿札叛，参将洛忠等分哨进兵，剿平之。"

[2] 《国榷》卷四十七："正德四年九月己酉……贵州总兵怀柔伯施瓒，广西副总兵张勇，俱劾免。"

[3] 《宪章类编》卷三十九："正德四年闰九月，升龙场驿丞王守仁为庐陵知县。"

第七章 龙场之悟：超越白沙心学之路

切关系。原来在正德四年八九月中地震、天象灾变不断，荒于嬉戏的武宗栗栗危惧，被迫下诏求言，起用"言士"。正好阳明在平阿贾、阿札之乱中以建言立功，完全符合武宗的"言士"标准，徐文华适逢其时把阳明的"言士"功绩报到朝廷，被武宗看中。无奈这时武宗的"内阁"全为奴颜媚事刘瑾的"阁老"们所把持，那个倍受武宗宠爱的"阁老"焦芳正大发"余姚人毋选京秩"的狂调，严惩余姚籍敌党，阳明在这时进京正好撞到了他的枪口上；而刘瑾也在更变本加厉地打击被贬被罢的"奸党"，竟在五月将已致仕的"余姚人"王华降为南京吏部右侍郎。尤值得注意的是"阁老"杨廷和，他正是在刘瑾专权的时候青云直上，在正德二年官拜文渊阁大学士入阁，正德五年二月又晋升吏部尚书、武英殿大学士，掌控着官员升迁进退用舍的大权。他又是一个奉信官方程朱理学的大臣，在政治上同反刘瑾专权的阳明对立，对阳明的起用进京是心存顾忌与畏惧的。正是这班阿顺刘瑾的"阁老"阻遏了阳明以"言士"进京任职，只给了阳明一个小小的庐陵知县敷衍了事。武宗自食了起用"言士"的御诺，只含糊留下一句"（明年）冬间入觐"的话，虚情慰抚了一下失落的阳明。

　　阳明的功升庐陵知县，宣告了他的罪臣贬谪生活的结束。他在龙场驿实际只待了一年半的时间，居夷处困，连年往返奔走于龙场驿与贵阳城之间，有一半时间居住在龙场驿，一半时间在贵阳城度过。他以"言士"贬谪，又以"言士"起用，在他的黯淡浮沉的生命历程上画了一个光怪陆离的圆圈。十月，监察御史刘寓生归京师，阳明这时也将离龙场驿赴庐陵任，他作了一首诗送刘寓生，表面上是对刘寓生在贵阳受尽困辱深表同情，其实也是夫子自道，可以看作是阳明对自己一年又半载的居夷贬谪患难磨炼的总结。

处险地而反求吾心,自反而缩;处困境而不变其志,不改操守。阳明就是这样在龙场驿的谪地困境中不屈地挣扎着,忧时不负君臣义,他终于抱着"道自升沉宁有定,心存气节不无偏"的坚定信念走出了龙场驿,又到时代的"风波"中搏击奋进了。

龙场之悟
——易简直截的心学本体工夫论之悟

阳明本是抱着对白沙心学的坚定信仰赴谪的,心学成为他在龙场驿受尽磨难的精神支撑。但是在赴谪途中他的心底已酝酿着对朱学的新的质疑思考,也推动他对陈白沙"默坐澄心,随处体认天理"的心学进行逆向的追问。所以他一到龙场驿,就写信给湖广参议吴世忠,详细谈到他对朱学、陆学与白沙心学的认识。

吴世忠认为自己追慕"古人体用之学",就是指体用一如、格物穷理的朱学,但又恐被外物所牵,重外轻内。阳明肯定了吴世忠能致力于学问思辨,重内轻外,而不堕于空虚渺茫之地,但对他的说法又提出了批评。在阳明看来,"君子之学"(心学)必须先立大者(体),小者(用)才不会弃夺。这个"大者"就是"尊德性",小者就是"道问学"。故子思说"尊德性而道问学",是一种真正的"修德凝道"的君子之学;而朱熹说"非存心无以致知,而存心者又不可以不致知",已与子思之说异趋。阳明由此进一步指出,为君子之学有两等人:一等是"立而后进者",有知而作之者,如孔子;一等是"进而至于立者",不知而作之者,

第七章 龙场之悟：超越白沙心学之路

如朱子。二等有体用高下顺逆之判。因此归根结底问题在于道一无两，心为道源。阳明已开始意识到白沙心学有"恐为外物所牵"之弊，因为白沙说的"默坐澄心"是承认理在吾心，因此要向内体认心中之理，是专务守心源；但白沙说的"随处体认天理"却又是承认理在物中，因此要向外分殊体认，即事即物求理，这就不免"为外物所牵"。阳明洞见出了白沙之学的这种内在矛盾，就在于"心迹判而两之"。所以阳明最后提出反对人为的"用智"，而主张自然的"明觉"——心悟。他的超越白沙心学的"龙场之悟"就从这里起步了。

在龙场驿，阳明的心学之悟就是从体认白沙的"默坐澄心"悟入，扬弃了白沙的"随处体认天理"，通过邵雍心学心法的易学，达到了知行合一的心学本体工夫论境界。所以他一到龙场驿，就建玩易窝，在石洞中潜玩《周易》心法；开阳明小洞天，仿在绍兴阳明洞一样进行静入窈冥的修行。他有一次向冀元亨谈到自己在龙场驿的默坐澄心说："一日，在龙场驿静坐到寂处，形骸全忘了。偶因家人开门响觉，香汗遍体。释家所谓'见性'是如此。"所谓"静坐到寂处，形骸全忘了"，就是他说的"尝于静中，内照形躯如水晶宫，忘己忘物，忘天忘地，与虚空同体"，也就是《性命圭旨》说的"静入窈冥"，"与太虚同体"，"七魄忘形"，"俨如水晶塔子，表里玲珑，内外洞彻"。他把白沙的"默坐澄心"的静坐体认同道家的导引炼形的身心修炼结合起来，体悟《周易》的心学心法。这正是一种当年邵雍体悟心学心法的路径。阳明筑玩易窝体悟《周易》的心学心法，其实就是仿邵雍筑安乐窝体悟《周易》的心学心法。

邵雍的"心法"实际就是以心为太极（道）的"心学"（先天心学），故北宋末年的张行成阐释邵雍的易学，第一个明确将邵雍的先天心法称为"心学"："至诚者，心学也。""先天造物之初，由心出迹之学也；后天生物之后，因迹求心之学也。"[1] 这是一种真正意义上的心即理的儒家心学，可以说，邵雍是宋代建立儒家心学思想体系的第一人，陆九渊的心学明显是源自邵雍的心学。[2] 其实在陆九渊以后，也有夏德甫步趋邵雍，建易窝潜玩《周易》的心学心法。

阳明建玩易窝潜玩《周易》心学心法，同邵雍建安乐窝潜玩《周易》心学心法、夏德甫建易窝潜玩《周易》心学心法一脉相承。邵雍在安乐窝中潜玩易学，是把儒家的易学同道家的修心养性之学结合起来，建立了自己的先天心学，开了后来陆九渊的"心即理"的心学。入明后，邵雍的先天心学广泛流行，连他的大量观物吟的诗体也成为明理学家与诗人们纷纷仿效的神品，邵雍成为明诗坛上供奉的一尊性理偶像。阳明作诗也好学邵雍，他的大量吟性理、吟良知诗同邵雍的观物吟、吟物诗有异曲同工之妙，神似意合。故在心学上，阳明既已对白沙的心学心生质疑，自然要超越白沙，把目光投向邵雍、陆九渊的心学的源头，这就是他在玩易窝中潜玩《周易》顿悟心学的"明觉"力。

阳明的"龙场之悟"就是在玩易窝中默坐澄心、体认《周易》心学心法中引发的，但阳明自己后来有意说得含蓄不露，他的弟子们也都神化其悟，几乎把阳明的龙场之悟描绘成为禅师式的故弄玄虚、莫名所以的禅悟。

其实，阳明的"大悟"是针对朱学而言，他的"龙场之悟"

---

[1]《皇极经世观物外篇衍义》卷八。
[2] 按：关于陆九渊心学的传授渊源，向来不明，一般都把陆氏心学追溯至张九成的禅学，实未探其本源。后于张行成的胡宏亦使用"心学"一词，但也还不具有同程朱"理学"相对立的陆氏"心学"的意义。

就是悟朱学之非、心学之是，实质上是一个"是陆非朱"之悟。《五经臆说》与"朱子晚年定论"之说（后来写成《朱子晚年定论》一书），就是他的大悟朱学之非的两个产物。

李侗、白沙与朱熹的格物求理说是一脉相承的。朱熹的格物致知之说，是认为理在物中，理一在分殊中，体在用中，因此须即用求体，从分殊中体认理一，即物即事格求其理。朱熹这一格物穷理说，上本于李侗的"分殊体认"、"体认天理"。而白沙的"随处体认天理"说又显然上承李侗、朱熹之说，也是承认理在物中，因此要随事随处体认天理。阳明肯定了白沙的"默坐澄心"，而否定了白沙的"随处体认天理"。阳明认为既然心即理，心即太极，心具万理，心含万物，所以吾性圆满自足，理在吾心，心外无理，自然不假外求，毋须向外格物求理，而只须自求其心，格正心中之理。这是一种宏大开阔、易简直截的心学本体工夫论之悟，在这种对"格物致知"的大悟中，又包含了本体论之悟与工夫论之悟两大悟：（1）在"格物"上，阳明悟到"心即理"作为一种心学本体论，是认为理在吾心，格物是格正心中之理，不是格外物之理，于是他把"格物"解释为"正心"；（2）在"致知"上，阳明悟到"致知"作为一种心学工夫论，是"知"，也是"行"，知即行，行即知，致知即行知，于是他把"致知"解释为"知行合一"。

在"格物"上，朱熹以理在物中，把"格物"解释为向外的"穷理"（格外物之理）。阳明一反朱熹之说，以理在吾心，把"格物"解释为向内的"正心"、"正念头"。阳明以"格物即正心"代替了朱熹的"格物即穷理"，也否定了白沙的"随处体认天理"。阳明以这一格物即正心之悟超越了白沙的心学，直接走向了陆九渊的心学。

在"致知"上，朱熹提出了敬知双修，将知与行分为两事，主张先知后行，行而后知，知行循环交互为用。阳明一反朱熹之说，提出了知行合一，知即行，行即知，知中有行，行中有知，知行一如同体。钱德洪在《阳明先生年谱》中并没有把阳明的龙场之悟说成是"良知之悟"，而是将"知行合一"说看成是阳明生平学术思想三变中的首变，是阳明心学思想嬗变历程中最关键的一"悟"。

在阳明龙场之悟的心学视阈中，他是把"知行合一"作为一种心学致知的紧切着实的工夫论提出来的，它修正了白沙"随处体认天理"的错误，也弥补了陆九渊心学工夫论的缺失。阳明用"心具万理，知行合一"的心学代替了白沙"默坐澄心，随处体认天理"的心学，这一"龙场之悟"宣告了他的"心具万理，知行合一"的心学本体工夫论体系的诞生。

可见阳明的"龙场之悟"是一个易简直截的心学本体工夫论之悟，这个心学本体工夫论体系，是在本体论上讲"心物合一"，在工夫论上讲"知行合一"。在这样一个总的心学本体工夫论之悟下，阳明以一种更恢弘的心学文化视野重行审视朱学，比较朱、陆之学的异同，豁然又有三悟，促成他写出了三部著作：

一是重行审视朱熹的五经注疏之说，发觉朱熹繁琐训诂注解之误，推动他写出了《五经臆说》。《五经臆说》从阳明正德三年四月一到龙场驿筑玩易窝开始撰写，到正德四年十月阳明将离龙场驿时大致完成序定，阳明自己说写了十九个月。这表明阳明一到龙场驿心中已酝酿着对朱学的批判，他是从批评朱熹的《五经》注疏之说切入，开启了他的心学的"龙场之悟"。《五经臆说》实际是一部批朱学的书，是他的龙场之悟的"始笔"。

阳明批评的"世之儒者"就是暗指朱熹。在阳明看来，五经虽然包含了圣贤之学与圣贤之道，但相对于圣贤之"道"的"鱼与醪"而言,《五经》之"言"不过是"筌与糟粕"而已,真儒应当得鱼而忘筌,醪尽而弃糟粕。而像朱熹这样的"世儒"给《五经》作繁琐注解,无异是求道于"筌与糟粕",实在是"求鱼于筌,而谓糟粕之为醪也"。对儒家《五经》,真儒不是求道于"言",而是求道于"心",所以同朱熹斤斤计较于文字训诂、圣人"糟粕"而堕入言筌不同,阳明作《五经臆说》是求之于心,"聊写其胸臆之见","胸臆"就是指心意,指"心"(不是指臆见),"臆说"就是心说。可见阳明的《五经臆说》是一部以心学解五经的著作,是他的"龙场之悟"的第一产物。只是他对朱熹经说的批判触犯了明朝当权者以程朱性理之学治天下、禁锢士类的大忌,而阳明自己也担心作《五经臆说》也同样堕入言筌,字解句析,执糟粕为香醪,忘鱼而垂钓,所以后来他竟把《五经臆说》作为未定之说焚毁。《五经臆说》的焚毁,留下了一个难解之谜,但从幸存下来的《五经臆说》十三条残文,仍可清楚看出阳明是怎样用心学来诠释《五经》的。

二是重行审视朱熹《大学》定本及《大学章句》的格物致知之说,发觉朱熹《大学》定本与补写"格物"章之误,《大学章句》非圣门本旨,阳明便自定《大学》古本,确立格物即正心的《大学》宗旨,推动他后来写出了《大学古本傍释》。朱熹的《大学》学,是自己改定了古本《大学》,将《大学》分经、传,以为其中"格物"一章亡佚,于是他给《大学》补了"格物"一章,把"格物"解释为向外深入事物穷究物理。阳明一反朱熹的《大学》学,恢复了古本《大学》的原貌,认为《大学》原为完整的一篇,本来就无经、传之分,也无缺传可补,于是他把"格物"解释为"正心",认为格致本于诚意。阳明这一《大学》之悟从根本上推倒了朱学,不仅推动他后来写出了《大学古本傍释》，而且也直接打开了通往"致良知"之学的通道。

三是重行审视朱熹的全部著作，发觉朱熹的早年之说与晚年之说全然不同，晚年朱熹思想已转向了陆九渊，也就是说，朱熹晚年已自悔早年的误说，由朱学（性学）转向了陆学（心学），故晚年之说才是朱熹思想的定论，于是阳明提出了"朱子晚年定论"之说。其实最早提出"朱子晚年定论"之说的是程敏政，他在《道一编》中首倡朱、陆之学早异晚同之说，提出朱子晚年定论已与陆学相同。阳明肯定早就读过《道一编》，所以他在龙场驿重读《朱子大全》，便一触即悟，"朱子晚年定论"自然从他脑海中闪现。然而所谓"朱子晚年定论"不过是程敏政和阳明用来掩饰他们批判朱学、尊信陆学的立场的借口，因为他们对直接攻击批判否定朱学都心存顾忌，打起"朱子晚年定论"的旗帜是阳明"龙场之悟"的需要。只是在龙场驿阳明这种"朱子晚年定论"的思想还刚萌芽，要到后来在南都经过朱陆之学异同的论战，他的"朱子晚年定论"思想才最终形成、公开，并推动他写出了《朱子晚年定论》一书。而一到后来阳明形成了"致良知"的心学思想时，他也就没有必要再用"朱子晚年定论"的旧说来掩盖自己反朱学、尊陆学的立场了。

阳明的"龙场之悟"本就是悟朱学之非，觉陆学之是，所以毫不奇怪，他这种"龙场之悟"就是在辨析讲论朱陆之学异同的过程中触发的。从阳明正德三年三月一到龙场驿就同吴世忠、陈凤梧、毛科等人讲论"君子之学"、辨析朱陆之学开始，到十一月冬至"岁晚心丹自动灰"[1]，在思考辨析朱陆之学异同中豁然

---

[1]《王阳明全集》卷十九《冬至》。按：阳明在《朱子晚年定论序》中说："其后谪官龙场，居夷处困，动心忍性之余，恍若有悟。体验探求，再更寒暑（按：指再过一年，到正德四年），证诸六经、四子，沛然若决江河而放之海也。"可见这里说的"恍若有悟"，即指阳明正德三年十一月冬至的"岁晚心丹自动灰"之悟。

第七章 龙场之悟：超越白沙心学之路

顿悟格物致知、知行合一之旨，这就是阳明走的一条"龙场之悟"的心路。在冬至"大悟"以后，他仍在继续讲论辨析朱陆之学异同的过程中深化着自己心学的"龙场之悟"。

原来的提学副使毛科在正德四年（1509年）四月致仕归桐江书院，席书继毛科来任贵州提学副使，他在七月到贵阳，第一件事就是聘请阳明主教文明书院，实现了毛科未完成的意愿。席书尊信陆学，早在弘治十三年（1500年）在京已与阳明相识，两人多有学问讲论往来，席书已深佩阳明的文章学问与才猷勋业。所以这次他来贵州主学政，便欣然把阳明尊为倡明圣学的一代大儒与心学引领人，他请阳明主教文明书院的真意，其实还在把阳明请来贵阳共同讲论朱陆之学异同，倡明圣贤之学（心学）。他一到贵阳，就先写了一封信给阳明，大谈朱陆之学，并邀阳明来主教文明书院。

阳明立即写了一篇千余言的回信，允诺来文明书院执教，并详谈了自己在龙场的心学之悟，使席书如醍醐灌顶，更加神往。八月，他写了一封长信正式邀请阳明来贵阳主教文明书院。

席书说的"圣贤之学"其实就是指阳明在龙场大悟的知行合一的心学，而席书把他请来贵阳也是要同他讲论这种圣贤之学，问辨朱陆之学的异同，聆受知行合一心学之教。所以阳明也欣然在九月初赴贵阳，正式主教文明书院，马上全力开展圣贤之学的讲学与教育，一方面向书院诸生大阐知行合一的心学，另一方面又同席书展开朱陆之学的论辨，他的龙场大悟的心学首先在省城贵阳得到了传播与深化。

在贵阳，阳明与席书的论辨朱陆之学是围绕"知行合一"的心学展开的，两人常讲论探讨至夜分。席书与阳明重点讨论了《五经臆说》中的问题，也领悟了阳明的心学思想。席书自己也就是在同阳明日日论辨朱陆之学中豁然领悟了阳明知行合一的心学，心悦诚服地拜倒在了阳明心学的"王门"之下。

阳明批评了席书执着于从其小者的"耳目之问"（耳目之学），而遗弃了从其大者的"心之问"（心学）。在他看来，从其大者（心）为君子儒，从其小者（耳目）为小人儒。阳明对从其大者的心之学的赞扬包含了对陆学的肯定，而对从其小者的耳目之学的批判包含了对朱学的否定。这是阳明在贵阳与席书论辨朱陆之学异同的最后结论。后来席书写出了著名的《鸣冤录》，为三百年来的陆学被诬为禅学辨白雪冤，这本书最初的思想源头就来自他与阳明在贵阳的朱陆异同之辨。

阳明在贵阳文明书院讲学三个多月，这是他在龙场贬谪地度过的最后三个月，同席书的论辨朱陆之学也极大提升了阳明自己对知行合一心学的认识与信念，促使他真正超越了白沙，走向邵雍、陆九渊的心学。他就是怀着这种对知行合一心学的觉醒走出了龙场驿。十二月初，阳明离龙场驿赴庐陵知县任，席书作了一篇《送别王守仁序》送他，对阳明的"龙场之悟"作了最好的总结。

席书在这里首次提出了一个与前人大异其趣的心学心心相传的道统，他把杨时、罗从彦、李侗、陈白沙也纳入心学相传的道统中，显然是本自阳明的思想。所谓"道至是而一明"，是对陆九渊心学的肯定；"道至是而一晦"，是对朱熹理学（性学）的否定。在席书提出的这个心学道统的视阈中，道统传不传在人，席书认为心学大儒百余年一出，明朝开国至今已一百余年，正是一代心学圣人破天将出之际，这个不世出的心学圣人已有征兆应验在大儒阳明身上，"龙场之悟"预告了一代心学道统圣人的诞生——这就是席书对阳明的"龙场之悟"的解读。

"龙场之悟"的觉醒，也使阳明陡然生起了担当一代心学道统圣人的使命感与勇决心。所以他对自己不同凡响的"龙场之悟"也有自己的总结说法。

阳明自己把这种"龙场之悟"说成是大悟释、老二氏之非，仿佛阳明在正德四年已了悟佛道之非，完全超脱溺于仙佛之习。其实所谓悟仙、释之非也只是阳明对自己心学的"龙场之悟"的一种掩饰之词与遮眼之法。以"龙场之悟"为界限，阳明早期与后期对儒、佛、道的认识的不同，不过表现在早期耽迷佛、道，认为儒家不及佛、道广大精微，"谓儒者为不足学"，"二氏之学比之吾儒反觉径捷"；后期领悟到儒家之说的广大精微，在佛、道之上，"见得圣人若是其简易广大"，"叹圣人之道坦如大路"。显然，这种前后期认识的不同并不具有悟佛道之非与排辟佛道的意义，阳明依旧肯定佛、道之说与儒合，并没有否定佛、道之说，只是"觉二氏之学未尽"、在儒家圣学之下而已。他是因悟到儒家之说的简易广大、儒道坦如大路、在佛道之上而"手舞足蹈"，所以他批判的是"世之儒者（世儒，主要指朱熹）妄开窦径，蹈荆棘，堕坑堑，反出二氏之下"，并不是批判佛、道二氏，而是认为正是这些"世儒"败坏了儒家圣学，导致了士人纷纷弃儒从佛、道，这并非释、老二氏之罪。可见阳明的"龙场之悟"并不具有否定佛道、悟释老二氏之非的意义，他大悟的是朱熹理学之非、陆九渊心学之是，但因为朱学是作为明统治者"钦定"的正统统治思想推行天下，而陆学、白沙学在当时又被目为"禅学"的异学变种遭到排斥，阳明如把自己的"龙场之悟"直说成是悟朱学之非，觉陆学之是，便触犯钦定程朱理学的禁网，而他大悟的"心学"也带有陆学的"禅"色彩，会被统治者斥其心学为"禅学"找到攻击的口实。所以阳明把他的悟朱学之非含混说成是悟佛老之非，不过意在回护他的"龙场之悟"的反朱学、尊陆学的本来面目。

　　阳明的"龙场之悟"还是一个不彻底的心学之悟，他超越了白沙的心学，却还没有能超越陆九渊的心学。但是这种从"格物"思路上悟入的"龙场之悟"，却为阳明后来从"致知"思路上悟入的"良知之悟"准备了充分条件。他踏着格物正心的觉悟之路走出了龙场驿，又开始了他的超越陆九渊心学的"良知之悟"的心路探索历程。

第八章
凤凰再生：从庐陵知县到吏部主事

庐陵善治：以开导人心为本

正德五年（1510年）三月十八日，阳明怀着以心学治政的理念到达庐陵，开始了他的"以开导人心为本"的庐陵之治。

历经贬谪的磨难，阳明像陶彭泽一样铭心刻骨感受到了人心的险诈、世风的日下、朝政的败坏；再度出山去当一个小小的庐陵县令，阳明也像陶彭泽一样深切感受到了暌违初心、屈沦下僚、心为形役的痛苦。但他还是决计赴庐陵任，效法陶彭泽正道直行，开导人心，纾救民困。阳明心学的确立，也形成了他的"治心"的政治理念。治政先治心，庐陵之治是一种心治，阳明以"治心"卧治庐陵七月，百务具理，百废具兴，在治政上初次试露了他的知行合一的心学的实践锋芒。

这时还正当是刘瑾怙权擅政甚嚣尘上之际，士大夫们纷纷变节投靠，险巧谲诈，不能务守道的"根本"，荃芷变而不芳，兰蕙化而为茅，大道潜隐，人心堕落。阳明在庐陵一如既往正道直行，不改操守，正人心，挽世道。庐陵本是著名的文献之邦，文明开化，民心向善，名人辈出，但在明以来统治者苛重的盘剥压榨下，庐陵经济凋零，人心向恶，官府暴虐，民生穷困，小小一县变成了健讼成风、盗贼横行之地。阳明一到庐陵，就发现健讼、盗行、民困是庐陵的三大社会弊病，认为这都是人心败坏堕落造成的，所以他以开导人心入手，向庐陵的三大弊病开刀。他首先整顿词讼，摸清一县词讼争斗的情况，采取对策，对症下药，向全县发布了一则《告谕庐陵父老子弟》。

三月正是春耕农作紧张之际，庐陵数千名健讼之徒竟然放下农事，号呼奔走道路来打官司，狱牒盈庭，多是虚妄不实之词。阳明采取了"不放告"之法，他又发布了一则《告谕庐陵父老子弟》。

阳明并没有倚仗严刑峻罚惩治讼民，而是以仁义礼让劝导他们，互相容忍，息讼罢争。他亲自下去询访里役，考察各乡贫富奸良之况，讼争冤怨之实。稽考国初旧制，命各乡慎选出里正三老，由他们负责讼事，坐审讼案，委曲劝谕开导讼民，化争为和。

阳明清醒认识到庐陵讼争之风所以盛行，是因为人心的败坏，所以他注重用礼义化民，行孝悌忠信来正人心，感化导引民心向善。这时正好庐陵发生了严重的灾疫，疾病流行，民多饿死，骨肉不亲，饿殍病尸枕藉道途，"老幼失养，贫病莫全"，加深了民间家庭不和与讼争之风。阳明采取了三管齐下的办法：一方面遣医生下到各乡，疗疾治病，官给医药，消灭流行疫灾；另一方面命三老下到乡井民户，访病问疾，劝乡民行孝悌之道，讲信修睦，疾病相互扶持，贫饥相互帮助；再一方面又组织了庐陵县城里德高望重、敦义孝行的"父老"下到各乡慰劳抚恤，劝谕乡民行孝悌仁爱，送给汤药，施舍饭粥，做到户户家庭敦睦，村村乡里和谐。阳明自劾不职，发布了一则《告谕庐陵父老子弟》告谕全县。

阳明治病赈济劝孝并举的办法很快取得了实效，病民救活，疫灾消除，孝悌风行，词讼事息，囹圄清空，庐陵的民风大变。

庐陵健讼、盗行、民困的三大社会弊病是互为因果、纠缠在一起的，阳明从中看到了人心败坏的根源。所以他在治盗上并没有一味以杀伐刑罚为能事，而是采取礼、法并用的方法，一方面推行保甲法，防盗禁盗，在城郭以十家为甲，在乡村以一村自保；

另一方面又加强礼义的教化，启迪民心改恶行善，平时讲信修睦，盗侵时互相救援。四月，他为此又特发布了一则《告谕庐陵父老子弟》。

阳明认识到庐陵的健讼、盗行的根源是因为民困，而民困的根源又在于朝廷赋税的苛重，官府盘剥的残虐。所以他在治讼治盗的同时又大力纾救民困，蠲免无名苛赋，停止催征，全力抗旱灾火灾。庐陵自四月以来发生旱灾，来势汹汹，旱灾又引发火灾，讼争纷起，眼看夏收无望，官府却依旧变本加厉督催钱粮，勒民限期交赋。阳明立即发布了一则《告谕庐陵父老子弟》，宣布停止催征，抗灾救民。

庐陵古城中街巷狭窄，民居稠密，高屋大楼之间没有火巷间隔。由干旱引起的火灾，火势凶猛蔓延，一连烧毁了一千余家民房。阳明以火灾为鉴，从改造街道、建立火巷入手，加强火灾防备。他遣父老下到街街巷巷督造火巷，拓宽街道，发布了一则《告谕庐陵父老子弟》，约法三章，教民扩造街道、建设火巷之法。但军民之间为争火巷之地发生纠纷，兴起诉讼。在庐陵的吉安驻军，庐陵县民一向视为外来兵丁，平时相互已多有摩擦，这次在争火巷上矛盾激化，县民吴魁昊、石洪纠集了一班人赴县衙投诉，要求"抑军扶民"。阳明权衡是非利害，否决了县民的无理要求，公正判处这件讼案，他又发布了一则《告谕庐陵父老子弟》，向全县宣判。

阳明以劝军民敦睦、息争安分，平息了这场军民火巷纷争，遏止住了大灾中讼起盗行的势头，使他可以腾出时间来全力解决免苛赋、苏民困的根本大事。庐陵本是不产葛布之地，但在正德四年（1509年）十一月吉安府却忽然差官吏龚彰带原发银一百两到庐陵县，督同县主簿宋海收买葛纱。阳明到庐陵任后，查清早在正德二年，一个姓姚的镇守太监就案告布政司，凡查出出产葛布的县，必须按时采办葛布；不产葛布的县，则按照地方的大小，交银两收买葛布。庐陵县规定交折银一百零五两。可是到正德五年三月，吉安府却派官吏郭孔茂来催督买办葛布，竟又另加派一百零五两。加上其他多如牛毛的无名杂赋如岁办料杉、楠木、炭、牲口等项，由旧额的三千四百九十八两加派到一万余两。这时正当旱灾火灾频发、疾疫大作的时候，乡民有的阖门饿死，有的家断炊烟。官府却不顾百姓死活加紧催征，致使乡民大量逃亡，流离失所，有的群聚为盗，攻村劫乡。一次有乡民千余人冲进县衙，呼天号地，哭诉宽贷免赋。阳明当场劝慰，立即向吉安府上了一道公移，乞请蠲免杂赋以苏民困。公移着重谈到官府巧立名目加派各色无名苛赋、吏差骚扰刻剥民户。

这是一篇难得的知县移文，它不仅有力揭露了明朝官府巧取豪夺的狰狞面目与民困盗行的真正根源，而且也鲜明表达了阳明一生奉行的亲民明德的治政理念。在阳明看来，一个地方郡县最好的"善治"就是明德亲民，以德化民，官民一体，天下一家，施政为天下之民，以一身为天下，又以天下为一身。所以他把蠲免苛赋、苏救民困作为明德亲民的"善治"的一等大事。他清楚看到庐陵的"民困"主要来自两方面的盘剥勒索：一是官府巧立名目的苛捐杂税，二是贪官奸吏的欺诈诛求，贪赃枉法。故阳明在蠲免宽贷苛赋杂税的同时，又特别注意打击惩处那些贪官奸吏。在夏六月征办钱粮时，各乡本都已交办了钱粮，但有些贪官奸吏却暗中冒用县府之名，下乡再征收钱粮，私行勒索。阳明发布了一则《告谕庐陵父老子弟》，惩处这些奸吏。

当时有不少公差官吏往来经过庐陵河下，都会乘机勒索，诛求生事。阳明又发布一则《告谕庐陵父老子弟》，提出了惩治这

第八章　凤凰再生：从庐陵知县到吏部主事

些公差吏役之法。

庐陵夏收的钱粮，是采用"兑运"法[1]，由军队运送民粮。但钱粮收齐到县，乡头粮长却迟迟拖延不即起运，军队也懒得运送。阳明又发布一则《告谕庐陵父老子弟》，督促军队立即水路起运。

阳明从这些事中看到了庐陵吏治的败坏，所以他又不遗余力整顿吏治，修建县署。穷困的庐陵县，县署已经破败倾圮，连作为县衙"爱民如子"门面标志的戒石碑也被冷落弃置在角落里。原来从宋以来，在地方府州县官署大堂正中都竖立一块刻有警戒官吏铭文的石碑，称为"戒石"，上刻四句戒文：

尔俸尔禄，民膏民脂，下民易虐，上天难欺。

早在后蜀孟昶曾作了一首《令箴》（一作《戒谕辞》）："朕念赤子，旰食宵衣。托之令长，抚养安绥。政存三异，道在七丝。驱鸡为理，留犊为规。宽猛得所，风俗可移。毋令侵削，毋使疮痍。下民易虐，上天难欺。赋役是切，军国是资。朕之爵赏，固不逾时。尔俸尔禄，民膏民脂。为人父母，罔不仁慈。勉为尔戒，体朕深思。"到宋太宗别出心裁从《令箴》中独表出"尔俸尔禄，民膏民脂，下民易虐，上天难欺"四句，刻石为戒铭，下令全国府、州、县官署大堂中都竖立戒石碑，警戒官吏。到明朝，虽然各府州县官署依旧冠冕堂皇地竖立着戒石，却早已成虚应故事、装点门面的欺民自欺之举。阳明决意要真正恢弘戒石铭的原初的

---

[1] 按：明宣德六年，因江南农户送粮到北方各仓往返近一年，有误农事，遂改令农户送粮至淮安、瓜洲，交付卫所官军北运，但农民须向官军交纳路费与耗米，故称为兑运。

箴官戒吏的实践功用，把戒石铭作为他整顿吏治的戒心大法与官吏戒惧奉行"善治"的座右铭。

六月，他开始修整县署，先兴建了仪门。七月，建成两廊，门右建监，门左建庑。到九月，拓宽县署大门外官地，建东西两垣。堂上竖起了新刻的戒石碑，建戒石亭覆盖保护起来。明代的戒石碑，都是将戒铭刻在阴面，阳明却独出心裁将戒铭醒目地刻在正面，而在阴面刻了一篇《重修庐陵县署记》。

阳明重修庐陵县署，是以竖戒石碑、建戒石亭为中心，突显了他的明德亲民的善治理念。稍后严嵩来游庐陵，观看了阳明手书的戒石碑，作了一首《观王阳明书石刻》称颂说：

> 作宰庐陵县，阳明称古风。
> 起废葺官宇，节用恤瘝恫。
> 刻辞招后来，庋石当庭中。
> 已叹仁言博，兼怜书迹工。
> 来游非在日，怀览意何穷！[1]

严嵩的诗其实对阳明的庐陵善治作了很好的总结，阳明也确实有心以修葺县署、竖立戒石碑作为他的七个月庐陵善治政成的标志的。修葺庐陵县署在十月完工，恰好这时朝廷政局也发生巨变，刘瑾下狱被诛，五年八虎弄权的乱政结束，机遇天降，阳明应时而动，乘势而起，以他不起眼的善治庐陵的政绩提前进京入觐述职了。

正德五年（1510年）对武宗的"新政"来说又是一个风雨飘摇的多事之秋，却也给阳明的仕途带来了新的转机。当阳明在庐陵忙于

---

[1]《钤山堂集》卷三。

第八章 凤凰再生：从庐陵知县到吏部主事

推行明德亲民、兴利去弊的善治时，武宗的统治又爆发了空前的危机。八虎弄权与刘瑾擅政给野心勃勃的藩王发动叛乱提供了借口，藩王的叛乱又给擅权作恶的权阉刘瑾准备了万劫不复的坟墓。先在四月，驻守宁夏的藩王安化王朱寘鐇发动叛乱，谋夺皇位。导火线就是刘瑾奏请遣御史到各处清理屯田，这班御史多迎合虚报，伪增屯田数百顷，一概命令出租。派往宁夏的大理寺少卿周东，甚至以五十亩为一顷，多征收亩银，向刘瑾行贿，引起民愤军怨。四月五日，寘鐇打起清君侧、除刘瑾的旗号起事，发布檄文历数刘瑾罪状，宣布"今举义兵，清除君侧"。这完全是拙劣效法当年朱棣反叛篡位的行径。由于安化王仓促起事，又中了游击将军仇钺的诈降之计，叛乱仅历时十九天而失败。朝廷起用前都御史杨一清总制军务，太监张永监军，率大军西讨。大军到达宁夏，安化王已被擒。寘鐇叛乱充分暴露了刘瑾的罪恶与反迹，杨一清私下里问张永，现在外乱已平，国家的内患怎么办？他在手掌上写了一个"瑾"字，劝张永功成奏捷回京乘机揭发刘瑾奸恶，真正清除"君侧"。张永说："嗟呼！老奴何惜余年不以报王哉！"八月十日，张永押解安化王献俘至京，武宗立即下命处死安化王。张永乘机呈上安化王讨刘瑾的檄文，奏陈刘瑾奸恶不法十七大罪状，恫吓说宁夏寘鐇之乱实由刘瑾激变，刘瑾自知其罪败露，将欲图谋不轨。武宗下命连夜逮捕刘瑾，抄没家财，查出衮服四件，蟒服四百七十袭，牙牌二柜，金龙甲三十副及刀甲弓弩无数，武宗大怒说："奴才果欲造反！"刘瑾下锦衣狱审讯，科道官群起弹劾刘瑾罪状三十余条。八月二十五日，刘瑾被凌迟处死，榜示天下。

刘瑾的伏诛，宣告了武宗登极以来八虎弄权乱政的结束，也宣告了被禁锢的五十三名"奸党"的解放和阳明庐陵之治的过早结束。狡诈的武宗把自己腐败的统治罪责全部推给刘瑾，欺骗愚弄天下人，竟迫不及待地在八月十八日就开始惩治贬斥"瑾党"。九月二十日，朝廷议复谪籍五十三人，全部复官录用，但是其中却没有阳明等多名贬谪要犯[1]，而第一个复原官的居然是王华。还在九月八日，朝廷就命下复致仕王华原南京吏部尚书官，但是却又不让王华起用赴任。武宗仍只允诺阳明"冬间入觐述职"，这表明武宗对阳明、王华始终还是心存疑虑余恨的。

十月上旬，阳明在赴京前夕发布了最后一则《告谕庐陵父老子弟》，深情告别庐陵父老子弟，自己总结七个月的庐陵之治说：

> 父老其各训诫子弟，息忿罢争，讲信修睦，各安尔室家，保尔产业，务为善良，使人爱乐，勿作凶顽，下取怨恶于乡里，上招刑戮于有司。呜呼！言有尽而意无穷，县令且行矣，吾民其听之！

阳明预计半年后还会回庐陵，还是过于乐观了。他走出了穷山恶水的庐陵，却又回到了昔日京都刀光剑影的杀戮战场，开始了新的更乖蹇的仕途奔波。

重返"上国游"

阳明多少怀着乐观自信的心境踏上了赴京入觐之路。当他到

---

[1] 按《国榷》卷四十八云："（正德五年九月癸酉）议复谪籍五十三人，皆复官录用……"但下面开列起复的五十三人名单与正德元年贬谪的五十三名"奸党"人员不同。

第八章 凤凰再生：从庐陵知县到吏部主事

达南都时，他的好友王云凤寄来了一首贺觐诗。

王云凤这时在南都任右通政，他把阳明比为朝阳鸣唱的"岐山凤"，把他由贬所重回京师比为"合浦还珠"，期待他新的"报国"壮举。但王云凤更关心阳明这几年来坚定不移的明道倡学的心路精进，"年来学道今何得，可寄微言满纸无"，吐露了京中昔日道友们盼望阳明来京恢复讲学论道、倡导圣学的急迫心情，其实这也正暗合了阳明心中所想，这次意外的赴京入觐，实现了他要同湛若水相见再续共论圣学的多年心愿。

十月下旬，阳明到达京师，寓居在大兴隆寺。长安西街壮丽非凡的大兴隆寺向来是外省地方官员考满入觐、荐召进京的寓居地，阳明少年时就亲眼目睹了陈白沙应召入都在大兴隆寺与林俊讲学论道的一幕，所以他也学着陈白沙把大兴隆寺看成是这次入觐与学者讲学论道的"圣地"，他到京师所做的第一件事就是在大兴隆寺与湛若水相见，两人展开了中断四年的共论圣学。他的好友户部左侍郎储巏，把一个默默无闻的后军都督府都事黄绾也介绍给了阳明，黄绾在大兴隆寺拜见阳明与湛若水，三人订下了终身共学之盟。

黄绾父黄俌与阳明父王华都是成化十七年（1481年）进士，两人早识交好。黄绾自谓这时思想上还在出入紫阳、濂、洛、象山之间，这显然是一种掩饰之词，掩盖了他早已归心陆象山、陈白沙心学的真相。黄绾早就倾仰陈白沙的心学。弘治十六年（1503年）黄绾就拜白沙的大弟子林光为师，究心白沙心学。可见黄绾比阳明还要早就归心白沙心学。

宋代的陈渊是杨时的弟子，他号"默堂"，主张"渊默"，爱静坐内照，其实就是在做"默坐澄心，体认天理"的工夫，同罗从彦、李侗的思想一脉相承。从陈渊的"晏坐内照"到罗从彦的

"心源寂静"、李侗的"默坐澄心,体认天理",到陈白沙的"默坐澄心,体认天理"的心学,这就是黄绾向林光问的"斯道"和向林光学的"圣学"。黄绾尤好日日静坐澄观,足以表明他这时已深得白沙心学的"三昧",阳明惊叹说"此学久绝,子何所闻而遽至此","此学"也就是指陈白沙的"默坐澄心,体认天理"的心学,但黄绾隐瞒了他向林光学白沙心学的事实,避而不答,才使阳明困惑惊愕,竟提出要和黄绾共论圣学了。黄绾以一个无名小辈可以与阳明、湛甘泉平起平坐,三人订终身共学之盟,秘密就在这里。其实储罐早就看透了黄绾学白沙心学的真面目,还在正德二年(1507年)就写信给黄绾,劝他去从游阳明。

在阳明一入觐至京,黄绾就登门来论学。阳明这次入觐虽然待在京师的时间很短,但意义却很重大,那就是它使阳明得以恢复了同湛若水的讲学论道,两人开始了新一轮的共倡圣学。如果说此前还是阳明与湛若水两人共论圣学,把他们两人共同推上陈白沙的"默坐澄心,体认天理"的心学之路;那么此后便开始了阳明、湛若水与黄绾三人共论圣学,却导致了阳明与湛若水在白沙心学上的分道扬镳。

但阳明入觐进京来得不是时候,使阳明在仕途上意外遇到了一个小曲折。刘瑾伏诛后,朝廷忙于惩治"瑾党"和起用贬谪的"奸党",官品良莠杂进,上下一片混乱。各部官员待缺更替,政事丛脞积压。大臣要官都在争邀自己官位的升迁,何暇顾及阳明这个地方小官的入觐。何况阳明又不是以一个谪官起用的身份进京供职,而只是以一个县官的身份入觐述职,就更不放在新任的朝廷大官要员心上。尤为奇怪的是,当阳明入觐进京时,正逢朝廷在大封功臣,李东阳特进左柱国,杨廷和进少傅兼太子太傅、谨身殿大学士,刘忠进少傅兼太子太傅,梁储进少保兼太子太保、

第八章　凤凰再生：从庐陵知县到吏部主事

武英殿大学士，吏部尚书刘机进太子少保，这些在刘瑾专权时代红极一时的人物居然不退反进，他们本来对好倡心学的阳明就没有多少好感，心底并不欢迎阳明进京复用。

官员的考满入觐述职、升迁由吏部负责，新上任的吏部尚书刘机，是一个"喜谈名理"的崇朱学的朝廷大员，官场上投靠杨廷和，实际是在武宗登极、刘瑾弄权的时候升官发迹的，他原位在王华之下，正德元年他升礼部右侍郎，二年升礼部左侍郎，就是夺了王华的左侍郎的官位，很快又升为礼部尚书。可见他深得武宗与刘瑾的倚重，武宗贬逐五十三名正臣，禁锢"奸党"，他应该也是参预的。只是他在正德三年因丁继母忧归居，离开朝中纷争，才有幸躲过一劫。到正德五年服阕，他又俨然以受刘瑾迫害的大臣进京，依仗靠山杨廷和的内援，官拜吏部尚书。刚晋少傅兼太子太傅、谨身殿大学士的杨廷和，更是炙手可热。阳明本与杨廷和有嫌隙，杨廷和对这时已经心学声名大噪的阳明进京复职更是心存疑忌，所以在阳明述职后，刘机承望杨廷和的风旨，竟违背武宗当年以"言士"起用阳明入京的承诺，莫名其妙地给了阳明一个南京刑部四川清吏司主事的官，催他立即出京赴任。湛若水后来说的"前有宰相（杨廷和）之隙"，也是指的这件事。

阳明大约在十一月上旬告别湛若水、黄绾离京赴任，十一月下旬到达南都。南京是虎踞龙蟠的古都，也是明朝繁华的留都，人文鼎盛，士夫荟萃，俊髦如林，阳明下到南都来任官，倒给他提供了一个同南方士子讲论学问、倡导心学的新天地。南都的士子是把阳明作为一个声名大显的心学宗师迎进南都，纷纷来论学。但这时的南都还笼罩在官方定于一尊的程朱性理之学的思想阴影之下，学风保守，南都的士子学者几乎全都是尊信朱学之辈，他们来与阳明讲学论道，从骨子里都不理解阳明的心学。

最先来论学的就是南京右通政王云凤，他早已以精通性理之学名著士林，与王琼、乔宇并称为"太原三凤"。薛敬之（字显思）是陕西渭南人，被推尊为"关西夫子"，他拜周惠为师，尊信朱学，在当时与尊信心学的陈白沙南北齐名。王云凤评论薛、陈学术异同，尊薛敬之而抑陈白沙，自视甚高，所以两次登门来与阳明讲论学问都不合，争持不退让。阳明后来寄信给他详评两人的分歧。

阳明的信说得比较含蓄，避开了两人"诸讲论之未合"的方面，批评王云凤的盲目拒人之善言，如拒医之良治，不自知其病，不自知其错。其实这正是当时一班尊朱学者士子的通病，所以他们都顽固拒绝阳明的心学的"良方"。所谓"诸讲说之未合"，必是指他们两人在讨论白沙心学与朱学上多有不合，王云凤否定了阳明的心学新说，这在他们第二轮的讲论学问中透露了消息。两人第二轮的讲学讨论已在正德六年（1511年）五月中，阳明已赴京入朝，王云凤也致仕归居虎谷，但两人仍是接着南都第一轮的讲学展开讨论。

阳明对孟子的著名命题"尽其心者，知其性也；知其性，则知天矣"作了新的诠释。在他看来，仁即心体，仁体即人心，因此知性即知仁，知仁即知心，弘毅即弘毅心体，循理穷理。显然，如果说朱熹把孟子这一"尽心知性知天"命题诠释成为"性即理"（人性即天理）的性学宗旨，那么阳明却把孟子这一"尽心知性知天"命题诠释成为"心即理"（人心即天理）的心学宗旨。这完全是对孟子思想的一种心学诠释。值得注意的是，阳明用程子的"知之而至，则循理为乐"来解释孟子的"知性"、"尽心"，"知之而至"就是《大学》上说的"致知"、"知至"，他用"致知"、"知至"来诠释"知性"、"尽心"，这里已隐隐包含了阳明后来以心为"良知"、以"致知"为"致良知"的思想的萌芽，表明他在龙场驿从"格物"上悟入"格物致知"说之后，又很快开始从"致知"上悟入"格物致知"说，展现出他的格物致知究心穷理思想的新发展了。

在南都，比他同王云凤讲论学问更引人注目的，还是阳明同周衝、周衡兄弟的讲学论道。周衝字道通，号慎斋，常州宜兴人。他和弟周衡正好在这年秋来南都参加乡试，周衝中举，周衡落第，两人便都来见阳明问学。讨论的核心问题竟然是"良知"与"知行合一"，但却同他与王云凤的讲论学问的基调惊人一致。

"良知良能"的概念最早出现在《孟子》中，指一种不虑而知、不学而能的先天认知能力。到宋代的陆九渊兄弟注意到了孟子的"良知良能"说，陆九龄吟唱的"孩提知爱长知钦，古圣相传只此心"，已经把心看成是良知良能的本体，但因为他们对"良知良能"没有从本体论与工夫论上展开深度的心学诠释，所以陆氏兄弟的"良知良能"思想在宋以后也并没有能引起学者的广泛关注，很少有人探究考量《孟子》和陆九渊的"良知"说。在这一次阳明与周衝的讲学中，大概是周衝先提出了"良知"的问题，所以阳明针对性地谈了他对"良知"的认识。他还是顺着孟子的思路认为良知即"是非之心"，人人皆有。但是他却思路别开，蹊径独辟，提出了"致"良知的工夫论思想，认为虽然人人有良知，人人有是非之心，但关键还在于人能不能做"致此知"的工夫。所谓"致此知"，就是要"充其是非之心"，即孟子说的扩充其心，因而这种扩充其心的致良知，也就同孟子说的"尽其心则知其性"的工夫论相沟通。在这里阳明是在用《大学》的"致知"来解说《孟子》的"良知"、"扩充"、"尽心知性"，从"致知"的思路上悟入心学工夫论，可谓慧眼独具，阳明的良知心学正是从这里不知不觉"滥觞"了。只是这时他的深邃的心学目光还全然落在"知行合一"的探讨上，尚未能从"致良知"思路上展开别开境界的深入思考。在他看来，"心"是体，"知行合一"是用；"心"是本体，"知行合一"是工夫；知行交互为用，认知循环上升，事功乃成。显然，阳明这种"知行合一"说，已为他后来的"致良知"心学的建构准备了深厚的思想土壤。

但南都是尊朱学士子们的"大本营"，阳明批评他们在知行上"不能著实体履，而又牵制缠绕于言语之间，愈失而愈远"，所以阳明同他们"徒为之纷纷"辨诘，说多未能合。像这时任南京国子司业的罗钦顺，已经是一个留都尊朱学的领袖人物，十年前阳明同他在京都相识，论学不合；十年后阳明与他在南都再见，依旧论学不合，不能"归于一是"。所以对阳明来说，这次短暂的在南都任职的讲论学问，只成了他后来再返南都进行宏大的朱陆异同论战的"前奏曲"，由于突然而至的调赴京都任职，他在南都的讲论学问骤然中断了。

机缘恰在十二月吏部尚书刘机因不得人望致仕归乡，将由杨一清来接任吏部尚书，湛若水与黄绾立即去找户部左侍郎乔宇商议，托乔宇转告杨一清，将阳明调吏部任职。阳明的仕途出现了新的转机，就在十二月，由杨一清荐，阳明升吏部验封清吏司主事，为他敞开了重返"上国游"的大门。

十二月下旬，阳明离南都先归越。正德六年正月，阳明从绍兴启程北上赴京。阳明是怀着悲喜交集的心情赴京的。舟过镇江时，他又去游访焦山、金山，看到高高焦山石崖上杨一清的登游焦山诗刻。

杨一清本是云南安宁人，后移家镇江，建待隐园归居。他就

第八章 凤凰再生：从庐陵知县到吏部主事

是在正德五年游焦山题诗后，起用为右都御史，西征寘鐇立功，晋太子少保、户部尚书。阳明这次入朝任职是出于杨一清的举荐，所以他一见到焦山石崖杨一清的诗感慨特多，因为他也和杨一清一样经历了一番边夷漂泊浮沉才起用入京，却远没有杨一清那样幸运，自惭一事无成。

二月中旬，阳明到达京师，居住在长安灰厂，开始了他的"独携书卷去朝天"的上国游。

第九章
新"上国游"的心学乐章

大兴隆寺中讲学论道的心学宗师

在繁华壮伟的北京城,阳明居住的长安灰厂,就在大兴隆寺附近,与湛若水比邻而居,这给他与湛若水、黄绾三人共论圣学提供了方便。就在这喧嚣市区中的大兴隆寺里,阳明学着当年的陈白沙开始了与士子学者共论共倡圣学(心学)的"上国游"生活。

阳明到京遇上的第一件大事,就是朝廷命他为会试同考试官,参加了春间会试的批卷取士的工作。他亲自录取的多名进士,成了他在京都讲论学问的第一批弟子。他们当中的佼佼者主要有邹守益、毛宪、万潮、南大吉、应良等。

这些来自四面八方的后进新锐,思想要比那班老气横秋的官场保守的尊朱学者士人更激进活跃,成为阳明在京都讲学论道、共倡心学最主要争取的对象。就在正德六年(1511年)三月,刚中进士的梁穀首先来问学,虔执弟子礼。那些新科进士差不多也都是与梁穀同时来向阳明问学。应良大概就是由黄绾引荐来见阳明,问工夫大要与实践之功、儒释之异。阳明论心学工夫,把"心"本体比喻为"明镜",常人沾染斑垢驳杂,必须痛加"刮磨"的向里工夫,尽去驳蚀尘染,才识得仁体,心复光明。这种向里就心体"刮磨"的工夫论已同阳明后来提倡的"致良知"的工夫论在本质上一致,只是还没有用"致良知"的话语来明晰论述而已,由此恰可以看到阳明在京师"上国游"讲论心学时期所达到的新的思想高度。

同这种与黄绾、应良的讲学论道同气相求、同声相应的，就是他同新科进士林有孚的讲学论道。林有孚是林俊的侄子，他在这一年中进士估计也是阳明亲录取，所以中式后立即来向阳明问学，讲论"圣人之学"。到十二月林有孚试监察御史，归省莆田，阳明特作了一篇《赠林以吉归省序》。

阳明在序中主要是谈立求"圣人之学"之志，认为立志是讲学论道的头等大事，志立而学半。至于立志所求的"圣人之学"，阳明没有明确论说，只说"四子（按：指四书）之言，圣人之学备矣"。但在同时黄绾作的《赠林以吉侍御》中却代阳明道出了这一"圣人之学"。黄绾把心比喻为明镜，说"人心犹镜"，"务尽去其垢"，这与阳明同黄绾、应良说"圣人之心如明镜"、"尽去其驳蚀"如出一口，可见黄绾是在代师立言，把阳明的"圣人之学"说给林有孚听。黄绾以圣人之心为明镜，认为六经、濂洛之说都不过是除去心镜污垢的"朽楮"，有人反以此"朽楮"为障，这显然就是批判朱学繁琐的章句训诂之学，以"言"为障，执着"朽楮"，堕入言筌，而他针锋相对提出的"圣人之学"自然就是指象山、白沙和他自己的心学了。阳明设席说同一"心法"，把黄绾、应良、林有孚引进了王门心学。

但在这些新科进士中也有尊崇朱学的士子，阳明同他们的讲学论道终难以相契。武城王道本是阳明在弘治十七年（1504年）主山东乡试时所亲取士子，但他是一个笃信朱学的士子，他也在三月来见阳明问学，起先问孟子之学，两人虽然看法还是一致的，但王道已渐生轻惑阳明心学之心。

三月中，阳明讲学之余还专偕王道与黄绾、郑杰、梁榖、徐爱、王元正、顾应祥一班问学士子春游，一路唱酬讲学，夜宿功德寺。阳明心中已把这一班从游士子都视为自己新进的弟子。但后来情况发生了变化，随着阳明自己对心学认识的深化，王道与阳明讨论到朱陆理学心学异同时，两人产生了分歧，王道肯定朱学而否定陆学，他同阳明的思想距离越拉越大，终于到正德七年（1512年）年初不合分手，王道赴南都任而去，埋下了后来两人在南都展开朱陆异同论战的伏笔。

其实这些新科进士还不是阳明在京讲学论道的主要对象。在正德年间的京都，随着《白沙先生全集》的南北传播，白沙学、陆学开始崛起，冲击着笼罩京都、一统天下的程朱理学。所以阳明在京"上国游"眼界宏大，呼声高亢，敢于冲破朝廷程朱思想的禁锢，同理学各家各派、三教九流人物展开广泛的论辨，尤专注于同两类士大夫圈中人展开讲学论道，发心学之宏声大音：一类是那些四方慕名而来京师的学子士人，一类是京中官场中好性理之学的官僚名士。来京师的学子士人都把阳明奉为一代心学宗师来问道，在这方面最引人注目的一次大的讲论学问，就是余姚徐守诚在正德六年二月入京来见阳明，两人展开了一场朱陆之学的讨论。越中人文传统源远流长，元明以来朱学与陆学都各有士子学人传承倡导不衰，像徐守诚便主朱学，而王文辕则主陆学，两人在越中已展开了朱陆之学的论辨，大致也代表了越中士子两派的看法。事情的起因是王文辕读了《象山文集》后，心仪陆氏心学。徐守诚主朱学而反对陆学，批评了王文辕的是陆非朱的立场，相持不下，他于是带了这个问题进京来见阳明。阳明便从他们的朱陆之学论辨切入，详明晦庵、象山之学，辨析朱、陆异同。他致书给徐守诚批评双方各失一偏的错误。

以朱熹主"道学问"、陆九渊主"尊德性"来划判朱陆之学的异同，这是元儒传下的误说，徐守诚与王文辕都是顺着元儒的误说论朱陆之学的异同，自然也是错误的，两人无论是对朱学还是陆学的认识都一无足取。阳明批评了他们两人对朱学与陆学的错误看法，但是却没有从正面论述朱学与陆学及其异同是非得失取舍，立场比较含蓄，引而不发。事实上，他否认陆学有"堕于禅学之虚空"之病，也就等于肯定了陆学；他承认朱学有"失于俗学之支离"之病，也就等于否定了朱学。徐守诚从字里行间还是看出了阳明的这一是陆非朱的立场，所以他回信给阳明，说他"含胡两解而阴为舆庵之地"，"漫为两解之说以阴助于舆庵"。问题提得比较尖锐，为此讨论需要深化下去，于是阳明写了一封少有的长札作回答，详细论述了他对陆学与朱学的看法，表明了自己尊崇陆氏心学的立场。信一开始就明确肯定了陆学，认为陆氏之学是既"尊德性"又"道问学"的，不存在禅家"虚空"之病。这是对陆氏心学作了全盘肯定。对朱学，阳明也认为是既"道问学"又"尊德性"的，朱子虽然也好章句训诂，不免流于繁琐支离，但那不过是"后世学者之弊"。由于忌触程朱官学的禁网，阳明小心翼翼回避了对朱子的正面批判，用"朱子晚年定论"的说法来掩饰，但他终不认同徐守诚的"（朱子）终不背于《大学》之训"的说法，他对朱学的批判否定还是很清楚的。于是接下来阳明把朱学与陆学作了明晰的比较阐释，高度赞扬了陆氏的心学，他慷慨抨击三百年来独尊朱学的当政者与世儒。

这是阳明生平辨论朱陆之学异同态度最激烈尖锐的一次。在他看来，朱学与陆学虽都同是"尊德性而道问学"的思想体系，但却是"若由、赐之殊科"一样不同道的心性之学：朱熹虽然有"发明六经、《语》、《孟》之旨于天下"之功，但朱学首先在"大本"上错了（性即理，向外格物），所以不免学问繁琐支离；陆九渊虽然强调"易简"、"觉悟"，但陆学首先在

第九章 新"上国游"的心学乐章

"大本"上站得正(心即理,自求吾心),所以不得谓陆学为"禅学"。阳明对陆学的辩护实际也就是对自己的心学的辩护。所以他这次同徐守诚的朱陆之学论辨,可以说是他向京城朝廷用程朱理学禁锢天下士子发出的"挑战",也为他在京都"上国游"的整个讲学论道、倡明圣学定下了是陆非朱的基调,成为他后来在南都与"环堵攻之"的尊朱学者展开的朱陆异同论战的"序幕"了。稍后席书果然写出了一部《鸣冤录》为陆九渊鸣冤辨诬,显然就是受了阳明与徐守诚的朱陆之学论辨的直接影响,阳明想要为陆学平反冤案、冒天下之讥"为象山一暴其说"的壮举,由席书来完成了。

最意味深长的是阳明与徐祯卿的讲论摄形化气之术。徐祯卿耽读道书,钦慕仙家炼丹玄虚之说,是"前七子"中最迷信道教长生修炼的名士。他也寓居在京师长安街,在正德六年(1511年)二月以吏部召授廷尉,李梦阳也录用为户部员外郎。徐祯卿得知阳明来京任职,便由李梦阳介绍来见阳明,讨论摄形化气之术。第一次相见因为有湛若水在场,湛若水反对仙佛之说,同徐祯卿讲论不合,徐祯卿意沮而去。第二天徐祯卿再来与阳明论冲举长生之术,阳明笑而不应。当晚徐祯卿住宿在阳明处,两人一夜对榻共论。

徐祯卿曾经得到一道士赠的"五金八石之秘",以为服食可以冲举成仙,可见他信仰的是道教外丹服食修炼。阳明断然否定了他的外丹服食轻举之说,他用《孟子》的"尽心知性知天"与《周易》的"穷理尽性以至于命"批评了道教这种服食长生之说。显然,阳明是在用他的存心知性的心学启悟徐祯卿,指出服食不能冲举长生,而尽性才能化育不息。阳明心学的当头棒喝,终于使"外求"的徐祯卿从耽迷仙家冲举长生之说中觉悟,融化了他心头挥之不去的纠结生死寿夭的"冰澌"。阳明含蓄地称自己不解《周易参同契》，实际是说自己不信《周易参同契》中的外丹烧炼之说。徐祯卿其实这时已经病重，阳明及时的一帖心学良药使徐祯卿参透了生死，无怪他回去后能坦然面对死亡的到来，神志不乱，临终前托阳明作墓志铭，而阳明与湛甘泉也都亲赴灵宅来哭祭尽哀。

另一个与徐祯卿面目相类的雁荡名士章达德，是谢铎的弟子，茶陵派诗人。他好任侠行义，立志要做荆轲、班超一类的"奇男子"。岁贡礼部中廷试第一，却不肯就教职，反入学进北雍，在京都辇下与王公大臣往来。刘瑾弄权时，刘大夏被逮入狱，独有章达德不畏八虎淫威，日日往来狱中服侍刘大夏的起居卧食。他又学先秦刺客，手持利刃藏于隘路口，想要刺杀刘瑾，为民除害。谢铎去世后，他没有归天台，依旧留在京都，转而向阳明、甘泉问学论道。在学仙上他和徐祯卿不同，徐祯卿耽迷道家外丹服食修炼，章达德却同黄绾、阳明一样慕好道家内丹导引修炼。所以他大概就是由同乡黄绾的介绍来向阳明和若水问学。阳明主要同他畅论心学，同时也讨论道家内丹的炼气导引法（真空炼形法），讲说自然多能相合。两人讲学论道一直到正德六年秋中，因为湛甘泉要离京出使安南，黄绾也要告病回天台，章达德也决定归雁荡隐居潜修，待时而出。京师文人士子把他当作当代的"荆轲"壮士，纷纷慷慨悲歌相送，集为《燕市悲歌》一卷，阳明也作了一首"赋《衡门》"的诗，又特为《燕市悲歌》作了一序以发其意。其实章达德也是同黄绾一样奉了阳明、甘泉之命归雁荡，筑庵于雁荡山紫霄峰顶，以待阳明与甘泉来隐居共学。但章达德归雁荡隐修后，在正德十五年（1520年）去世，最终没有能同黄绾一起再复出大用于世。

第九章 新"上国游"的心学乐章

阳明在京师就是以这样一个当代用心若镜的心学"壶子",同士子文人讲学论道,在讲学论道中向他们"现示"自己的心学之我的本相。他的更多的讲学论道对象还是京都官场中的官僚士大夫。天子脚下的京师,官场麇集着尊信官方程朱理学的士大夫,但也有受思想新风新潮影响的开化士子转向陆九渊、陈白沙的心学,来与阳明讲学论道。翰林检讨穆孔晖、翰林编修董玘因为也选为会试同考试官,同阳明有了更多讲学论道的机会。穆孔晖原本是阳明乡试录取的弟子,但他起初不信阳明的心学,到这次在京中来向阳明论学问道,才转向了阳明的心学。他总结的"心学之要"也全然本阳明的心学立说,无怪他竟自名自己的心性之学为"王氏学"了。

阳明的诗友户部左侍郎乔宇,也是一个尊崇程朱理学的官僚名士。他是杨一清的弟子,后来又从李东阳游,是著名的茶陵派诗人。他与阳明早就展开了讲学唱酬。

两人讨论了"技进于道"的问题,从中各自展露了差不多相同的思想发展转变历程。但阳明却特别强调"学贵正","学道",要求"专于道","精于道",这就把学道、专道、精道的大本问题同心的"惟精惟一"(默坐澄心)的工夫论联系起来,强调心的精诚专一,这是一个心学本体工夫论的根本命题。乔宇虽然尊崇程朱学,却也心悦诚服地认同了阳明的心学观点。

由于乔宇很快改任南京礼部尚书出京,阳明同他没有能就此进行更多的讨论,但是却在同汪俊的讲学论道中得到深入的展开。翰林编修汪俊也是京中一名尊崇朱学的中坚人物,他主动登门来与阳明论学,讨论朱学的是非得失。两人从《中庸》学切磋深入,讨论涉及了《中庸》的"已发未发"说,二程的"体用一源"说,朱熹的"心统情性"说等,汪俊多有疑问不解。他归后写信给阳明说："昨日所论乃是一大疑难。"这主要就是指心的未发已发说，汪俊始终认为心不存在有"未发"的、"寂然不动"的本体状态，"自朝至暮，未尝有寂然不动之时"，这实际是针对阳明的"默坐澄心"（主静）说而言。

阳明坚持认为心体就是一种"寂然不动"的"未发"存在状态。在他看来，喜怒哀乐之未发是指心的本体；喜怒哀乐之已发则是指情。心统情性，性是心体，情是心用。在这里阳明其实是在为自己的"默坐澄心"的心学辩护，因为"默坐澄心"工夫的前提就是要承认心体寂然不动的本真存在，才可以于静中体认大本达道（理），澄观心体。如果否定了心体寂然不动的"未发"的存在，那么"默坐澄心"、"静中体认"也就没有着落，变成了空中阁楼。他由此特别批评了朱熹"自戒惧而约之，以至于至静之中；自谨独而精，以至于应物之处"的说法是"分为两节"。朱熹的这一说法，其实是对他的敬知双修的工夫论的精辟概括：前句说"以至于至静之中"，是指"主敬体认"；后句说"以至于应物之处"，是指"致知格物"、"分殊体认"。阳明是肯定了朱熹向内的"主敬体认"（默坐澄心），而否定了他向外的"致知格物"（随处体认天理）。这里进一步透露了阳明心学思想发生重要变化的新动向：他把"默坐澄心，知行合一"立为自己心学的宗旨，扬弃了向外的"随处体认天理"。这是阳明对自己心学的新的提升与自我升华，成为他与湛若水在京再度共论圣学的矛盾争论的焦点。阳明与汪俊的讲学论道，正是在这一点上呼应了他与湛若水的共讲圣学的论辨。汪俊也是不认同阳明的看法，他又用二程的"定性"说为自己的看法辩护。

阳明在京遇到的多就是像汪俊这样保守顽固的尊朱学者，阳明同他们的讲学论道多不能合。其实这时京中还有很多比汪俊更

第九章 新"上国游"的心学乐章

有名的尊朱学者，同阳明唱对台戏。像函谷山人尚宝司丞许浩，本与阳明是同年，两人相交最厚。但许浩倡明朱熹理学，已经名响大江南北。他在北讲朱学与阳明在南讲心学齐名。正德六年（1511年）正月许浩起用为尚宝司丞来京，与阳明讲学论道。他完全学本程朱理学，与阳明讲学自然南辕北辙。另一个尊崇朱学的大家吕柟，是正德三年科举状元，名播士林，这时他也起复为翰林修撰，与阳明经常讲学。吕柟反对阳明的"知行合一"。罗钦顺这时远在南都，但与罗钦顺齐名的尊朱学者王廷相这时也在京都任监察御史，他就干脆不来同阳明讲学论道了。

阳明同尊朱学名士讲学论道的受挫，并没有动摇他冒天下之讥为陆学辨诬、张大心学的决心，他更注重同那些受新潮思想影响的后进士子们讲学论道，多把他们引进了"王门"。张邦奇在正德五年起复入京，任翰林检讨。他虽被人目为尊信程朱理学的四明名士，但也倾心湛若水、王阳明的新说，所以阳明一入京师，他就来向甘泉、阳明问学，讲论学问多相契。

阳明在京同越中士子、吴中士子、江右士子讲学论道的同时，又特别注重同岭南士子如杨珙、方献夫、赵善鸣、陈洸、郑一初的交游讲学。岭南是白沙心学的发源地，所以岭南士子多受白沙心学的熏陶影响，思想活跃。正德以来白沙心学风气大开，岭南士子也走出了东南的一方僻地，远赴京都作"上国游"，他们有的是白沙的弟子（如张诩、王缜、杨珙、湛若水、赵善鸣、吴廷举），有的尊信白沙心学（如方献夫、钟芳），有的追随甘泉问学，有的倾心阳明王学（如陈洸、郑一初）。方献夫这时也在吏部任郎中，位在阳明之上，他却不耻下问来向"下僚"阳明问学，恭执弟子礼，成为阳明在京讲学最主要的问道受学的"同志"。阳明说方献夫之学一年中有三变，就是在阳明的讲学论道的激发下突飞猛进的。到这年秋冬方献夫告病归西樵，阳明作了一篇《别方叔贤序》，谈到他们两人的讲论"圣人之道"说。阳明与方献夫讲论的"圣人之道"就是陆氏心学，方献夫学术三变三新而转向了阳明心学。

另外一个岭南士子陈洸（世杰）也在正德六年初来京师，向阳明问学，他可以算是阳明的第一个岭南弟子。到这年十二月揭阳郑一初来朝京师，任监察御史，陈洸便介绍他来见阳明问学。阳明常同他日以继夜地讲学论道，终于使他"由迷到悟"，由"旧学"转向"圣学"。后来阳明在《祭郑朝朔文》中回忆他与郑一初在京的讲论学问。徐爱也在《传习录》中记下了阳明与郑一初在京讲学论道不同凡响的一幕。

两人进行了一场隐而不露的朱陆之学的论辨，论辨的焦点是"性即理"与向外"格物求理"还是"心即理"与向内"求理于心"。郑一初原来的"旧学"就是指朱学，他学得的"圣人之学"就是指陆学。郑一初认为理在事事物物中，因此至善之理"亦须有从事物上求者"。阳明一针见血指出了他的"旧学"弊病，认为理在吾心，至善是心的至极之理，因此人的"温清之节、奉养之宜"的事亲是要遵行内在心的至极之理，这才叫"至善"；如果只是表面讲究外在的一套温清奉养的事亲礼节，那就如同戏子扮演假戏，不能称为"至善"。这就是阳明同岭南士子学者（包括湛若水）研讨朱陆之学异同的论辨焦点，可以说，阳明在京师同士人学者的所有的讲学论道都是围绕这一根本问题与焦点展开的，也正是在这一根本问题的论辨上，清楚暴露了阳明与湛若水在京新一轮的共论圣学的根本分歧与各人心学思想的不同发展走向。

心学之辨：王湛黄三家"共盟斯道"

其实在京师中，阳明同各家各派士子学者展开的讲学论道，都是围绕他与湛若水、黄绾的三家共论圣学的轴心进行的。他们三人定下终身共论圣学之盟，结成了一个京中讲论心学的核心群体。但如果说弘治十八年（1505年）阳明与湛若水的共倡圣学，还能立白沙的"默坐澄心，体认天理"为两人共遵共守共倡的心学宗旨，相互认同各自的阐释，两人思想尚多能相合；那么正德六年阳明与湛若水的共论圣学，却暴露出了两人在心学思想上的潜在分歧，两人原来共同遵守的"默坐澄心，体认天理"的心学宗旨被打破了，"共倡"变为"共辨"，各自论辨双方对心学思想的认识的是非得失，剖析疑义，两人之间产生了一条难以弥缝的思想鸿沟。他们从二月一见面讲论圣学，两人思想的分歧就开始暴露。到八月，阳明在为湛若水作的《赠翰林院编修湛公墓表》中隐约透露了两人存在的讲论分歧。

阳明与湛若水两人共论圣学争辨的分歧与焦点，其实湛若水后来在《奠王阳明先生文》中作了含蓄的总结。在该文中，湛若水道出了他与阳明在共论圣学上的两个分歧：一是对"随处体认天理"的认识，一是对"三教同根同源"的认识。这表明两人对过去共同认可倡导的白沙"默坐澄心，体认天理"心学宗旨的认识发生了微妙变化：他们在对"默坐澄心"的认识上固然仍旧一致不变，但在对"体认天理"的认识上却产生了分歧争议。

在对"体认天理"的认识上，白沙与湛若水都更强调天理的"廓然大公"，充塞宇宙，一理散为万殊，所以一理在分殊，理在事事物物，必须随时随处体认天理，格物求理。为此他们把李侗说的"体认天理"醒目地增改为"随处于日用中体认天理"，旨在强调分殊体认，即事即物体认格求其理（这也符合李侗的本义）。阳明在接受李侗的"默坐澄心，体认天理"时，却没有认同李侗（以及朱熹）的"理一分殊"与"分殊体认"，阳明用李侗的"静中体认"来解释"体认天理"，认为这里说的"体认天理"并不是指向外的随处格物求理的"体认"，而就是李侗说的于静观中体认大本达道的"体认"，他把"体认天理"收摄进了"默坐澄心"中，不能把它们分为两节。阳明的阐释消泯了陈白沙的"默坐澄心，体认天理"心学宗旨的内在矛盾，把它升华为一个真正完善的心学本体工夫论的命题。

阳明与湛若水的这种对"默坐澄心，随处体认天理"的论辨，大概因为他们都不想公开暴露两人思想的分歧矛盾，相关讨论的书信与材料都没有保存下来，但因为两人的讲论是同黄绾的三人共论圣学及阳明同其他士子学者的讲学论道联系在一起，所以人们仍旧可以从阳明同黄绾及与其他士子学者的讲学中看到阳明与湛若水辨论"随处体认天理"的大概情况。

从根本上说，"随处体认天理"的问题实质还是一个"格物致知"的问题：是心含万理，吾性自足，求理于心，还是理在物中，格物穷理，随处体认。这是贯穿在一年来阳明同士子学者的全部讲学中的基调，也是阳明与湛若水、黄绾三人共论心学争辨的焦点。阳明同郑一初讲学，就批评了郑一初"至善亦须有从事物上求者"的说法，认为至善是心的至极之理，应自求于吾心，不能于事物上求，这显然就是在批判否定湛若水的"随处体认天理"。阳明同汪俊讲学，肯定心体寂然不动的"未发"的本体存在，于静中体认心理，澄观心体，他批评了朱熹"自戒惧而约之，以至于至静之中；自谨独而精，以至于应物之处"的说法是将体认工夫"分为两节"，这显然就是在批评湛若水的"默坐澄心，随处体认天理"也是将体认工夫"分为两节"。阳明同黄绾、应良讲学，认为心如明镜，须痛加"刮磨"的"向里面"工夫，格正其心，而黄绾也认为人心犹镜，须务加"尽去其垢"的内里工夫，表明他完全认同了阳明的心学，而否定了湛若水的"随处体认天理"的思想。

正德六年（1511年）阳明与湛若水、黄绾三人的共论心学，主要就是围绕湛若水的"随处体认天理"展开论辨，湛若水坚持"随处体认天理"的工夫，用李侗、白沙的"理一分殊"、"分殊体认"来解说"随处体认天理"的合理性；阳明否定了湛若水的"随处体认天理"，强调从心体上下工夫，求理于心，默坐澄观体认天理；黄绾则完全转向阳明的心学，也不认同湛若水的"随处体认天理"。但三人的讲学讨论还没有完全取得一致共识，湛若水在九月出使安南离京而去，三人的共论心学暂时中断。临别前，阳明作了一篇《别湛甘泉序》，对他与湛若水一年来的心学论辨作了一个意味深长的总结。

阳明在序中其实是对他与湛若水、黄绾三人的讲论心学作了一个全面的总结，一方面肯定了三人在心学的基本问题上认识的一致（心即理，心具万理，默坐澄心，求理于心），另一方面又承认了三人在心学论辨上存在的矛盾分歧（随处体认天理，理一分殊，分殊体认，三教同根同源）。阳明在序中极力为自己的观点作了辩护，不着痕迹地批评了湛若水的观点。在对释、老之学上，阳明仍认为"彼于圣人之道异，然犹有自得也"，释、老之学自得一道之偏，与儒家圣人之道并不悖，只是世儒们（"世之学者"）用章句辞诵之学破碎败坏了儒家圣人之道，"圣人之学遂废",才引得世人纷纷崇拜陷溺于佛、道之中,这不是佛、道的过错。可见阳明并不辟佛、老,仍坚持为湛若水所批评过的以老聃、释氏为圣道"枝叶"、三教同根同源的思想,把这篇序同他后来写的《谏迎佛疏》相比照,两者惊人一致,可见阳明对佛、道之学的这种看法终身未变。至于对湛若水之学,阳明也许他为"自得之学","圣人之徒","甘泉之学,务求自得者也"。阳明同他的论辨(多言),并没有损害他的自得之学,称赞湛若水也能不以这种多言为病。论辨多言互益,阳明希望两人的讲学讨论能继续进行下去。

确实,三人在共论心学中早已感到矛盾分歧的难于相合,需要长期深入讲学讨论下去,他们甚至想跳出保守污浊的官场,三人隐居林下潜心共论心学。湛若水准备卜居萧山湘湖,以待阳明归居阳明洞后,两人可以经常聚会,共论圣学。

阳明提出三人隐居西湖论学,黄绾甚至提出筑庵雁荡山,三人世外讲学论道。黄绾在《别甘泉子序》中提到了他们三人共盟林下讲学。只是湛若水很快出使安南,两年后才归朝,而阳明也任南都太仆寺少卿出京,三人共盟林下论道之梦终成泡影。但是三人的共论圣学圣道却并没有结束,正德七年(1512年)以后,他们继续在相互的通信中进一步展开了讲学讨论。

湛若水在正德七年二月才离京启程。湛若水一离京,阳明就迫不及待写了一信给湛若水,谈到自己践行"默坐澄心"、"体认天理"的体会。

阳明在信中总结了在京同士子学者的讲学论道,承认自己在讲学上有求之太过急迫、强欲人皆同己说之病,尤从践履实行上承认在体认天理工夫上有欠精明不力,在静坐涵养工夫上未能精进不息,希望能就此同湛若水继续讨论下去。湛若水收到阳明信后,曾有多次回信,但后来都亡佚。其实湛若水在同时作的《舟泊梁家庄檃括与应原忠语》诗中已作了最好的回答,表明他仍坚持自己原来的看法。他在四月经过钱塘江时,特意转道绍兴拜访了王华和阳明洞,作了二首怀念诗,可以看作是对阳明来信的正面回应。

湛若水把阳明比为王子乔,在游访了阳明洞的道家仙境后,他更加明白了阳明何以坚信老聃、释迦为圣道"枝叶",三教同根同源的原因,所以诗说"不诣此真境,焉知非虚名"。这些诗应该是湛若水连同书信一起寄给阳明的,也清楚表明了他的看法。五月,阳明便再寄一封答书给湛若水。

阳明在信中已不同湛若水正面谈论学问,而专谈他与黄绾的讲学论道,称赞"宗贤工夫骤进,论议多所发明",实际还是从侧面肯定自己的心学思想。他只认为自己的病根是在"习气未除",根治病源还在心立其志,进一步坚定对心学(圣学)的信念。但他终究深惜甘泉远去,同道凋零,士友渐散,在京感到了几许落寞。在湛若水去后,黄绾成为同阳明讲学论道的最主要的道友,以同远在南天的湛若水相呼应。

正德七年正月,任祁州守的徐爱进京来见阳明,给阳明的京都讲学论道带来新的亮色。讲学之余,阳明携黄绾、徐爱、顾应祥一班士子学者探春寻幽,访香山,登玉岩,一路唱酬,寄情山水,吟诗谈道,习静山寺。

阳明携弟子春游探胜其实是意在带他们往大自然中观物体道,教他们走出讲论学问的书斋,到山山水水中澄怀观道,默坐体认。这表明阳明的在京讲学论道已经跳出了拱手空谈心性的象牙塔天地,从坐而论道走向实行践履,从"知言"走向"践行",同弟子们一起做着知行合一的自我修养工夫。

这时的黄绾表示已完全接受了阳明的心学，他不仅是同阳明订盟共论心学的"盟友"，而且成了协助阳明向士子学者宣扬传授心学的"师友"。五月，来京向阳明问学三个月的汪渊赴大名县令任，临别向阳明请益赠言，阳明告诉他要"变化气质"，这就是一种于静中体认喜怒哀乐未发时的气象的精神境界。黄绾特地写了一篇《赠汪景颜》代阳明道出了心声。徐爱更作了一首送别诗，同黄绾一样发挥阳明师训。

黄绾与徐爱都在代阳明说话，他们所说的"君子之道"、"圣贤之学"就是指他们自己心仪的阳明心学。大约在黄绾劝汪渊学行"先生之道"的同时，有一个台州学子施存宜要从黄绾受学，黄绾却劝他学阳明的"圣学"。

确实，到正德七年（1512年），黄绾与阳明的共论心学已经到了日相亲炙、倾心深契的地步，黄绾也想与阳明卜居林下再潜心共论心学。正好九月黄绾三年考满，他便三上疏章以病告归天台，以求"雾隐期豹变"，其实也是奉阳明、甘泉之命回去筑庵雁荡山，以待阳明、甘泉来山间卜居共论大道。阳明也应约早上了乞病归养疏，对三人天台共论圣学也抱着深深的期待。在临别前，阳明作了一篇《别黄宗贤归天台序》，对他与黄绾两年来的讲论心学作了总结。

在阳明与湛若水、黄绾的三家共论心学上，这篇《别黄宗贤归天台序》同他的《别湛甘泉序》的论学基调明显不同，如果说在《别湛甘泉序》中多少暴露了他与湛若水在讲论心学上的分歧不合，那么在《别黄宗贤归天台序》中就充分表明了他与黄绾在讲论心学上的基本一致，阳明已经把黄绾视为"豁然"悟入王门的弟子，称赞"吾党之良，莫有及者"，弦外之音是把黄绾放在湛若水之上。他批评学者"昧于《大学》'格致'之训，而徒务博乎其外,以求益乎其内",是把湛若水也包括了进去。徐爱也心领神会地在《送黄宗贤谢病归天台诗叙》中称颂黄绾的勇于皈依阳明心学。

而黄绾也作了一篇《留别三友》,当着阳明弟子的面吐露了对阳明心学大师的崇仰与两年来讲学受教的感激之情。黄绾把他与阳明的共论心学比为"神契",六合内外,千古上下,两人心心相通。阳明也热切期望今后同这个"神契"的道友继续进行天涯两地的讲学论道。

阳明肯定黄绾是尊仰心学的"笃信士",同那班世儒俗学依违背面于朱陆之间判然有别。同郡陈蕃当上三公,也自叹不如说:"叔度若在,吾不敢先佩印绶矣。"东汉时,名士领袖郭林宗来汝南,先见袁阆,后见黄宪,心悦诚服地品评说:"奉高之器,譬诸氿滥,虽清而易挹;叔度汪汪若千顷陂,澄之不清,淆之不浊,不可量也。"[1] 阳明把黄绾比为黄宪,称赞他为"汪陂子",是隐然自以为心学的"孔夫子",而以黄绾为"吾党"的大贤"颜回"了。无怪徐爱竟也洋洋洒洒一连作了五首诗送黄绾归天台。

徐爱这五首诗完全超越了一般的亲友送别诗的意义,其实是为阳明二年来的"上国游"的讲学论道与超越象山、白沙的心学体系的建构竖立了一块诗碑。诗表面上是称赞黄绾从天台赤城出仕入京,如今修得真道真学归隐,真如羽化仙举,把他比为归隐颍水之滨、箕山之下的高士许由。但徐爱的真意却是在歌颂阳明独得心学的千古之秘,赞美这个阳明山翁的讲学论道是在发明心学绝传,开启人类心知,就如同窥探会稽山玄秘的禹穴(藏有经书),一下子打开千古神奥的天函石匮,虽然"文书不可读,字

---

[1]《后汉书》卷八十三《黄宪传》。

画俱灭没，阳明却能心悟神会慧眼破译了古函的金简玉策——"无字天书"的心学。徐爱把阳明奉为一代"天启"的心学大师，他自认是阳明最虔诚的"传习"受业的弟子，这五首心曲道诗成为他这个弟子要为老师编辑一部醒世觉民的《传习录》的"宣言书"了。

黄绾的归居天台，宣告了阳明、湛若水、黄绾三人京都共论心学的结束。虽然三人在讲学论道上最终并没有完全达到一致相合，潜在的矛盾分歧两年后又再度导致阳明与甘泉之间的一场新的论辨，但是这次"上国游"的三人共论圣学却对阳明心学体系的建构起了重要的作用与影响，他的心学体系在三人共同论辨圣学的推动下得到了初步的完成，徐爱编的《传习录》，作为这次三人京都共论圣学的直接产物，宣告了阳明心学体系的诞生。

《传习录》："心一分殊"心学体系的诞生

到正德七年（1512年），阳明已作为一个讲学论道的心学宗师誉满京华，四方来问学受业的士子日渐增多。

钱德洪据《同志考》说这年来受业的同志有穆孔晖、顾应祥、郑一初、方献科、王道、梁毂、万潮、陈鼎、唐鹏、路迎、孙瑚、魏廷霖、萧鸣凤、林达、陈洸及黄绾、朱节、蔡仲兖、徐爱，并不确切，也多有遗漏。像方献夫正德六年九月就已归西樵，陈鼎在正德六年六月后也谪官离京。还有不少来学士子如傅凤、汪渊、何春、程曾、毕珊、王思、张鳌山、王元正、王元凯等。阳明在三月升吏部考功清吏司郎中，同在京的弟子与问学士子关

第九章 新"上国游"的心学乐章

系更加密切。门人已把阳明奉为了"吾道东来"的心学"老子"。阳明这些"同志"、"门人"组成了一个心学学派的群体，同南北两京保守的程朱学派相对抗。

但事实上，随着四方来问学士子学者的日益增多，阳明的这些门人弟子与问道受学者也逐渐发生了分化，他们大多成了阳明心学的坚定信仰者，亦步亦趋追随阳明；有的却对阳明的心学将信将疑，徘徊于朱陆之间，甚至又返归到朱学的旧路，转过来回攻阳明的心学。就在这年三月，王道改任应天府教授，离京赴南都任。王道始终是一个尊朱学者，他改任南都表面上是乞请"便养"，实际还是同他与阳明讲学产生了裂痕有关。阳明作了一篇委婉的《别王纯甫序》。阳明在别序中有意回避了论"道"，而着重论"教"。阳明认为"教"是有定法而无定法，执着于定法或执着于无定法，都是失于一偏。王道与阳明思想上的矛盾分歧已由此暴露端倪。同时黄绾作的《送王纯甫序》，就把他们两人的思想分歧说得更清楚。

与阳明不同，黄绾在别序中直面与王道论"道"，层层设问递进，都是在抨击朱学，勉劝王道皈依阳明心学。后来阳明在南都同王道等人展开的一场朱陆异同论战的争辨基调与分歧焦点，已经由黄绾在这篇别序中预言式地讲出来了，黄绾后来也是抱着这种看法加入到了朱陆异同的论战中。

王道并没有接受阳明、黄绾的临别劝导，脱离了京师的羁绊，他反而更坚定地走自己的朱学之路。一到南都，他就陷入了人事矛盾的旋涡，与上下同僚多不相协。阳明用勉劝汪景颜的"为学之要"勉劝王道，就是要王道做静中体认喜怒哀乐未发时的大本气象的心学工夫，王道仍固执地保持沉默不答，他和阳明的思想差距逐渐拉大，终于很快在沉默中爆发，与阳明反目断交，倒过来抨击阳明。

就在王道离京赴南都教授任同时，徽州知府熊桂（世芳）新修建成著名的紫阳书院，他派了两个邑庠弟子程曾、毕珊远赴京师求阳明作序。熊桂与阳明是同年，尊崇朱学。紫阳书院的宗旨是"道朱子之道，心朱子之心"，大力弘扬朱学。请尊陆学的阳明作序，这给阳明出了一道难题。因为熊桂在请阳明作紫阳书院序后，又请杨廉作了一篇《紫阳书院题名记》，杨廉也是尊朱学者，他在记中大阐朱学。

杨廉代表了当时尊朱派对朱熹与朱学的典型认识，他用"主敬以立其本，穷理以致其知"对朱学作了精辟的概括，给那些以尊德性与道问学划判朱陆之学异同的人出了一道难题。同杨廉截然不同，阳明巧妙地站在陆学（心学）的立场解说朱学，写了一篇《紫阳书院集序》，化解了熊桂、杨廉提出的朱陆难题。

阳明从自己的心学视阈解读朱子之学，认为"君子之学"（朱子之学）在求其心，因为心外无事，心外无理，心外无学。故吾心即宇宙，天地定位，化育万物，均不出于吾心之外。心为根（体），学为工夫（用），只有尽其心，精察力行，才显心具众理、一心贯万道之妙，"无所往而非求尽吾心以自慊"。这地地道道是陆学（心学）的思想，但阳明却把它说成是朱子的思想，是"朱子平日之意"，他不过是"发明朱子未尽之意"而已。在这里阳明有意把朱学陆学化了，或者说是用陆学来解读朱学——这里已经隐含了他的"朱子晚年定论"说的思想，以为朱陆之说始异终同，言异意同。后来阳明正是用这种始异终同的"朱子晚年定论"说同魏校、王道等尊朱派展开了朱陆异同的大论战，并写出了《朱子晚年定论》一书作总结，而他的这种始异终同的"朱子晚年定论"思想就在这篇《紫阳书院集序》中滥觞并公开"亮

第九章 新"上国游"的心学乐章

相"了。其实阳明序中的这种说法无非是用来掩饰自己的是陆非朱的立场，他背后的批判否定朱学的真面目还是很清楚的。

程曾、毕珊受教回徽州后，思想上也真的发生了分化，程曾仍持守朱学不变，毕珊却从朱学转向了阳明的心学，两年后他又再来南都正式受学于阳明，成为徽州地区第一个"吟风弄月"的阳明心学弟子。

阳明门人弟子中的这种思想分化，甚至也同样发生在"会稽三子"徐爱、朱节、蔡宗兖身上。徐爱、朱节、蔡宗兖都是最早来问学的阳明三大弟子，阳明一向以徐爱温恭、朱节明敏、蔡宗兖深潜称许，以为己所不及。但在正德七年（1512年）以后，蔡宗兖同阳明在思想上渐渐产生了距离。

其实蔡宗兖从来就不是一个虔诚尊仰心学的学者，他一生都是走的朱学的治学路子。对这种门人弟子与士子学人中的思想分化以及士大夫普遍冷漠的朱陆之学不明、心学排摈不传、大道潜隐沦替，阳明把原因归之于师友之道的废坏，造成道统中绝不传，士人学子在程朱理学的禁网下思想萎缩，躁进者纷纷追逐于科举声利之场，清高者遁入山林做枯槁抱道的山人隐士。在正德七年十月，阳明同南京户部侍郎储巏专门讨论了这一"师道不立"的问题。

阳明所斥都是针对现实有感而发。当时阳明在京师聚徒讲学论道，大阐心学，已引起朝廷士大夫们的注意，尤为保守的程朱派们所侧目，他们指责阳明是妄立师道，"以师道自居"，"别立一道"，以陆氏禅学私相授受。

阳明认为自己所以热衷于同士子学者讲学论道，倡明心学，是因为当今天下波颓风靡，人心异化，性分蔽悖，人不为人，明朝已到了山穷水尽、"病革临绝"的险危之境，需要有天下大勇无我者出来力挽颓波靡风，拯救人心世道。他自认为就是天下的大勇无我者，拯救人心性分的豪杰独立之士，以圣贤之道自任，不顾天下人谤议，发心学救世救人救道救心的呼喊。他从两年来的讲学论道中深深感到世人并不理解他倡导心学的苦心，对他的心学思想多有误解偏见，以为"立异好奇"，甚至斥为"禅说"。远在四方的士子学者对阳明的心学多只能雾里看花，他们渴望能看到听到他的心学的言教身教，却又鞭长莫及。正当阳明同储巏讨论师友之道的时候，远在天边的贵阳诸生还来信问学问道。甚至黄绾在归天台途中也写信来慨叹从此不得再亲聆謦欬，当面问道受教。

因此，对阳明来说，为了更好地以圣贤之道自任，广泛吸引士子学者来接受学习阳明的心学思想，打破世人对阳明心学的种种误解、责难与谤议，必须总结自己两年来的讲学论道，尤其要从两年来的讲学论道实践中总结出自己的心学体系，编成一部类似程朱学派的《近思录》一样的性理"教科书"，作为自己心学学派的标志著作，更有效地推广与传播阳明的心学，这在阳明的弟子们都感到十分急迫必要了。门人徐爱出色地担当了这一学派重任——他编辑成了一卷《传习录》。[1]

徐爱一直在祁州任知州，但自阳明进京任职后，徐爱每年都从祁州来京师见阳明受教。到正德七年六月，徐爱三年考满进京，立即投入阳明同士子学者的讲学论道中，朝夕受业，与黄绾、穆孔晖、顾应祥一班弟子们同榻共居，谈道论学，受教为最。从六月入都到十二月随阳明归越，徐爱在都下朝夕受业达半年之久，是徐爱生平问学受教于阳明时间最长的一次，记录下了大量问学

---

[1] 按：徐爱所编一卷《传习录》，即今《传习录》卷上之前半部。

受教的语录。因此可以肯定他编《传习录》就是选取正德六年到七年阳明在京讲学的语录辑集成书，其中又主要选取徐爱自己在正德七年（1512年）六月到十一月向阳明朝夕问道受学的语录汇集成编。所以徐爱编的《传习录》实际是对阳明二年来在京讲学论道的一个思想总结，它包含和概括了一个阳明正德"上国游"时期的心学思想体系。奇怪的是后来钱德洪却认为徐爱编的《传习录》只是收集了徐爱与阳明十二月同舟归越时两人在舟中讲论《大学》宗旨的语录，并且是徐爱在归越后所编成。这个说法是错误的，是完全误解了徐爱在《传习录跋》中的说法。徐爱说自己平日闻阳明之教始无头绪，后来久久思考豁然大悟，不觉手舞足蹈，踊跃痛快，根本不是说在归越舟中闻阳明论《大学》宗旨而如狂如醒，踊跃痛快。事实上，他在正德七年十二月与阳明同舟归越之前就已编成《传习录》，并刻版赠送人。阳明把《传习录》寄给了王华、梁乔（绍兴太守）、任颐（山阴主簿）、储罐（南京户部左侍郎）等人，随即携此录归越以为同绍兴门人学者讲学论道之用了。

显然，徐爱编的《传习录》是阳明重返"上国游"在京讲学论道的思想产物，作为传习的语录，它反映了阳明自龙场之悟以来到正德七年这一段时期的心学思考历程，阳明用编定"传习语录"的形式构建了自己易简的心学体系，为心学学派竖起了一面"心一分殊"的思想旗帜。

徐爱指出阳明的传习语录之"言"蕴含了阳明的心学思想之"意"，但对它们要"默识心通"，以心体道，悟言外之意，"得之言意之表"；如果把它们当作教条，规规于言语之间，那就会拘执一方，被语言所缚，反失阳明心学之"意"。因此读《传习录》，受阳明传习之教，关键还在于要践履实行，不能"徒入耳出口，不体诸身"。这是从知行合一的高度去认识阳明的心学，强调既要从"知"上"得之言意之表"，又要从"行"上"诚诸践履之实"，充分体现了《传习录》的根本的心学实践精神。

徐爱编的语录体的《传习录》，可以说是阳明生平对自己自弘治十八年归心白沙之学（乙丑之悟）以来形成的心学思想的第一次总结。阳明是从"格物"的思路悟入建构了自己的"心一分殊"的心学体系。与朱熹根据已定本《大学》把"格物"解说为格求外物之理（格物穷理），建立了"性学"的思想体系不同，阳明却是根据古本《大学》把"格物"解说为格求心中之理（正心正念头），建立了自己的"心学"的思想体系。这一以心为本体、以格物为工夫论的心学本体工夫论体系，就是徐爱在《传习录跋》中说的"格物是诚意的工夫，明善是诚身的工夫，穷理是尽性的工夫，道问学是尊德性的工夫，博文是约礼的工夫，惟精是惟一的工夫"的心学体系。

在《传习录》中，阳明对这六个向度的本体工夫论关系都作了明晰的规定，从而从哲学上建构起了一个心外无理—格物正心—知行合一的心学本体工夫论体系——这就是"心一分殊"的心学体系。一卷《传习录》突显了阳明这一"心一分殊"的心学本体工夫论体系的三大逻辑环节：

1. 心即理，心外无理，心外无物。这是阳明心学的本体论思想，《传习录》中作了重点阐释。

2. 格物正心，至善求理。这是阳明心学的工夫论思想。阳明认为理在吾心，故反对向外就事事物物求理。

3. 知行合一，良知良行，格物、尽心、知性、知天。这是"格物"的工夫论的进一步展开。阳明的"知行合一"思想发端于"龙场之悟"，确立了"知是行的主意，行是知的工夫；知是行之始,行是知之成"的心学工夫论原则。至正德五年(1510年)阳明又同周衝作了进一步的探讨,从哲学的高度确立了"行之明觉精察处即是知,知之真切笃实处即是行"的心学实践原则。在《传习录》中,阳明对知行合一又作了深度的诠释,提出了"真知行",认为知行合一要从心本体上下工夫,知与行才不被私欲私意隔断。

阳明由此把"格物"同"尽心"、"知性"、"知天"联系起来,把"知行合一"看成是格物、尽心、知性、知天的同一连续不隔的道德修养过程。正是从这种知行合一的"真知真行"出发,阳明提出了"良知良行"。

阳明的"良知"说滥觞于正德五年与周衝的讲学论道,在徐爱编的《传习录》中,阳明进一步把"良知良行"同"知行合一"联系起来,认为"真知行"就是"良知良行","知行合一"才是"良知良行",心之良知的充塞流行,便是"致其知"(致良知)。但阳明这时的心学体系是以"诚意"为主,所以他把"致知"(致良知)只看成是"诚意"的工夫,这表明在阳明"龙场之悟"以来形成的心学体系中,也就是在正德十四年(1519年)"良知之悟"之前的心学体系中,"良知"与"致良知"还并不是阳明的心学体系的核心主体观念。

显然,在徐爱编的《传习录》中,阳明的心学体系是以"诚意"为主,还不是以"致知"(致良知)为主。这是由他这时从"格物"的致思进路上悟入心学体系而还没有从"致知"的致思进路上悟入心学体系所决定的。到正德十三年"良知之悟"前夕,阳明揭开了他的以"诚意"为主的心学体系的秘密。

阳明根据《大学》与《中庸》,先是从"格物"的致思进路上悟入"心外无理"与"知行合一",建立了以"诚意"为"大头脑"的"心一分殊"的心学体系;六年以后,阳明才从"致知"的致思进路上悟入"良知"与"致良知",建立了以"致知"为"大头脑"的"致良知"的心学体系。前者为"龙场之悟",后者为"良知之悟"。

从存在论的哲学视阈看,阳明的"心一分殊"的心学,可以称是一个追问"人的存在"(人心)问题的存在论体系。"人心"(此在)在阳明的心学中居于中心地位,是通向"存在"的大门。阳明的心学实际是一个"复心"的人心救赎体系,同朱熹"复性"的人性救赎体系相对。朱熹走着此在"复性"的人性救赎之路,阳明走着此在"复心"的人心救赎之路。

徐爱编的《传习录》,还只是阳明宏大的全本《传习录》"心学交响乐"的第一乐章,它充满了对朱学的批判精神,发出了"人心复归"的呼唤,成为后来阳明在南都同尊朱学者展开朱陆异同论战的"圣经"。《传习录》的编订,宣告了阳明暗淡短暂的第二次"上国游"的结束,他就是怀揣着这部《传习录》逃离京师向南都进发了。

"南都之图":"上国游"的放逐

阳明的第二次"上国游"其实来得不是时候,使他一进京师"上国游"就陷入了困境,政治上难有作为,蹭蹬困厄于仕途。刘瑾伏诛以后,武宗依旧故我,他的专断淫乱与宠信阉竖佞臣变本加厉,朝廷凶险的乱象有增无已,政局动荡不宁,比之刘瑾弄权时期有过之无不及,使阳明心头顿生逃离京师南奔的忧惧。武宗对"瑾党"清洗不力,显赫的张永取代了刘瑾的地位,开始了

第九章　新"上国游"的心学乐章

张永擅权的时代。谷大用、丘聚依旧爱幸有加，新宠的"外四家"钱宁、江彬、许泰、刘晖势焰炽张，盖过了当年的"八虎"。武宗把那班谄媚有方的太监奴卒与市井狡黠无赖都收为"义子"，单在正德七年（1512年）九月竟一次赐"义子"一百二十七人为"国姓"，以永寿伯朱德、都督朱宁、朱安为首，朱国、朱福、朱刚都升都督。江彬骁勇狡险，尤善诣媚皇上，他通过贿赂钱宁进了豹房，得以服侍武宗，升左都督，冒朱姓为"义儿"，同武宗亲密同卧起居，宠在钱宁之上。他妄请武宗尽调辽东、宣府、大同、延绥四镇边兵入京操练，防卫京师。这些进京的边卒边将骄横难驯，武宗配合他在豹房的淫乐，命江彬在西苑练兵，习营阵，校骑射，作角觝戏嬉，伶优乐工奏唱艳靡之音。阳明居住在长安灰厂，日夜听到从西苑与宫中传来的操练呐喊，火炮鼓噪，同丝竹钟磬歌舞的曼曲淫调交织，震骇京师，骚扰人心，阳明也已经无法安坐在吏部郎中的冷板凳与讲学论道的冷讲席上了。

最使阳明骇惧的还是武宗沉湎在豹房的淫乐中，不理朝政，不御经筵，每月只偶尔朝见一二次。朝臣眼睁睁地看着秘淫的武宗没有子嗣，东宫虚位，忧心如焚。而武宗潜隐在"豹变"的云雾里，神龙不见首尾，连大臣都不知"豹房"是何物，武宗究竟在豹房中干什么。武宗登极当皇帝时还只有十五岁，已经好秘术淫乐。在正德二年他就遣刘瑾开始秘密营造豹房，建在皇城西苑太液池西南岸，到正德七年全部完工，耗银二十四万余两，起重重亭台楼阁，外建校场，内修佛寺，更大造密室于两厢，勾连枇比，有如迷宫。

阳明在京师，很快看穿了在"豹房"里淫乱的武宗的真嘴脸。早在正德六年四月，阳明来京师还不到两月，书办官刘淮以刘瑾党人被告下锦衣狱，事牵王华。刘淮指认王华与原任户部尚书顾佐、刑部尚书屠勋、刑部尚书韩邦问、刑部右侍郎沈锐、布政使陆珩皆托刘淮贿赂刘瑾。武宗下命各巡按御史逮捕法治,最后却勒令"俱赎杖释遣"[1]。致仕的王华平白无辜受了赎杖的奇耻大辱,这对刚来京师积极进取的阳明是一个不小的当头棒击,他想上本奏辨也未成。其实贿赂刘瑾的并不是王华,而是黄珣,陆深在《海日先生行状》中谈到这件事。

武宗一系列阴差阳错的判案充分暴露了刘瑾伏诛以后朝局的混乱与危机,使阳明感到不寒而栗。武宗骨子里既不想惩治铲除阉瑾余党,也不想起用被贬被逐的正臣。就在王华被诬奏、遭辱的同时,又发生了宿进奏论刘瑾余党遭杖脊削籍、王崇庆援救宿进被投锦衣狱、阳明弟子王元凯奏救王崇庆致仕罢归的连环大案,使阳明不能再沉默了。先是刑部员外郎宿进(正德三年会元)在四月上奏请求抚恤因忤逆瑾而死的内臣王岳、范亨及言官许天锡、周钥,斥罢附刘瑾大臣兵部尚书王敞及内侍余党。武宗大怒,将宿进逮至午门外杖脊五十,削职为民,朝臣噤不敢言。到六月才有户部主事王崇庆出来上疏申救宿进。

王崇庆上书更惹恼了武宗,六月十七日,武宗下诏将王崇庆投入锦衣狱。直到九月,王崇庆才出狱,谪为广东肇庆府德庆州寿康驿驿丞。王崇庆的上疏乞宥言官,惊人相似地重演了当年阳明上疏被贬为龙场驿驿丞的命运。阳明尚有所顾忌未敢言,他的刚任兵科给事中的弟子王元凯禁不住拍案而起,上疏援救王崇庆。武宗更为震怒,也逮王元凯下狱。到十月王元凯才出狱,逐归田里。阳明到这时不能已于言了,在告别王元凯时,他作了一篇《赠王尧卿序》。序说王元凯是"以病致其事而去",是一种愤激

---

[1] 见《明武宗实录》卷七十四,《国榷》卷四十八。

第九章 新"上国游"的心学乐章

的无奈之言。阳明批评了朝廷的名实颠倒、言行不副，道出了弥漫朝廷上下的人心腐败、政事糜烂的苟安氛围。

阳明所言并非危言耸听。在刘瑾伏法以后，武宗贬逐正臣越发肆无忌惮。就在六月，与他下诏将王崇庆投锦衣狱同时，又将阳明弟子、礼科给事中陈鼎逮锦衣狱。原来有一镇守河南的太监廖堂是福建人，暗中帮他的弟弟廖鹏之子廖铠冒籍河南中了乡试，士论沸腾，但都畏于廖堂、廖鹏的凶焰不敢言。给事中陈鼎发难上章揭发其事，廖铠被除名。廖堂、廖鹏怀恨在心，乘陈鼎上章陈弭盗机宜之时，廖堂唆使某个权幸（钱宁）摭拾了陈鼎上章中语向武宗告发，诬称陈鼎曾籍没平江伯的资产，附刘瑾增估物价，从中侵盗。武宗大怒，将陈鼎下锦衣狱拷掠。吏部尚书杨一清出面解救。阳明在吏部任职，杨一清的援救陈鼎，可能也是出于阳明的请求。杨一清在援救陈鼎所上的《为乞恩囿过以全国体事》中称"臣等"，就包括吏部主事阳明在内。弟子的冤案，对为师的阳明不啻又是一个打击。武宗制造的这类冤案、诬案、错案、血案数不胜数，以至于后来监察御史施儒在正德九年上言"八事"，其一就是"囿言官"。武宗如此奴豕朝臣，专断独裁，随意加罪加辱加戮，朝廷已成凶险之地，正直的朝官已经无法在朝立足，阳明也萌生了退意，决意逃离京师了。

早在正德六年（1511年）五月，阳明在给王华的家书中就流露了养病归居的念头。在正德六年，由于武宗的倒行逆施，明朝动荡不宁的内忧外患达到了高潮，外有鞑靼小王子的频频入侵，内有流民农民起义遍布全国，烽火四起，天下骚乱，以至于阳明惊呼"十三省惟吾浙与南直隶无盗"。其实他更没有料到在他说了这句话后，刘六、刘七就把起义的大火烧进了南直隶。所以最使阳明日夜关注焦虑的"时事"，还不是武宗的专断淫乱、阉党的擅权弄政，而是遍布全国十三省的流民农民起义，尤其是河北爆发的声势浩大的刘六、刘七起义，最终成为阳明逃离京师南奔"无盗"的南直隶去做官的直接原因。

刘六、刘七起义在正德五年爆发于霸州，震动京畿。到正德六年正月阳明进京经过河北时，正逢刘六、刘七率军攻占安肃县，从狱中救出同党头领齐彦名。攻掠文安，与赵鐩部会于河间。义军由京畿进入山东，纵横来去，势如烈火燎原。吏部尚书杨一清上奏选用大将及文臣有用兵之才者提督军务。阳明在杨一清吏部下任职，他看在眼中，忧在心里。五月，朝廷加提督军务马中锡为左都御史，统率京营兵征讨；升何鉴为兵部尚书，提出分兵围剿之策。却依旧挡不住义军锋锐，兵败如山倒。义军纵横驰骋，如入无人之境，举朝一片惊骇。阳明家书中说的"时事可虑"，首先就是指刘六、刘七起义军的横行黄河南北，大江上下，腐败的朝廷无力平定。阳明甚至从遍布十三省的农民流民起义预感到了明王朝的摇摇欲坠，慨叹"时事到此，亦是气数"，"未知三四十年间，天下事又当何如也"，明王朝已经到了"病革临绝之时"，甚至写信要远在绍兴的家人也做好天下大乱的避世准备。他的好友湛若水、方献夫、黄绾和他抱着同样悲观的看法，认为当今昏君武宗朝的统治时代不是"我辈"进取有为的时候，四人相约共同"告病"归居，山林讲学论道，以退为进，盼望有道新君出世，待时而出。

到正德六年八月，朝内外的形势更加严峻，四人商定了告病退隐归居的办法。方献夫第一个在九月告病归西樵。湛若水因忽然在九月三十日奉命出使安南封国，推迟了告病归居的时间。黄绾到正德七年九月也谢病归天台，他在归天台的路上还写信给阳明催促说："世事如此，先生归计，亦宜早决。"阳明在正德七年

第九章 新"上国游"的心学乐章

二月也上了告病归居的奏章,但却为吏部尚书杨一清所阻,他在三月反升阳明为吏部考功清吏司郎中,极力挽留。这使阳明处在了"进退两难之地"。但他去意已决,无奈之下,他改作南都之图,跳出京师是非纷争旋涡,往南直隶任职。五月,阳明上了乞往南都任职章。就在他上南都任职章前夕,他写了一篇特长的家书给父王华,详细分析了朝中糜烂蜩螗、大祸将兴的政局与自己逃离京师"但得渡江而南"的真正原因,对摇摇欲坠的明王朝作了一个凶险至极的预言。

阳明这封幸存的长札,提供了太多的武宗一朝统治乱象与阳明自己失败的第二次"上国游"的内幕信息,撩开了堂堂官史正史(包括所谓《实录》)所掩饰不敢载的明王朝统治秽史的一角。可以说这封长札是对武宗短命一朝腐败独裁统治的凶险总结,也是对自己失败的第二次"上国游"的批判反思。武宗统治下的许多未解之谜:豹房的御女淫乱,张永的专权用事,少年天子的勒索虐待太后,西涯诸阁臣的老奸巨猾与寡廉鲜耻,军中镇守太监的按兵不动、乘弊谋乱,养子与养子、大近习与小近习、旧幸太监与新宠太监的勾心斗角、养成祸本等,都在这封家书中得到暴露。阳明在信中破天荒大谈太后种种被勒索受辱的事情,解开了武宗的身世之谜。信里说的"太后"就是指孝宗朱祐樘的皇后张氏,武宗朱厚照的生母。但是张皇后并没有生育能力,当时人都怀疑武宗不是张皇后所生。有一个叫郑旺的军余跑来京师宣称他的女儿郑金莲入宫当了宫女,她才是武宗的生母。孝宗把他抓了起来,说他妖言惑众,判处死刑。但是武宗登极大赦天下,却让郑旺获赦出狱回家。后来郑旺仍到处宣扬自己是武宗的亲外公,有一次混进了皇宫,在东安门外高喊要将"国母"郑金莲被幽禁的事上告皇上。朝廷最后把郑旺逮捕入狱,以妖言罪处斩。这一迷案不了了之。阳明在信中大揭武宗虐待张皇后，根本不把她当作是自己的生母，武宗与张皇后在宫中的真实关系大白于天下，可以肯定武宗不是张皇后所生，武宗也显然知道张皇后不是他的生母。后来在正德十四年宸濠发动叛乱，登露台对众官宣称说："孝宗为李广所误，抱民家子，我祖宗不血食者十四年。"[1] 这是说武宗是孝宗听信李广之言、由李广抱来的"民家子"。李广是孝宗最宠信的太监，《明史》上含混说他善于"以符箓祷祀蛊帝（孝宗）"，应就包括了他蛊惑孝宗抱民家子入宫为太子这件事。武宗不可告人的身世之谜由此揭开。

从阳明这封家书看，阳明早已看穿武宗这个流氓无赖皇帝的真面目，不仅透露了他上章乞往南都任职的秘密，而且也透露了他决心要上章直言切谏武宗的秘密。因为有人批评他二年来在朝没有尽臣子之职，阳明不愿被人落下逃离京师往南都苟安的骂名，决心要尽臣子之忠，在离京往南都之前干一件震惊朝廷的壮举，上书切谏昏君武宗。就在阳明作这封家书的同时，武宗以朝事日非、国事日敝下命文武百官"修省"上陈，这给了吏部杨一清与阳明上书切谏武宗的最好机会，阳明代杨一清精心起草了《为急大本以图治安以尽修省事》的奏章，以吏部尚书杨一清的名义上奏。

这篇重要章疏因为收在杨一清的文集里，向来都以为是杨一清所作。实际这篇章疏是阳明代杨一清所起草，由吏部尚书杨一清率吏部官员（包括阳明）上奏，所以疏中反复称"臣等"，并不是杨一清一人所上奏。只要把这篇《为急大本以图治安以尽修省事》同阳明的《自劾不职以明圣治事疏》一比照，这篇谏疏出

---

[1] 见《明史》卷二百八十九《孙燧传》，又刘蕡《后鉴录》卷中《宁府招由》。

第九章 新"上国游"的心学乐章

自阳明之手便一目了然。这篇章疏显然是作为吏部官员们的"修省"进上的。章疏捅了武宗腐败统治与帝王淫秽生活的"禁区",批评锋芒直指君过,可称得上是武宗一朝的第一篇奏疏文字,也只有阳明才敢写这种事关"大本"的谏疏。奏章切谏的大旨是批评武宗的三大君过,要武宗急务三大根本,维新更化:一是修圣政,要武宗勤政视朝,处理政事;二是广圣嗣,要武宗弃豹房淫乐,养保心体,精神内固,以保生养子嗣,东宫立太子,宗祧有继,国本有托;三是弘圣学,要武宗日御经筵,读经明道,收其逸乐放心,涵泳义理。实际在三大急务之本中,广圣嗣、立国本又是急中首急,本之首本,所以章疏强调说"国本有托,人心以安,宗祧至计,莫急于此"。这才是阳明在谏章里急于要说的第一等金玉良言。可怜武宗不听劝谏,阳明的预言很快成真,武宗终无子嗣,储君虚位,为后来嘉靖朝的"大礼议"埋下了祸根。

杨一清、阳明的章疏上后,武宗无动于衷。实际是不予理睬,好像问题不出在武宗身上,而倒出在吏部官员身上似的。他依旧不出朝理政,不御经筵,在豹房中恣意淫乐。阳明更加焦虑不安。

河南赵景隆倡白莲教起义,在五月被镇压。闰五月,赵镜、贾勉儿义军与明军大战于宿州应山,赵镜、贾勉儿均兵败被俘。山东杨寡妇(杨虎妻)攻潍县、高苑,钱鸾攻德平,皆被明军歼灭。四川方四义军攻破江津、綦江,在开县失利被俘。廖惠义军攻阆中,也败走东流。这些不过是明军的零星小胜利,朝廷却利令智昏,做起了安享太平之梦,武宗竟也"益轻祸患,愈肆盘游"了。他的淫心狂性大发,竟至下命磔杀赵镜,割剥下他的人皮制成一副鞍镫,供武宗日日耀武扬威骑乘高头大马用。就在五月,武宗钦命御马太监张锐提督东厂。八月,监察御史周广劾锦衣指挥朱宁本是太监钱能的苍头,不宜冒国姓,收为义子。武宗大为震怒，周广谪为广东怀远驿丞。户部主事曹琥疏救周广，谪为寻甸军民府通判。武宗竟用钦赐一百二十七个义子为国姓回答了那些敢奏谏他的朝臣。到十月，武宗更公然下旨拓建豹房，朱宁等义子并进为后府都督佥事。阳明自上了谏章以后，恍如生活在光怪陆离的噩梦之中，武宗依旧我行我素，乞往南都任职的奏请也杳无回音，感到不能再沉默等待下去了。大约就在武宗下旨拓建豹房以后，阳明愤上了一道《自劾不职以明圣治事疏》。

把这篇《自劾不职以明圣治事疏》同先前上的《为急大本以图治安以尽修省事》相比较，可以清楚看出这篇《自劾不职以明圣治事疏》全是从《为急大本以图治安以尽修省事》变化修改而成，不同的是，《为急大本以图治安以尽修省事》是直谏，直指武宗三大君过；《自劾不职以明圣治事疏》是自劾，自陈三大罪。一隐一显，一直一曲，但直谏批评武宗的意思是完全一样的。阳明所以要重上内容相同的奏疏，固然是因为武宗对他们第一次的奏谏不予理睬，变本加厉、我行我素；但同时也是因为朝廷对阳明的奏请养病归居与奏乞往南都任职都没有答允，使他进退两难。阳明任职满期在十二月，他要赶在十二月之前催促朝廷答允他的往南都任职的奏请，所以阳明下了"破釜沉舟"的决心，他冒着"正臣等不职之罪"的风险上《自劾不职以明圣治事疏》，也意在敦促朝廷允准他的南都任职的奏请。在奏疏中，阳明故意正话反说，表面上是自劾臣下失职的三大罪，乞"罢归田里"，实际上却是在痛批痛揭武宗昏君的三大罪状，这是朝廷的言官谏臣都畏不敢言的显暴君"罪"的犯上奏章。武宗看了自然更加震怒，巴不得把这个他亲自请进京师的狂妄"言士"马上赶出京师。果然，在阳明上了这道《自劾不职以明圣治事疏》后不久，十二月八日，朝廷除阳明为南京太仆寺少卿，命即出京往南直隶任职，

第九章 新"上国游"的心学乐章

这是变相的"正臣等不职之罪",阳明也算如愿以偿。

阳明其实早已知道外放南都任职的朝命,做好了离京南下的准备。这时妹婿徐爱也除南京兵部员外郎,两人同舟共行。十二月中旬,阳明与徐爱两人携家眷登舟南下,先便道归省回绍兴。他们永远告别了乌烟瘴气的京师,送他们出京赴南都的,只有北方鞑靼铁骑骚扰南侵的呐喊。

阳明第二次的"上国游"又过早地结束了。他这次出朝外放南畿闲散之地,与其说是出自阳明自己乞往南都任职的奏请,不如说是昏君武宗对他的"放逐",是他两次上谏疏得罪武宗必然的悲剧结局。阳明经历了两次失败的"上国游":弘治年间的"上国游"与正德年间的"上国游"。偌大的朝廷容不下这个直言敢谏的"言士",如果说他的弘治"上国游"是因为上谏疏得罪武宗而被贬谪到龙场驿,那么他的正德"上国游"则是因为两次上谏疏得罪武宗而被外放到南直隶。这一"放逐",却把阳明推上了凶险苦难的人生不归之路。令阳明始料未及的是,他这次得罪武宗出朝离京,京师森严的大门从此对他永远关上了,一直到死,他都没有能再叩开京师的大门入朝。他像一个被放逐南国的屈原,开始了他后半辈"倡道东南"的生命历程。

第十章
南畿游：倡道东南的"杨时"

归省回越的心学大儒

阳明入朝的第二次"上国游"在他的"言士"心态上留下的最深的创伤,就是他更铭心刻骨认识到了国事的糜烂与人心的险恶,必须要有真正通达圣贤之道的豪杰独立之士出来格正人心,整顿世风,挽救这"病革临绝"的明王朝。"上国游"结束,京师大门关闭,却打开了他"南畿游"的广阔天地,他决心要学"吾道东矣"的郑玄与"吾道南矣"的杨时,往南畿倡道,坚定地走自己的"南畿游"的心路历程。徐爱在离京之前编辑刻版的《传习录》,成了阳明"南畿游"倡明圣学拯救人心世道的"心经",他和徐爱就是怀揣着这本《传习录》踏上了赴南畿弘扬倡明圣学的新路。

"正人难得,正学难明,流俗难变,直道难容",这是阳明经历了两次"上国游"的挫折后得出的结论与教训。贬谪和放逐的打击多少挫钝了他直道锐进、疾恶如仇的锋芒,所以他感到直道难行,做剑拔弩张的"言士"无益于事,而主张行君子中庸之道,学柳下惠之"和",从俗而不异俗。阳明在这里隐隐透露了他人生之路上的一个重要思想转折,他的"南畿游"的讲学论政就是按这样新的人生信条践行的,他在南都跨出了这条"倡道东南"的新生之路的第一步。

正月中旬,阳明到达南都,会见了太仆寺的同僚,同储巏也见面讨论了学问。但这时正好逢上云谷汤礼敬的七十岁生日,所以阳明特地赶往丹阳云谷祝汤礼敬寿。汤礼敬也是一个敢于直谏犯上的朝士，在正德元年（1506年）与阳明同时被贬，担任蓟州判官，与阳明已经十余年未见面。正德五年朝廷起用谪臣，他却归居乡里不出，屡召不起。他也是一个好仙道修炼的名士，在弘治十五年（1502年）就向阳明吐露了归居修道、脱屣人间的打算，阳明注视着他的眉宇间说："子之眉间惨然，犹有怛世之色。是道也，迟之十年，庶几也。"当时汤礼敬不信。十年后，阳明的预言成真，汤礼敬在经历了一番贬谪的磨难后成了抱道山林的"有道之士"。阳明后来作《寿汤云谷序》，谈到这次两人相见进行的一场奇特的论道。

阳明几乎是用一个当代得道至人"庄子"的口吻同汤礼敬侃侃论"道"。在他看来，道无形而神无方，道无处不在，无时不在，得圣贤之道的"有道之士"能进能退，能屈能伸，能用能藏，时至出而事君，行其道以用世；时不济退而家居，养其道以善身。所以汤礼敬过去在朝谏昏君、斥权奸，疾恶如仇，是响当当的有道之士；如今退居乡处，藏精守神，释累忘机，充养身心，更是一个为人矜式的有道之士。其实这也是阳明的夫子自道，表白他来南畿做一个传道东南的"有道之士"的信念。

正月下旬，阳明到达毗陵、无锡、苏州，户部主事郑善夫、嘉定县令王应鹏、邵宝门人华云都来向这个"有道之士"求学问道。郑善夫这时正以户部主事来南直隶督税浒墅关，他来谒见阳明是要拜阳明为师。郑善夫工画善文，诗学杜少陵，已经是一个小有名气的诗人。阳明当面针砭他的学问弊病，向他陈说"至教"。

郑善夫见阳明时，徐爱也在场，亲耳聆听了阳明对郑善夫的"至教"。阳明要郑善夫不以"文"自高，而应以"道"自任，由词章之学的"东山"向圣贤之学的"泰山"迈进。他自己在"上国游"中就这样从词章之学走向圣贤之学，现在在"南畿游"中

第十章　南畿游：倡道东南的"杨时"

他要南国的士子也这样从词章之学走向圣贤之学。他的这一倡道东南的基调也同样反映在他同王应鹏的讲学论道上。王应鹏与徐爱是同年，关系尤密。他特地从嘉定赶来见阳明、徐爱，虔诚问道，讲论通宵，阳明特意为他作了一篇《书王天宇卷》。

阳明称赞王应鹏慨然有志于圣贤之学，正与他对郑善夫说的"至教"相同。他更明确说这"圣贤之学"就是以诚为本体论，以格物致知为工夫论，可见实际就是指阳明自己的以诚意为主的心学。他批评的"今之君子或疑予言之为禅矣，或疑予言之求异矣"，就是指保守的程朱派；他批评的"闻日博而心日外，识益广而伪益增，涉猎考究之愈详而所以缘饰其奸者愈深以甚"，也就是指程朱之学。在这篇不起眼的小文中，已经震响着阳明后来在南都同程朱派展开朱陆之学异同论战的挑战声音。

二月，阳明到达绍兴。他已有两年未回绍兴故里，越中士子早在翘首期盼着这个心学宗师从京师凯旋。所以阳明这次回绍兴名义上是一次归省探亲，实际上却是一次同越中士子讲学论道的大聚会，成为他在南畿倡道东南的开场序幕。他一回到绍兴，就登上寂寥的阳明洞，恢复真空炼形法的修炼，默坐澄心体认天理。在洞中论道，越中士子纷纷来阳明洞拜谒问学。先是监察御史郑一初以疾自京师南归揭阳，同陈洸一起转道到绍兴来问道受业，切磋圣学，领悟阳明心学至要。在他们告别阳明离绍兴时，徐爱竟一连作了五首别诗，描述郑一初与陈洸在阳明洞的问道受教。

徐爱这五首诗给回南国传道东南的心学大师阳明画了一幅历史的肖像。他把阳明比为膺受帝命的"仙子"，在阳明洞中披阅秘籍，宣播心学，士人学子纷纷来问道受教，切磋琢磨，领悟了心学至要；他把阳明的心学比为南山的灵泉，千溪万流从此发源，孔儒学脉流派了然分明，探其源者（心学派）得其道，逐其末者

（朱学派）迷其途。一个倡道东南的心学大儒形象在南国士子的心中树立起来了。

这些虔诚来问道的越中士子，可以余姚的徐天泽为代表。徐天泽是弘治十五年（1502年）进士，本是一个尊朱学者。刘瑾柄政时，他由吏部验封司郎中迁广西太平府知府，正德七年（1512年）被劾归余姚家居。得知阳明归省回绍兴，先是他的从弟来绍兴问学，接着徐天泽也赶来绍兴拜谒阳明受教，很快领悟了阳明心学的至要，由朱学转向了王学。徐天泽后来因疾归余姚，阳明还写信邀他来赴四明天台之游。当徐天泽来信告诉阳明余姚县令楚书与县丞魏珊在政事上有矛盾时，阳明马上又写信给徐天泽，希望他从中斡旋。

徐天泽就这样成了阳明最器重的余姚弟子。他的由朱学转向王学，表明阳明在同越中士子的讲学论道上，最大的难题就是涉及朱陆之学异同的论辨，那些程朱学者与徘徊于朱、陆之间的学者，首先要引导他们跨过朱陆之学异同论辨的门槛，才会从朱学走向王学。阳明在经过无锡时，曾拜见归养家居的户部左侍郎邵宝，正逢邵宝叫他的弟子华云修复了东林书院，邵宝便请阳明作记。邵宝是一个正统的程朱学者，李东阳的大弟子，他每天读经书，尊奉二程"今日格一物，明日格一物"的《大学》信条，把每日格物所得写在书简上，自号"日格子"。他修复的东林书院的宗旨是弘扬朱学。就像熊桂请阳明作紫阳书院记一样，邵宝请阳明作东林书院记，这也给阳明出了一道难题。但阳明却也用自己的方式化解了这一难题。当无锡县令高文豸再遣人来阳明洞请他作记时，阳明欣然写了一篇意在言外的《东林书院记》。

这是一篇巧妙论辨杨时之学的文章。东林书院本是杨时所建，成为他倡道东南的历史象征。如今东林书院竟沦为僧寺，杨时之

第十章　南畿游：倡道东南的"杨时"

学也沦为"佛老、训诂词章（按：指朱学）"之学，四百年来遭到世人误解批判。阳明就是学着传道东南的杨时来南畿的，所以在记中他对四百年来沦没的杨时之学重新作了心学的诠释与阐扬，他提出了一个独特的孔子—孟子—程颢—杨时—罗从彦—李侗—白沙的心学道统，把杨时纳入心学的道统圣人中，从而为杨时的传道东南与阳明自己的传道东南之间找到了正统儒学道统学脉的沟通与关联。阳明确立这样一个心学道统传承与对杨时之学的心学新阐释系统其实是有充分的依据的。如果说四书中的《中庸》是思孟派相传的道统圣经，那么杨时传河洛之学也正是独得程颢《中庸》学的真传，所以杨时道南一脉无不以《中庸》为宗。杨时的《中庸》学体系，就是以"诚意"为主，他把《中庸》的"心诚"同《大学》的"诚意"沟通统摄起来，这同阳明的以诚意为主的心学完全相合。至于杨时提出的"诚"的工夫论，也就是后来李侗总结的"静中体认"（默坐澄心）与"分殊体认"（理一分殊）。杨时根据《中庸》的已发未发说，提出了诚意主静的工夫论。这篇记塑造了一个"心学大儒"杨时的形象，也成了他自己在南都以当代"杨时"的心学大儒传道东南的"宣言书"。

但是这种对朱陆之学与杨时之学的论辨必然涉及对佛老之学的认识。杨时之学被后世认为"流于佛学"，陆学被程朱派视为"禅学"，连白沙、阳明的心学也被目为是"禅"。阳明也需要正面作出回应。经历了"上国游"的曲折，阳明虽认识到佛老之学中也有邪僻之说，但他还是相信佛老之学与儒学合，主张不排辟佛老而又不依附佛老，而要儒家做光大弘扬自家圣学的工夫。就在五月，日东正使了庵和尚堆云桂悟寓居在宁波阿育王寺，因办理归国事务来到绍兴，阳明立即去拜访了他。堆云桂悟是日本著名的高僧，精通佛法，善作诗文，为日本诗僧之冠。正德中他有两次来明朝贡。一次在正德六年（1511年）十月来京朝贡方物，后馆于姑苏，至正德七年四月归国。阳明这时在京，同他见面相识。一次在正德八年初来京朝贡方物，后转职南下居宁波阿育王寺，舟过绍兴，阳明也去拜访了他。到五月堆云桂悟又来绍兴告别阳明，给他看了京师杨一清等朝士作的送别诗卷，阳明为他作了一篇《送日东正使了庵和尚归国序》。

阳明在序中明确地说，佛学有道，"为释有道"；高僧有道，"不诡于其道"；儒佛同道同圣，"论教异同，以并吾圣人"。这篇序为他同越中士子与南都士子论辨儒佛老三学异同定下了基调，也为他后来上劾绰吉我些儿疏与《谏迎佛疏》埋下了种子。

为了更广泛地同浙中士子相聚展开讲学论道，阳明发起了天台之游，准备携越中门人士子南下游四明、天台。这一方面固然是要带领弟子学者走出书斋，到山山水水中去讲论学问，澄观体道；但另一方面也是要践行黄绾提出的天台相聚论道的前诺。就在准备天台之游前不久，归居紫霄山的黄绾寄来了山中修道的诗，实际也是邀约阳明来天台聚会论道。

黄绾在紫霄山修炼辟谷仙方与阳明在阳明洞修炼真空炼形法取得了一种精神上的感应。六月中旬，阳明偕徐爱赴余姚龙泉山清风亭，山中抱道之士王世瑞、许璋与门人蔡宗充、朱节等来会，沿星烛溪、永乐寺出发，开始了四明、天台、雁荡之游。他们从上虞入四明山，观白水瀑，寻龙溪源，登杖锡山，访雪窦寺，上千丈岩，游玉泉庵，遥望妙高峰、天姥山、华顶峰诸胜。一路吟诗唱酬，随地讲学论道，途中不断有汪叔宪、郑满等弟子士人来陪游，姻溪王氏宗人也纷纷来聚会。

本来阳明到了雪窦后，准备即从奉化取道往天台，不巧正逢奉化遇大旱，山田龟裂，农家盼天下雨不至，村庄一片悽惨景象；

加上汪叔宪、王世瑞误食了石撞骨生病，朱节脚又受伤，蔡宗兖也因病归去，天台、雁荡路遥难往，所以阳明决计折道返回，下山至大埠。

阳明偕门人由大埠到宁波，然后买舟泛江回到余姚，居永乐寺中，越中士子也都来接迎，这又是一次讲学论道的聚会。徐爱作《游雪窦因得龙溪诸山记》，记述了这次不寻常的四明之游。阳明的天台之游最终只成了四明之游，未能如愿下天台见到黄绾与天台士子。归来后他在给黄绾的信中作了解释。

四明之游结束后，阳明离赴南京太仆寺少卿任的时间已很紧迫，却有更多的士子络绎不断来问学，阳明抓紧了同越中士子最后的讲学论道。深秋后越中士子也开始忙碌起来，准备行囊赶赴明年春中的科举考试。有一个鄞县的士子黄宗明赴京参加明年的春官试，经绍兴来问学。阳明同他讨论了尊德志道与科举功名的关系，要他立志明德行道。同时山阴的朱节、萧鸣凤、季本一班弟子也都有意参加南宫春试，来见阳明问学。当阳明得知蔡宗兖丁忧在家守孝、无意一出时，他立即托朱节带给蔡宗兖一信。

信中阳明把讲学与出仕统一起来，期望蔡宗兖能笃志于学，合力共倡心学，"期与诸君共明此学"。同样的情况也发生在应良身上。应良这时也丁忧归仙居，遣金克厚来请阳明作墓铭。阳明立即托金克厚带给应良二本《传习录》。

有一个郧阳竹溪士子熊彰，是正德五年湖广举人，正德六年赴京科举失利，大概就在这时与阳明相识，他也迢迢赶来绍兴向阳明问学。阳明也把《传习录》授给了熊彰。

随着阳明生日与赴南都太仆寺少卿任的临近，越中士子抓紧了同阳明的讲学论道。在九月，山阴士子与萧山士子发起了浮峰诗社，请阳明来主诗盟。实际越中士子结浮峰诗社是为了祝贺阳明生日，送阳明赴南都任。九月三十日是阳明四十二岁生辰，越中士子纷纷来聚祝寿，把阳明奉为心学的泰山北斗。

十月上旬，阳明启程赴南都。二十二日，他到达滁州上任，开始了"遥天更喜焕南星"的"南畿游"心路历程。

在滁州：遥天更喜焕南星

南京的太仆寺设在滁州，实际是一个管理马政的专署机构，归属兵部。寺下设太仆寺少卿二名，分司其职。阳明任南京太仆寺少卿，主要就是来督马政，革除滁州马政积弊。还在明初建都金陵时，朝廷考虑到江北各郡县被长江阻隔，马运至南京困难，但滁州土旷草茂，水流丰美，利于河牧，所以便设太仆寺于滁州，建马场，领滁阳等八监的骒骗十八群，命令近京的军民都要养母马一匹，每岁可蠲免科赋。但后来马政弊端丛生，百姓苦于科驹、卖驹、征银以及追陪倒失等弊害，加上北方边事紧张，流民起义遍布全国，深感打仗军用马匹不足。因此革除马政弊端的呼声兴起。在正德七年，南京太仆寺少卿文森就条陈古今厩牧之法与马政利病兴革之宜。

阳明就是在文森下了这道马政条陈后，被朝廷任命为南京太仆寺少卿的，自然他到南京太仆寺的首要职事就是协同文森一起整顿滁州马政，兴利革弊。阳明还在京师时就同任监察御史的文森关系密切，文森居白河之湾，山水环抱，号"白浦先生"，阳明为他的水湾栖息之地大书了"白湾"匾，作《白湾六章》称颂文森的高风亮节。

第十章 南畿游：倡道东南的"杨时"

文森先在正德七年来任南京太仆寺少卿，已开始着手对滁州马政的更革，所以阳明接着也被除为南京太仆寺少卿，很可能是出于文森的举荐。两人首先按照文森的条陈思路展开滁州马政的兴利除弊。但阳明也有自己重点的马政整顿建设事项。雷礼的《南京太仆寺志》记载了阳明在滁州督建整饬马政的事迹。

因为太仆寺设在滁州城外二里之遥，孤危不安全，所以阳明下令招集军民二百多家到马场隙地建造房屋居住，立总甲相连，免除他们的地租。又将城内一座尼寺改为太仆寺仓，建官厅一所。后来这里很快变成了一条热闹的马政街。阳明在滁短短的半年中，就使太仆寺与马场的面目一新，与他在庐陵半年的善治有异曲同工之妙。文徵明说文森"在太仆三年，综核财正，下享其利，而上蒙其成"，其实这里也有阳明一半的功劳。

阳明在滁督马政是同他在滁的讲学论道紧密结合在一起，政教齐下，所以才能"滁水之上洋洋如也"。滁州有州学，同州学的莘莘学子诸生日日讲学论道也成了作为太仆寺少卿的阳明在滁推行政教的一个方面。纷纷来向这个南天新星瞻仰问道的主要有四类人：一是阳明的门人弟子，二是滁州的庠生学子，三是前已问道受业过的旧学之士，四是各地来朝拜的新学之士。阳明一到滁州，就引起南都朱学领袖吕柟的注意，他首先来滁谒见阳明，马上写信给南京国子司业穆孔晖与应天府丞寇天叙说："阳明子讲学，能发二程之意，可数会晤也。"[1] 这里已隐隐透露出南都程朱派学子要同阳明进行朱陆论辨的意向，阳明心里是很清楚的，所以他也写信给远在天台的黄绾，希望他与应良都来滁论道辨学。

阳明想通过学问论辨来洗涤士子心性，启迪他们的心学之悟。

---

[1]《泾野先生文集》卷六《赠玉溪石氏书》。

阳明就这样开始了同滁州士子洗心启悟、释疑辨异的讲学论道，一群一群新旧士子都走进了滁山环抱中的太仆寺官舍，来向阳明问道辨疑。

在这些众多的来学士子中，最立志好学、脱然有悟的是汪玉。他是鄞县人，号雷峰，授任湖广按察司佥事，在归省回鄞县途经滁州时，特来谒见阳明问学。阳明同他进行了数十次的学问讨论，直到最后一次在玉泉的日以继夜的论辨，汪玉终于豁然领悟了格物正心之旨。

阳明与汪玉的讲学讨论从"格物致知"、"博文约礼"、"博学笃行"、"一贯忠恕"上展开，涉及了阳明的心外无理、格物正心、默坐澄心体认天理、知行合一等心学本体工夫论的根本问题，无怪汪玉在讲论中始而骇、中而疑、终而悟了。这正是阳明同滁州士子讲学论道的心学主旋律。有一个滁州庠生陈一鸿来问学，阳明也是向他传授了这些"骇人听闻"的心学本体工夫论思想。另一个辰州士子刘观时来问学，阳明也是向他反复论辨了这些同样的心学思想，要他们去践行。

阳明特别强调学子要自家去实践中做以心静中体认的工夫，因为心学不仅是一种"知"，而且更是一种"行"，所以他与士子讲学不是纸上谈玄，也不是坐而论道，而是要求去实行其知，践行其道，从"行"中去体证其"知"。阳明的心学本质上是一种实践的儒学，一种哲学的实践工夫论，而不是一种玄解妙觉的形上玄学，故要在实践中去做心学的工夫，而不能在书斋中清谈玄论。在阳明提出"良知"与"致良知"的心学体系之前（正德十四年），阳明的心学工夫论就是提出了默坐澄心体认天理的践行工夫（静坐），这是一种知行合一的实践工夫，要求对"道"做心的体认工夫，于静中体认大本达道，体认心的未发之中，因

"知"发其"行",由"行"证其"知"。在格物致知上,如果说他是从"格物"上提出了心具万理、吾心自足的形上本体论,那么他是从"致知"上提出了默坐澄心体认天理的实践工夫论(还未提出致良知的工夫论)。所以阳明在滁讲学论道特别重视做默坐澄心体认天理的践行工夫——这就是阳明说的静坐工夫。

阳明的心学是一种实践工夫的儒学,但诸生却多只从如何"知解"上用功着力(知),而不从如何践行上去体认践履(行),他们都斤斤计较于争辨如何认识口耳相传异同之说,却忘了实际的躬行践履,所以阳明才提出了静坐,要诸生去做践行的工夫。结果,他们却又未能领会阳明静坐的要旨,从一偏于动走向了一偏于静,只知去静处体悟,却忘了去事上磨炼。可惜的是后人又多误解了阳明的这些话。

钱德洪把静坐说成是阳明生平学术三变中的第二变的标志,这是错误的。阳明早在弘治九年(1496年)就向尹真人学静入窈冥的修炼,从此他在阳明洞中沉潜于静坐导引的修炼中。到弘治十八年他更立白沙的"默坐澄心,体认天理"为心学的座右铭,他的"静坐"获得了心学工夫论的明确规定。他在滁州,就是用这种心学工夫论的静坐(默坐澄心,体认天理)教学子诸生。到后来他提出了"良知"与"致良知"以后,他把"默坐澄心,体认天理"统摄到"致良知"的工夫论中,也没有否定静坐,一直到死,他都仍强调"静坐"、"静观"(他把自己的书斋名为"静观斋")、"默坐澄心体认天理"。可见阳明在滁并不是首次提出静坐,而只是针对学子诸生的学问弊病"姑教之静坐",这里根本不存在什么阳明生平学术思想"第二变"的事。其次,阳明所以强调要滁州学子诸生静坐,是因为他们只在"知"上下工夫(知解),却不在"行"上去体认践履;钱德洪却说阳明教诸生静坐是"引接学者多就高明一路，以救时弊"。其实阳明认为静坐体认本身是对的，"高明一路"是诸生枯槁静坐产生的流弊。钱德洪把静坐体认同"高明一路"等同起来，这无异于是把阳明的心学看成了一个失却实践工夫的"高明一路"的玄学，而完全没有认识到阳明心学的知行合一、知行互证的实践品格，对阳明的心学作了南辕北辙的相反解说。

在滁州，阳明就是用这种静坐践履把学子诸生由"知"转向"行"，由知解转向践行，希望他们把静处体悟与事上磨炼结合起来，消除"高明一路"的流弊。他在讲学论道中注重静坐的体认工夫，常同学子诸生到山水胜处进行共同的静坐体认。在正德九年仲春，他携数百诸生到龙潭上静处体悟，又携诸生上梧桐冈静坐体认。

但是学子诸生们多不能如实践行阳明默坐澄心体认天理的静坐要法，他们的静坐流于空寂枯槁之病，反渐生喜静厌动之心。滁州诸生孟源、孟津兄弟来问学，阳明教他们静坐。阳明认为静坐不是无思无虑，心寂然空虚，止如死水，而是要静中体认，如思虑纷杂而生，则须就思虑萌动处省察克治，体认天理澄明，格物正心，才可达到知止而后有定的境界。

大约在正德九年春间，阳明在给王应鹏的信中就谈到学子这一静坐弊病。阳明认为，一个人一生大部分时间处在日常的动中（动处），不可能终日静坐（静处），这就有一个平衡静处体认、动处致知的通贯统合工夫，要求达到动静一贯无间，既不能弃动就静，也不能弃静就动，而应以一心贯通动静。阳明后来立"良知"之教，提出"致良知"的工夫论，把静处澄心体悟与动处事上磨炼完全统一起来，这就是他说的"良知明白，随你去静处体悟也好，随你去事上磨炼也好，良知本体原是无动无静的"，这是他的心学思想的一个大飞跃。阳明在滁对静处澄心体悟与动处事上磨炼的思考，成为他向"致良知"心学本体工夫论思想飞跃历程上迈出的第一步。

但静坐澄心体悟向来被认为是陆学的本体工夫论，也是陆学、白沙学乃至阳明王学被程朱派目为"禅"的主要"证据"，所以阳明在滁提倡学子诸生进行默坐澄心体认天理的静坐工夫，引起了南都程朱派们的严重关注，他们同阳明的朱陆之学的论辨由此迫不及待地开始了。论辨发难的竟还是阳明原来的弟子、应天府学教授王道，他自来南都后，同程朱派的中坚魏校讲论朱学，思想上同阳明已渐行渐远。在正德八年十二月，王道从南都写来一封信，全面否定了阳明的心外无理、默坐澄心体认天理、格物正心等心学思想。这是王道叛离师说的开始，甚至可以说是后来两京程朱派同阳明展开朱陆之学异同论战的"信号"。阳明立即写了一篇长札针锋相对地详辨。

阳明这封信对自己以诚意为主的心学本体工夫论体系作了简约的解说，实际也是对朱陆之学异同的一个明晰论辨，可以把它同徐爱编的一卷《传习录》对读。阳明在信中主要批评了王道表现出来的程朱理学观点：一是王道认为理在物中，事事物物各有其理（至善），故须从事事物物中求理。阳明认为心外无物，心外无事，心外无理，心外无义，心外无善，一句话，就是心即理，心具万理；故格物致知是求理于心，不是外求于物，所谓"格"，就是格此心中之理；所谓"致"，就是致此心中之理。二是王道把诚身与明善分为二事，认为至善（理）在事事物物中，因此诚身是向内以求于心，明善是向外以求于事事物物，诚身之功与明善之功离而为二。阳明认为诚身与明善是同一的，以诚身为主，明善是诚身之功，诚身无妄是明善，明善之极则身诚，故明善与诚身是同一的向内心求理明理的过程。可见阳明与王道的思想对立实质是陆学与朱学的对立，两人的朱陆之学异同论战的基本观点已在这里亮出来了。

面对阳明咄咄逼人的批评，王道一时回避不作答，但他在同魏校的讲论中仍坚持自己的看法。这时徐爱也在南都任兵部车驾清吏司员外郎，熟知王道的思想动态，他写信告诉了阳明。阳明便在正德九年春间再写了一封信给王道。

信中阳明所批评的"后世之学，琐屑支离"，"句句是，字字合，然而终不可入尧舜之道也"，就是指王道所尊信的朱学。王道仍旧不作正面回答，保持沉默。直到四月阳明升南京鸿胪寺卿，由滁州回到南都，居住正好与王道为邻，他与王道才展开了当面的讨论问辨。但是阳明在滁教学子诸生静坐体悟及与王道的朱陆之学异同的论辨已经传扬出去，引起了两京程朱派士人的关注。阳明的滁阳弟子孙存在正德八年冬入京师赴南宫春试，阳明托他带给顺天府尹杨廉一封信，杨廉大概从孙存那里知道了阳明在滁的讲学情况，立即写了一封回信。

杨廉也是尊朱学者，他的信写得比较含蓄，实际对阳明在滁热衷于静坐体悟的讲学论道表示了担忧。杨廉这封信反映了两京程朱派的思想动向，预示着阳明同两京程朱派的朱陆之学异同论战不可避免地到来了。

滁阳之会与《游海诗》之谜

到正德九年，有更多的四方士子，如郭庆、吴良、冀元亨、

第十章 南畿游：倡道东南的"杨时"

德观、商佑、孙允辉、孙玺、王嘉秀、萧琦等人来滁问学，阳明在滁讲学论道的重点已经从教学子静坐体悟转向了对朱陆之学异□□□□□□□□□□三家异同的论辨，为他由滁州进□□□□□□□□□□异同论战作了先行铺垫。

□□□□□□□□□□重干旱，直到正德九年春正月降□□□□□□□□□□，阳明与文森偕同僚上琅琊、龙□□□□□□□□□□神，阳明门人诸生也都携壶榼上□□□□□□□□□□学的山中迎春聚会。阳明把这场□□□□□□□□□□山川胜境讲学论道、静坐体悟的□□□□□□□□□□把山游作课程。"[1] 他与门人学

人性复归读朱熹
人心复善看阳明

□□□□□□□□□□别有深意地刻版了文天祥的《文□□□□□□□□□□陵人，阳明又刚在庐陵任过职，所□□□□□□□□□□程朱学派，文天祥尊信程朱理学，□□□□□□□□□□。阳明仍像以前作《紫阳书院集□□□□□□□□□□序巧妙地对文天祥的忠君思想作了□□□□□□□□□□的难题，深化了他自己对心学本

□□□□□□□□□□天祥的忠君思想，认为忠君就是要□□□□□□□□□□因此尽心即忠君，忠君即尽心。这□□□□□□□□□□心学本体工夫，这里说的"良心"□□□□□□□□□□也具有了"致良知"的工夫论意□□□□□□□□□□表明了阳明在滁讲学时期所达到□□□□□□□□□□破了他的一偏于静的默坐澄心体认

---

[1]《王阳明全集》卷二十《龙蟠山中用韵》。

天理的静坐工夫论框架，已经站到了"良知"与"致良知"思想的门槛前。这种认识使他更加意识到必须把静处澄心体悟同动处事上磨炼通贯结合起来。湖北黄冈郭庆、吴良吉师徒两人来滁问学，阳明就教他们把"静坐"与"读书"结合起来。

心学是实学，不废读书。静坐是知，读书是学（用"读书"来指称学问思辨笃行），须将知学结合起来，达到动静"一以贯之"。"不读书"向来被看作是陆学的"禅病"，所以他们的静坐心悟是"空悟"。阳明把静坐与读书结合起来，实际是强调静处澄心体悟与动处事上磨炼的一以贯之，这是他对陆学的解弊救偏，也是对白沙心学本体工夫论的超越升华。后来他送郭庆归省回黄冈时特写了一篇《赠郭善甫归省序》，把这个思想解释得更清楚。

阳明把学问思辨笃行看成是心学的实践工夫，即是一种事上磨炼的工夫，正如种田要有耕耨灌溉的劳作之功一样，"功之弗继，是五谷之弗熟"，静处的"默坐澄心，体认天理"的本体证悟必须同动处的学问思辨笃行的践行工夫结合起来，这才是一种真正的知行合一的本体工夫论。在这里，他说的"学问思辨笃行"的工夫已经具有后来他说的"致良知"的工夫的意义。阳明这种心学的本体工夫论，克服了陆氏心学静坐空悟的禅病，也同佛老之学的禅定静观划清了界限。

事实上，阳明的朱陆之学异同的论辨是同他的儒佛道三家异同的论辨结合在一起的。他仍坚持儒佛老同根同源、儒学高于佛老之学的观点。阳明后悔自己"错用了三十年气力"，并不是说佛、老之学本身错了，而是说没有看到儒学的"简易广大"，远高于佛、老学，没有求道于自家的圣贤之学，走错了路。士子学道只须求之于儒家的圣贤之学，而不必问之于佛老之学，更毋须去排辟佛老之学。阳明就是用这种三教同根同源的思想与学子士

第十章 南畿游：倡道东南的"杨时"

人展开三教异同的论辨，辰阳有两个士子王嘉秀、萧琦来问学，王嘉秀好仙，萧琦好禅，阳明便教他们只须就儒家简易广大的圣学中去求道。有一个来学的襄阳士子郑杰，因病归鹿门，阳明在给他的送别诗中道出了同样的意思。

阳明认为儒家的圣贤之学以道在吾心，吾心万理具足，自应向内格心求理，不应向外格物求理，"至理匪外得"。庞德公是道家者流，他栖隐鹿门，后携妻子入山采药不归。阳明称赞他洁身避世独善，而痛斥那些世儒琐琐功利。可见阳明是承认佛老之说与孔孟儒说是相合的，关键还在于儒生士子应从自家儒学的"源"与"根"上寻源浚流，扫除圣路芜塞，蹊径榛茆（暗指朱学）。

二月，甘泉湛若水出使安南归，路经南都，他专门来滁阳与阳明相见论学。两人两年后再见，双方的观点都还没有变，讨论的问题竟还是儒释之辨。这次滁阳之会争论的焦点，阳明从来没有说起，但湛若水却多次清楚地提到过。

阳明仍坚持当年在京师长安灰厂的看法，认为释迦、老聃道德高博，与儒圣孔子一样，儒佛老三教同根同源，各分枝叶流派。湛若水则认为儒学与佛学，一夏一夷，异根异源，有大小公私之别，致叙彝伦之异。

湛若水问起了正德二年（1507年）阳明游海遇仙的神奇故事，阳明承认了是自己的虚构。原来在正德二年阳明谪赴龙场驿到钱塘时，忽然神秘消失，悄然远遁武夷山，社会上广泛流传起一个阳明遭刘瑾派遣二名特务追杀、投江游海遇仙、上武夷山遇虎不食的神奇故事，但真相一直得不到朝廷与阳明本人的证实，成为一桩无头谜案。当时湛若水在京听到这个传说，就认为是阳明佯狂避祸，痴人说梦虚构。但阳明对世人的质疑一直保持沉默，听任门人弟子传播宣扬，越说越离谱。游海遇仙的传说充满了神秘的仙佛气，到两人滁阳之会当面的儒释论辨上已经再绕不过去，湛若水提出了游海遇仙故事的真假质疑，阳明承认了是佯狂虚构捏造，都是基于各自对儒释老的不同认识，因此这场关于游海遇仙有无的谈论，正是滁阳之会两人儒佛老论辨的一个主要内容，这桩无头谜案到此应该水落石出了。

然而未料这个"游海遇仙"的无头谜案反又牵出了一个更大的阳明作《游海诗》的千古谜案。就在滁阳之会后，阳明或许是受到湛若水当面质问游海遇仙故事的刺激，整理了当年远遁武夷山的资料，补作了大量的"游海"诗，编造了一个完整的刘瑾遣二特务追杀、阳明投江游海遇仙、驾飓风入闽、上武夷山见武夷君、入虎穴不死的神话故事，编集成一部《游海诗》，授给门人弟子。得到这本《游海诗》的阳明门人季本，在《跋阳明先生游海诗后》中透露了阳明作这本《游海诗》的惊天秘密。

季本在正德九年（1514年）五月因南宫试失利来游南雍，这时阳明也到南京任鸿胪寺卿，所以季本与薛侃同居鸿胪寺舍受教。孙允辉是山阴人，是同王文辕（黄舋子）、许璋（半珪）、王琥（世瑞）一班山中高士论道交游的抱道之士，阳明在《与徐曰仁书》中就提到过他。孙允辉是阳明的好道弟子，所以阳明特手书了一卷《游海诗》给他。这必定是孙允辉在正德九年春间曾来滁见阳明，适逢阳明写成《游海诗》，孙允辉便得到阳明手写的一部《游海诗》而归。正好季本因南宫试失利也先归山阴，见到孙允辉手头这部《游海诗》，便请要了这部《游海诗》，携往南雍。孙惟信即孙玺，号峰溪道人，平湖人，也是一名好道之士，阳明的弟子。他与徐爱是同年，正德九年他任南京宗人府经历，徐爱这时也在南京任职。宗人府与鸿胪寺关系密切，所以他也来鸿胪寺与季本、薛侃同舍受教，季本把《游海诗》的一半赠给了他。

但阳明并不是只手书了一部《游海诗》给孙允辉。大约就在正德九年下半年，陆相也来南京见阳明，阳明又写了一部《游海诗》赠给陆相。陆相就是根据这部《游海诗》写了一本《阳明山人浮海传》，在社会上风传开来。黄宗羲说陆相的《阳明山人浮海传》是阳明向陆相口授写出来的，这当然也不错，但上百篇的"游海"诗以及曲折离奇的游海经历单靠一时口谈是记不住的，也是阳明口头说不清楚的，可以肯定阳明在口谈之外又手书了一部《游海诗》给陆相，陆相才得以据此书写出一部《阳明山人浮海传》的奇书。书称"浮海"而不称"游海"，就是根据湛若水的诗"佯狂欲浮海，说梦痴人前"。阳明的《游海诗》与陆相的《阳明山人浮海传》的传播，反而使事情变得更加扑朔迷离。陆相的《阳明山人浮海传》到清代中期亡佚[1]，阳明的《游海诗》也就成了千古之谜。幸而在《阳明山人浮海传》亡佚之前，有一个叫"墨憨斋主人"的新编了一本《皇明大儒王阳明先生出身靖乱录》，其中写阳明正德二年的游海故事完全袭用了陆相的《阳明山人浮海传》，使后人从中犹可以看到阳明在《游海诗》中编造的游海故事的大致面貌，揭开了阳明《游海诗》的千古之谜。

这堪称是明代少见的一篇荒诞演义的奇文，可以肯定，陆相在据阳明《游海诗》作《阳明山人浮海传》时，已对游海遇仙故事作了夸张粉饰的加工；到墨憨斋主人据《阳明山人浮海传》新

---

[1] 按：《四库全书》著录陆相《阳明山人浮海传》，提要云："《阳明先生浮海传》一卷，是书专纪王守仁正德初谪龙场驿丞，道经杭州，为奸人谋害，投水中，因漂至龙宫，得生还之事。说颇诡诞不经。论者谓守仁多智数，虑刘瑾迫害，故弃衣冠，伪托投江。"

编《皇明大儒王阳明先生出身靖乱录》时，又对游海遇仙故事作了一番荒诞离奇的演绎，把它变成了一篇明代常见的神怪演义小说。但不管怎样，阳明在《游海诗》中虚构的游海遇仙故事情节的大致轮廓仍被保存下来。这样一个游海遇仙的离奇故事，湛若水已指明是佯狂虚构，阳明也承认是子虚乌有，可是门人弟子们却仍笃信不疑，宣扬传播，钱德洪写进了《阳明先生年谱》，邹守益写进了《王阳明先生图谱》，从此具有了无可怀疑的权威性与真实性，误导了五百年来的阳明学研究，至今成为人们神化阳明的最主要的"神迹"依据，这是阳明所始料未及的。

其实在滁阳之会上说明了真相以后，阳明所以仍整理编集出《游海诗》一书，一则是为了了结旧案，表明自己当年佯狂避祸、假痴人说梦以保身苟命的无奈，故作"夸虚执有以为神奇"的创痛；二则是要用嘻笑怒骂的小说家言的笔触嘲讽仍不悔改的昏君武宗与权阉，发泄自己被昏君又"放逐"到滁州荒野之地的愤懑与牢愁。他要为昏君权阉留下一份难逃天谴的"罪恶状"，也为自己留下一份清白无罪的"辨白书"。所以这本《游海诗》不过是一部自嘲嘲世的游戏文字而已。但令阳明没有料到的是，这本充满怪诞仙佛气的《游海诗》却又成了南都程朱派们攻击他的心学为"禅"的把柄。

正德九年正月以来，地震流星凶险灾异接连不断。乾清宫发生大火，光焰烛天，武宗却顾自跑往豹房淫乐，对着大火中倒塌的乾清宫放声大笑。这时正是阳明贬谪龙场驿七周年，或许是武宗从这场豹房淫乐造成的乾清宫熊熊大火中惊醒过来，想起了当年谏劝过他的阳明，对仍在"放逐"困境中的"言士"阳明动了一点恻隐之心，三月六日，朝廷忽然改除阳明为南京鸿胪寺卿。阳明有一种仿佛又从"放逐"中起用的感觉，终于可以像杨时一样进南都传道东南了。

经过滁阳讲学的岁月,阳明已以一个南国"尼叟"的形象耸立在南国士子的心中。他打消了"乘槎浮海"的消沉念头,决心进南都做传道东南的"尼叟"了。

四月,阳明启程赴南都,滁阳学子送他一直到乌衣渡江浦。阳明作了一首告别诗,宛转吐尽了他同滁阳学子士人"共进此学"的深情。他怀揣着《传习录》与《游海诗》走进南都,开始了真正的"南畿游"。

第十一章
在南都：讲学论道开新天

"共进此学"
——揭橥"主一"的心学旗帜

南京鸿胪寺卿其实也是一个清散的闲职,这倒给阳明提供了一个更广阔的讲学论道的新天地。南雍的莘莘学子早已在期盼阳明这个心学大儒的到来。南都的程朱派们也早准备同阳明展开朱陆之学异同的论辨。阳明进南都时,又适逢南宫春试结束,落第的举子纷纷南下来游南雍,成了阳明最虔诚的新弟子。就连新科进士的学子到南都来任职,也都来向阳明问学。阳明在南京讲学论道的盛况很快引起两京士大夫们的关注,在正德九年五月,京中翰林编修中峰董玘写了一封信给阳明。

董玘是尊程朱学者,在京同阳明、甘泉就有过学问的论辨。他已预感到两京的程朱学者要同阳明展开朱陆之学异同的论辨,所以他主张"尊闻守知,要有不必同者,善贵相观"。阳明也有自己讲论学问的非凡大气的魄力,在官方程朱理学阴霾笼罩的南都,他一手同学者士子展开正面的心学讲学讨论,一手同程朱派展开反面的朱陆论辨,开始了他传道东南的大儒圣门事业。

在同学子士人的讲学论道上,最引人注目的是陆澄与薛侃两个弟子。陆澄字原静,归安人。薛侃字尚谦,揭阳人。他们两人都因会试落第南下来游南雍,拜阳明为师,在鸿胪寺仓受教二年多,记下大量重要的阳明讲学的语录,编进了《传习录》[1],真

---

[1] 按:陆澄、薛侃所记语录,保存在今《传习录》卷上后半部。

实记录和保存了阳明"南畿游"时期的思想原貌。陆澄问学受教最勤奋,阳明把他从沉溺科举之学拉回到圣贤之学的道路上来。

阳明对陆澄的授业传道,从"先定之以立志"到"密之以存养省察之功",对"天地之变化,群言之同异"都"靡所不辩",而最终归之于"不言之教",都记载在《传习录》中。到正德十一年(1516年)五月陆澄告别阳明回归安时,他已是一个坚定不移的尊陆非朱的王门弟子。陆澄后来果然不负师望,成为王门中最勇捍师道、弘毅师说的门人。

薛侃与陆澄同时来南都问学,二年后又同时分手各归。阳明特别看中从岭南来的士子,对薛侃尤为赏识。薛侃也学习勤勉,在讲论学问上,阳明对他几乎是倾囊相授。编入《传习录》的薛侃所记的语录,完整展现了阳明"南畿游"时期以"诚意"为主的心学思想体系。阳明这种以"诚意"为主的心学本体工夫论正是在同薛侃、陆澄一班门人弟子的朱陆之学论辨中得到了升华。

阳明的心学这时是以"诚意"为大头脑,还不是以"良知"为大头脑。他比较了自己与朱熹的新本《大学》的不同,指出格物致知只是诚意的工夫,因此朱熹向外穷格事物之理,是以格致为主,错误地把格致放在诚意之前,不能自圆其说,于是又去添加一个"敬"(持敬),敬知双修,是错上加错。这里已清楚道出陆学、王学与朱学的根本差异,蔡宗兖不能领会,所以终未能踏入王门圣域;薛侃讲论中开悟,他成了阳明在岭南的大弟子。

从江右士子来说,有一个临川士子行斋饶文璧,原来尊朱学,相信朱熹向外格物穷理之说。在正德九年会试下第后,也入南雍,来向阳明问学,从默坐澄心体认天理入手,很快践行有悟,转向了陆学,成为阳明弟子。

饶文璧的心学之悟正与徐爱、薛侃相似,他的由朱学转向陆

第十一章 在南都：讲学论道开新天

学、王学，为江右士子做出了表率。与此同时，有一个江西万安的士子郭持平（守衡）也因会试下第来游南雍，问学于阳明。阳明向他大阐以"诚意"为主的心学。

在饶文璧、郭持平之后，江右王学之门开启，江西的尊陆学士子逐渐同阳明王学取得了精神的沟通，纷纷来向阳明问学。后来陈九川也来赣州向阳明问学，显然就是受了饶文璧的影响。这些江西士子的转向王学，预告了江右王门的崛起。

其实这些四方来学的士子思想参差驳杂，他们有的尊仰朱学，有的信奉陆学，有的甚至推崇永嘉事功学，更多的则是思想还未定形，或彷徨朱陆之途，或出入佛老之境，或沉溺科举之习，甚至不知白沙学、王学为何物。对这些士子阳明都能对症下药，因人立教。云南士子朱光霁（克明）也在这时南宫试下第后来游太学，向阳明问学受教。朱光霁与其兄朱光弼都是阳明在龙场驿收的弟子，阳明同他已有五年未见。针对朱光霁的偏重于科举之学与词章之学，阳明教给他"变化气质"的"君子之学"，作了一篇《赠朱克明南归言》，送他归省蒙化。朱光霁兄弟把他的心学传播进了云、贵。

同样也是在五月，有一个永嘉士子张璁南宫试下第南归，经南都时来谒见阳明，两人讲学唱酬。阳明作了一首《咏一诗》，张璁和了一首《咏万诗》。阳明的心学是重在彰显、弘扬与咏叹"理一"的内圣之学（道德之学），张璁的理学重在彰显、弘扬与咏叹"万殊"的外王之学（事功之学）。阳明的心学是咏"一"的义理哲学，张璁的理学是咏"万"的功利哲学。两个月后，滁阳刘韶在七月来南都问学，阳明特为他作了一篇《约斋说》，专门论说了"一"的哲学。阳明与张璁后来在嘉靖大礼议上的矛盾分歧，在《咏一诗》与《咏万诗》的对立中已暴露出来了。

阳明在南都同学子士人"共进此学",其实就是共进阐扬这种"一"的哲学。他生平同张璁第一次、也是唯一的一次见面论学,就在这种戏剧性的"一"、"万"咏叹中收场。但阳明继续向学子士人大阐"一"的哲学。就在与张璁论学的同时,王嘉秀再来南都问学,阳明主要向他讲述了"万物一体"的哲学。

阳明将天地万物都视为与"己"一样(民吾同胞物吾与),与"己"为一体,万物即己,这是一种推己及人及物、人物彼我浑然一体的仁心(仁爱之心)。因此"己欲立而立人,己欲达而达人"与"己所不欲,勿施于人"的忠恕之道,就是"万物一体"哲学的人伦极则。这种万物一体观,阳明在同时与薛侃的讲学中更作了明晰的阐释。

阳明把"万物一体"同一贯忠恕之道联系起来,表明从弘治十八年同湛若水共论"仁者浑然与天地万物为一体"以来,他对"万物一体"的思想又有了更进一层的认识,领悟到"万物一体"要从己心(仁心)做起,反心以求,行忠恕之道。有一个昆山士子石川张寰与王嘉秀差不多同时来问学,阳明就着重同他论反心以求的忠恕之道。

七月王守文来受学,阳明为他作《示弟立志说》,更进一步发挥这种道一心一、天下一道、宇宙一心、惟精惟一、知行合一的哲学。

有一个南京刑部主事方鹏号矫亭,主张为人处事行"矫"的中道,他作了一首《矫亭箴》,他请阳明作矫亭说,发挥"矫"意。阳明却认为"私欲"之类的"恶"不能矫,只能克。于是他反其意作了一篇《矫亭说》。方鹏虽是一个程朱学者,但却还是接受了阳明的以心理克私欲的观点。

这时白沙的大弟子张诩除南京通政司左参议,在五月来南京

第十一章 在南都：讲学论道开新天

与阳明相见。白沙心学是阳明心学的历史起点，张诩同他已经有十年未见面，但在"心学"上一直心心相通，十年以后，张诩所寄望盼出的一代心学大儒应在阳明身上了，自然感慨良多，所以这次两人的南都相见是一次对白沙"心学"的新的相互印证交流之会。

就在与张诩见面的同时，应天府尹白圻重修应天府儒学成，遣白说、白谊二子来拜师受学，阳明特为白圻作了一篇《应天府重修儒学记》，公开揭起了"心学"的旗帜，主张大力推广他倡导的主一的心学。

面对南都保守顽固的程朱派，这是阳明第一次径直大胆宣称自己的王学为"心学"，也是他在南都理直气壮向程朱派发出的第一声"心学"呼喊。首善之地的应天府学是程朱理学的营垒，科举考试以程朱的性理之说为标准答案，府学诸生都是读程朱之书，尊程朱之学。阳明却主张要把"心学"推广到县学郡学府学中，"进之圣贤之学"，有司有修"心学"之责，学子们也要"忻然有维新之志"，弃旧图新，大习"心学"的新学，从而使"心学"由"庇其乡闾家族"推广到"庇一省一郡"，直至"以庇天下"。这真可谓是对笼罩天下郡县府学的官方程朱理学的"挑战"，阳明公然站到了陆氏心学一边，自然招致了南都程朱派们的"围攻"，"攻之者环堵"。可以说，在这篇《应天府重修儒学记》中已隐然震响着阳明与程朱派展开朱陆之学异同论战的声音。从此之后，"圣贤之学，心学也"几乎成了阳明的口头禅。

为了宣扬自己的"心学"，阳明在同学子士人的讲学论道中特别注重划判陆学（心学）与朱学（性学）的不同。自宋以来学者都以陆学主"心即理"、朱学主"性即理"，陆学主一超直入的顿悟、朱学主循序渐进的格物来划判朱陆之学，实际是不恰当的，用这种标准来划判朱学与王学的不同也是错误的。其实朱熹的性学在主要讲性即理的同时，也明确承认心即理（心外无理，心具万理）；阳明的心学在主要讲心即理的同时，也明确承认性即理。朱学与王学的矛盾不同并不是在一个主性即理、一个主心即理上，而是在一个主理在物中、主张向外格物穷理，一个主理在吾心、主张向内正心求理。阳明也明确认为"性即理"，同"心即理"并行不悖。率性即道，这是阳明对"性即理"的另一种表述。由此可见朱学与王学的矛盾不同主要不是在本体论上，而是在工夫论上：在格物致知上，朱熹以理在物中，理一分殊，主张向外格物穷理，分殊体认；阳明以理在吾心，心外无物，主张向内正心求理，心体体认。阳明把白沙的"默坐澄心，体认天理"改为"默坐澄心，体认心体"，而同湛若水的"默坐澄心，体认分殊"相对立，这是阳明在南都论辨朱陆之学异同的基调。阳明对自己的心学与朱熹的性学的矛盾对立是有清醒认识的，绝不是像他在同时所作的《朱子晚年定论》中所说的调和论调那样。

　　阳明对自己主一的心学体系的建构，就是同他与程朱派的朱陆之学异同论战同步并进的。到正德十年（1515年）七月，正当他与程朱派的朱陆之学异同论战达到白热化时，他却特意为一名白沙弟子监察御史杨琠（景瑞）写了一篇《谨斋说》，宣告了自己主一的心学体系的诞生。杨琠是人文荟萃的南都唯一的一名尊崇心学的白沙弟子，他与徐爱是同年，其子杨思元也是阳明的弟子。阳明意味深长地在给白沙弟子写的文章中宣告了自己王门心学的诞生，与他同时写的《朱子晚年定论》形成了强烈的反差。应该说，不是《朱子晚年定论》，而是《应天府重修儒学记》与《谨斋说》，才真实地反映了阳明"南畿游"时期的心学思想。他用"圣贤之学，心学也"的呼喊表明了自己反朱尊陆的心学立场，正式揭橥起"心学"的大旗，真正以一个传道东南的心学大儒的身份出现了。他的一个溧阳弟子马一龙（孟河）尊他为"当世道学之宗"。

阳明公开揭起"心学"的旗帜激化了他同南都程朱派的矛盾，他的《应天府重修儒学记》与《谨斋说》连同他的《传习录》与《游海诗》，成了朱陆之学异同论战的众矢之的。

朱陆之学论战：《朱子晚年定论》的诞生

正德九年五月，阳明一进入南都，便同王道开始了当面的朱陆之学论辨。作为留都的南京成为程朱派士人麇集的大本营，王道在应天府学任教授，他的主朱非陆的立场得到了南都程朱派同道中坚魏校、余祐、夏尚朴等人的支持，使最初阳明同王道的朱陆之学论辨扩大成了一场同两京程朱派"攻之者环四面"的朱陆之学异同论战。

阳明带着《传习录》与《游海诗》走进南都，这本充满了批评朱学话语的《传习录》立即成了南都程朱派们攻击的目标。阳明在《传习录》中对朱熹的批评，实际已大致划判了朱陆之学的异同。从陆澄与薛侃当时所记的语录来看，阳明在南都也确是从这些方面同学子士人进行朱陆之学的论辨，《传习录》成为阳明同南都程朱派进行朱陆之学异同论战的"圣经"。

阳明在南都，除了他的门人弟子与来学士子之外，他几乎是以一个"孤家寡人"面对着南都芸芸众多的程朱派们的辨难。

这时的南都，聚集了不少有名的程朱派中坚人物，他们主要有罗钦顺（南京太常少卿）、吕柟（南京吏部考功司郎中）、魏校（南京刑部广东司郎中）、余祐、夏尚朴（南京礼部主事）、王道（应天府学教授）、杨廉（南京吏部右侍郎）、寇天叙（南京大理寺副）、邵锐（南京礼部员外郎）等。其他像南京礼部尚书乔宇，南京吏部左侍郎石珤，南京国子祭酒吴一鹏，南京国子司业汪伟、鲁铎等，也都是尊信程朱学的名家。此外还有一些程朱派的著名人物如许浩、胡世宁、李承勋、顾璘、胡铎、汪循、程瞳、秦金等虽然不在南京，却也密切关注南都的朱陆之学论战，加上江右多陆学士子，安徽多朱学士子，浙中多王学士子，他们构成了"攻之者环四面"的外围人物。

朱陆之学异同论战分两个阶段展开：从正德九年五月到正德十年二月，主要是阳明同南都的程朱派进行论战；从正德十年三月到十一月，主要是阳明同北都的程朱派论战，最终以阳明作《朱子晚年定论》结束。

论战从阳明同王道、魏校、余祐、夏尚朴的朱陆之学论辨开始。这三个尊程朱学士子，余祐与阳明为同年，余祐是敬斋胡居仁弟子，夏尚朴是一斋娄谅弟子，魏校在弘治十八年（1505年）中进士，观政武选，已与阳明相识。魏校是他们当中的领袖，但他在正德九年下半年赴京任职，所以阳明在南都主要同王道、夏尚朴、余祐之间展开论辨。

王道从一进南都任应天府教授，就同魏校、余祐、夏尚朴打成一片，在对朱陆之学认识上同阳明的矛盾公开暴露。由于论辨主要采取见面进行讨论交流的方式，相关论辨的资料多没有能保存下来，但在各人的文集与语录中还是留下了明显的痕迹。特别是《夏东岩先生文集》中的《语录》，保存了较多的

第十一章 在南都：讲学论道开新天

朱陆之学异同论战的宝贵资料。

大致他们围绕心、性上的重要问题展开论辨，先是余祐在正德八年（1513年）就写出了专论"性"的文章《性书》，到正德九年初夏尚朴来南都任职后，余祐便把这篇《性书》拿出来同魏校、夏尚朴与阳明讨论，成为他们朱陆之学异同论辨的开场争论。

夏尚朴是在这些程朱派们中把朱熹的性论思想辨析得最清楚准确的人。朱熹认为性即理，人性即天理。因此在人性上，朱熹认为人有天命之性，有气质之性：得自于"理"的性构成天命之性，故天命之性无不善；得自于"气"的性构成气质之性，故气质之性有善有恶。因此说朱熹是兼理、气言性也未尝不可，这同他说性即理并不矛盾，而是相辅相成。朱熹所以要在人性上兼理、气说性，正是针对陆学在人性上说理不说气的弊病。但是余祐却把性即理与兼理、气说性两个命题对立起来，肯定朱熹的兼理、气说性，而大辟他的性即理说，可以说是本末颠倒。余祐的说法遭到夏尚朴、王道的反对，却得到魏校的肯定，但很快也被魏校否定。

余祐仍坚持自己的看法，他到正德九年四月更写出了《文公先生经世大训》的大书，全面论述了朱熹的性学思想体系。这本书成了程朱派宣扬朱学的一面性理旗帜，立即引起了刚进南都的阳明的注意。他一开始对余祐的性论的批判态度就十分明确。在他看来，心即理，理即性，心即性，吾性自足，这种性论简易精微，后人无须再多加一句支离苛细的繁琐论说。故他反对朱熹论性的支离繁琐，也否定了余祐的支离繁琐的性说。

阳明与余祐、魏校、夏尚朴、王道在性论上的论辨最终未能调和，反而进一步暴露了他们在朱陆之学异同认识上的矛盾分歧。接踵而来他们的论辨由论"性"进到论"心"，展开对朱熹"主敬"、"格物"直至朱熹《大学》新本的论辨，分歧进一步扩大，最终把阳明推上了作《朱子晚年定论》以调和朱陆之学异同的困境。

朱熹主张"主敬"与"格物"的工夫交相为用，这就是他提出的敬知双修，是依据二程说的"涵养须用敬，进学则在致知"在乾道五年"己丑之悟"中建立的生平学问大旨，并不是朱熹晚年才提出来的"定论"。余祐、王道、夏尚朴同阳明讨论到主敬存养、格物致知这些问题时，完全认同朱熹的敬知双修和他的《大学》新本，而阳明坚决否定了朱熹的敬知双修及其《大学》新本。阳明提出了自己一个以"诚意"为主的心学相抗衡。他在正德九年五月作的《应天府重修儒学记》中喊出了"圣贤之学，心学也"，在正德十年七月作的《谨斋记》中喊出了"君子之学，心学也"，就是向余祐、王道、夏尚朴这些程朱派宣告了自己以诚意为主的心学的诞生。余祐、王道、夏尚朴等同他的朱陆之学异同论战已经难以进行下去。论战的焦点集中在朱熹的"格物"说及其文本依据《大学》新本上，无法调和。

正德十年二月，阳明正式公开了他定的《大学》古本与《格物说》。表面上是他献给湛若水看的[1]，实际却更是要出示给余祐、王道、夏尚朴们看的，是对这些程朱派们尊信朱熹《大学》新本及其格物说的最好回答。如果说阳明正式定的《大学》古本，是对他自龙场驿觉悟到朱熹《大学》新本之误的大学思想的一个总结；那么他正式写的《格物说》，就是他自龙场驿觉悟到吾性自足、格物即正心的格致思想的一个总结。

---

[1] 见《王阳明全集》卷四《答甘泉》。

第十一章　在南都：讲学论道开新天

两者相得益彰，破除了四百年来朱熹的补作"格物"章的大学思想体系：《大学》古本代替了朱熹的《大学》新本，《格物说》代替了朱熹的《格物章》。

值得注意的是，阳明用新定的《大学》古本与"格物"新说宣告了他同南都的程朱派们的朱陆之学异同论战的结束，同时也宣告了他同北都的程朱派们的朱陆之学异同论战的开始。正是在阳明正式公开《大学》古本与《格物说》的同时，王道改任吏部验封赴京师。魏校在他之前已先入都，夏尚朴则在他之后不久也入都。他们三人在京又形成一个新的讲论程朱理学的群体，在京的程朱派人物吕柟、杨廉、邵锐、董玘等同他们声气相应，一些不在京中的程朱派名士如李承勋（魏校师）、许浩、胡世宁、胡铎、程曈、汪俊、汪循、张文渊等也都加入了与阳明的朱陆之学异同的论战，形成"攻之者环四面"的局面。

王道一赴北都就公开唱起了是朱非陆的调子，态度急遽转变，甚至拒绝同阳明论辨。他回避了同阳明的正面论辨，但是却在给徐爱的信中极力贬损阳明，几乎表现了要"割席断交"的决绝态度。

这时两京的程朱派魏校、李承勋、邵锐等人也都采取了像王道一样的态度，主张"各尊所闻，各行所知"，朱陆之学异同的论战已难以进行下去。阳明还想挽回同王道等人的关系，他请出了黄绾来同王道、魏校、李承勋、邵锐等人斡旋，实际是把黄绾拉进了朱陆之学异同的论战中，代"师"参战。黄绾一连写了两封信给王道。

第一封信论辨朱陆之学。黄绾表面上站在超越朱陆之学的立场，用夸饰的语言全盘肯定了阳明的王学，而认为朱、陆之学各有所偏，但实际上他是偏向陆学而否定朱学，只是畏于朱学定为官方统治之学，不敢公然全盘推倒，所以他表面上又发调和朱、陆之学的论调，认为朱、陆之学所造各有深浅。黄绾的这种调和朱陆之说同阳明的"朱子晚年定论"的调和之说有异曲同工之妙，可以说黄绾的调和朱陆之说为阳明的"朱子晚年定论"的出场作了先行的铺垫与暗示。

王道对黄绾的无论独尊王学还是调和朱陆之说都不能接受，他拒绝回答。黄绾便给他写了第二封信，旁敲侧击地批评了魏校的玩好程颐《易传》，认为要识宇宙的变易之道必须从心体上下手，心地精一，才能随时随处默识体认随顺变易之道。魏校不从心体上入手，而只就《易传》中潜玩易说，这是心体未明，大本未立，有用无体，显微二致。这是黄绾从《易》学上论辨朱陆之学的异同，是对王道、魏校的进一步批评。

因为王道、魏校仍拒不回答，黄绾把批评指向了魏校的老师李承勋，想托他从中调停。李承勋也是程朱派的中坚人物，同程朱派的胡世宁、魏校、余祐号称"南都四君子"。这时李承勋任浙江按察使，实际在背后支持魏校、王道。黄绾给他写了一封详细的长信，却转而唱起了不辨朱陆之学异同的调子。

黄绾的态度与看法已经暗中有了转变：一是他认为朱熹、陆九渊学从大本上相同，虽有异辩，却相互为重，皆不失为善学；只是后来晦翁一班门人后学舍己逐物，争立门户，才使大道晦蚀，目陆学为禅学。二是他从调和朱陆之学更进一步提出了不辨朱陆之学，既然朱陆之学大本相同，因此毋须争辨朱陆之学异同，"区区朱陆之辨，姑置之可也"。"无辨"，正是阳明的一贯主张。他提出的"朱子晚年定论"，也正是以为朱陆之学大本相同，区区朱陆之辨可以置而不论。可见黄绾这封信说出了阳明的心里话，也道出了阳明所以要作《朱子晚年定论》的秘密。

这封信是阳明的"朱子晚年定论"接踵登场的信号,也预示着一场不同凡响的朱陆之学异同的论战竟反向地要以不辨朱陆之学异同结束了。

在这场论战中,阳明从开始旗帜鲜明主张明辨朱陆之学异同到最后走向调和朱陆之学与不辨朱陆之学异同,这是有不言自明的原因的:一方面,他的心学思想遭到两京保守的程朱派们的坚决抵制与反对,"攻之者环四面",使他无从展开正常的朱陆之学的论辨;另一方面,他的心学思想在论战中成了众矢之的,谤讪诋毁朝他汹汹而来,攻诋他的心学为禅,指斥他诬毁儒家圣人朱熹,奉陆氏禅学为正统;再一方面,他对定于一尊的官方程朱理学的公然批判,也引起了官方的反感与不满,把他的心学视为是同"钦定"的程朱理学相对抗的"异学",这给阳明也造成了不小的心理压力。

在论战中,就曾发生过两个不祥的小插曲,使阳明陷入了论战进退两难的困境。一是在正德十年(1515年)四月,朝廷考察两京官员,监察御史方凤同时举荐了阳明与吕柟、魏校为馆阁之臣。结果朝廷起用吕柟、魏校为馆阁之臣,而阳明却落选。这显然是因为吕柟、魏校尊信官方程朱理学的"古学",而阳明推崇陆氏心学的"异学",深为朝廷所忌。二是也在正德十年四月,御史杨琠(白沙弟子)举荐阳明任南京国子祭酒。但南雍是国家传授教习程朱理学的大本营,从教授到诸生都早对阳明的朱陆之学论战怒目相视,拒斥尊崇陆学的阳明来任国子祭酒。朝廷最后选中尊信程朱理学的鲁铎任国子祭酒,阳明又一次落选。这两件事表明阳明在南都进行的朱陆之学异同论战已引起朝廷的严重关注,他的朱陆之学异同论战已触犯官方程朱理学的禁网,这就是阳明最终从明辨朱陆之学异同走向调和朱陆之学异同、提出"朱子晚年定论"以消泯朱陆之学异同的真正原因。他急于要从这场变得扭曲与凶险的朱陆之学异同论战的困境中挣脱出来，恰好这时加入"攻之者环四面"论战的程朱派中坚程曈写出了《闲辟录》，并把它寄给了阳明，从反面触发了阳明作《朱子晚年定论》以调和消泯朱陆之学异同的"灵感"。

程曈的《闲辟录》写成于正德十年四月。他作《闲辟录》就是要大力排辟程敏政《道一编》中的"朱子晚年定论"之说。阳明深受程敏政《道一编》的影响，从贬谪龙场驿以来就形成了"朱子晚年定论"的思想。在朱陆之学异同论战中，他肯定也会同门人弟子与程朱派谈起自己的"朱子晚年定论"思想，其说已经传出，所以程曈把自己专攻程敏政"朱子晚年定论"之说的《闲辟录》寄给阳明，也显然有旁攻阳明"朱子晚年定论"之说的深意。阳明当然不会接受程曈《闲辟录》的批判责难，恰相反，它倒及时"提醒"了阳明仿效程敏政的手法作《朱子晚年定论》来终结这场朱陆之学异同论战的纷争。正德十年十一月一日，阳明写成《朱子晚年定论》，一方面是对程曈的《闲辟录》的回击，另一方面径自宣告了朱陆之学异同论战的结束。

阳明明确说自己所以作《朱子晚年定论》是要停息朱陆之学异同论战的纷争。但是他却有意隐去了他的"朱子晚年定论"之说袭用自程敏政《道一编》的事实，用《朱子晚年定论》掩盖了他对朱陆之学异同的真实看法。

只要把阳明《朱子晚年定论序》同他同时由陆澄、薛侃记的传习语录（《传习录》卷上）相比较，就可以清楚看出《朱子晚年定论序》中的说法是完全不真实的。在陆澄、薛侃所记的传习语录中，充满了大量激烈批判朱学的话语，并把自己的心学同朱学划清了不可调和的界限，他的反朱学的立场是毫不动摇的，终

第十一章 在南都：讲学论道开新天

其一生他都是坚持是陆反朱的批判立场不变，这才是阳明对朱学的真实看法与态度。

就在阳明写《朱子晚年定论》的同时，他自定了《大学》古本，作了《格物说》，把它们献给了湛若水，这个《大学》古本与《格物说》都是严辨朱陆之学、批判朱学的，这才是阳明的真实看法，所谓"朱子晚年定论"的调和之说，不过是对他一贯的是陆反朱的心学立场的一种掩饰与托词，也是针对当时程朱派的攻讦与自己干犯官方程朱理学禁网的巧妙的自我保护与反讽。阳明提出"朱子晚年定论"的真实目的，不过是要将朱学陆化，以此消解朱学，尊崇陆学。他在序中说朱熹"晚岁固已大悟旧说之非，痛悔极艾，至以为自诳诳人之罪，不可胜赎"，分明是阳明"陆化朱学"的子虚乌有的虚构，正像他在《游海诗》中虚构了一个"游海遇仙"的荒诞故事一样。因此他的《朱子晚年定论》也同他的《游海诗》一样，不过是他的论战自我保护与反讽程朱派"世儒"的游戏文字，用阳明自己的话说，就是"聊藉以解纷"而已，本不能视为是一部严肃的学术著作。

程敏政是"朱子晚年定论"说的始作俑者（其说可上溯到元末赵㧑谦的朱陆"合并于暮岁"说），阳明的《朱子晚年定论》完全承袭了程敏政的《道一编》而又加以了极端的发展。程敏政早在弘治二年写成的《道一编》中提出了朱子晚年定论说，认为朱陆二家的思想"始异而终同"。《道一编》无根据地分朱陆思想同异为三个阶段：始焉如冰炭之相反，中焉则疑信相参半，终焉若辅车之相依，晚年定论终同。于是他从朱熹集中捕风捉影地选取了十五篇书，以证成其所谓朱子晚年定论之说。但他对这十五篇书的写作年代没有考定，究竟每篇书作于何时，朱熹晚年"悟"到了什么，"同"在哪里，他自己都无法说清，所以他的朱陆思想始异终同说一眼可见是不能自圆其说的荒诞虚构。

程瞳在《闲辟录》中考定了朱熹这十五篇书的写作年代，指出程敏政故意颠倒书的写作时间，或将早年之书当作晚年，或将晚年言论当作早年，揭露了他的虚构伪造，实际已推翻了程敏政的朱子晚年定论的伪说，误案已判。尽管如此，阳明却还是发现了程敏政的朱子晚年定论之说的特殊价值，对他当下用来回击程朱派的攻诋与结束朱陆之学异同论战有着说不出的好处与用处，所以他仍然绕开了程瞳的批判，全盘袭用程敏政的朱子晚年定论之说，写出了《朱子晚年定论》。阳明的"晚年定论"说法比程敏政走得更远，他从朱熹集中选取了三十四篇书信，想以此来进一步证成己说。在这三十四篇书信中，有八篇同于程敏政的《道一编》，阳明袭用《道一编》之迹一目了然。因为程敏政的朱子晚年定论之说本来漏洞百出，不攻自破，所以阳明的《朱子晚年定论》在袭用程敏政的《道一编》的同时，也就承袭了程敏政之说的两个致命的错误。

一是同程敏政一样，阳明对所选的三十四篇书信的写作年代也没有考定，想当然地一概定为朱熹晚年的书信，实际其中不少都是朱熹的早年书信，反映的是他早年的思想，而不是晚年的思想。用早年的书信来论证晚年的"定论"，这在逻辑上是悖谬不通的。尤其是在朱熹的文集中，有成百上千的大量的朱熹晚年写的书信文章（还有著作），可以清楚看出朱熹晚年的真实思想，根本不存在什么朱熹晚年思想已转向陆学的事，阳明不顾朱熹这些大量的晚年书信文章上反映的真实思想，只拈取出几篇书信似是而非地从"字面"上指认朱熹晚年思想已转向陆学，这种只举一点、不论其余、罔顾事实、自我臆断的手法，在逻辑上也是悖谬不通的。

第十一章 在南都：讲学论道开新天

二是同程敏政一样，阳明只是罗列了三十四篇书信，不作分析论述，不指明每一篇书信究竟反映了朱熹什么样的"定论"，他究竟转向了陆学什么样的思想。实际上，对朱熹晚年的"定论"究竟是什么，朱熹晚年究竟"大悟"到了什么，阳明从来不明说，含糊其词，使人捉摸不透。本来，所谓朱陆思想早异晚同，自然是指朱熹晚年思想已转向陆学，与陆学相同。所以阳明说的朱熹的"晚年定论"应该是指朱熹晚年放弃了自己的朱学，转以陆学为定论。但是阳明为此所引证的三十四篇书信，没有一篇能够证明朱熹晚年已转向了陆学，没有一篇能够证明朱熹晚年大悟到了陆学。因为朱熹书信中说的"自觉其误"、"自悔"、"自悟"，不过是说他对某一事物或某个问题认识上的变化提高，如对《四书》的注说，他的认识不断变化，自觉前说之误，不断修改旧说，一直到死他都在修改他的《四书集注》，这哪里是说他大悟到了陆学，转向了陆学呢？所以他引证的三十四篇书信，充其量只能证明朱熹对某一事物认识的前后变化提高，完全不能证明朱熹晚年已大悟陆学，转向陆学，与陆学同。结果，这三十四篇书信适得其反地倒过来有力证明了《朱子晚年定论》的错误。如阳明引了一篇朱熹《答何叔京书》："向来妄论'持敬'之说……钦夫之学所以超脱自在，见得分明，不为言句所桎梏，只为合下入处亲切。"朱熹这篇书信作在乾道中，分明是说他早年的"主敬"之悟的，他在张栻（张栻"持敬"）的影响下，大悟了二程的"涵养须用敬，进学则在致知"，确立了自己的学问大旨（敬知双修，这时陆九渊的陆学尚未形成，哪里是什么大悟陆学、与陆学"同"呢？事实正相反，朱熹的"主敬"恰同陆九渊的"主悟"相对立，而阳明也最激烈反对朱熹的"主敬"思想（见陆澄、薛侃所记语录），他在《朱子晚年定论》里引证朱熹这篇书信，却肯定了他的"主敬"之悟，这不是自攻已说、反叛已说了吗？

正因《朱子晚年定论》承袭了程敏政《道一编》的两个致命错误，所以他公开刊刻了《朱子晚年定论》不仅没有能停止朱陆之学异同的论战，相反激起了程朱派更猛烈的攻击。钱德洪在《朱子晚年定论序》中连起码的事实都不顾说："朱子病目静久，忽悟圣学之渊薮，乃大悔中年著述误己误人，遍告同志。师阅之，喜己学与晦翁同，手录一卷，门人刻行之。自是为朱子论异同者寡矣。师曰：'无意中得此一助！'"这种为师尊讳的夸饰虚言掩盖了事情的真相。实际阳明的《朱子晚年定论》公开刊刻后，信之者寥寥无几，攻之者汹汹而至。像程曈一连写出了《朱子晚年定论考》、《朱子早年定论》、《阳明传习录考》等，抨击的矛头从程敏政的《道一编》直接指向了阳明的《朱子晚年定论》与《传习录》。余祐写出了《性论》三卷，同阳明展开进一步论辨。汪循写出了《闲辟辩》，为程曈的《闲辟录》张大声势，推波助澜。"姚江三廉"之一的胡铎写出了《异学辨》，以陆学为异学，专攻阳明的《朱子晚年定论》。张文渊写出了《卫道》一书，捍卫朱学不被"陆化"，完全否定了阳明的《朱子晚年定论》之说。夏尚朴在《滁州省愆录》中也一针见血指出了阳明"朱子晚年定论"说的错误。

对阳明《朱子晚年定论》批判最有力的是罗钦顺。他本来在南都就加入了朱陆之学异同的论战，对阳明的是陆反朱的真实立场十分清楚。当阳明把《朱子晚年定论》连同他定的《大学》古本（按：这两本书是矛盾对立的）寄给罗钦顺时，罗钦顺写了一封长信作了尖锐批判。

到嘉靖中，随着"学禁"的兴起，更有陈建起来作《学蔀通辨》，对程敏政的《道一编》与阳明的《朱子晚年定论》作了全

第十一章 在南都：讲学论道开新天

面的批判考辨，了结了这一桩朱陆之学异同纷争中的"奇案"。因此可以说，阳明同两京程朱派的朱陆之学异同的论战，因他的《朱子晚年定论》这一部有争议的书而最终失败了，也为后来嘉靖"学禁"的兴起埋下了祸种。但是阳明却更坚定不屈地走着自己的心学之路，他对这场论战挫折进行了自我反思，升华自己的批判朱学的心学思想，走上了"良知"说的觉悟新路，扬弃了"朱子晚年定论"旧说，到晚年他就像否弃了《游海诗》一样否弃了《朱子晚年定论》。后来钱德洪在隆庆六年编定阳明全书时，居然又捡起这本《朱子晚年定论》，不伦不类地编入《传习录》中（附最末），反倒贬损了《传习录》中阳明鲜明批判朱学的心学锋芒，误导了不明真相的后人对阳明"朱子晚年定论"旧说的认识。五百年来人们竟为阳明的"朱子晚年定论"这一桩早已了结的过时公案展开了纷争论辨，就不能不说是一场喜剧性的历史误会了。

　　自然，从批判僵化保守的官方程朱理学的积极意义上看，阳明同两京程朱派的朱陆之学异同论战仍然产生了巨大的影响与效应。可以说这是正德以来新兴崛起的心学派向禁锢士人头脑的官方程朱理学统治思想的第一次公开的挑战。他的《朱子晚年定论》与其说是他在对朱陆之学的异同作严肃的经院式的学术讨论，不如说是他在用调侃嘻嘲的笔法讽刺那些保守可笑的程朱派"世儒"，冲击被官方定为神圣独尊偶像的程朱理学的禁网。他用"朱子晚年定论"说的反讽武器对官方程朱理学的挑战虽然失败，但却为他后来用"良知"说的批判武器对官方程朱理学的挑战准备了条件。从这一意义上可以说，阳明用"朱子晚年定论"之说同两京程朱派进行的朱陆之学论战从反面推动他超越了"朱子晚年定论"之说，催生了他的"良知"心学的诞生。

龙江之会：心学的《大学》体系的诞生

　　实际上，在南都，阳明对朱陆之学异同的真实看法，不是反映在《朱子晚年定论》一书中，而是反映在他同湛若水的讲学论道中，尤其反映在他同时所序定的《大学》古本与所作的《格物说》中。从正德九年二月的滁阳之会以后，阳明与湛若水恢复了中断的讲学论道。据董玘写给阳明的信，湛若水一回到京都，阳明就同他展开了书信往来讨论。两人的圣学论辨依旧围绕"随处体认天理"（格物求理）与三教同根同源两大问题展开。湛若水还在正月经过兰溪时，就向西安学子栾惠传授了圣学工夫的大要，并介绍他来南都向阳明问学。

　　湛若水说的变化气质的圣学工夫大要是"敬以立其本，问学以滋其生"，这实际还是朱熹说的敬知双修——"涵养须用敬，进学则在致知"，也就是白沙说的"默坐澄心，体认天理"。主敬澄心与格物致知的关系，就是"立本"与"培灌"的内外关系。孔子说的"参前倚后"，就是向内的主敬澄心；《周易》说的"多识前言往行"，就是向外的格物致知。向内的默坐澄心与向外的随处体认天理的统一，就是内外夹持，诚明两进。显然，湛若水的这种对圣学工夫大要的诠释仍没有超越白沙的心学诠释藩篱，坚持把于日用处随事体认天理解释为向外的格物求理，这就是他的理在物中、即事求理的格物说，同阳明正心求理的格物说相对立。这些话湛若水实际是要说给阳明听的，所以栾惠便在五月带着湛若水这一教诲来到南都问学于阳明，阳明同他重点谈到了这个问题，也是要说给湛若水听的。

第十一章 在南都：讲学论道开新天

阳明提出所谓问辨、思索、存省、克治、习学等工夫，并不是向外去体认格求物理，而应是向内体认格求吾心中固有之理，"存吾心之天理"。后来栾惠受学归西安时，阳明作了四首别诗，仍然用他的这一正心求理的心学思想针砭栾惠的学病。

就在栾惠来向阳明问学的同时，白沙弟子张诩也来南都见阳明，阳明肯定了张诩的心学，有"江船一话十年阔，尘梦今惊四十非"之叹。这是因为张诩也主三教同源合一说，与阳明思想相合。湛若水却在六月张诩卒时写了一篇《薤歌辞》，批评张诩的三教同源合一说。湛若水对张诩"三教同一道"的批评，无疑也是对阳明三教同根同源说的否定。到七月郑一初卒于杭州时，阳明作《祭郑朝朔文》，认为郑一初思想已转向阳明的心学，成为阳明"昔迷今悟"的弟子。湛若水也作了一篇《紫坡子传》，肯定了郑一初的弃旧学从阳明学，这是对阳明心学的肯定。但他也认为自己的思想没有错，所以他又点出郑一初的长子郑大崙从己学，这是意在表明他的思想与阳明的思想的一致。但如果说在对心学的"圣学"的认识上，湛若水是着眼于论辨两人心学思想之"同"，那么阳明却是着眼于论辨两人心学思想之"异"。所以在论辨中湛若水抓住了阳明的三教同根同源思想展开批评，而阳明则抓住了湛若水的随处体认天理思想展开批评，相持不下。

到九月，南京兵部主事路迎因事北上入京，也要拜访湛若水。路迎是阳明弘治十七年主考山东所亲录取的举子，阳明乘机写了一篇送他北上入京的赠言。显然，阳明这篇赠言是写给湛若水看的。阳明在赠言中说的"求佳种而播之，沃灌耘耔"的譬喻，就是用来批评湛若水的随处体认天理的思想，认为湛若水不知理在吾心，而以理在物中，汲汲于日用间去随处随时随事体认天理，这就如同"佳种之未播,而切切然日讲求于苗秀实获之事,以望有秋,其于谋食之道远矣"。阳明的批评击中了湛若水的心学思想的痼疾,给了湛若水很大的触动。所以他在路迎离京回南都时,精心作了一篇《赠兵曹路君宾阳还南都序》,实际是对阳明质疑的回答。

湛若水这篇序是有意写给阳明看的。他说"南中多学者,然吾惧其断断,故有以赠宾阳,庶闻吾言者,断断之说或息",就是指南都一班好断断论战的程朱派士子,但却把阳明也隐然包括在里面了。针对阳明批评他"佳种之未播,而切切然日讲求于苗秀实获之事",湛若水认为天下一道,心具一理,人的视听言动、性情微显、内外动静,都是在体认格求心中之理。"内静",就是默坐澄心;"外动",就是随处体认天理。但因为心外无理,心外无物,内外一理,所以随处体认天理实际还是在心中进行,也就是在体认心中之理,并不是向外格物求理,所以说"内外动静,一理也"。显然,湛若水对他的"随处体认天理"作了不同于白沙的新的解说,把它解释为也是在体认心中之理,为自己的"随处体认天理"作了辩护,同阳明正心求理的思想取得了一致。湛若水的这一辨说比较委婉含混,但阳明还是读懂了湛若水的苦心,看出了湛若水的"格物"思想已在向他靠拢。所以他在读了湛若水的这篇序后,竟为这篇序写了一跋,称赞湛若水。

阳明把路迎与湛若水都看成是迷途知返的人。阳明从湛若水的序中已看出他的思想有了松动,所以阳明继续向他展开了思想进攻。正德十年(1515年)二月,湛若水丁母忧,自京扶柩南归到达南京,阳明迎吊于龙江关,两人一年后又再相见。但这次龙江之会已远非滁阳之会可比。阳明为这次龙江之会做了精心准备,他全面总结了自己的《大学》思想,先重新序定了《大学》古本,然后又作了《格物说》,打算在相见时拿出来当面讨论。《大学》古本与《格物说》相辅相成,相得益彰,珠联璧合,构成了阳明自己独特的心学的《大学》思想体系,他是以《大学古本》为文本诠释依据,从"格物"说切入,构建了自己向内正心求理的《大学》体系,用以同湛若水的向外"随处体认天理"的格物说展开了论辨。龙江之会是一次《大学》"格物"说的论辨会。

阳明定的《大学》古本,推翻了朱熹定的《大学》新本;阳明写的《格物说》,推翻了朱熹补写的《格物章》。这是一个全新的心学的《大学》思想体系,阳明显然有用它来代替三百年来被官方钦定尊奉的朱熹经典的《大学》思想体系的深意。值得注意的是,阳明在龙场驿时已自定了《大学》古本,这次实际是重新序定《大学》古本,为《大学》古本作了序,这篇序,应就是保存在《大学古本傍释》中的序,原称为"大学古本序"。龙江之会上阳明呈给湛若水看的《大学》古本就有这篇序,该序精要概括了阳明的《大学》思想体系。阳明这篇《大学古本序》,可以说是宣告了他的心学的《大学》思想体系的诞生。序的矛头就是直接对准了朱熹的《大学》思想体系:所谓"人之求之于外",就是指朱熹的向外格求物理;所谓"旧本析",就是指朱熹《大学》新本的强分经、传;所谓"不本于诚意,而徒以格物者,谓之支;不事于格物,而徒以诚意者,谓之虚",就是指朱熹离"诚意"之本而从事向外"格物"的支离虚浮、舍本逐末;所谓"合之以'敬'而益缀",就是指朱熹的敬知双修(主敬)的繁琐赘说;所谓"补之以《传》而益离",就是指朱熹的补作《格物章》的离经叛道。阳明完全一反朱熹的《大学》之道而行之,重建了一个《大学》古本的心学诠释文本,用来构造自己的心学的

《大学》思想体系。尤引人注目的是，阳明批判朱熹《大学》思想体系的锋芒是指向朱熹的向外格求物理的格物说，他说的"惧人之求之于外"，隐然把湛若水也包括在里面，无异于否定了湛若水向外的"随处体认天理"的格物说，所以正是"格物说"成为龙江之会上两人论辩的焦点。

阳明的《格物说》，大旨就在用心学重新阐释《大学》古本的格物思想，用以取代朱熹的《格物章》（《格物传》）。这篇《格物说》虽然已经亡佚，但是其中的格物思想却清晰反映在他闰四月写给王应鹏的信中。这封信就是详论《大学》的格物说的，直可视为是一篇论格物说的专文。

王应鹏信中说"诚身以格物，乍读不能无疑"，似是指读阳明序定的《大学》古本，阳明信中说"区区格物之说亦不如此"，似是指他写的《格物说》。因为王应鹏也向湛若水问学，眼下又擢为监察御史将北上入京，往见湛若水，所以估计阳明也把《大学》古本与《格物说》寄给了王应鹏，在给王应鹏的信中大谈格物说，也有写给湛若水看的意思。可以说阳明这封给王应鹏的信，实际完全是他的《格物说》的翻版，有助于揭开两人在龙江之会上论辩格物说的真相。

在龙江之会上，阳明与湛若水两人即是就阳明提出的《大学》古本与《格物说》，在"格物"思想上展开论辩的。论辩从两个方面进行：一是"格物"是指向内格求心中之理（正心诚意），还是指向外格求事物之理（随处体认天理）？二是"物"是指意之所在之物（意物），还是指外在客观存在之物（外物）？这两个问题说到底，实际就是一个是对"格"如何认识，一个是对"物"如何认识。

当时明水陈九川正好也来南京龙江关见阳明，他目睹了阳明与湛若水论辨格物说的一幕。

在"格物"上，阳明针对湛若水的"随处体认天理"的格物说，坚持认为心即理，物在心，心外无理无物，因此格物就是正心，格求心中之理，格物不是"扞去外物"，不能舍心求之于外，而是向内自求于心，格物是诚意的工夫。物是指心物，是指心理，不是指外物、外理，因此格物是格正心物心理，体认也是体认心物心理。湛若水面对阳明咄咄逼人的辩锋，也重新思考了自己的"随处体认天理"，对这一工夫论命题作了心学意义的诠释。他从仁者天地万物浑然一体的思想出发，认为人心与天地万物一体，心体无量广大，包举宇宙万理万物，心外无理，心外无物，物在心而不在外，因此格物也是在心中格物，体认心中之理，"格物非在外也"，也就是说，他的"随处体认天理"也是在心中格物，非在外格物。这就否定了阳明对他的"随处体认天理"的批评与责难，并且也是在认同这一"心中格物"的意义上接受了阳明的《大学》古本。湛若水对自己"随处体认天理"的心学阐释超越了李侗、白沙，把它作为一个向内格物求理的工夫论命题同"默坐澄心"真正珠联璧合，构成了湛若水自己独特的心学本体工夫论体系。这是湛若水的心学思想发展上的一个重要转折，阳明也是在这一心学阐释的意义上肯定了湛若水的"随处体认天理"。

但是在"物"上，两人的认识却未能达到一致。阳明对"物"有一个惊世骇俗的独特看法，即认为"意"之所在就是"物"，"物"是"意"的"著现"（显现，外化），"意"即"物"，意念动而物生，意念不动而物灭。这个思想在龙江之会上并没有讲清楚，实际阳明早已形成了这一思想。在陆澄、薛侃记的《传习录》中就多有论"意"之所在即"物"的语录。

陈九川在龙江之会上未听懂阳明讲的"意"之所在为"物"

的思想,后来他第二次来见阳明,阳明把这一思想作了更详细的阐述。阳明是在"心外无物"与"皆从心上说"的绝对原则下讲"物"的,他认为身、心、意、知、物都是指同一的"一件"物事。从心即意、意即物的视阈上看,他说的"物"是指心物、意物,指心象、意象,不是指客观存在的外物。"物"不过是"意"的着在(存在)、显现(著现),未发为意(幽、隐、虚、空),已发为物(显、著、实、在)。物作为意的外化显现,是一种意物(意象),心念(意)发动则物生,心念不发动则物灭,所以说"如吾心发一念孝亲,即孝亲便是物"。物由意发动而生起,这有点类似于笛卡尔说的"我思故我在"或佛教以心念起灭天地的思想:我思则我在,我不思则我不在;意念生起则物显(在),意念不生起则物灭(不在)。阳明这种"意即物"观遭到了湛若水的非难,在他看来,虽然心外无物,物在心中,但心还是心,物还是物,不是"一件事",所以要以心格物,仍是在心中格物。而阳明却把物看成是同心、意合一的"一件事",心物合一,意物合一,又如何以心格物?如果物由意的发动而生起,物是意的外化显现(著现),那么这就不免又把物看成是在心外意外的"外物","恐不免有外物之病"。

显然,湛若水对阳明的意之所在即物、物是意的外化显现的质疑已涉及对阳明的三教同根同源思想与"到底是空"思想的批评。因为以物为意念发动生起的外在意象,实际是"空"的物象,而以意念动则物现、意念不动则物灭的观念,也同佛教的以心念起灭天地、无明妄念执着生起万物的"空"的思想相通,这就是阳明说的"到底是空"思想的内在真秘。所以可以肯定,在龙江之会上,湛若水已经对阳明的三教同源同根说与"到底是空"说予以了批评、论辨。但这个问题主要是在两人分手告别以

第十一章 在南都：讲学论道开新天

后展开的。就在湛若水一离南都，阳明就上了奏论乌思藏绰吉我些儿的疏章，他依旧是用他的三教同根同源、儒教高于佛老的思想谏劝武宗，这无异于是公开了他的"不疑佛老"的三教同根同源说。湛若水在归增城的路上一连写了三封信给阳明，都有隐然针砭他的三教同根同源思想的意思，而后来在给方献夫与徐爱的信中便尖锐地提了出来。

因为方献夫在七月归增城入山来见湛若水，面告了阳明"不疑佛老"、"到底是空"的思想，所以湛若水才在给徐爱的信中说"吾儒开物成务之学异于佛老者此也"，并要他"质诸阳明先生"。但阳明不作回答，于是湛若水径直给阳明写去了一信，严厉批评阳明的"不疑佛老"、"到底是空"。

阳明有信作了回答（信今亡佚），仍坚持他的"不疑佛老"、"到底是空"的思想，因为他的意之所在即物、物是意的外化显现（空）之说正是建立在他的"不疑佛老"、"到底是空"的思想之上的。阳明在十一月用上《谏迎佛疏》回答了湛若水对他的"不疑佛老"、"到底是空"的责难。后来湛若水在《奠王阳明先生文》中谈到两人论辩"到底是空"最终不能相合。

由此可见，在龙江之会上两人的思想交锋论辨有合同也有异趋：在格物说（"随处体认天理"）的论辨上，两人认识大致趋同；但在三教同根同源说（"到底是空"）的论辨上，两人看法始终不合。但是不管怎样，龙江之会的讨论还是取得了很大成功，它成了湛若水与阳明各自心学思想发展之路上的一个重要转折点与新起点：如果对湛若水来说，龙江之会成为他建立"随处体认天理"的心学思想体系的标志；那么对阳明来说，龙江之会就成为他建立心学的《大学》思想体系的标志。从湛若水方面说，他重新对自己的"随处体认天理"作了心学的诠释，完善了自己的心学体系。

后来洪垣在《湛甘泉先生墓志铭》详细论述了湛若水的这一思想演进转变。如果说"随处体认天理"在李侗、白沙那里还是一个向外格物求理、分殊体认的命题，那么到湛若水那里就转化为一个向心格物求理、心中体认的命题，湛若水这种认识到"心体广大，则物不能外矣。格物非在外也，格之致之之心不在外也"的重要格物思想转变，使他自得的"随处体认天理"的心学体系超越了李侗、白沙，就是从龙江之会上开始的。

至于从阳明方面说，他在龙江之会上提出自己序定的《大学》古本与《格物说》，宣告了自己心学的《大学》思想体系的诞生，推动他继续沿着"格物致知"的思路前进，为他建立"致良知"的心学体系迈出了坚实的一步。

谏迎"活佛"：南畿"言士"命运的浮沉

到正德十年，由于武宗的淫乱专横与朝局的内外糜烂，阳明也把注意力由讲学转到了论政上，又恢复了他的直谏"言士"的本来面目。朝廷纲纪败坏的根源还在独夫皇帝武宗身上，朝臣都把谏劝抨击的矛头指向了武宗的豹房淫乱、番僧作祟、东宫虚位上。先是正德十年正月十七日，大学士杨廷和等上奏，批评武宗的豹房淫乐、不理朝政。武宗不予理睬。接着在二十二日，吏部尚书杨一清等更上了一道《为遵成宪早视朝以端治本事》的奏章。

杨一清活画出了武宗溃烂一朝不可救药的岌岌危象，昏愦的武宗却更加冥顽骄横。二月六日，番僧完卜镇南坚、参巴尔藏卜来贡，武宗竟赐封他们为大庆法王。九日，那个以秘术得幸的乌思藏使者绰吉我些儿乞请其僧徒领占绰节儿与绰供札失归居乌思藏，封为大乘法王入贡，并乞封两人为"国师"，在朝中掀起了轩然大波。

朝中大臣纷纷起来谏劝反对，甚至也惊动了留都的一班言臣礼官，阳明首当其冲，也愤上了奏章。本来他在京师任职时就上章奏论过武宗的豹房淫乱、绰吉我些儿的秘术得幸，并因此被"放逐"到了南都。现在武宗更加宠信绰吉我些儿一班番僧，十年储君虚位，而番僧干政危帝更加猖獗。鸿胪寺卿本是礼官，鸿胪寺的职掌包括："外吏朝觐，诸番入贡，与夫百官使臣之复命、谢恩，若见若辞者，并鸿胪引奏……外使来朝，必先演礼于寺。寺宾，典外国朝贡之使，辨其等而教其拜跪仪节。"[1] 可见作为南京鸿胪寺卿的阳明，同这次接待迎送绰吉我些儿遣正副使还居乌思藏、以大乘法王入贡、请国师、设广茶的大事有直接关系。这两名正副使"国师"归乌思藏的路线，是从京师乘船南下至南京，迎入鸿胪寺，由鸿胪寺卿阳明出面接待，办理一应归藏仪节手续与一路所需，然后沿长江西行，进四川，入乌思藏。阳明痛恨番僧行径，上奏章也是必然的。阳明这篇奏章虽然亡佚，但依旧可以从他后来上的《谏迎佛疏》中依稀看到这篇奏章的影子。

阳明的奏章又一次触怒了武宗，给他带来不测之祸。后经南京吏科给事中潘棠上书奏援，阳明才幸免于祸。湛若水还在归增城途中就听到了阳明上奏章招祸的事，他一连写了三封信给阳明，劝他少开口说话，韬光避祸。

---

[1]《明史》卷七十四《职官志》。

但阳明虽然因潘棠的奏援幸免于祸，而潘棠却遭到了斥逐罢归的命运。阳明从这件事中感到朝政内外交困糜烂的不堪收拾，顿生归休之念。四月，朝廷考察两京官员，阳明愤上了一道《自劾乞休疏》。

乞休疏采取了"自劾"的方式，正话反说，也是对忠奸不分、是非颠倒的武宗的最大讽刺。其实这次朝廷考察京官，阳明考核为最。监察御史方凤举荐阳明为馆阁之臣，御史杨琠举荐阳明为南京国子祭酒，武宗均不用，无非就是因为阳明的上章攖犯了武宗的"龙怒"。阳明在上乞休疏后生了一场大病，到五月才渐愈。乔宇、吴一鹏、邓庠、汪伟都有诗来慰问。

阳明归休之意已决，但他依旧不能忘怀于倡道圣贤之学，所以他的归休并不是退隐逃世，而是在倡道东南意义上的另一种日新进取，要继续做"南国夫子"。其实在他上奏章以后，武宗干脆把这个令他头痛的"言士"晾在一边，不用也不休。于是阳明便不断地上章乞休，八月、九月他接连疏乞养病告归。为了表明自己归休的决心，在九月二十九日王华七十寿辰时，他立了王守信的第五子王正宪为嗣子。这次祝王华七十寿场面很大，是把祝王华寿、祝阳明寿与祝阳明得子王华得孙一起结合起来庆祝。

四十四岁的阳明立王正宪为子，一则是要慰藉老父王华与岑太夫人的久久盼嗣之心，一则也是要表明自己决心归休孝养亲老与抚育幼子之意。王衮生有王守礼、王守信二子，王正宪是王守信的五子，这时已有八岁。

王守信也受学于阳明，实也是阳明弟子。这一年王守信的长子生子有嗣，所以王守信才乐于把五子王正宪过继给了阳明。阳明为自己归居田园做好了准备。

然而正当阳明接连上章乞养病归休时，武宗却愈加宠佞番僧，

第十一章 在南都：讲学论道开新天

向往西域胡僧"活佛"，沉迷于豹房淫嬉。从二月赐封领占绰节儿、绰供札失为"国师"，送归乌思藏以后，武宗更做起了遣太监万里迢迢往迎胡僧"活佛"入京师的美梦。七月，他下诏重修太素殿，征役三千民夫，费帑二十余万金。又开工造御马监、钟鼓司，扩建豹房新房、火药库，甚至大造权阉的庄园、祠墓及香火寺观。朝臣畏不敢言。到十月，南京监察御史范辂愤上奏疏，武宗置若罔闻。到十一月二十六日，武宗竟效法唐宪宗将佛骨迎入长安的故伎，下诏命太监刘允往乌思藏赍送番供诸物，奉迎"活佛"入京。此举轰动朝野内外，连远在南畿、一心归休的阳明听到这桩泼天荒诞怪事，都忍不住又要拍案而起了。

这是一场荒唐至极的闹剧与骗局，武宗不惜以十年为期，内库资金为之扫荡一空，往西域奉迎"活佛"，旷日持久，到头来"活佛"没有请回，武宗先在正德十六年暴毙于豹房了。其实这场荒唐可笑的迎"活佛"闹剧不过是二月封大乘法王入贡闹剧的恶性继续，太监刘允走的还是老路，他带领太监刘宗等八人、锦衣指挥同知韦禄等一百十三人，大队人马由京师南下，一路骚动，地方各给车马船廪，到达南都，由南都鸿胪寺接待安排，小心伺候，然后沿长江西行入蜀，进西域。所以阳明又是首当其冲，这个如骨鲠在喉不吐不快的"言士"忍无可忍，终于鼓起当年韩愈谏迎佛骨的胆勇又上了《谏迎佛疏》的封事。

然而令人意想不到的是，阳明在奏疏中思路别开，完全是用他的三教同根同源、"不疑佛老"、"不辟佛老"的思想规谏武宗不要靡财费时往外夷迎活佛，要以自家儒教的圣人为"佛"，不以外夷的活佛为"圣"；他用三教同道而儒教高于佛老的思想肯定了武宗的"好佛之心"是"善心之萌"，认为儒佛老三教各行其道，各尽其用，各施其利，但儒教比佛老更精微广大，要武宗只当用儒家的圣人之道来"参赞化育",不必求之于佛老异道。阳明用这种儒佛老三教同道异趋的思想谏劝武宗罢迎活佛,这在当时一片群臣纷纷进谏辟佛的呼声中,真可谓是独树一帜的惊世骇俗之论。

值得注意的是,同以往上的直言谏章不同,阳明宛转谏劝,一方面称颂了武宗的"好佛之心",能"一洗旧习之非,幡然于高明光大之业";一方面又阐扬了儒家精微广大的圣学,规劝武宗不要迷信外夷活佛,这样温情得体的奏谏,比那班群臣盛气凌人的责君辟佛的谏章,就更能说动武宗骄横的"帝心"。尤其是阳明在谏章中说的"今灾害日兴,盗贼日炽,财力日竭,天下之民困苦已极",正好触动了武宗心头难解的"帝病",终于使他对阳明的规谏刮目相看。武宗对其他群臣的谏章一概斥而不纳,却默认了阳明的奏谏,选中了这个他一直弃逐不用的"言士",阳明又从宦海沉沦中耀眼升起,这是阳明自己也始料未及的。

原来武宗这时正在为江西的"盗贼日炽"犯愁,急于觅选一名精通兵法的能干大员往江西去镇压四起的"盗贼"叛乱。贫困的江西近五年来不断爆发流民起义,"盗贼"横行,特别是赣南的流民起义同闽西、郴东、粤北的流民起义连成一片,声势炽张蔓延,朝廷不断派兵镇压,剿抚兼施,均告失败。加上宁王宸濠在南昌的专横统治与压榨,江西百姓困苦已极,烽火四起,动荡不宁,成为朝廷的心腹大患。

起先朝廷在正德九年正月命蒋昇为右副都御史,巡抚南、赣、汀、漳,很快失败。三月,江西兵备副使胡世宁上章,他建议都御史任汉兼提督巡抚之职,统兵征剿。但是仅过十三天,江西巡抚任汉便被劾罢逐,江西平乱事无人过问,连江西兵备副使胡世宁也调离江西,后来更因得罪宸濠,胡世宁被逮下镇抚司狱。到

第十一章 在南都：讲学论道开新天

正德十年（1515年）八月，朝廷才匆匆任命陈恪为右副都御史，巡抚南、赣、汀、漳。但陈恪庸凡无能，平叛不力，朝廷只好在十二月把他调离江西，改命公勉仁为右副都御史，巡抚南、赣、汀、漳。可是公勉仁也是无能之辈，一个月后，朝廷在正德十一年正月改命南京太仆寺少卿文森为右佥都御史，巡抚南、赣、汀、漳。然而胆小的文森却迟迟不肯到任。阳明上这道谏章时，就正当朝廷撤除陈恪之任而文森又迟迟不肯就任之际，江西平乱焦头烂额，巡抚频频撤换，不得其人，阳明在谏章说"盗贼日炽"自然引起了武宗的注意，武宗已经在心里认定阳明是巡抚南赣汀漳、平定江西叛乱的最合适的人选了。阳明乞请养病归休所以始终不见下文，个中原因就在这里。后来人们都认为阳明除左佥都御史巡抚南、赣、汀、漳是出于兵部尚书王琼的举荐，也是不明个中奥秘。据南京户部尚书邓庠在送阳明赴江西任作的《送王都宪伯安巡抚南赣郴桂等处》，阳明升为左佥都御史巡抚南赣汀漳是出自武宗求贤的"上意"。王琼不过是窥破了或顺从了武宗的上意才上章荐举阳明。后来南京礼部尚书傅珪在送阳明赴江西任的诗中说"大敷文教畅武功，帝曰汝来匡朕躬"，也清楚道出了这一事实。其实在王琼荐举阳明之前，也已经有人在荐举阳明，这就是宸濠与陆完。

陆完改任吏部尚书在正德十年闰四月，孙燧除右副都御史巡抚江西在正德十年十月，宸濠致书陆完举荐阳明为江西巡抚在这以后不久，恰与阳明上《谏迎佛疏》差不多同时。武宗所以没有加罪处置宸濠与陆完，不过就是他们的举荐阳明正好投合了武宗急切的心愿。因为朝廷虽在正德十一年正月除文森为左佥都御史巡抚南赣汀漳，但他却畏不敢赴任，违抗朝命，拖延时日七个月之久，最后竟在七月上章乞养病归休，给了武宗当头一棒。从正月到八月南赣汀漳的巡抚实际空缺，王琼就是在文森逃归、"急缺巡抚"的无奈情况下才在八月上章荐举阳明，故武宗也急如星火地在八月二十五日下死命说："是既地方有事，王守仁着上紧去，不许辞避迟误。"[1] 所以可以说阳明其实是危急之际被武宗强拉出来往江西平乱，无所谓是出于王琼的举荐。临危授命，其实这也不过是独裁帝王驾驭桀骜难驯的诤臣的惯用之术：以"重用"的名义把他们外放到险地危境拼死效力，在刀口上考验他们对君王的忠心，随时又可以予夺其生死存亡。

阳明对这一切自然心中有数，赴江西平乱成败安危难料，他抱定了归休的决心，在九月十四日升左佥都御史的吏部咨文下到南京时，他立即上了一道《辞新任乞以旧职致仕疏》，辞免新任，乞以旧职致仕。但是这次武宗帝命峻厉，杀机已露，不容辞避迟误，文森身败名裂的前车之鉴就是昭戒，阳明身不由己，只有受命赴任，但他还天真地抱着先归省回越、再设法辞职归休的打算，赴任倥偬之际，他一连写了两封家信给在绍兴的王守文弟，谈了他的这种归居讲学论道的打算。

阳明渴望入山读书，他还是低估了武宗的凶横险诈。但阳明临危受命，为南畿百姓万民所瞩目仰盼，南都六部的要员都深知其中切身的利害所系，所以都纷纷来给阳明送行，从清凉山、借山亭、乔宇宅一直饯行到龙江关。最大的一次集饯是在清凉山，南京兵部尚书乔宇、太常寺卿吴一鹏、南太学祭酒鲁铎、司业汪伟联句吟诗，户部尚书邓庠席上作了最长和最多的送别诗，史诗般的吟唱吐尽了南都官员士子们的共同心声。

从清凉山到龙江关的集饯唱酬，实际上堪称是一场南都士人

---

[1]《晋溪本兵敷奏》卷十《南赣类・为地方有事急缺巡抚官员事》。

第十一章 在南都：讲学论道开新天

为阳明赴江西平乱壮行的宏大诗会，连前七子领袖李梦阳也寄来了壮行诗。这场满怀浩气的送行壮别的诗会，宣告了阳明从近十年省寺沉沦中的崛起。邓庠也说他从此由"讲学论道"转向了"经邦论道"，可以大展宏图。其实阳明在开始他后半辈命途多舛的"戎马"生涯之际，更是忘怀不了他的传道东南的圣贤事业，当他九月二十五日登上龙江大舟时，他的弟子依旧纷纷登舟来向这个"南国夫子"问道朝圣。在舟中，阳明给天台弟子林典卿写了一封如何会讲聚学论道的信。阳明强调"端本澄源"为"为学第一义"，所以同时写信给天台黄绾论学贵得其源。当白说、白谊兄弟来龙江关登舟送行时，阳明抄了《四箴》给他们作为座右铭。

也许这就是阳明留给南都士子的最好的人生箴言与处世哲学。十月一日，阳明启舟南行，告别了金陵王气早已黯然收的"石头城"，他的几经浮沉的"南畿游"又结束了。当然他也绝没有料到，当他迫于王命踏上戎马倥偬的凶险征程时，南都的大门却在他后面永远关上了，直到死他都未能再踏进南都一步。

第十二章
文武之道：在江西的文治武功

征汀漳—攻左溪—平桶冈

阳明约在正德十一年（1516年）十月中旬归省回到绍兴故里，但朝廷接连命下催赴江西。十月二十四日，朝廷传下武宗圣谕，十一月十四日，兵部再下咨文，阳明只好启程赴任。次日，他与徐爱、钟世符、王世瑞一班弟子饯别于映江楼，决定由徐爱、钟世符、陆澄等弟子先去湖州雪上买田，等待阳明将来功成归来同居。阳明从绍兴启程，到达杭城暂驻，继续观望待命。十二月二日，吏部再下咨文，传达武宗新命："王守仁不准休致。南、赣地方见今多事，着上紧去，用心巡抚。"阳明最终乞养病休致无望，也就不再徘徊观望待命，三日，他从杭城启程南下。

由浙入赣一路南行，沿途形势越来越紧张，但阳明在途仍不忘同士子惓惓讲学论道。舟过玉山时，薛俊（薛侃兄）、夏浚（玉山县学诸生）都来问学，执弟子礼。舟过饶州时，余祐携了新作《性论》来见阳明，两人就"性"说展开了讨论，这实际是他们在两京的朱陆异同论战的继续，又成为阳明进入江西后同江右士子展开朱陆之学异同论辨的先声。

正德十二年正月初，阳明到达南昌，与宁王宸濠相见。因为都察院设在南昌，阳明自必须先到南昌省会一过。宸濠又是江西的藩王，藩王府也设在南昌，他也算荐举过阳明。所以阳明这次过南昌见宸濠不过是一次官场新官上任例行的礼节性拜访。但这时阳明并不知道宸濠早在暗中招兵买马，搜罗人才，准备发动叛乱。精通兵法的阳明正是他首要笼络邀结的军事人才。宸濠手下的"国师"李士实与"军师"刘养正又都是阳明的故旧好友。阳明在弘治十二年（1499年）观政工部与十三年任刑部主事时，李士实任刑部侍郎，两人关系很好。刘养正是安福举人，为人狂傲自负。正德五年（1510年）阳明赴庐陵任经安福时，刘养正曾来见阳明问学。以后阳明在庐陵任上与在南都任上，刘养正也经常来谒见阳明。正德十一年五月刘养正应朝廷荐召赴京经过南都，也必定会谒见阳明。所以罗洪先说刘养正"与阳明先生素厚善"，阳明也自称与刘养正有"朋友之情"。刘养正也自认是阳明弟子，后来特来请阳明为母作墓志铭，而阳明也为刘养正作了祭母文。阳明这次到南昌，自然也会见到李士实与刘养正，给了他们当面试探阳明思想动态的极好机会。在宴席上，三人发生了这样一番微妙的对话：

> 宴时，李士实在座，濠指斥朝政，外示愁叹。
> 李士实说："世岂无汤、武耶？"
> 阳明说："汤、武亦须伊、吕。"
> 宸濠说："有汤、武，便有伊、吕。"
> 阳明说："若有伊、吕，何患无夷、齐？"[1]

这一番简单的对话本来也没有什么奥妙，却被后人作了离谱的解读，说阳明这次来南昌是要窥探宸濠的叛逆之迹；阳明听了宸濠、李士实的话后，看穿了宸濠有谋逆的野心，于是便回去上书请提督军务。其实这时宸濠的叛逆面目还没有暴露，从武宗到朝廷内外上下都只认为宸濠统治凶横残虐，并不相信他会作乱犯上。阳明初进江西，对宸濠并不了解，所以在席上回答有点"不得要

---

[1] 郑晓：《今言类编》卷一。按：此事史多有记载，如张怡《玉光剑气集》卷二《臣谟》，张瀚《松窗梦语》卷四等。但都不知其年月，解说皆误。

第十二章 文武之道：在江西的文治武功

领"。李士实问"世岂无汤、武耶"，是指斥武宗乱政，探问当世有无像汤、武一样的贤君，阳明却回答说汤、武一样的贤君也须要有像伊、吕一样的能干辅相。宸濠说有汤、武一样的贤君，就会有伊、吕一样的能相，阳明却回答说如果有伊、吕一样的能干辅相，还怕没有像夷、齐一样的贞洁之士吗？阳明的回答有点"答非所问"，所以宸濠的试探也只好到此结束。宸濠既不敢向阳明透露自己叛逆的野心，阳明也没有看出宸濠的逆谋已决。阳明与宸濠的首次相见双方都心机不露，这番谈话同阳明后来请提督军务没有任何关系，却为后来平宸濠乱中朝廷权臣诬陷他与宸濠勾结往来留下了隐患。

正月十六日，阳明到达赣州，立即开府处置巡抚弹压事宜。南、赣、汀、漳、郴、桂的民乱，比他想象的情况还要严重得多。由于明王朝官府的残酷盘剥与压榨，在江西、福建、广东、湖广四省交界的广大地区，正德以来流民啸聚四起，谢志珊据横水，蓝天凤据左溪，钟景据桶冈，池仲容据浰头，又有陈曰能起于大庾，高快马起于乐昌，龚福全起于柳州，詹师富起于大帽山，四省民乱纵横交织，千里骚动。这些被官府逼良为寇的"盗贼"主要由贫困潦倒、流离失所、无田可耕的流民组成（主要是徭民），但他们大都是受地方土酋恶霸的逼迫胁持虏掠诱骗入山为寇，这些土酋巨魁占山称王，四出骚扰，攻城略地，夺取民田，抢劫杀戮百姓，成为独霸一方的地方割据势力，已说不上是什么"流民起义"或"农民起义"。民困于输租，又受寇害，这些遍地的山大王杀民夺田，焚烧劫掠，使更多的农民沦为流民，失去了田地家园，被虏当了"山贼"。土酋恶豪们控制了这些无田可耕、无家可归的流民，以建立分裂国家的独立王朝政权为目标，分立山头称王称霸，像谢志珊号"南征王"，池大鬓号"金龙霸王"，龚福全号"延溪王"。阳明一到赣州，就遇上一千余人的流贼来攻打赣州城。这使他感到，南、赣、汀、漳地区所以寇乱猖獗，剿抚不断失败，一是官府招抚太滥，南、赣之兵素不练养，骄惰无用；二是官员镇压不力，贪生怕死，互相推诿，不敢决战；三是兵力不足，从外省调动军队，依仗狼兵，不能经久驻扎弹压；四是不善用兵，不习山战，不谙兵法，不会运筹计谋。于是他从整饬地方各省兵备入手，精拣民兵，挑选赣、闽、湘、粤四省精兵与召募乡兵相结合，选将督练，严明军法，整肃军纪。先调兵进驻赣州下属各邑，稳定周边民心。然后展开了四省大规模的平寇乱的军事行动。

阳明在南赣汀漳的整个平寇乱的作战方略，是由三大战役组成：东征汀漳（大帽山），西平南安（桶冈茶寮），南定粤北（三浰），四省联合展开乱的军事征剿，连成一气。鉴于福建寇乱尤为猖獗，阳明决定首先从东征汀漳深入，由他亲自指挥，制定了作战方略，正月十八日开始行动，采取分兵夹击的战略，分四路进击：

一路由胡琏、艾洪等指挥，进兵长富村，直捣象湖山；

一路由王铠、李诚等指挥，分五路攻打可塘洞山寨；

一路由徐麟、张钺等指挥，会同广东官兵进攻黄蜡溪，克复赤石岩；

一路由顾应祥、杨昂等指挥，会同福建官兵，从牛皮石、岭脚隘突入，攻克大水山、柘林诸寨。

进兵长富村一路起初势如破竹，先攻下长富村，一连克复阔竹洋、新洋、大丰、五雷、大小峰等寨。但敌余众奔聚到象湖山凭险顽强拒守，打死明官覃桓、纪镛，明军败退。阳明闻知进攻受挫，迅速在二月十九日领兵由赣州进屯长汀、上杭，亲自坐镇

第十二章 文武之道：在江西的文治武功

察院督战。他给明军定下了"缓兵"之计：明里放风佯言犒众退师，待秋后再用兵；暗中却选精兵重兵，分三路并进，深夜衔枚直捣象湖山，一举攻下险隘。与此同时，其他三路也取得了胜利：王铠、李诚一路攻破可塘洞山寨，生擒大首领詹师富。徐麟、张钺一路与广东官兵会合，在三月二十一日进兵攻破黄蜡溪，乘胜追至赤石岩，攻下陈吕村。顾应祥、杨昂一路与福建官兵会合，也在三月二十日攻破水竹、大重坑、白罗、南山等寨，直捣洋竹洞、三角湖，生擒大首领温火烧。东征汀漳实际在三月下旬已经战事结束。

东征汀漳，可以说是阳明这个精通兵法的文武全才生平第一次用兵打仗的"初试牛刀"，他已把自己比为善于平羌的西汉名将赵充国。但他并没有一味以军事剿灭杀戮为能事，他深知民穷民乱民瘼、遍地疮痍的根源在于明王朝的残酷剥削与压迫，"安民"是"弭盗"之本，所以他更关心的还是在征剿以后安抚穷民百姓的善后处置，让他们尽快恢复生计与生产。这时正好发生了旱灾，一春三月不下雨。阳明决定尽快班师。四月十三日，阳明率东征汀漳军班师。

五月八日，阳明归至赣州，马上又开始了西平南安之乱的准备工作。阳明首先全面处理了东征汀漳的善后事项。一归赣州，他就上了《闽广捷音疏》、《申明赏罚以励人心疏》，并致札兵部尚书王琼，报告平漳乱情况，请加劝赏。五月二十八日，又上了《攻治盗贼二策疏》、《类奏擒斩功次疏》。专门上了《添设清平县治疏》，奏请设平和县，于河头添设县治，枋头移设巡检司，加强地方安全控制。六月十五日，又上了《疏通盐法疏》，并致札王琼再恳。指出当初都御史陈金出于平乱军饷亟需，曾在赣州立厂抽收广盐，允许到袁、临、吉三府发买，但时间到正德九年为止。

现在为保证平乱的军饷，希望暂时恢复这项盐税，一等乱平后即予停收。九月二十五日，阳明又上《议南赣商税疏》，调整南赣商税，事关军饷，请求革去折梅亭的抽税，而总合税于龟角尾，以防奸弊。阳明这些奏请处置，其实也都是为他以后的西平南安、南定粤北做了多方的准备。

在出兵征剿南安寇乱上，阳明主要做了三大方面的准备。首先，他大力改革兵制，整编军伍，实行兵符节制，加强军队的战斗力。他在五月发布了《兵符节制》，重组地方军伍，规定以二十五人为一伍，伍有小甲；五十人为一队，队有总甲；二百人为一哨，哨有哨长，有协哨二人佐之；四百人为一营，营有营官，有参谋二人佐之；一千二百人为一阵，阵有偏将；二千四百人为一军，军有副将。伍设伍符，队设队符，哨设哨符，营设营符，凡征调作战，发符对号而行。各部加强操练，务使习战之方落实到行伍，逐一讲求缉养训练之法，旗鼓进退之节，务济实战实用。

其次，鉴于巡抚之权有限，阳明自请总制军务，撤去南赣巡抚，统一事权。他在平汀漳之乱中深感到事权不专的弊害，先在五月八日上的《申明赏罚以励人心疏》中就提出了假臣以便宜行事、总制军权的乞请。接着他在五月二十八日致札礼部尚书毛纪与兵部尚书王琼，明确提出撤销巡抚、设置总制的设想。

阳明的奏请得到王琼的首肯。七月十六日，朝廷改授阳明提督南、赣、汀、漳等处军务，给旗牌八面，便宜行事。阳明由巡抚改为提督，总制军务，这对他后来平定南安、粤北直至平定宸濠叛乱都起了重大作用。

再次，阳明勘察分析了南安民乱的复杂局势，提出了先攻横水、左溪，后取桶冈、茶寮的平乱方略。南安四起的寇乱也是错综交织，气焰嚣张。就在七、八月，还有大股大庚、上犹流民来合攻

第十二章 文武之道：在江西的文治武功

南康、南安。大首领谢志珊伙同大头领钟明贵，约会广东大首领高快马等，大修战具，要攻破南康，入广剽掠。谢志珊两次在七月二十五日、八月二十五日率众攻打南安府城。南安的寇乱主要分布在横水、左溪、桶冈、茶寮一带。地方官员都主张须先攻桶冈。阳明却认为横水、左溪、桶冈三地军事形势各异，从湖广方面看，则桶冈为咽喉，而横水、左溪为腹心；从江西方面看，则横水、左溪为腹心，而桶冈为羽翼。现如不先去横水、左溪腹心之患，而要湖广之兵夹攻桶冈，进兵两者之间，腹背受敌，势必困败。唯有先攻取横水、左溪二地，再移兵桶冈，方能成破竹之势。由此阳明确定了先攻横水、左溪，后取桶冈、茶寮的作战方略。

根据这一总的平乱方略，阳明制定了江西、湖广、广东三省联合夹攻的战略。三省夹攻分三步走：第一步，先合湖广、江西之兵，并力击败上犹诸寇；第二步，合湖广、广东之兵，并力击败乐昌诸寇；第三步，合广东、江西之兵，并力攻克龙川。十月七日，阳明出师进攻横水、左溪，兵分七路，分进合击。

都指挥佥事许清率兵自南康县所溪入；知府邢珣率兵自上犹县石人坑入；知县王天与率兵自上犹县白面入。三路皆会于横水。守备指挥郏文率兵自大庾县义安入；知府唐淳率兵自大庾县聂都入；知府季敩率兵自大庾县稳下入；县丞舒富率兵自上犹县金坑入。四路皆会于左溪。知府伍文定、知县张戩候各路齐集，也率兵从上犹、南康分入，以遏奔窜。阳明亲自率兵自南康进屯至坪，以期直捣横水，与诸军会合。

阳明的三省夹攻、分进合击的战略很快取得实效。阳明亲临前线指挥作战，先在十月九日领兵至南康，十日进屯至坪，十二日进兵至十八面隘。阳明遣数十名勇士攀崖夺险，众军跟进，攻破十八面隘，一直突进到横水大寨。横水居众险之中，大首领谢志珊、萧贵模倚为险固顽抗。这时各路官军也顺利斩关夺寨，邢珣、王天与、许清三路俱攻至横水，唐淳、郑文、舒富、季敩四路俱攻至左溪。七路军合攻下了横水、左溪，但周边山寨仍多有敌众据险顽抗。众官提出乘胜移师攻打桶冈。阳明认为此去桶冈尚有百余里，山路险峻，三日才能到达，而湖广夹攻之兵也要十一月一日才到。如现在不清剿横水、左溪周边的山寨敌众，就贸然移师桶冈，则势必有后顾之忧，进退失据。于是阳明下令各路再清剿横水、左溪周边地区的敌寨，到十月二十七日，以郑文攻破长河洞寨为标志，清剿结束，明军完全控制了横水、左溪地区，也打通了进攻桶冈的通道。

十月二十八日，阳明下令出师进攻桶冈。他设下了招降之计，先释放李正岩、刘福泰与桶冈大头领钟景，叫他们在夜间悬壁缒绳进入桶冈，说服大首领蓝天凤投降。众头领聚集商议受降之事，却遭到从横水、左溪奔来投靠的头领的反对，一时迟疑不决，不暇防备。阳明抓住战机，一方面遣舒富率兵进逼屯驻在锁匙龙，敦促蓝天凤出降；另一方面命邢珣、伍文定、唐淳、张戬兵分四路，在三十日夜间各自攻至茶坑、西山界、十八磊、葫芦洞。十一月一日，蓝天凤正在锁匙龙聚议受降事，听到各路官兵已攻破关寨，立即集众据险设隘，隔水为阵，奋勇抵抗。经过一天激战，明军攻入锁匙龙，敌众奔聚十八磊，继续扼险相持。十一月二日，明军各路分进合击大胜，邢珣攻破桶冈寨，张戬攻破西山界寨，唐淳攻破十八磊寨，伍文定攻破葫芦洞寨，王天与攻破背水坑寨，舒富攻破大王岭寨，完全控制了桶冈地区。茶寮在桶冈中峰，阳明亲率兵进屯茶寮，各路军分营驻屯横水、左溪、桶冈一线，与湖广兵相会于上章，展开夹剿桶冈残敌余众所控各寨。到十一月十三日，桶冈地区的敌众残余全部歼灭，桶冈之战胜利结束。十

第十二章 文武之道：在江西的文治武功

一月十四日，阳明以胜利者的姿态登上桶冈，与官员一起察看形势，相互唱酬，庆祝平南安之乱的大捷胜利。

阳明深谙文武之道，一张一弛，他在一平定桶冈之乱后，立即开始处置平乱的善后事宜。他开展了"归流亡，使复业"的工作，释放了一千余名胁从为寇的流民，让他们恢复田业，相度良地，让他们居住，凿山开道，以平山路险阻。他遣官员视察了横水，在横水创筑土城，设隘以控其险。他又率官员视察茶寮各处险要，伐木立栅，设立了茶寮隘，设兵把守。在茶寮竖立了《平茶寮碑》以雄镇南安，警示后人。

阳明没有料到，他在《平茶寮碑》上没有写上镇守太监许满的名字，留下了隐患。当阳明在十二月中旬一回到赣州时，御马监太监毕真已经上章奏论阳明不会同镇守太监许满合议，擅自调动人马。武宗马上下命阳明今后征剿须同江西镇巡官会议，联合调动人马，会合清剿。兵部尚书王琼立即下文通报了阳明。

这个御马太监毕真，就是同宸濠内外勾结、后来宸濠叛乱时起来积极策应的浙江镇守太监毕真，他的奏论的阴险用心由此可见。武宗遣往各省的镇守太监其实都有"监军监政"的用意，他们随时可以向朝廷通报各地政情军情，有权监督、弹劾所在地区的文武官员，还有举荐、请留，甚至奏罢地方长官的权力，实际起着隐形"特务"的作用。正德以来镇守太监的权力急遽膨胀，可以对地方事务进行全面的干预，取得了统兵、巡历等特权，疯狂搜刮民财，甚至直接参与地方叛乱。在毕真、许满眼里，阳明由巡抚改授提督，总制军务，便宜行事，损害了他们镇守太监的权力，所以他们居然仍引昔日巡抚的旧例指责阳明提督擅自调动军马。而武宗竟然认可了毕真的奏论，显然是毕真触到了他的帝王心病。这个好大喜功的武宗已感觉到阳明快速平乱成功，独占鳌首，江西四处纷纷建生祠歌颂阳明，已有"功高震主"之嫌，心生不喜；而他钦派安插的镇守太监未能"代表"皇上参预立功，也是对皇上的大不敬，有损这个"武功皇帝"的脸面。所以他竟不顾刚刚许下的总制军务、便宜行事的允诺，用镇守太监来掣肘牵制阳明了。

阳明还没有看出其中的凶险，倒是远在岭南的湛若水看出了他的危难处境，写给他一封忠告信，劝他功成身退，明哲保身。

杨廷和同阳明早有嫌隙，正好在正德十二年十一月服阕又入阁，他同朝中的权阉关系密切，在朝对阳明构成了威胁。湛若水说的"江右未萌之忧"，就指宸濠在江西的专横跋扈，已露叛乱之兆；甚至也包括了同宸濠勾结的镇守太监之辈。但阳明这时已骑虎在背，身不由己，他又匆匆投入到平三浰之乱的征伐中。

南征三浰，平定粤北

阳明一回到赣州，就展开了南征三浰的先行军事行动。粤北三浰水一带的民乱同赣南的民乱连成一气，龙南与龙川的寇众往来呼应，纵横驰骋。浰头的寇乱以豪酋池仲容（大鬓）为首，一雄独大，盘踞于崇山绝壑之中，僭称王号，伪设官职，成为最强悍猖獗的地方割据势力，三省之民尽受其害。还在正德十二年二月，龙南大首领黄秀魁就纠合三浰大首领池仲容攻打焚掠龙南，池仲容割据的三浰已经成为赣、闽、粤三省寇乱之首，官府无力征剿。所以阳明在东征汀漳回来后，制定了"先攻横水，次攻桶冈，而末乃与广东会兵，徐图浰头"的方略，对南征三浰暗中已

第十二章 文武之道：在江西的文治武功

预先作了布置。他采取了先抚后剿之策，在正德十二年九月出兵征横水、左溪前夕，就先发布了一则《告谕浰头巢贼》。

阳明颁布这则《告谕浰头巢贼》一则在稳定三浰民心，二则在震慑三浰寇众。他派遣报效生员黄表与义民周祥携了这份告谕往三浰遍传各寨，还赐给他们银布，感化了敌众，各寨头领黄金巢、刘逊、刘粗眉、温仲秀等都表示愿意跟随黄表出降。但大首领池仲容悍然拒绝。阳明的羁縻招抚之法还是取得了成效，黄金巢等头领果然来投诚，表示愿意杀敌立功，阳明便把他们带来的五百余众编入军中，参加征讨横水之战。到十月十二日阳明攻破横水、左溪，池仲容感到了恐惧，于是他召集了头领池仲宁、高飞甲等商议，派其弟池仲安率领二百余名老弱残兵来投降，表示愿意随众出征报效，实际是来探听虚实，乘机作内应。阳明假意允诺，在进攻桶冈时，命池仲安领其徒众往上新地截击，让他们远离归三浰之路，严加警备，防止内变。到十一月攻破桶冈，池仲容更加恐慌，加强了战备，企图顽抗。阳明依旧遣人到三浰各寨，赐各寨头领牛酒，静观其变。池仲容怕暴露自己的真面目，诈称说龙川新民卢珂、郑志高要来袭击，所以才加强战备防范。原来卢珂、郑志高、陈英等人都是以前龙川招降的新民，有徒众三千余名，独敢于同池仲容抗衡，所以池仲容非常仇恨他们。阳明假意听信了他的话，佯装对卢珂、郑志高拥兵反抗仇杀表示愤怒，传檄龙川地方查勘真情，命各寨伐木开道，说他将率大军班师回军取道浰头讨伐卢珂。池仲容信以为真，但又怕是假道伐己，便派人来辞谢，说是自己可以防御对付卢珂、郑志高，无劳官军来讨伐。阳明并没有取道浰头，十二月十五日他回军到达南康，卢珂、郑志高都急来告变，说池仲容已点集兵马，号召各寨头领起事，授给卢珂、郑志高等人"总兵"、"都督"等官，叫他们等三省夹攻官兵一到就并举起兵反抗。阳明采取了诱捕之法。先设反间之计，假说池仲容已诚心向化，还遣弟池仲安领兵来报效，怒斥卢珂等人是造谣诬蔑池仲容，假意将卢珂逮捕入狱，宣称要斩首，稳定池仲安之心，而暗中派人向卢珂告诉假意逮他入狱、准备诱捕池仲容的计谋，还叫他先遣手下兵众回三浰，等卢珂一回来就举事。同时阳明又派生员黄表、听选官雷济往浰头告谕池仲容，叫他不要生疑，还买通了池仲容的亲信，再去说服池仲容，要他亲自来赣投诉。阳明定下了擒贼先擒王的计策，赣州已经张开了诱捕的口袋。

十二月二十日阳明回到赣州后，又设下罢兵疑敌之计，故布迷阵，制造停战罢兵的假象。他张乐设宴大享将士，庆祝平寇大捷，迷惑池仲容。布告全城，说南安寇巢悉已荡平，浰头新民也都诚心归化，地方已保无虞，从此息兵停征，散兵归农，不再征战了。他特发布了一则《示谕城中文》迷惑浰头敌寇。

与此同时，阳明又假意催促池仲安领徒众归浰头，叫他助池仲容防守三浰，还告诉说卢珂虽下大狱，但他的党羽徒众都怨恨不平，要防他们不测生变。池仲安归浰头，向池仲容报告了情况，池仲容放松了戒备。接着阳明又派指挥余恩往浰头颁新历，赐池仲容。池仲容信以为真，于是带领麾下四十余人，亲赴赣州来见。阳明探知池仲容已经出发上道，马上秘密派人到各县，叫他们集合好兵马，待机而作。又派千户孟俊先往龙川，督促集合卢珂、郑志高、陈英的人马。考虑到兵马经过浰头会惊动敌寇，阳明特给孟俊一军牌，假以拘捕卢珂党羽为名作掩盖。众寇见到孟俊军牌，都拜倒在地，争相送孟俊出境。孟俊顺利到达龙川，很快部勒调动好了卢珂、郑志高的人马。池仲容的部下寇众蒙在鼓里，还以为是来拘捕卢珂部下徒众，全不在意。

第十二章 文武之道：在江西的文治武功

闰十二月二十三日，池仲容到达赣州，看到赣州城里各营官兵都已解散，街市到处都张灯设戏为乐，喧阗热闹，相信阳明真的罢兵停战了。他还去买通狱卒，进牢中看到卢珂、郑志高真的关在狱里，马上派人回浰头报告。这边阳明却连夜释放了卢珂、郑志高，叫他们驰归浰头发兵。他还命令官员大设羊酒，犒赏池仲容，快乐观灯度新年，稳住其心。到正德十三年正月三日，阳明估计卢珂、郑志高已到家，各县兵马也已大集，就在大庭中设犒宴，先埋伏下甲士，请池仲容和他的部众入席，甲士一拥齐出，擒住池仲容及其部众，全部投入大牢。阳明连夜派人去通告各县发兵，命令各路兵必须如期在正月七日进剿至三浰会合。

阳明擒贼先擒王的罢兵诱捕之计，是他一生用兵打仗出奇谋克敌制胜的经典之作，他的平三浰之战鲜明体现了自己独特的用兵之道、作战理念与军事思想。"兵者，诡道也。"阳明把这种兵家诡道发挥到了极致。他善于从军事的全局出发，制定方略，设妙计，出奇兵，察几应变，计谋连环而出，进退有据，攻防相成，策略灵活机动，战略高瞻远瞩，同他后来更宏大壮伟的平宸濠之乱有异曲同工之妙。这场生擒池仲容的连环秘计阳明自己没有全部道清楚，后来李文凤在《月山丛谈》中作了生动的叙述。阳明在上奏的《浰头捷音疏》里不便讲到的设计生擒池仲容的诱捕细节，都在这里透露出来，一个神机妙算的兵家兼纵横家的形象跃然纸上。擒捉"奸雄巨擘"池仲容是关键一战，大局已定，接下来乘势征剿三浰已是水到渠成。于是阳明在正月三日就调兵遣将，命令三县九路官军分进合击，直捣三浰。

阳明在正月三日南下直趋浰头。三县九路的官军也同时出兵进击，势如破竹。池仲容的部众有精锐一千余人，据险设伏，与官军大战于龙子岭，很快兵败奔溃，官兵乘胜追击，在正月七日攻克了上、中、下三浰。以后各路官兵又接连展开各巢各寨的清剿，到正月十六日，官军完全控制了三浰。但浰头余众又奔聚九连山，扼险抗拒，一时阻遏了官军的进攻。

九连山嵯峨高峻，横亘数百余里，四面危绝难攀。九连山东接龙门山，后面有敌巢一百余处。阳明考虑到那里没有重兵把截，如官军从旁县潜入，断敌后路，也至少半月才能到达。敌众屯聚的崖壁之下只有一条小道可通，也已被敌众据险控制，山上发擂石滚木，官兵无处避逃。于是阳明决定采取暗夜偷袭之计，精选七百余名骁勇壮士，都穿上敌寇的衣服，装成从三浰奔逃下来的徒众，借着暮色的掩盖，突袭直冲过崖壁下的间道，占据了险要高地。敌众还以为是从三浰败下来的同党，从崖下向他们打招呼。等到发现他们是官兵，这些骁勇兵士已经扼据险隘，切断了他们的后路。以后官军连日发起进攻，九连山各寨的敌众奋力抵挡，步步败退，各寨都被攻破。到二月二十六日，守备郏文攻破水源、长吉、天堂寨，九连山的敌众已全部歼灭。只剩下余党张仲全属下二百余个老弱残兵，多是远近村寨被土酋巨魁胁迫入山的穷民，聚集在九连山谷口呼号痛哭，表示愿意投降。三月三日，阳明便派黄表往九连山谷口探明虚实，张仲全带领一班余众来阳明处投诚。阳明马上派知府邢珣去安抚余众，接受招安，给他们编籍，安插在白沙居住。

九连山的平定，标志着南征三浰的胜利大捷。这时农功已动，农事渐忙，民心思安，阳明决定班师回军。他率领僚属视察险隘，督同副使杨璋、知府陈祥等官经理立新县，设险隘，以作长久治安之计。他亲自作《平浰记》刻在了玉石岩上。

《平浰记》的摩崖刻石，宣告了南征三浰的大功告成。三月

第十二章 文武之道：在江西的文治武功

八日，阳明班师北归。阳明在回军途中一面欣喜于战后"寇平渐喜流移复，春暖兼欣农务开"，一面已考虑起自己"恋土犹怀旧钓台"、"耦耕亦欲随沮溺"的归隐生活。但他更从这场四省寇乱中思考起"破心中贼难"的"人心"复善问题，要重振他的心学的"圣学"来救赎人心的陷溺与沉沦。在龙南，他奏凯献俘于庙，郑重向龙南县官们提出了重建庙学的问题，以振兴圣贤之学，收拾战后人心，命县学教谕缪铭总领重建庙学事。

这就是阳明"文武交用"的用兵之道，在征战讨伐中，他善于交替用文与武的两手，"破山中贼"与"破心中贼"并举，他并不一味用"武道"以征剿杀戮取胜，而更注重用"文道"惩创"人心"、救赎"人心"，感化那些"作乱"的迷途者回到善心复萌的正道上来，使他们"能久于其道"。把阳明这种文武之道说得最透彻的，正是南海霍韬。就在阳明三月十五日一回到赣州，霍韬就寄来了一组平寇颂诗，道出了阳明这种文武用兵之道的真秘。诗中"硕人维儒，儒以用武。宪章濂洛，步趋伊吕"，精辟概括了阳明的文武用兵之道。因此对阳明来说，南征三浰的胜利并不意味着平江西乱的结束，从此可以安享太平，他已认识到寇患诛不胜诛，江西民乱绵绵不断生发的根源在于"政教不行"，造成人心不古，风俗败坏，所以需要以文济武，用大倡政教来消弭乱源，巩固平乱的胜利，防止战乱再起。

回赣州以后，阳明就是怀着使"处之者能久于其道"的信念开始推行战后的政教文治，拨乱返正。四月，他下命赣州全力救济战后灾民，并提出了详明的赈济措施。赈灾很快取得了成功。阳明更关注招抚流民，解决他们的复籍、复居与复业的生计问题。五月，阳明上了《添设和平县治疏》，乞建和平县。他请新建和平县的主要目的就是要安置那些投诚归来的流民，耕田复业，以安民心，同时设和平新县也有加强地方治安控制、谨防民变民乱的意义，这就是阳明说的要"处之者能久于其道"。后来他在十月又上疏请增设崇义县，建茶寮隘上堡、铅厂、长龙三巡检司，也是出于同一目的。

由于战乱后府县城垣遭到破坏倒塌，又逢入夏以来久雨水灾，水倒灌进城，阳明在五月下命赣州府及各县修造城垣，加强防守，从整顿城防进到整顿地方军政。阳明自己也借修造赣州城垣入手整顿提督军政，将提督都察院开拓一新。

阳明在提督都察院中特建射圃与观德亭，这是有深意的，治政首先在治心，当政者首先要"存心"，自治其心。他专门作了一篇《观德亭记》，阐说了当政者"存心"以"治心"的施政理念。阳明的这篇《观德亭记》不仅成了当政者治心治人的施政纲要，而且也成了君子修心修己的道德准绳。所以提督都察院拓建一新后，射圃与观德亭竟成了四方学子纷纷来聚居问道的"圣地"。

因为四方学者纷纷来问道，射圃至不能容，九月，阳明便又重修了濂溪书院，接纳四方学者。濂溪书院建在郁孤台上，同府治宣明楼相接，成为阳明在江西同学子诸生讲学论道的最主要的场所。他的文治教化的施政，把军、政、学的建设统贯起来。

在推行文治教化中，阳明深感到江西军政中的种种弊病，必须痛加更革。江西的盐法事关平乱的军饷，一直是他关注的焦点。还在正德十二年六月，因军饷窘迫，他就上了《疏通盐法疏》。江西盐法的症结，是用淮盐而罢广盐，弊端尤大，但朝廷却迟迟拖延不予解决。所以到正德十三年（1518年）十月，阳明又上了《再请疏通盐法疏》，建议开复广盐。

第十二章 文武之道：在江西的文治武功

阳明重修濂溪书院

开复广盐，有便于盐商，有利于税课，省赋于平民，资助于军饷，这是一个公私两便、军民两利的举措，对阳明后来平宸濠乱起了直接作用。这表明在经历了平江西乱的战伐后，面对江西依旧驱之不去的乱象，阳明在军政上有了更多的务实思考。十一月，他又寻访通兵法的军事人才，不拘一格降人才，选他们入院参赞军议。他选中了贬谪小臣三河驿驿丞王思、通衢马驿驿丞李中等人，发下《优礼谪官牌》。

明朝的军政，上被权阉近侍所把持，以太监监军，将军、总兵之辈多是些不懂用兵之道、不会兵法谋略打仗的武夫，军队腐败，兵士骄惰，失却战斗力。阳明痛惩军政腐败之习，抵制镇守太监的掣肘干预,敢于以儒用武,选用那些懂兵法、善谋略的儒士任军事参谋,他甚至把画家郭诩、豪士龙光等人都招致幕下参议军事,咨询谋略。在阳明的帐下就聚集了这样一群懂兵法、善谋略的儒士谋臣,近身替他出谋划策,献计用兵,在后来的平宸濠叛乱中发挥了重大的军事参谋作用。

阳明自南征三浰归后在推行文治教化与整顿军、政、学上的巨大努力,虽然因突然爆发的宸濠叛乱而中断,但他的整顿军、政、学的种种努力并没有白费,为他迅速成功平定宸濠叛乱及时准备了条件。

征战中的论道:江右王学的兴起

在戎马倥偬的平乱征战生活中,阳明并没有中断他的明辨心学的讲学论道。他从血腥残酷的"破山中贼"中领略到了"破心中贼"的艰难与重要。还在正德十二年十月出师攻横水时,他已经从"破山中贼"的征战中认识到"破心中贼"之难,后来他写信给杨骥与薛侃说:

> 某向在横水,尝寄书仕德云:"破山中贼易,破心中贼难。"[1]

阳明说的"破心中贼难",实际就是一个"人心"的救赎问题。

---

[1]《王阳明全集》卷四《与杨仕德薛尚谦》。

第十二章 文武之道：在江西的文治武功

在他看来，善的人心为恶的私欲所蒙蔽戕害，造成人心堕落，道德沦丧，自我异化，私欲就是戕害善心的"心中贼"，那些"山中贼"谢志珊、蓝天凤、池仲容之流就是人心遭到私欲的蒙蔽、蠹蚀、戕害，陷溺迷失，大义不明，心不能知善知恶，走上了叛乱作恶的迷途。所以"破心中贼"的武器不是刀枪杀戮，而是他的救赎人心的心学（圣贤之学）。大千世界中的芸芸众生，人人须破自家"心中贼"。

阳明江西讲学

在平江西乱中,阳明把讲学论道、明辨心学提到了人人"破心中贼"的高度,同士子学者展开了新的讲学与论战。阳明一到赣州,湛若水就写信给他,希望在心学问题上进一步展开商讨。到正德十二年(1517年)二月,阳明给徐爱写去了一封长信,分析江西的战乱,尤关注越中士子的讲学论道,也谈到了他与湛若水之间的往还讨论学问。

湛若水遣家人来奔走于赣州、南都与绍兴之间,就是传递相互的论学书信。到四月,阳明在瑞金又专门写信给侄辈王正思等人,谈到了同一的立志于圣贤之学的问题。所谓立志,就是要立志于做圣贤,立志于学圣贤之学,行圣贤之道,做到"仁礼存心,以孝弟为本,以圣贤自期"。可以说,阳明就是同样用这种"立志"说开导江西的学者,展开讲学论道,以一个举世注目的文治武功的儒宗吸引了四方学子,赣州成为四方学子新的问道"圣地"。正好这年是大比之年,阳明的弟子蔡宗兖、许相卿、季本、薛侃、陆澄都春闱考中进士。中举的还有很多同阳明关系密切的士子如陈沂、陈逅、汪应轸、吾谨、柯相、席春、夏言、王冕、王昈、伦以训等,以及后来成为阳明弟子的如聂豹、郑洛书、舒芬等人。这些中举的和落第的举子不少都在三月以后陆续来赣州向阳明问学。

最先来赣的是岭南落第举子伦以训与杨骥。杨骥先在京师遇见薛侃,由薛侃介绍,他便来赣州问学,受学数月。阳明向杨骥主要讲论正心格物的易简工夫、知行合一之旨、万物与吾一体之说。

阳明与杨骥的讲论学问足以表明,阳明在赣州主要就是用他的正心格物的易简工夫、知行合一、万物与吾浑然一体的思想同四方来学的士子讲学论道,上接江西陆学的传统,传播他自己的

第十二章 文武之道：在江西的文治武功

易简广大的心学。紧接着杨骥之后，吉水的龙履祥也来赣州问学，阳明收他为弟子，还把其父龙光引为军门参谋。连远在莆田家居的林俊也遣其子林适来赣受学。

大约在四月阳明东征汀漳归后，泰和的大画家郭诩也潜来赣州投阳明幕下，他作了一幅题诗画赠给阳明，吐露自己的抱负志向。郭诩字仁弘，号清狂，画风狂逸，弘治以来同江夏吴伟、北海杜堇、姑苏沈周声誉并起。

郭诩在四月阳明东征汀漳归赣州以后来见阳明，阳明选他为军门参谋，也同他讲论学问，在军中尤引人注目，更吸引了四方学子来赣问道受学。对这些学子，阳明也有自己循循善诱的独特的教导方法。就在九月阳明出师攻横水、左溪前夕，雩都洛村黄弘纲赶来赣州问学受业。罗洪先在《明故云南清吏司主事致仕洛村黄公墓志铭》中谈到黄弘纲的来赣受教。与黄弘纲同时，何廷仁也来赣问学，当他得知阳明已提兵往征横水、桶冈，马上裹粮追到南康，拜阳明为师。

其实何廷仁并不是一个人来赣，他还带了其兄何春及雩都士子管登一起来赣问学。《康熙雩都县志》上有《何廷仁传》就详细谈到了何春来赣向阳明问学。又《管登传》详细谈到了管登来赣向阳明问学。

雩都士子黄弘纲、何廷仁、何春、管登（后来还有袁庆麟）来赣问道受学，深得王学真传，回雩都后结成了一个传播宣扬阳明王学的群体，他们以黄弘纲、何廷仁为首，在江西形成了一股江右王学的中坚力量，所以后来人们论到浙中、江右的王学，都赞说"江有何黄，浙有钱王"。在黄弘纲、何廷仁之后，四方学子接踵而来，特别在十二月阳明平桶冈班师回赣州后，他的文治武功的声名大振，四方学子更涌入虔中。就在十二月阳明一回到赣州，薛俊、薛侃率领了一班弟侄薛侨、薛仲铠等人从玉山来赣州问学受业。

薛侃后来把他这次来赣问道受学一年来所记的语录都编进了《传习录》（三卷）。薛氏家族两代人的问道受业，推动了王学在岭南的传播。与薛俊、薛侃同时，有一个南海士子梁焯也风尘仆仆来赣州问学。梁焯是正德九年进士，他到正德十二年十二月才得以谒选赴京师，途经赣州来向阳明问学，竟留恋不去，一住虔台九个月。阳明后来作《别梁日孚序》，详细谈到梁焯在赣的勤勉问学受业。

在阳明看来，人心堕落沦丧是"大苦"，人性救赎复得是"大乐"。失却人心的人是"丧心病狂者"，需要"良医"用圣人之道来救"醒"、救"复"。所以圣人之道求之于心，故不滞于事，反身复善；圣人之道出之以理，故不泥于物，格心求理。正是阳明这种醒世警世的人心救赎复归的思想，极大吸引了那些四方学子。

到正德十三年，在阳明征三浰归来后，越来越多的四方学子赴赣州问道受业。这些济济众多的江西士子源源来赣州问道受学，兆示了江右王学的崛起。在江西这方有深厚陆学传统的广袤土地上，王学更容易被求道若渴的江西的士子所信仰接受，所以几乎从江西的各个府县都有学子奔赴赣州来问学。

正德十三年正是阳明思想上酝酿"良知"之学、心学发生重大新变转折的时期，到正德十四年（1519年）他便首次提出了"致良知"的新学，首先在江右传播，被江西来学的士子所接受。阳明这一重大思想飞跃，又有力规范了江右王学的深化发展的走向，到邹守益四月来赣州问学，陈九川八月来南昌问学，就都已经是虔心受"良知"说的新教了。有悠远陆氏心学

第十二章　文武之道：在江西的文治武功

儒脉传统的江右大地又得阳明"良知"学新风气之先，所以，如果说正德十二年阳明在赣州开始的讲学论道标志着江右王学生成的起点，那么正德十四年邹守益、陈九川来赣州与南昌受"良知"新教就标志江右王学的真正崛起，一时间江右王学骎骎有超越浙中王学之势。阳明首先在江右的大地播撒了"良知"学的种子，并正是在这种江右王学的崛起中对自己生平学问思想作了第一次总结。

体认心体：生平学问思想的第一次总结

在江西紧张繁冗的征战平乱的军旅生活中，阳明仍不忘同湛若水进一步展开讲学论道。可以说正是他同湛若水两人的讲学讨论，引领着他整个同四方来赣学子的讲学论道，直接导致了阳明对自己生平学问的第一次总结。

阳明从编集刊刻三部著作入手，开始了对自己生平学问思想的简捷明快的总结。

（一）编集刊刻《朱子晚年定论》

阳明的《朱子晚年定论》初成于正德十一年，他到正德十三年六月编集刊刻了《朱子晚年定论》，是受到雩峰袁庆麟的直接推动。袁庆麟本是一个尊信朱学的雩都士子，他在四月携《荔莞余论》来赣州问学，读了《朱子晚年定论》有悟，归心阳明心学，便建议刊刻《朱子晚年定论》于雩都。

阳明作《朱子晚年定论》并不是要人相信朱熹真的晚年已转向陆学，而是要人从盲目尊信朱学的迷途转向真正的得道圣学——陆学。所谓"朱子晚年定论"之说本身的真假并不重要，它不过是阳明不得已用来掩饰自己反朱学、尊陆学的"幌子"。正是从这一意义上，阳明编集刊刻《朱子晚年定论》具有总结自己生平学问思想的用意。

阳明在《朱子晚年定论序》里总结了自己前半生的思想发展历程，也就是总结了自己前半生的学问思想。他含蓄披露了自己由迷到觉的最终归心指向陆学（心学）的曲折心路跋涉，总结前路，指示来者，所以《朱子晚年定论》是一部向士子学者指明心学之路的"入道之方"的著作，"朱子晚年定论"是假，陆氏心学是真，他编集刊刻《朱子晚年定论》的真正目的也就在于要明陆氏心学之是，朱熹理学之非，自己王学之真，使天下士人"无疑于吾说，而圣学之明可冀矣"。他的门人弟子确实领悟了他总结自己学问思想的苦心，朝着他指示的"朱子晚年定论"之路——陆学（心学）奋进了。

（二）序定《大学》古本与《中庸》古本，编集刊刻《大学古本傍释》

阳明先在正德十年序定《大学》古本并作《格物说》，到正德十三年，他把序定的《大学》古本与《格物说》融合起来，增作"傍释"而成《大学古本傍释》一书，在七月刊刻于赣州。这部《大学古本傍释》，是阳明对自己心学的《大学》思想体系的总结，而同三百年来官方定于一尊的朱熹的《大学章句》相对立，反映了阳明在提出"良知"说之前（前半生）他的心学思想体系所达到的高度。

阳明是从两个方面建构起了自己心学的《大学》思想体系：一是在经典的诠释文本上，阳明考定了一个不分经、传的《大学》古本，取消朱熹的分传分章，恢复"亲民"的本意，剔除朱

第十二章　文武之道：在江西的文治武功

熹补写的《格物传》与"主敬"之说，从而建立了一个最好的心学诠释的《大学》古典文本，取代了朱熹的《大学》新本。事实上，阳明所定的"《大学》古本"，不过是指恢复《十三经》中《礼记》里的《大学》古本（郑玄注、孔颖达正义的本子），这是《大学》的原本，朱熹的《大学章句》实际也并没有改动这个原本的经文，而只是为便于章句解说把它作了经、传的分章（分经一章、传十章）。阳明的"《大学》古本"取消了朱熹的经、传分章，只是给他用心学解说《大学》思想提供了便利的诠释空间。因此严格地说，阳明的《大学》古本与朱熹的《大学》新本并无根本的不同，差异只在两人对《大学》文本的诠释上。二是在心学思想的诠释上，阳明建构了一个以"诚意"为本体、以"格物"为工夫的《大学》思想体系。这实际就是一个体认心体与体认分殊（心物）相统一的心学思想体系。与朱熹将"至善"解释为"至理"（"事理当然之极"）不同，阳明将"至善"解释为"心体"，认为"至善也者，心之本体也"，因此所谓"止于至善"，就是一个本于诚意体认心体的心学本体论。如果说朱熹的《大学章句》以"至善"为性而提出了一个复性的"性学"思想体系，那么阳明的《大学古本傍释》就是以"至善"为心而提出了一个复心的"心学"思想体系。在阳明看来，诚意是本体论，格物是工夫论，诚意与格物的统一，就是他说的"心一分殊"，而同朱熹的"理一分殊"相对立。他特慎重其事地作了一篇《大学古本傍释后跋》阐释他的这一根本思想。

《大学古本傍释》是阳明对自己《大学》思想的一个总结。但阳明对《大学》思想的研究向来是同他对《中庸》思想的研究紧密联系、同步并行的，一个历来被人忽视的事实是，阳明在序定《大学》古本以总结自己的《大学》学思想的同时，他又序定了《中庸》古本以总结自己的《中庸》学思想，二者珠联璧合。原来阳明很早就已在为《大学》与《中庸》作注，陆澄在正德十一年曾来信请要他作的《大学中庸注》，阳明在正德十年序定了《大学》古本，并作《格物说》以发其意。而他序定《中庸》古本并作《修道说》以发其意已在正德十三年。据今白鹿洞书院碑廊还存有阳明手书石刻《大学》古本、《修道说》、《中庸》古本三部，连写在一起，笔迹相同，可以确定这三书作在同时（正德十三年），刻在同时（正德十六年）。《大学》古本序定在正德十三年七月；《修道说》作在正德十三年（见题下注）；《中庸》古本石刻因缺后半段，不知文末所署年月，但据《修道说》与《中庸》古本连写在一石上，笔迹全同，一气贯下，显可知《中庸》古本也序定在正德十三年七月，而《修道说》实际就是序定《中庸》古本所作的序。

　　阳明的序定《中庸》古本，其实也只是恢复《十三经》中《礼记》里的《中庸》古本。朱熹的《中庸章句》本也是用《礼记》中的《中庸》原本，只是对它作了经、传的分章（分经一章、传三十二章），并没有改动经文。阳明的《中庸》古本取消了经、传的分章，并未作注，他的《中庸》思想主要就反映在《修道说》中。

　　阳明认为《中庸》是讲"诚"的本体论与"中"的工夫论的思想体系，他一方面认为《中庸》是"为诚之者而作"，是"修道之事"，心诚修道，是"自诚明"与"自明诚"的统一，这是同他的以诚意为本、以格物为工夫的心学本体工夫论体系一致的；另一方面，他又认为《中庸》是一个以"致中和"工夫以立大本、复心体的中庸思想体系，静中体认喜怒哀乐未发气象的"中"与动中体认发而皆中节的已发气象的"和"相统一，才能达到修道复心,大本立而达道行。这又是同他的体认心体、精一执中、复善复心的心学本体论思想体系一致的。《大学》的"诚意"与《中庸》的"自诚明"沟通,《大学》的"致知"与《中庸》的"致中和"沟通,阳明的心学思想体系统一了《大学》学的思想体系与《中庸》学的思想体系,这正是他所以同时序定《大学》古本与《中庸》古本以全面统摄自己的心学体系的真实用心。湛若水与方献夫正是步了他的后尘,也序定《大学》古本与《中庸》古本,作了《大学测》与《中庸测》、《大学原》与《中庸原》,同阳明的《大学》学与《中庸》学思想体系相对立。

(三)编集刊刻《传习录》(三卷)

一卷本《传习录》最初由徐爱编集于正德七年(1512年)。以后阳明在南都与在江西同士人学者广泛讲学论道,语录越来越多,大致都由陆澄与薛侃记录下来,在士人学者中传播。正德十三年八月,薛侃便把徐爱、陆澄与自己所记的传习语录汇编成三卷,刊刻于赣州。三卷本的《传习录》,记录下了阳明自弘治十八年到正德十三年的心学思想发展的步步轨迹,所以也可以说它是阳明对自己前半生的心学思想体系的总结,同他后来对自己后半生的"致良知"的心学思想体系的总结形成了鲜明的对照。但值得注意的是,阳明在这个对自己前半生的心学体系的总结中提出了一系列闪光独到的思想,已隐约兆示了他后半生的"致良知"的心学体系的诞生。

1. 提出了心学思想体系"心、意、知、物"的四重逻辑构架,包含了他后来的"王门四句教"的心学逻辑结构体系的雏形。

阳明的"王门四句教"的心学逻辑结构体系是由心、意、知、物的四重逻辑环节构建起来的,阳明在南都时已敏锐把握到了这一心学四重逻辑结构的构架。他认为心是理之静，故无善无恶（至善），须静中体认心体；意是气之动，故有善有恶，须诚意循理；知是心之灵明，故知善知恶，须知行合一；心外无物，故物无善恶，须向内正心求理，不得舍心逐物。这些对"心—意—知—物"的心学本体工夫论逻辑体系的解说，显示了阳明对自己心学思想的超前认识，几乎已预先为后人设定了一把理解阳明后来的"王门四句教"甚至是"王门八句教"的钥匙。

2. 把"心"解为"真己"，心即自我（精神之我，心我）。

中国古代传统哲学说的"心"概念是指什么，以及心学说的"心"究竟指什么，向来模糊不明，理学家与心学家都有不同的理解与解说，给人们准确认识"心学"带来了困难。阳明对"心"有了自己明确的解说，在他看来，"心"并不是指人体内"一团血肉"的心（肉体之我），而是指人的"真己"本体（精神之我）。

阳明把人的肉体之我（躯壳）与精神之我（真己）相对立，把真己之我视为"心体"，身体之我视为"躯壳"，真己之我是身体之我的"主宰"，所以"真己"即"心"，"心"即"真己"。"真己"他又称为"真吾"，后来他在《从吾道人记》中说："夫吾之所谓真吾者，良知之谓也……良知之好，真吾之好也……从真吾之好，则天下之人皆好之矣。"朱熹的"性学"，把人性解释为人的本质；阳明的"心学"，把人心解释为人的本我，"复性"与"复心"，这是两条不同的"人"的救赎之路。阳明说的作为"真己"、"真吾"的"心"，具有真心、自我、本我、心我、心灵、灵魂、精神等含义，他的复心的心学思想体系是一个复真己真我、救赎真己真我（心我）的思想体系，而同朱熹复性复善、救赎善性（人性）的思想体系形成了对立互补的关系。

3. 提出了"致知"在"去蔽"、"扩充"的思想。

在《大学》的三纲八目中,阳明开始突显"致知"的一环,并与朱熹的解说截然不同,他把"致知"解说为"去蔽"、"扩充"。

作为心的本体,"知"的灵明就表现在能知善知恶,但因为受到私欲的蒙蔽戕害,使灵明的"知"不能明善知恶,因此需要"致知"。致知的"致"有二重意义:一就是指不断消除蒙蔽在知上的私欲垢染,使知的心体复明,这叫"去蔽"、"复心体";二就是指不断扩充知的心体,"扩充到底",使知扩充"具足",将理推及于事事物物,这就叫"扩充"、"尽心"。可见阳明在这里对"致知"的认识已包含了他后来的"去蔽"、"扩充"的"致良知"思想的萌芽。

4. 提出了"良知良能"说。

阳明虽然在正德五年就同周衡谈到了"良知",但并没有引起他的特别关注。到正德十三年,阳明对"良知"终于有了敏锐的新思考,他把"良知"同"致知"的"知"联系起来,认为知即良知,良知即心体,这样,他给《大学》的"致知"赋予了"致良知"的新含义。

所谓从"良知"上体认,就是他说的"心体"体认。因此这里说的"就自己心地良知良能上体认扩充",已接近于他后来的"致良知"说的"去蔽"、"扩充"思想;所谓"个个圆成"、"无不具足",也接近于他后来的"致良知"说的"扩充具足"、"扩充到底"思想。显然,在三卷本的《传习录》中,已隐约透露出"良知"学思想在阳明心中的萌生涌动。从提出"心—意—知—物"的心学逻辑体系构架,把"心"解为"真己"(自我),到提出"致知"在"去蔽"、"扩充",以知为"良知",良知即心体,阳明已朦胧勾勒出了他的未来良知学体系的大致轮廓,展示出阳明心学思想未来发展的前景与走向。因此可以说，三卷本的《传习录》，是阳明对自己前半生的心学思想体系的总结，同时又是他未来"致良知"的心学思想体系的起点，隐隐兆示着他思想上更大的"良知之悟"的到来。

在正德十三年戎马征战的间隙，阳明用编集刊刻《朱子晚年定论》、《大学古本傍释》、《传习录》（三卷）三部书，实现了对自己生平学问思想的一次"简易广大"的总结，记录下了他前半生思想探索前进的心路历程，官方程朱理学的禁网没有能阻挡住他心学思想探索的脚步，仕途上的坎坷打击也没有摧垮他上下求索的不屈灵魂。对这个在心学之路上永恒跋涉的探索者来说，他的每一次思想探索的自我总结，又都成为他迈开新的思想探索脚步的起点。所以，阳明正德十三年的生平学问思想的总结具有总结过去、展望未来的双重意义，他的漫漫心学思想探索之路上没有终点。正是在他作了对自己生平学问思想的总结后，他又奋勇地迈开了心学思想探索的新步伐，面对汹汹而来的宸濠叛乱与"学禁"、"党禁"的狂澜，一无退缩停步。

# 第十三章
平定宸濠叛乱的悲喜剧

驱逐"伪帝"
——宸濠叛乱的爆发

正当阳明在赣州埋头总结自己生平的学问思想时，朝廷政局又发生动荡剧变，在南昌的宁王宸濠经过多年的经营谋划，暗中也做好了发动叛乱的一切准备。宁王宸濠是宁献王朱权的四世孙，朱权是太祖朱元璋的第十六子，所以说起来宸濠也自认为流淌着朱家王朝的正统血液与当皇帝的合法名分，继承了宁王一脉个个天生具有的反叛犯上的叛逆性格。宸濠是朱觐锡的庶子，母冯针儿是娼家出身。他在弘治十二年（1499 年）嗣宁王后，就迫不及待地做起了抢夺天下的皇帝梦。终日好喜弄兵权，暗地养死士，结私党，纠谋臣，收罗江湖上的大盗巨魁，劫夺郡邑府库巨万公帑，打造兵器战舰。正德以来，宸濠谋逆叛乱变本加厉。他的最大的心病就是护卫的查革一事。宁府本有护卫，但在景泰七年（1456 年），宁王奠培坐事被革掉护卫，改为南昌左卫。正德二年（1507 年），宸濠通过贿赂大阉刘瑾恢复了护卫，但在正德五年刘瑾伏诛后，护卫又被革除。到正德九年，宸濠再用重金贿赂兵部尚书陆完与权阉钱宁，终于又恢复了护卫，掌控了护卫、屯田的大权。从此宸濠自称为"国主"，称护卫为"侍卫"。他罗致了术士李自然、李日芳来推命相面，他们都称颂说宸濠"有天子分"，"骨相天子"。李日芳为他探测龙口风水，说南昌省城东南有天子气。于是宸濠就在那里盖起了一座阳春书院，作为他的离宫。又把西山一处先朝禁革的龙口旧穴，取名为青岚，定为葬母之地，以应东南天子之气。他看到东宫久虚位，太子不立，便密差万锐进京用重金贿赂钱宁，谋求将自己的长子大哥迎取来京师。又暗命手下军士藏伏于南北直隶、山东一带进京沿途的镇店，以做买卖为掩护，探听收报京中消息，待机举兵作反。宸濠深知谋逆叛乱成败的关键是收罗人才，尤其需要出谋划策的"国师"、"军师"、谋臣与一批精通兵法能征善战的将帅人才。所以他不惜用重金招致了已致仕的都御史李士实，尊为"国师"。招致了科场落第的安福县举人刘养正，尊为"军师"。他从李士实、刘养正那里知道了阳明是一个文倡圣学、武精兵法的文武通才，而阳明在江西连连平叛的胜利也震惊了宸濠，把在江西的阳明视为他谋逆叛乱的心腹大患，也成了他首要笼络招诱的地方军政大员。

对宸濠在南昌猖狂谋逆叛乱，昏愦的武宗竟一无所知，朝廷也毫无察觉。任有知情大臣的上奏密告，武宗一概不信。早在正德九年（1514年），已看出宸濠反状的江西兵备副使胡世宁就痛切上奏，武宗不信，宸濠反诬胡世宁"离间亲藩"，派遣缇校去逮捕胡世宁。胡世宁系狱中二年，最后谪戍辽东。到正德十二年，宁府的典宝副阎顺、典膳正陈宣、内史刘良潜入京师，告宸濠反状，说信典宝正涂钦与致仕左都御史李士实、都指挥葛江及吏人罗黄、卢荣、熊济等人凿池大造战船。武宗不信，反将阎顺等人下锦衣狱，杖脊五十，发戍孝陵卫，宸濠将幕后指使人周仪一家六十余口全部杀死，大臣个个如惊弓之鸟。

其实，这时好大喜功的武宗完全沉迷在微服出关北巡、希冀建盖世武功的狂热中，对南方如火如荼的民乱起义与宸濠的谋逆叛乱全不放在心上。原来在他专横独断的帝王心态中，躁动着一个要做武功赫赫的当代"汉武帝"的迷狂情结，患上了北巡亲征的妄想症，在近侍阉竖的怂恿诱引下，幻想出关亲征建立奇功。

第十三章 平定宸濠叛乱的悲喜剧

正德十二年八月，他自封为"总督军务威武大将军总兵官"，在江彬的诱引下，偷偷微服出京，度居庸关，直奔宣府。京都帝君失踪，储君又空缺，大臣惊慌失措，朝廷引发权力真空的危机，阁臣九卿们奔赴居庸关乞请銮驾回京，武宗不为所动。他在宣府大肆建造楼阁宫殿，称为"家里"，留连忘返，过了一个荒唐的立春节，大演戏剧，用几十辆豪车同载几百个僧侣与妇女嬉戏取乐。直到正德十三年正月六日，武宗才从宣府回京师。谁知到二十一日，他又突然微服单骑往宣府，只因太皇太后忽卒，武宗才在二月无功而返。到七月，武宗又自封为"总督军务威武大将军总兵官朱寿"，称要率兵巡辽东、宣、大等地，阁臣九卿泣谏不听。这次"亲征"武宗干脆把家搬到了宣府，把豹房的奇器玩好以及一班美女娇娃用大车装载到宣府"家里"，供他享用。他又装模作样地往大同、榆林、绥德、石州等地巡游一番，实际不过是到处抢掠民女，游龙戏凤淫乐。巡游到偏头关时，他更疯狂大掠民间良女，装载了几十车，尾随武宗銮驾，这些被掠的美女每天在道上都有死去，武宗不管。他还向太原索要女乐。有一个女乐刘良，是晋府乐工杨腾之妻，能讴善舞，武宗强行召来嬖幸，饮食起居伴侍在身边不离，尊为"刘娘娘"，下面江彬等辈都呼她为"国母"。武宗就这样巡游淫乐到正德十四年二月才回京师。这时宸濠谋逆叛乱已经箭在弦上，武宗又忽生奇念，提出要"南巡"，他自封为"总督军务威武大将军总兵官太师镇国公朱寿"，要往富庶的南方去抢掠民女游龙戏凤淫乐。三月，两京的六科给事中、十三道御史纷纷上奏劝谏南巡，在京的科道官齐齐伏阙泣谏。武宗怒不可遏，他马上捉拿黄巩等六人下锦衣狱，罚跪舒芬等一百零七人于午门外五日。接着又接连下周叙等十人于狱，下余廷瓒等二十三人于狱，命周叙等六人械系跪于阙下。将张英缚送诏狱，杖脊八十而亡。于午门外杖脊舒芬等一百零七人各三十，血肉横飞，呼号之声响彻宫掖。勒令首犯舒芬、陆俸、张衍、姜龙俱调外任，不得推举录用。科道官各罚俸六个月。到四月，武宗余怒未消，又杖脊黄巩等九人各五十，杖脊其余三十人各四十。黄巩、夏良胜、万潮、陈九川皆黜为民，周叙等三人降三级外补，徐鏊谪戍瘴疠之地，其余皆降二级。

这一场刀光血影的镇压劝谏南巡的言官的杀戮，比之正德元年镇压那些弹劾刘瑾的言官的杀戮有过之而无不及，朝廷上下、皇宫内外充满了恐怖的血腥之气。因为言官的奏论已露骨指斥到江彬怙权、宸濠叛乱的奸状，武宗杀戮更是心狠手辣。工部主事何遵上奏直言，武宗怒火中烧，把何遵逮捕下狱，廷杖四十，打得肢分体裂而亡，林公黼、余廷瓒、李绍贤、孟阳、詹轼、刘槩、李惠、刘校、刘珏也同死杖下。这场杀戮充分暴露了武宗独裁暴君的真面目，也给宸濠提供了举兵反叛驱逐暴君的最好的口实，直接成了宸濠叛乱的导火线。宸濠在初见到阳明时就抨击武宗朝政，慨叹"世无汤、武"，就是指斥武宗为当世暴君，阳明心知肚明，对此竟也不能道一字。宸濠公然说"世无汤、武"，包藏了一个被掩没的天大秘密：原来他就是自命为"汤、武"打起讨伐"伪皇帝"、"真暴君"的旗号举兵反叛武宗的。明代藩王的叛乱都无不打着名正言顺的旗号起来篡权夺位，燕王朱棣打起了"清君侧"的旗号，安化王寘鐇打起了除权奸刘瑾的旗号。宸濠不过是学着朱棣、寘鐇的伎俩要取伪皇帝、真暴君的武宗而代之。

宸濠指斥武宗暴君的种种罪行不能不说都是世人皆知而畏不敢言的事实，只不过朝廷一直极力掩盖宫廷淫秽秘事，禁绝传播，而宸濠却公然捅破了武宗是从民间抱养来的"异姓之子"的"伪

第十三章 平定宸濠叛乱的悲喜剧

皇帝"真面目。原来张太后并无生育能力，武宗是当年孝宗听信太监李广的蛊惑偷偷抱养宫中的"民间子"，他以异姓继位，是地地道道的"伪皇帝"，朱家皇统断绝，所以说"高皇帝不血食，十四年于兹"。这全类似于春秋时代的"以莒灭鄫"。周简王时，莒国君生有三女。长女嫁给了鲁成公。鄫国君先娶了莒君的二女，为先夫人，生有一子巫；后先夫人卒，又娶其小女，为后夫人，生有一女，还嫁莒国，又生下一子，为鄫家外孙。凶悍的后夫人强迫太子巫奔鲁投靠鲁襄公，莒国便将鄫家外孙继承了鄫国君位，鄫国名存实亡。所以史书上说："以外姓嗣位，灭亡之道也。"武宗也是以外姓嗣位，灭了朱家皇朝的血统。一个低贱抱养的异姓"民间子"的出身，成了武宗最大的心病，性无力的武宗甚至也想通过抢纳"马皇后"与"刘娘娘"来抱养一个"民间子"冒充太子。张太后不是武宗的生母，在宫中也受尽武宗的凌辱[1]，所以她有密旨召宸濠起兵，推翻这个暴虐无道的"伪皇帝"。

宸濠就是打起了受太后密诏驱逐"伪皇帝"、恢复朱明皇族血统的旗号举兵叛乱的。他自封为是灭桀伐纣的"汤、武"，起来讨伐武宗，现在只缺辅助他的"伊、吕"，而阳明成了他最看好的"伊、吕"，从正德十三年（1518年）六月阳明因平乱立功升都察院右副都御史起，他加紧了对阳明的邀结笼络。因为都察院设在南昌，阳明照理在平乱胜利结束后应回南昌都察院。约在十一月，宸濠便以礼贤求学为名，送聘书来赣州邀请阳明赴南昌讲学。阳明乘机选派了门人冀元亨去南昌，一则是要借讲学向宸濠开陈君臣大义，规劝宸濠回头是岸；二则也是要探

---

[1] 按：武宗凌辱张太后事，见王阳明《上海日翁大人札》（《式古堂书画汇考·书考》卷二十五）。

听南昌宁府的动静消息，以便好作防范备御。

冀元亨在讲学中用君臣大义规劝宸濠，反而得罪了宸濠，他竟暗遣党徒来杀害冀元亨。冀元亨回赣州后，对阳明说："濠必反，先生宜早计。"阳明说："祸在兹矣！"马上秘密从间道送冀元亨归武陵。

阳明从这件事感到了宸濠谋逆叛乱的严重性，开始考虑为平叛预先做军事准备。正好这时福建按察佥事周期雍因公事来赣州，阳明考虑到周期雍远在福建任职，由他秘密做平叛的军事准备，宸濠不会发觉，于是便同周期雍暗中商量，要他回去就招募骁勇，组建精兵，严阵以待。周期雍对阳明说："水战精兵，惟海上诸卫，号称骁勇可用。"他一回去就巡视沿海，招募到精兵数千名，整饬训练，准备随时奉命赴江西。

宸濠在诱引冀元亨失败后仍不死心，到正德十四年（1519年）二月，他又命"军师"刘养正亲自从南昌来赣州见阳明，以请阳明作母墓铭为名，再来邀结招诱。这件事后来给阳明带来很大麻烦，成为不明真相和别有用心的人纷纷指责他同宸濠勾结的罪证。原来刘养正因科场失利，白沙的岭南弟子张诩把习读兵书的刘养正举荐给了宸濠。从正德六年以后刘养正归居江西安福，和阳明有了往来。这次刘养正就是以一个"素厚善"的士友身份来南昌请阳明为他作母墓铭。实际刘养正携弟子王储一起到赣州待了两天，主要目的是探听阳明的动静虚实。刘养正屡次用宸濠事挑诱阳明，阳明只装着听不懂，不予理睬。刘养正无功而返。相关的情况都被同时来赣州的龙冈周汝方无意中听到，告诉了罗洪先（周汝方是罗洪先姐夫）。后来罗洪先特作《别周龙冈语》揭明了事情的真相。

刘养正发觉阳明"不上此船明矣"，但还是认为"多得几人

第十三章　平定宸濠叛乱的悲喜剧

更好"，并没有放弃争取笼络阳明的打算。阳明答允为刘养正母作墓志铭，这就为刘养正再来邀结笼络留下了一条后路。刘养正归南昌后，宸濠加快了谋逆叛乱的步骤。针对"民间子"武宗不孝顺张太后的丑行，宸濠尤要树立自己朱家皇族孝子贤孙的形象，他邀买人心，便伙同李士实、王春、毕真捏造了一大堆孝行，写成呈文，逼迫南昌府县学官与生员代表"民意"送呈都、布、按三司。江西巡抚右副都御史孙燧、巡按御史林潮居然真的会同镇守太监毕真向朝廷进上了宸濠孝行，请朝廷旌褒。毕真改任浙江镇守太监，他一到浙江，便以操演官军为名，大造盔甲兵器几千余副，堆积在镇监衙门，等待时机起兵助宸濠叛乱。宸濠的亲信徐纪自京师回宁府，报告武宗将要南巡山东泰安州等地方，宸濠马上派秦荣等人在宁府大院里张设勾栏，扮演杂剧，由李士实等人亲自撰写疏词，派人到浙江、直隶各处张贴，故意让消息传入京师，诱引武宗銮驾临幸，伏兵暗杀。到五月，宸濠密谋叛乱已大致准备就绪，暗底定下八月十五日乘乡试入试官吏生校时举兵起事。

　　阳明在刘养正走后，更清醒看到了宸濠反迹已著，但他无论对暴君武宗还是野心家宸濠都早已看穿，无意卷入朱明皇族自家内部凶人之间抢夺帝位、争霸天下的血腥厮杀，自取其祸。他在正月就上了《乞放归田里疏》，以后又不断写信给兵部尚书王琼与御史朱节，催促尽快放归田里。他在给蔡宗兖的信中甚至表现了不等王命弃官归居的坚决态度。但是在二月福州发生了兵变，朝廷断然不允准阳明归养田里，而强命他即速往福建勘处叛军。福建的兵变可上溯到正德十三年八月的福州兵士索军饷闹事。当时镇守太监罗仓以修筑城为名征要三千饷金，左布政使伍符只发给六分之一，罗仓便唆使军士鼓噪闹事。伍符被逮下诏狱，赎杖还秩。但到十四年正月又有进贵、叶元保煽动士卒叛乱,事下兵部集议,认为福建向来不设巡抚,现只须命南赣都御史王守仁去勘处,事毕仍旧还原职。这给归心急切的阳明出了一道难题。阳明最后把勘处军乱与便道归省结合起来,作出了两全其美的打算:他携带家眷赴福建勘处军乱,先北上往南昌,将家眷安顿在都察院(阳明为都察院右副都御史),然后自己一人赴福州,勘处福建军乱事毕,不回赣州,而从福州直接往南昌,携家眷便道从南昌归居绍兴。殊不料这一打算使阳明差一点陷入了险境。

就在阳明准备赴福建勘处军乱时,五月,朝局发生突变,激发宸濠提前发动了叛乱。原来南昌人张仪与东厂太监张锐相好,他向张锐报告了宸濠密谋叛乱的反状。同钱宁有嫌隙的张锐决定揭发钱宁与宸濠勾结谋反的罪状。御史萧淮便上疏奏论宸濠密谋不轨。钱宁竟将萧淮的奏疏带回家藏匿,攻讦萧淮是诬说妄造。数日之后,萧淮的奏疏才下到内阁。到这时,昏愦的武宗与朝廷大臣仍不信宸濠会造反叛乱,只认作是一般藩王的专横独断行径,对叛乱大祸临头都毫无警觉,更不想方设法如何应对防范宸濠的叛逆谋反。廷臣们集议于左顺门,全都赞同杨廷和的腐说。于是在五月二十四日,朝廷便遣太监赖义、驸马都尉崔元、左副都御史颜颐寿三人赍了武宗的"谕书"赴南昌。

赖义等人拖迟到六月初才上路,这里钱宁已秘密遣侦卒林华星夜赶往南昌报信。林华跑到会同馆,得马狂奔,十一日夜赶到南昌。但心怀鬼胎的宸濠误解了朝廷派赖义等人来南昌"宣谕"的用意,以为是自己的叛乱阴谋已经完全败露,朝廷遣人来查勘惩办叛乱谋反的人事,他心急火燎,决定赶在赖义等人到来之前提前举兵叛乱。他立即召集了李士实、刘吉、王春、娄伯、涂钦等五十余名心腹入宁府商议。宸濠当场便封李士实为"国师",

第十三章 平定宸濠叛乱的悲喜剧

刘吉为"太监",并宣布:"事定,李士实为左丞相,加封国公;王春尚书,其余俱升极品。文职王信等俱极品,武职李世英等俱封驸马。"到十三日,镇巡三司要官以及一些府县官员纷纷进宁府祝贺宸濠生辰,大开宴席,他们都不知已进入了宸濠给他们埋下的"圈套"。到十四日一早,宸濠密令凌十一、闵念四、火信等凶徒暗藏凶器傍立,镇巡三司诸官都一起来谢酒,宸濠马上命凌十一等人将孙燧、许逵二人绑缚,押到惠民门内杀害,将首级悬挂城上示众。镇巡三司官俱被绑送仪卫司等处监禁。宸濠又差涂钦到各衙门追收印信,搬取库银。召集所有宗室与内外官员进宁府,宣布举兵起事,下面齐声山呼"万岁"。宸濠立即传命十七日发兵起程,攻打南京。

阳明在赣州,对朝廷与南昌快如闪电的惊天巨变毫无所知。他虽已知道宸濠的谋逆反状,但是却绝想不到宸濠会这么快起兵叛乱。六月五日,朝廷札再下到赣州,催阳明"福州三卫军人进贵等胁众谋反,特命尔暂去彼处地方,会同查议处置,参奏定夺"。但是却隐瞒了南昌形势紧张、朝廷派赖义等人来戒谕宸濠的事实。阳明不知前路的凶险,六月九日,他依旧奉命携带家眷北上赴南昌。宸濠十三日的庆寿主要是邀请镇巡及都布按三司的要员与地方府县的官员,而阳明是都察院右副都御史,带重兵在外,宸濠对他最不放心,按理说正是宸濠第一个要邀结的三司大员。阳明初不为意,但是他北行在道肯定是听到了朝廷派赖义等人来戒谕宸濠的事,这引起了他的高度警觉,所以他在道有心放慢缓行,徘徊观望,故意错过了宸濠十三日的寿庆。这使他躲过了一劫。六月十五日,他行进到丰城县的黄土脑地方,离丰城还有五里路,丰城知县顾佖飞快来向他报告了宸濠十四日已举兵叛乱,孙燧、许逵等官被杀,所有巡按及三司、府、县大小官员俱被拘因，现宸濠战舰蔽江而下，扬言要直取南京，一面又分兵北上。劝阳明不要再往南昌。阳明到这时才如梦方醒。实际在庆寿谢宴会上，宸濠将江西三司的地方大员一网打尽，只剩下一个在外的阳明。所以就在十五日这一天，宸濠已发兵攻打九江、南康，差喻才领兵暗伏在生米观的地方捉拿阳明，并派出了千余兵卒夹江并进，前来追捕阳明，汹汹将至。阳明冷静应变，临危不乱，立即命顾佖坚守丰城，自己变服回舟南返，决计起集义兵勤王平叛。阳明先叫诸夫人、公子正宪登舟，另叫来一条小渔船，亲自缚好了敕令，叫参谋雷济、萧禹持米二斗，腌鱼五寸，一同上了小渔船，与家人告别。临行阳明又对雷济、萧禹说："还少一物。"指着舟头的黄罗盖说："到地方无此，何以示信？"于是又取下了黄罗盖，船才急速开行。

在渔船上，阳明首先冷静考虑了宸濠叛乱后的险恶局势，感到宸濠叛乱神速，江西地方群龙无首，如宸濠眼下径直出兵攻袭南京，再犯北京，两京都仓卒无备，形势危急，必须想法阻挠拖住宸濠从南昌倾巢出兵，只要拖迟得半月时间，两京自然可以有备无患。于是阳明设下了疑兵之计，他假写了一块两广都御史火牌，假称朝廷已先差颜颐寿等来勘事，密于两广各处起调兵马，潜行来袭取南昌，命雷济等人派一些乖巧徒役持火牌打入南昌城，四处散发。宸濠见到火牌，果然心生疑惧，一时不敢轻进。

十六日，阳明到达临江蛇河，见到临江知府戴德孺。戴德孺请阳明入城调度军马。阳明提出当务之急是要想方设法拖得宸濠在南昌，不敢贸然出兵趋南都，江西三司大官均被囚禁，唯有自己挺身而出，神速起集义兵勤王，平定宸濠叛乱才有指望。

十八日，阳明到达吉安。雷济、萧禹对着吉安城头举起了黄罗盖，城中爆发出一片欢呼："王爷爷还矣！"在吉安，阳明招集

第十三章　平定宸濠叛乱的悲喜剧

义兵勤王平叛真正开始了。

从吉安集兵起义到鄱阳湖火攻大战

当阳明回到吉安时，形势已经非常严峻。宸濠叛兵有十八万，原定六月十七日出兵，宸濠自己于二十二日在南昌起马，统率大军直捣南京，谒陵即位，然后直犯北京。所以他在十五日就命闵廿四等人同涂钦等人分攻九江、南康，抢掠吴城。遣校尉赵智飞速往浙江命镇守太监毕真起兵。差李蓄、王春、娄伯等人往各府县募兵招军，又命王纶檄召姚源峒兵。十六日，闵廿四攻陷南康。十七日，涂钦攻陷九江。阳明这时在吉安无一兵一卒，为了阻遏叛军进攻的势头与拖迟宸濠出兵，加快集结义兵，阳明先展开攻心战，设下了空城计、疑兵计与反间计。他先假写了给南雄、南安、赣州等各府县的报帖，派人打入南昌省城，疑沮宸濠出兵之心。然后他又假写了一篇《迎接京军文书》。

这本假文书写成手本以后，阳明立即叫雷济选派几个能走善递的家人，藏带文书星夜潜往南京及淮、扬等处去迎接官兵；同时又叫雷济寻访素与宸濠交通往来的人，厚加贿赂结纳，叫他们去密报这些家人的行踪。宸濠立即差军士四路追捉这些家人，搜到手本，果然心生疑惧。配合这本假文书，阳明又同龙光设计假写了两封回报李士实与刘养正书。另又写了一封同样的报刘养正书。阳明叫雷济差人送递李士实，叫龙光差人送递刘养正。这两个差递人都被宸濠叛军捉住杀死，宸濠得到这两封报书，更加怀疑李士实、刘养正，李士实与刘养正也更加疑惧不安。阳明又派遣素与刘养正厚善的指挥高睿致书刘养正,派遣雷济、萧禹去引诱内官万锐私下写书信给内官陈贤、刘吉、喻木。又写数以千计的告示、招降旗号与木牌,叫雷济、萧禹、龙光、王佐等差遣役夫潜入叛军贼垒,把告示四处张贴,将旗号、木牌四路标插。布署疑兵于丰城一带,做出佯攻态势。又派遣雷济、龙光把刘养正家属接来吉安,厚加看养,秘密差遣家属的家人潜入刘养正处传递消息。

阳明江西平宸濠乱

第十三章 平定宸濠叛乱的悲喜剧

阳明的空城—疑兵—反间的连环攻心之计，拉开了他平定宸濠叛乱之战的序幕。在军队还没有集结到位的危急情势下，他故布疑兵迷阵，一时间风声鹤唳，虚虚实实，扑朔迷离，离间宸濠君臣，相互猜忌，扰乱叛兵军心，涣散斗志，使宸濠顿生迟疑畏惧，终于不敢在二十二日发兵攻南京，这也给阳明集兵倡义勤王争得了宝贵的时间。阳明初到吉安时，自己并未带兵，吉安府地方也只有少量军队，多是些老弱兵卒，如往南、赣调兵，又路途太远。况且南、赣旧虽有屯兵四千之众，本一遇警可朝发夕至，却因粮饷无所供给在三个月前全被解散。他唯有以最快的速度自行调度集结好各路人马，才能从容对敌，实施他的主动出击、乘虚攻克南昌平定叛乱的战略。他完全不指望坐等朝廷的京边军迅速南下征讨，为此他采取了双管齐下的集兵办法：一是向外省请调兵勤王，二是向江西本省十二府请集兵勤王。

在向外省请兵勤王上，阳明接连行文下福建布政司调兵勤王，行文下南京各衙门勤王，咨文请两广总制都御史杨旦共勤国难，致书福建御史周鹎、周震敦促福建出兵，咨文请在浙的都御史颜颐寿调兵进讨。奇怪的是江西宸濠叛乱已经沸反盈天，南京及周边的各省湖广、两广、福建、浙江等居然没有丝毫动静，他们都采取了各自拥兵守城自保的消极态度，没有响应阳明的起兵勤王，发兵来援。只有福建布政使席书与兵备佥事周期雍统领了万名海沧打手来援，而当他们到达吉安时，宸濠叛乱已经平定。可以说，在整个平宸濠叛乱的战争中，只有阳明以过人的胆勇采取了集义起兵主动出击的战略（进攻战），化守为攻，牵制住宸濠，而其他各省各府都消极采取了守城守地自保的错误战略（保卫战），终不免被动挨打，甚至作为留都的南京，设有兵部，统率南直隶军队，面对宸濠沿江汹汹东下的攻势，居然也只采取修筑城防守城自保的战略，以安庆为挡箭牌，阻遏叛军东下来攻。就连自诩为"武功皇帝"的武宗，高唱要"御驾亲征"，竟也可笑地命各省大员王守仁、秦金、李充嗣、丛兰等在江西、湖广、镇江、瓜洲、仪真等就地"防遏"自守。那些各省的大员所以敢拥兵自守自保、不肯出兵来援，真是吃透了武宗就地防遏的"御意"。安庆首先成了南京与各省自守自保的牺牲品。阳明在吉安，本来也完全可以奉武宗之命像其他各省一样采取拥军自保的战略，只须自守阻遏一面，自保无虞。对阳明倡义起兵主动出击，当时人都笑他愚蠢之极。殊不知正是阳明的集义起兵主动出击（二次）挽救了各省消极拥兵防遏自守自保造成的危局。他向那些拥兵自守自保的外省请调兵勤王没有成功，只有把希望寄在了向江西本省十二府的集兵勤王上。

在向江西十二府的调兵勤王上，阳明全力以赴。吉安知府伍文定同他看法一样。于是阳明督同伍文定调集兵粮，号召义勇。约会前右副都御史王懋中、养病评事罗侨等人定谋划策。召募旧部来共商谋略，副使罗循、罗钦德，郎中曾直，御史张鳌山、周鲁，同知郭祥鹏，进士郭持平，谪官驿丞王思、李中，编修邹守益等纷纷来吉安谋划效力。广发行文下赣州、南安等十二府以及奉新等县，募兵率军策应。调发梅花峒等乡义勇兵民，调取吉水县各户义兵，调发龙泉等县军兵策应丰城，调拨福建军马预备水战。阳明上《留用官员疏》，奏请留用两广清军御史谢源、刷卷御史伍希儒。仅半个月的时间，阳明就快速调集到八万军马。在这紧张的调集义兵的过程中，阳明审势度时，高瞻远瞩，形成了他的主动出击、乘虚攻克南昌的进攻战略。还在六月十九日，阳明在所上《飞报宁王谋反疏》中，就陈述了自己同伍文定、王懋中、罗侨等密谋，定下集兵起义、乘虚攻捣南昌的谋略。

第十三章 平定宸濠叛乱的悲喜剧

到七月初，阳明勉强调集到八万兵马，都是江西十三府的府兵与民间勤王的义民，要依靠这些人马来实施他的主动出击、攻克南昌的平叛谋略，他还是感到势单力薄，孤掌难鸣，所以他深谋远虑，又提出了各省联合夹击共讨的方案，一面上疏请朝廷尽快兴王师来征剿，一面行文各省，请他们统兵来合攻共讨。

各省联合四面夹击共讨，不失为攻克南昌、歼灭宸濠的上上策。但是各省都只顾拥兵自守自保，武宗御驾亲征与朝廷的王师大军又迟迟不来，阳明的联合夹击共讨的作战方案还是流产了，竟让宸濠占得先机，抢在阳明集结好义军之前展开了猛攻，阳明只有孤军率先发难。

六月二十七日，从疑惧中回过神来的宸濠派出了二三万大军攻打安庆，妄图打开直捣南京的通道。二百余艘战船蔽江东下，一路焚掠彭泽、湖口、望江，席卷如风骤至安庆城下。守备都指挥杨锐、知府张文锦、指挥崔文、通判何景旸奋起拼死拒守，军民苦战，伤亡惨重。近在咫尺的南京居然淡定遵奉留都守城自保的"御旨"，不发一兵一卒来救援安庆，击溃叛军解围，这使宸濠气焰更加嚣张。在安庆危急的情势下，倒是在江西鹅湖的费宏、费寀看到了乘虚进攻南昌的战机，遣人间道来吉安投书阳明，进献三策，劝阳明乘机攻击南昌巢穴，控扼上游，坚守要害，牵制宸濠叛军围攻安庆、直下南京的势头。

安庆保卫战挡住了宸濠东下南京的锋锐，也为阳明集结义兵争得了时间，在平宸濠叛乱的大战中立下了首功。愤怒的宸濠这时得知阳明还没有齐集好义兵，决定冒险倾巢出动，直攻安庆。七月一日，宸濠亲自统兵发南昌，留下宜春王梼橪守南昌城，命九江王宸溍为进攻前驱。宸濠领兵八九万，一千余艘战舰沿江东进，舳舻连接六十余里，遮天蔽日攻至安庆城下。安庆形势危急，南京方面仍不发一兵一卒来救。宸濠乘黄舰，泊黄石矶，亲自督战。叛军造几十架云楼俯瞰城中，杨锐率兵民苦战，也造几十架飞楼，凌空万箭射敌，夜间派勇士缒城下烧毁云楼。叛军又造天梯，广二丈，比城楼还高，伏兵其中，推轮迫近城墙下。城上兵士纷纷将浸油燃烧的束苇投下，烧死伏兵，云梯焚毁。安庆的军卫兵卒不满一百，杨锐又叫兵民登城，老弱妇女齐上阵，搬石头上城楼，堆积如山。敌兵来攻，石头投掷如雨，又将滚沸的油水倾下，杀死无数敌兵。到夜间，又遣死士劫敌营，敌兵乱成一团。八日，宸濠船泊南岸，亲自率众分攻五城，每路兵举木为遮蔽，攻势凌厉。杨锐撕裂方布，覆上层纸，包裹火药，做成一千多个"炸弹"，投在敌寇遮蔽的木上，大火熊熊燃烧，敌寇纷纷逃窜。到十二日，又在北濠扎木架栈道，与城相接，敌兵从栈道上猛攻而上。杨锐见城池危急，在城楼上架起了大将军火铳，将金鼓放置城上。敌寇一见，全都胆战心惊溃退逃窜。杨锐再遣兵卒从间道潜出，烧毁了栈道。正是安庆军民十二天的守城死战，阻遏住了宸濠东趋南京的攻势，给阳明集结好义兵进攻南昌提供了充分的时间保证。

阳明迅速在七月二日初步调集好义兵，并发兵到丰城各处分布，作出了乘虚进攻南昌的作战部署。到八日，在出兵前夕，阳明对后方防守作了周密安排，行文下到各府县，命府县佐贰之官负责地方防守，敦请乡士夫协助共守城池。阳明自己命令吏役将吉安公署四周堆满了柴薪，表示了破釜沉舟的决心。同时敦促各府县集结好军队，务必在十五日各路兵马齐会于临江樟树镇。十三日，阳明率先兵发吉安，同伍文定率兵顺流而下。十五日到达樟树镇，这时知府戴德孺引兵自临江来，知府徐琏引兵自袁州来，知府邢珣引兵自赣州来，通判胡尧元、童琦引兵自瑞州来，通判谈储、推官王

第十三章 平定宸濠叛乱的悲喜剧

昈、徐文英,新淦知县李美,泰和知县李楫,宁都知县王天与,万安知县王冕,也都引兵来会,合八万人马,号称二十万,声势大震,进攻南昌已箭在弦上。就在这一天,宸濠在黄石矶督战,听到了阳明在樟树镇大会师,南昌危在旦夕。他问舟人:"地何名?"舟人回答说:"黄石矶也。"宸濠感到地名凶险,立即从安庆撤兵,率大军还救南昌。殊不知安庆保卫战牵制拖住宸濠主力军十八天,宸濠已经回救不及,大势已去了。

十八日,阳明统率大军自樟树镇北进至丰城。这时众多谋臣提出安庆被围,宸濠率军回援,我军应当引兵顺江直趋安庆,与安庆方面兵东西夹击,"合安庆兵蹙之江中",将宸濠兵合围在江中,一举歼灭。阳明否定了谋臣错误的作战方略,提出了"围点打援"的作战方针:先乘虚攻克南昌,摧毁宸濠巢穴;待宸濠回军来救,则可以逸待劳,全歼宸濠来援疲溃之师。南昌城里尚有二三万守军,如不先攻取南昌,则我军有后顾之忧,反被宸濠兵夹击围困。

一切正如阳明所料。在丰城,阳明得谍报宸濠在新、旧坟厂伏兵一千余人,以备省城南昌之援。他立即命奉新知县刘守绪、典史徐诚领兵四百名,从间道快速夜袭攻破,肃清了南昌城外围敌兵。一切进攻准备就绪。

十九日,阳明在市汊举行誓师出兵大会,薄暮时分,以伍文定为先锋,大军出发攻打南昌。到二十日黎明,大军到达南昌城外,各哨进入屯驻阵地,四面包围了南昌。南昌城内的宸濠守军,因为阳明攻破新、旧坟厂,早已胆颤心惊;这时见阳明大军铺天盖地而来,四面鼓噪猛攻,更是惊惧万分,丧失了战斗力。伍文定用大炮轰开了城门,各哨兵士登绳梯而上,守城叛军纷纷倒戈逃窜,南昌城很快攻破,生擒宜春王㮮𣞶。宁王宫中眷属宫人多纵火自焚,大火蔓延烧及民居房屋。阳明进城,立即发布"闭门者生,迎敌者死"

号令，命令各官分道救火，释放胁从，封存府库，谨守关防，安抚军民，迅速稳定了南昌城局势，立即谋划下一步的进攻作战方略。

当南昌城破之时，宸濠还远在回兵救援的路上。他听到南昌城被攻破，仰天悲叹说："大事去矣！"李士实向他提出了败中求胜的险招：或者回军直捣南京，即登大位；或者径出蕲、黄，直趋京师。但方寸已乱的宸濠均不敢采纳，一心只想尽快回救夺取南昌的大本营，正好步步堕入了阳明布设的"围点打援"的陷阱。在南昌，阳明召集了领兵知府、监军，倡义各乡官商讨对付宸濠回军来犯之策，众官都认为眼下宸濠仍兵多势众，凶焰炽盛，兵力强于我，"归师勿遏"，我只宜收兵入城，坚壁自守，等待四邻援军到来，再相机决战。这实际还是不敢打进攻战，而主张打守城保卫战。阳明认为坚壁自守城中，势必被动挨打，陷入围困绝境，自取其败。必须打进攻战，主动出击，以精锐之师掩袭宸濠疲劳之兵，才能稳操胜券，起到"围魏救赵"的效果。他先展开攻心战，稳定南昌城民心军心，开仓大赈城中军民，发布了一则《告示七门从逆军民》。

二十一日，他遣伍文定、邢珣、徐琏、戴德孺合领五百精兵，分道并进，出其不意攻击宸濠疲兵。遣余恩领兵四百往来于鄱阳湖上，诱引敌兵。命陈槐、胡尧元、童琦、谈储、王昈、徐文英、李美、李楫、王冕、王轼、刘守绪、刘源清等各领百余精兵，四面张疑设伏，待伍文定交战，然后四起合击。阳明张好了歼灭宸濠援兵的"口袋"。

二十三日，宸濠先锋部队到达樵舍，随后宸濠战舰千余艘蔽江而至。阳明立即分督各路兵乘夜进击，命伍文定以先锋兵当于前，余恩领兵继其后，邢珣引军绕到敌背，徐琏、戴德孺展开两翼以分其兵，形成合攻之势。二十四日，两军大战于黄家渡。宸

第十三章 平定宸濠叛乱的悲喜剧

濠兵来势凶横，伍文定、余恩佯作兵败后退，诱敌深入，宸濠兵争先恐后追逐散乱，前后部不能呼应。这时邢珣率兵突击，前后横截，直贯其中，宸濠兵溃散败退。伍文定、余恩乘机追击，徐琏、戴孺合势夹攻，四面伏兵并起，宸濠兵大溃，伍文定率兵追击十余里，宸濠兵退保八字脑。宸濠重整旗鼓，收拾败兵，遣人尽发九江、南康之兵来援。阳明考虑到九江不破，湖广兵终不敢越九江来援救；南康不复，我兵也无法越南康以蹑敌后。于是便遣陈槐领兵四百，合饶州知府林城之兵攻取九江；遣曾玙领兵四百，合广信知府周朝佐之兵攻取南康。二十五日，两军大战于八字脑。阳明坐镇都察院中指挥，大开中门，听报战况，与士友笑谈论学不辍。一旦军报至，便登堂行遣。伍文定立定于铳炮之间，身冒矢石，火烧胡须不退，奋勇督领各兵死战。刘文礼执白旗指挥，亲持矛刺杀敌骑指挥，敌兵纷纷逃入水中溺死。伍文定用大炮轰击宸濠的大舟，宸濠吓得仓惶败走，退保樵舍。这时宸濠兵众尚有十来万人，宸濠观风势有利，立即联大舟为方阵，准备作最后的殊死拼搏。

二十六日，两军大战于樵舍，鄱阳湖面上，战云笼罩。当凌晨宸濠还在朝见群臣之际，阳明军已发起了攻击。阳明采用了赤壁火攻战法，先由伍文定募来四十艘船，装满束油苇，暗遣满总领军五百人，从下流潜渡，伏藏敌后，另调来他军屯驻满总故地以作掩盖。昧爽时分，满总从北面潜伏处发舟攻击，四十艘船点燃起满载的束油苇，大火熊熊，如条条火龙乘风直向宸濠军营驰去，伍文定统兵在船后紧随，须臾冲进宸濠军营。宸濠联接的大舟方阵胶着浅水，舳舻联络，惶急之中无法开动。舟帆又是用布与竹茅做成，遇火即燃。只见鄱阳湖上，宸濠千余艘战船熊熊燃烧，烟焰涨天，火光映红湖面，大炮齐发，宸濠兵纷纷跳舟逃生，烧死、溺死三万余众。余兵逃上湖岸，阳明伏兵四出邀击，宸濠兵大溃。伍文定用大炮击中宸濠副舟，火光腾起，宸濠兵四散逃窜。大舟眼看将沉，娄妃与宫女纷纷赴水而死。宸濠挟带了四名宫女登上小船逃跑，万安知县王冕领兵来追。宸濠跳入水中，水太浅没淹死，被王冕活捉。王冕径直把宸濠押解到中军阳明处。宸濠见到阳明，还抱一线希望说："王先生，我欲尽削护卫，请降为庶民可乎？"阳明只回答了一句说："有国法在。"

这场鄱阳湖火攻大战，宸濠全军覆没，生擒宸濠世子、郡王、将军及李士实、刘养正、刘吉、涂钦、王纶、熊琼、卢珩等伪官数百名。有百余艘战船逃散，阳明立即遣各官分路追剿。二十七日，先攻破樵舍，又进而攻破吴城，平宸濠叛乱胜利结束。二十八日，阳明押解宸濠凯旋，省城内外军民倾城迎接这位解民倒悬的平叛大儒英雄，欢呼声震天动地。

从六月十四日宸濠发动叛乱，到七月二十七日攻破樵舍与吴城，阳明以一个当代"诸葛孔明"的大智大勇集兵起义勤王，定计设谋，运筹帷幄，主动进攻，战术灵活，历经四十三天出生入死的战斗，神速平定了宸濠叛乱。他在宸濠突然发动叛乱、江西群龙无首的危险情势下，大无畏挺身而出，集兵起义，设计牵制、阻遏住了宸濠直攻南京的势头；他以弱势兵力，在两次关键时刻抓住战机，提出了主动出击、打进攻战的战略，始终掌握了平宸濠叛乱战斗的主动权；他在鄱阳湖决战中灵活采用赤壁火攻的战法，火船与佛郎机火炮并用，保证了平定宸濠叛乱的最终胜利。

一般多认为佛郎机铳炮是在嘉靖中才传入中国，但从林俊已会范锡制造佛郎机铳与阳明、唐龙、费宏、邹守益、黄绾作的佛郎机诗看，清楚可见佛郎机铳炮在正德年间已传入中国，并且明人自己已会制造，并用在实战中。林俊制造的佛郎机铳虽然因迟

第十三章　平定宸濠叛乱的悲喜剧　　343

林俊遣人送佛郎机铳

到没有派上用场，但阳明军队中实际有强大的佛郎机炮。这时传入明朝的佛郎机炮有一种重炮，称为"大将军炮"，长1.4米，口径114毫米，重达1 050斤，每门配子炮三座，轮流发射，一发五百子，火力威猛。陈沂在《杨公锐墓志铭》中就提到杨锐在安庆保卫战中使用了这种"大将军炮"。杨锐用的大将军火铳，就是指佛郎机重炮，因为威力惊人，所以宸濠兵吓得溃逃。显然，阳明就是用这种佛郎机重炮轰开了南昌城的大门，迅速攻克南昌城；也是用这种佛郎机重炮投入鄱阳湖的火攻大战，轰毁宸濠的副舟，活捉了宸濠。

阳明是一个通春秋大义、遭大变而知权的儒宗，学有定力、行有智勇的儒将，宸濠发动叛乱时，他不过是一个"分地则无专责，奉事则有成命"的"局外人"，却在十分之九的人徘徊观望、相信宸濠叛乱有十分之九成功把握的孤危情势下，首倡集兵起义，孤军发难，运筹制胜，打主动出击的进攻战，旬月之间摧枯拉朽歼灭了叛军，他才真正是第一的平叛功臣。但这时早已按捺不住的"武功皇帝"武宗，在近侍权阉的簇拥下起驾"南巡"，来抢夺平叛的胜利果实了。"福兮祸所倚，祸兮福所伏"，平定宸濠叛乱的凯旋胜利，成了阳明个人悲剧的开始。

三次"献俘"：平叛功臣悲剧命运的浮沉

进驻南昌的阳明其实还没有意识到，他的神速平定宸濠叛乱已触犯了武宗潜藏心底的两个迷狂情结：一是武宗久幻想当武功赫赫的"汉武帝"一类人物，妄图通过轻松游戏式的"北巡"、"南巡"建立南征北战的盖世奇功，现在他的"北巡"、"南巡"大计受到大臣的阻挠，又让阳明抢了平定宸濠奇功的风头，鳌首独占，丢了他这个"武功皇帝"的脸面，心头之恨之痛可想而知。善于揣摩"帝心"的近侍权阉向他提出了演一出命阳明再把宸濠放回鄱阳湖让武宗亲自来捉的荒唐闹剧，正中武宗下怀，便兴致勃勃率领近侍权阉们南巡来演"捉放曹"的武戏了。二是武宗极力掩饰自己"民间子"出身与无生育能力的迷狂情结，他一方面想狂热通过豹房御女秘术的修炼来增强自己的生育能力，另一方面通过强占民女来抱养一个"民间子"立为太子，这就是李

第十三章 平定宸濠叛乱的悲喜剧

士实、刘养正在讨武宗檄文中说的"既夺马指挥妻,称'马皇后';复纳山西娼妇,称'刘娘娘'。原其为心,不能御女,又将假此妇人以欺天下,抱养异姓之子"。在这场宸濠反上叛乱的战争中,宸濠向天下世人揭露了武宗是异姓民间子的真面目,讨武宗檄四处散布,尽人皆知,武宗已万难遮掩,忧惧愤怒到了极点。偏偏阳明在这时捅了这两个情结"禁区",引来了不测之祸。大祸的激发恰在他上了《奏闻宸濠伪造檄榜疏》与《擒获宸濠捷音疏》。先是在七月五日,阳明上《奏闻宸濠伪造檄榜疏》,提出了立"国本"的事。所谓立定国本,就是要择皇储,立太子,这显然是因为讨武宗檄中指斥武宗是异姓民间子的伪皇帝,天下已汹汹议论,阳明认为现在封毁讨武宗檄已经没有用,武宗唯有当机立断立定太子,昭示天下,才可以破除宸濠的诬说,堵住天下人的议论,洗清武宗自己身世的清白。到七月三十日,他又上了《擒获宸濠捷音疏》,再次提出建立"国本"。阳明的建议择立太子的奏请是经过深思熟虑的,实际早已是当时朝臣与士大夫们的一致呼声。就在这时,阳明的弟子、原吏部员外郎夏良胜特地投书给阳明,告诉他朝臣早已有请武宗立太子禅帝位的谋议。

夏良胜在这封《奉阳明先生书》中揭开了一个被掩埋的惊天秘密:原来朝中武宗与朝臣早已在建皇储、立太子的国本大事上展开了潜争暗斗,一派以阁臣杨一清、刘春等人为首,主张建皇储,从真正的朱家皇族血统的皇子皇孙中选择一人立为太子,以实现帝位向朱家皇族血统的回归;一派以武宗与近侍权阉为首,想从"异姓义子"乃至马皇后、刘娘娘的"异姓子"中选一人立为太子,以保证武宗自己的皇统后继有人。其实武宗不过是明皇朝政治舞台上的一个心灵扭曲失常的喜剧小丑皇帝,他的种种荒淫残暴的行事已到了匪夷所思的地步。由于这个败家子皇帝断子绝孙的荒淫暴虐，几乎把朱明的江山社稷玩完，朝政发生了最严重的危机，大臣个个忧心如焚，他们无法疗救武宗病入膏肓的心狂病，只有把建皇储、立太子看作是挽救武宗统治、扭转朝政危机的唯一出路。到正德十年杨一清以武英殿大学士直阁，择立太子的国本大事提上了议事日程。到正德十一年正月，南京礼科给事中徐文溥等再上奏请"择立皇储"[1]。武宗仍不予理睬。实际杨一清、刘春、徐文溥等人早已商定好皇储太子的宗室人选。听到这个消息的宸濠大喜过望，他马上派遣内官万锐携重金入都，以三万两贿赂钱宁，以一万两贿赂臧贤，谋求将他的长子大哥以上太庙烧香为名，迎取进京，作为立储贰的合适人选。武宗当然不会允诺杨一清、刘春、徐文溥等人的奏请，在选"异姓义子"立为储贰受阻的情况下，武宗便在抱养民间子上打起了主意，自己没有生育能力，想强纳民间孕妇来现成占有一个"民间子"。当时延绥总兵马昂因犯法被撤职，他有一个妹妹马伶儿貌美如花，已嫁给一个指挥毕春，有了身孕。她能歌善舞，还善于骑射，懂鞑靼语。武宗立即叫江彬找到马昂，提出以恢复官职为条件，让马昂把马伶儿夺回，献给武宗。武宗特宠有身孕的马伶儿，中官都称她为"马皇后"，称马昂为"舅"，武宗心中已有立她所生子为皇储的意思。[2] 这急坏了朝廷大臣，三月，吏科都给事中吕经等人上奏，紧接着阁臣杨一清等也上书斥武宗纳民间孕妇。[3] 武宗依旧独断自行，杨一清反在八月被迫致仕而去。直到九月，武宗有一天往马昂的宅第饮酒，见到马昂的美妾，吃醉的武宗竟要

---

[1]《国榷》卷五十"正德十一年正月"条。
[2] 见《国榷》卷五十"正德十一年二月"条。
[3] 按：《国榷》卷五十："甲辰，阁臣言马昂纳妹事，不报。"此"阁臣"即指杨一清、刘春等人。

召幸马昂妾。马昂不答应，武宗大怒，马昂吓得称疾逃之夭夭，自此武宗疏远了马皇后。但他的淫心不死，继续寻找民间孕妇，四处索要妇女。直到正德十三年十二月机会终于来了，武宗"北巡"到偏头关索求到一个新的民间孕妇——女乐刘娘娘（刘美人），武宗又把立皇储的希望寄托在刘娘娘所生的"民间子"上。[1] 当阳明在正德十四年七月上书请择立皇储国本时，正是武宗与刘娘娘新婚燕尔、等待生子之时，刘娘娘实际已以皇后自居，干预朝政。

武宗已有意选定刘娘娘所生子为皇储，对刘娘娘言听计从，无怪这次南巡武宗竟硬要带领了刘娘娘一起御驾亲征，其实无非是要堵住一班大臣请择立宗室子弟为皇储的嘴。夏良胜在这时希望阳明出头来完成杨一清、刘春立皇储的未竟大事，不知阳明恰好撞到了枪口上，大祸随着武宗南巡的到来降临了。

阳明在南昌已预感到危险的逼近，所以他一面在八月十七日上了《请止亲征疏》，乞请由自己亲押宸濠人犯解赴京都；一面在八月二十五日上了《乞便道省葬疏》，乞请朝廷履行"贼平来说"的前诺，放归田里。他不知道武宗已在八月二十二日在近侍权阉的保驾下，率军御驾南征发京师。武宗煞有介事地自封为"总督军务威武大将军总兵官后军都督府太师镇国公"，命安边伯许泰为总督军务，充总兵官，平虏伯江彬为提督，赞画机密军务，左都督刘晖为总兵官，太监张忠为提督军务，太监张永为提督，赞画机密军务，勘查宸濠反逆罪状，清理库藏宫眷等事，太监魏彬为提督等官，兵部侍郎王宪为督理粮饷，左都督朱周协赞，锦衣卫都督朱宁随征。其实谁都明白这时早已无叛可征，无逆可讨，

---

[1] 见《国榷》卷五十"正德十三年十二月"条。

武宗迟迟御驾南巡征讨的真正目的是明摆的：不过一是来抢夺擒捉宸濠平定叛乱的首功，二是来查勘宸濠反叛的罪状及朝廷里外官员与宸濠勾结的罪证，这两方面都必然会集中打击到阳明头上，这就是阳明说的"剥床以肤，莫之为措"。为此武宗将征讨大军分为两路南下：一路由张忠、许泰、刘晖率领京边军，直往江西南昌，查勘宸濠反状及官员与宸濠勾结的罪证（主要是阳明）；一路由近侍权阉陪侍武宗悠然巡游到留都南京，恬然领受御擒宸濠的盖世奇功，满足他的要做当代"汉武帝"的迷狂情结。

　　武宗出京后，表面上一路悠哉游哉，九月七日才到达临清，却迟迟不进发。他忽然在二十二日偷偷自驾单舟北行，不知所往。后来史载说他是去张家湾接刘娘娘。其实这里包藏了一个大阴谋，《国榷》上另有一则记载解开了这个秘密，原来李士实、刘养正在讨武宗檄中揭露了刘娘娘是武宗强纳的民妇，要想抱养民间子立为皇储，最为武宗与刘娘娘所痛恨；而偏偏臧贤最知悉武宗抢纳刘娘娘抱养民间子的内幕，又同宸濠暗中勾结，荐引宸濠的长子大哥入京作为皇储的合适人选，武宗与刘娘娘都早欲除掉臧贤而后快。所以武宗与刘娘娘先在宫中定下了杀臧贤灭口的计策，到南巡启程出京后，先是刘娘娘装着生病与臧贤一同留在张家湾；接着由朱宁派盗贼深夜潜入张家湾，杀掉了臧贤；然后再把朱宁囚禁在张家湾杀掉。武宗在临清等待，听到了臧贤被杀的消息，于是马上赶到张家湾把刘娘娘接回。[1] 讨武宗檄烧毁，臧贤也死，连知情人朱宁也被羁押在临清，武宗便可名正言顺地带了他的宠妃刘娘娘御驾南征，威慑那班奏请择立皇储的顽固大臣，钳制天下人的议论之口。所以他人还在临清，就迫不及待地下命阳

---

[1] 按：武宗犹恐事情败露，又将朱宁羁押在临清，后杀之。见《国榷》卷五十一"正德十四年十一月"条。

第十三章 平定宸濠叛乱的悲喜剧

明将宸濠一班逆党械系献俘来南都，并差张永由镇江入浙，来接收宸濠一班囚犯。

九月十一日，阳明偕同抚州知府陈槐亲自押解宸濠，献俘从南昌出发。他深知这次献俘南都一路的凶险，他的弟子夏良胜又给他写来一信，替他谋算见武宗面陈的办法，鉴于武宗还迟迟在途不知何时到南都，而张忠、许泰已率京边军往江西，夏良胜劝他最好献俘到广信停驻，观望形势，待武宗到达南都后，再献俘北上入南都，可以见到武宗面陈。

阳明采纳了夏良胜的意见。但武宗一心想要到鄱阳湖上大显身手亲自擒捉宸濠，他与刘娘娘又尤怕阳明到南都来面奏择皇储、建国本的事，他又改变主意，差遣御马太监张忠、安边伯许泰来取宸濠一班逆囚，送回南昌。阳明在二十五日到达广信，张忠的取囚照会与许泰的取囚手本也差诸将送到，阳明不肯把宸濠囚犯交给他们。席书暗中来拜见他，支持他直接将囚犯押送入南都，不要把囚犯交给张忠、许泰。二十六日，阳明继续押解囚犯乘夜过玉山、草萍驿。他上了《献俘揭帖》说明事情的原委。

阳明不将囚犯交张忠、许泰，大大得罪触怒了张忠、许泰，他们（包括江彬）造飞语诬告阳明与宸濠勾结，有拥兵叛乱的野心，居功自傲，不肯让武宗来鄱阳湖擒捉宸濠，就从这时开始了。在草萍驿，阳明听到张忠、许泰率领京边军已到了徐、淮一带，连忙又乘夜速发进入浙中，以避开张忠、许泰。

阳明明确说他所以不把囚犯交张忠、许泰而要亲自献俘至南都，是要面见武宗，"欲请回銮罢六师"，他更加预感到前路的凶险。果然，当他在十月初到达杭州府时，御马太监张永已经奉命到杭州府来向他领取宸濠一班囚犯，送回南昌，让武宗来擒捉。他还带来了"大将军"（武宗）的"钧帖"。阳明同他展开了一场争辩。杨一清在《司礼太监张公永墓志铭》中真实记载了两人的争辩。

阳明着重同张永谈到了约束张忠、许泰来江西的军队、促其尽快班师的事，张永高兴答允。张永表示回去一定劝说武宗南征罢兵回师，陈告阳明耿耿忠心，辨白阳明诬枉，约束监制张忠、许泰军队，阳明才将宸濠等囚犯交张永。后来张永回见武宗，果然以一家为担保，陈诉阳明忠心不贰，无辜被诬。但阳明还是不放心，他决定以养病为名留在杭州，等待武宗来到行在南京，再向武宗面陈。

阳明实际是以养病为借口，留在杭州等待武宗到南都，好迎驾入都面奏辨诬。在杭城，他寓居在西湖净慈寺，开始了漫长的等待。原来这时武宗还在临清逍遥淹留，直到十月二十二日才从临清起驾出发。阳明感到万般无奈，想到了不如归居田园，解脱困厄。

但武宗行踪诡秘不定，坐等不是办法，阳明决计采用迎驾北上的办法，直入南都迎接武宗。约在十月中旬，他便从杭州出发北行，一路访友论学。约十一月初，他到达镇江，往待隐园拜访了致仕家居的杨一清。

镇江离南京已经近在咫尺，这时武宗却还远在徐州、淮安一带钓鱼打鸟作乐，不思南下。阳明在镇江遥望南京，日日空等，大祸突然降临。专横跋扈的帝侧奸佞江彬派缇骑四出，大索民间鹰犬，珍宝古玩。他竟派遣了几十名中贵，拿了武宗的"大将军牌"气势汹汹来镇江，向阳明索要宸濠贿赂朝中中贵大臣的簿籍名单。索要不到，便拿出大将军牌勒令阳明回南昌巡抚江西，不得进南都。

阳明做梦也没有想到，正是他在镇江苦苦等待之时，在徐州的武宗竟派遣礼科左给事中祝续，监察御史章纶、许孟和，兵科左给事中齐之鸾"四纪功"往江西同张忠、许泰、刘晖一起查勘阳明的反状。[1] 武宗的阴险狡诈由此可见。到此阳明要见武宗面陈的一切努力都白费了。他这次献俘赴南都之行，一受阻于张忠、许泰，二受阻于张永，三受阻于江彬，最终由武宗一手钦定封杀。

十一月中旬，阳明怀着无限悲愤告别杨一清，沿湖口南下归南昌。这时的南昌城已笼罩在一片恐怖骚乱中。原来张忠、许泰、刘晖在十月已领京边军快速到达南昌，张忠自称是"天子弟"，刘晖自称是"天子儿"，许泰自称是"威武副将军，与天子同僚"。他们名义上称是来勘查宸濠叛乱事状，捕捉宸濠同党案犯，实际是要来媚夺阳明平叛之功，罗织阳明与宸濠勾结、拥兵反上的罪状。他们放纵京边军大肆骚扰，掠夺民财，诛求万端，靡费巨亿。乱捕所谓宸濠"余党"，士民被诬陷为"逆党"的有数十万，甚至把功臣伍文定也逮捕捆绑起来。他们又四出搜罗阳明罪状，故纵京边军侵凌阳明，呼名嫚骂，冲道寻衅闹事。诬告说阳明攻进南昌后，纵兵抢掠杀戮。最可怕的还是武宗派来的"四纪功"祝续、章纶、许孟和、齐之鸾，他们奉帝命秘密来南昌，密切配合张忠、许泰、刘晖，千方百计搜查阳明的叛反罪状。

武宗在十一月六日到达徐州，他就是在这时遣"四纪功"往南昌查勘叛乱始末的，齐之鸾在《救王文成公疏》中记录下了武宗这一遣"四纪功"的威武大将军钧帖。这封"大将军钧帖"就是与阻止阳明入南都的"大将军牌"在同时发下的。实际除了齐之鸾外，祝续、章纶、许孟和都望风附会张忠、许泰、刘晖，罗

---

[1] 见齐之鸾《蓉川集·历官疏草》中《救王文成公疏》及汪天启《送蓉川齐公之崇德序》。

织阳明罪名。他们从宸濠嘴里听到阳明曾派冀元亨来南昌讲学，如获至宝，立即逮捕了冀元亨，造为飞语，诬陷阳明与宸濠私通，回报武宗，酿成大案，以至后来齐之鸾七上奏疏援救阳明。

阳明在南昌，面对这些大大小小的瘟神，十分镇定自如，想方设法尽快打发这班瘟神班师回南都，化解困境。针对满城骄横跋扈的京边军，他展开攻心战，发布了一则《告谕军民文》，教民善待京边军。

京边军见到这则谕告，个个生起思乡之念。十一月二十二日是冬至节，南昌经过宸濠乱后，饿殍遍野，骸骨未葬。阳明下命全城居民进行巷祭，家家上坟，哭亡酹酒，招魂举奠。阳明亲自作文，发布了一则《济幽榜文》。

张忠、许泰、刘晖后来在十一月底罢兵班师回南都，后人（钱德洪等）都说是阳明比箭三发三中使他们"大惧"所致，显然是完全说不通的。张忠、许泰、刘晖都有"尚方宝剑"在手，奉皇命行事，岂会"大惧"阳明一人而班师？祝续、章纶、许孟和也是奉皇命来查勘阳明的反状的，怎么会"大惧"而空手归南都？真实的原因显然是武宗这时已到了宝应、扬州，马上要进入南都，而张忠、许泰、刘晖与祝续、章纶、许孟和这时也正好查勘掌握到了阳明与宸濠勾结、意图反乱的"证据"，所以张忠、许泰、刘晖连忙率军赶回南都保驾，一则是要"攘功贼义"，"欲自献俘袭功"；二则是向武宗报告阳明反状，请求武宗派锦衣卫校去捉拿阳明。事情果真如此。武宗在十二月二十六日进入南都，而张忠一班人也恰好在这时到达南都，向武宗进谗言说阳明与宸濠有勾结，有谋反意。武宗立即派遣锦衣卫校去江西捉拿阳明。杨一清在《司礼太监张公永墓志铭》中揭开了这一惊人阴谋的真相。

第十三章 平定宸濠叛乱的悲喜剧

原来武宗已经派遣锦衣卫校要往江西逮捕阳明，幸有张永救解，武宗才改为遣使试召阳明，看他来不来南都。具体的办法就是一面遣使往南昌命阳明献俘来南都；一面又遣张永赴南昌，由他亲自押解宸濠回南都。显然，这时的武宗因找不到阳明与宸濠勾结、有心谋反的真凭实据，要想再去南昌大演鄱阳湖捉宸濠的闹剧，只会招致世人的嘲笑唾骂，所以才遣张永去南昌把宸濠押解回南都，由武宗一手裁决，名义上算作是武宗南征"亲捉"宸濠了。

阳明在南昌，还不知道张永替他化解了一次危难，但新的凶险又已向他逼近。除夕这一天，张永派来的顺天检校钱秉直到了南昌，向他急告了内情；武宗派遣的特使也同时到达南昌，命他立即献俘赴南都。阳明知道这是武宗要试探他有无"反心"，马上"不退食"便与特使俱行。

正德十五年（1520年）正月初一，阳明押解了刘吉一班逆党囚犯上路，这是他的第二次献俘南都之行。初八日他一到芜湖，江彬、张忠已派人来阻挠阳明进南都。阳明被挡在芜湖不得进，处在了进退失据的两难困境：如继续强行前进入南都，江彬、张忠便可以他违抗武宗君命擅自进南都之罪论处；如往后退回南昌，江彬、张忠也就可坐实他不赴帝召有心反叛之罪。困境中的阳明使出了破釜沉舟的一招：他决计弃官离职，遁入九华山，不进不退，听凭武宗处置裁决。

在九华山，阳明身陷绝境，每天宴坐于草庵中，默坐澄心，体认心体（良知），让九华山圣境弥漫的佛风禅云熨平他的伤痕累累的灵魂。他日日徜徉于九华胜境名迹，吟诗作赋，几近绝望的沉重心境获得了解脱，反变得更乐观自信起来。青阳县学诸生江学曾、施宗道来见阳明，陪侍他冒雨登山寻奇。

困厄在九华山中,前途茫茫,但阳明仍没有忘记讲学论道,自求良知精神境界的超越,他专往休宁去吊祭了汪循。在那里,他探访太极岩,游览仁峰精舍。汪循在正德十四年二月上旬有一书寄阳明,很快在二十日去世,阳明没有来得及作答书,告诉他的"良知"新说。这次阳明来凭吊汪循,题诗太极岩、仁峰精舍,成了对汪循最后一封信的最好回答,也圆了汪循请他作仁峰精舍记的梦。阳明在四首诗中实际是针对以前他与汪循的论辨,以"心"咏"良知",认为周敦颐说的"太极元无极"就是指"心","心非明镜台",所以心即良知,"人人有个圆圈在",这同他后来说"个个人心有仲尼","人人自有定盘针","人人有路透长安","谁人不有良知在","尧舜人人学可齐",是一个意思,这个"太极圆"就是"心",就是"良知"。阳明自正德十四年初以来的"良知之悟",在遁入九华山的厄境中得到了一次升华。

阳明在九华山困处了半月,武宗在南都才终于有了说法。阳明的遁入九华山给武宗出了一道棘手的难题,他在十五日下旨命张永等会同研究处置办法,齐之鸾便乘机出来极力援救阳明。

齐之鸾的援救起了关键作用,但多疑的武宗还是不放心,他又派遣锦衣卫往九华山侦伺阳明动静。锦衣卫到九华山,只见阳明学金地藏在东岩宴坐澄观,虔心修道,一无反状。锦衣卫回南都报告了阳明情况,武宗不得不说:"王守仁学道人也,召之即至,安得反乎?"于是他在二十三日再下旨命阳明献俘赴南都。

阳明在二十六日受到武宗旨命,立即走出了九华山,押解囚犯北行,一直到达南都的上新河。谁知江彬、张忠这时又进谗言,阻止阳明入都见武宗,命他立即回南昌巡抚军民。原来上新河地处南京江心洲夹江之东,是明时官船往来停泊处,宸濠及一应逆党囚犯就都囚槛于上新河江上。阳明本是想通过献俘入都面见武

第十三章　平定宸濠叛乱的悲喜剧　　355

宗，但武宗本来就不想见阳明，只是差他献俘来南都，所以阳明押解囚俘一到上新河，他的"献俘"任务已告完成，自然叫他回南昌，不让他入都面见武宗了。

阳明的第二次献俘南都之行又失败了。他怀着怨愤难抑的悲情驾舟归南昌。经过铜陵时，他特地去观访了有名的铁船，作了一首"行路难"的长歌大书在船石上。阳明借沉陷的千年"铁船"悲悼自己这次献俘南都的凶险之行，"世路难行每如此"，这首诗成了他对这次失败的献俘南都之行的总结，也预感到还会有新的世路风波袭来。

阳明约在二月一日回到南昌，果然武宗在行在留都又无端再掀波澜。原来武宗最忌阳明捉宸濠之功，所以他只命阳明押解一般的囚犯献俘南都，而暗命张永往南昌将首犯宸濠械系押解来南都。张永故意让阳明押解刘吉一班囚犯先发，他则与抚州知府陈槐押解宸濠后行，到二月六日也械系宸濠至南京上新河。

但武宗对押解宸濠回来的张永很不满意，一是他将武宗最急要的朝内外官员与宸濠交通勾结的簿籍烧毁，二是他没有将作为阳明与宸濠交通勾结重要"证据"的要犯冀元亨押解到南都。所以武宗不肯就此班师回京，竟再次下旨命阳明将最后一批囚犯（包括冀元亨）押解送南都。冀元亨先在南昌被捕；后解送至南都，受酷刑；最后又械系至京师诏狱。这个负责把冀元亨等最后一批囚犯送往南都的，就是阳明。而他所以急于亲解囚俘赴南都，实际真意也在入南都面见武宗陈情，为冀元亨辨诬雪冤。而他最终没有能具奏伸理，也必然又是受到了张忠、江彬的阻抑，未能入都见武宗。

约在三月初，阳明偕同江西参政徐琏押解冀元亨一班囚犯启程。这是他的第三次献俘南都之行。他行进到芜湖，果然江彬、张忠又派人来阻挠他入都,命令阳明将囚犯交给他们带往南都,阳明即速回去巡抚江西。阳明要进南都见武宗为冀元亨雪冤的心愿顿成泡影,他与冀元亨的命运也更凶险莫测。无限悲愤之下,他只有再次遁入九华山,寻求精神慰藉。在九华山,他同少林来的周经和尚在东岩说法谈禅,机锋棒喝,问"安心法"。周经禅师宴坐石窦中已有三年,他同医官陶野一起来见阳明说禅。阳明甚至为这个洞中岩僧作了一首诗来砥砺自己的同志。

三月九日是清明节,阳明在池州知府何绍正等人的陪同下又游访了齐山。他登上寄隐岩,卜居归隐之念顿生。三月中旬,阳明怀着悲愤之情回到了南昌,但是新的打击迫害又笼罩住了他。

"归去休"
——平叛悲剧命运的结局

阳明回到南昌后,归隐心切,唯想逃归避祸。他一方面抓紧处置平叛的善后事宜,上疏请乞宽免钱粮,急救民困,上疏计处宁藩变产官银,代民上纳;另一方面不断上疏乞归省葬,投札给朝中大臣请允准放归。他在给朱节的信中谈到自己如陷"火炕"般的处境。

三月二十五日,阳明第三次上疏乞省葬,并致札阁臣毛纪恳允。从宸濠、冀元亨押解到南都以后,武宗便把指证阳明与宸濠勾结交通、图谋反乱的希望全部押在了冀元亨案上,江彬、张忠承帝意对冀元亨刑讯逼供,动用炮烙,严刑拷打,妄图锻炼成大狱,置阳明于死地。他们迫害冀元亨是假,嫁祸阳明是真。但冀

第十三章　平定宸濠叛乱的悲喜剧

元亨坚贞不屈，宁死不吐一字诬阳明，加上齐之鸾也出来疏救阳明，明辨事实真相[1]，冀元亨案终于未炼成冤狱，祸及阳明。但武宗仍不死心，齐之鸾等大臣屡次劝武宗班师回京都，他都不听，死乞白赖在南都，等待着江彬、张忠再罗织炮制冀元亨、阳明的罪状，以便把他们一起网罗逮捕回京。

在南昌的阳明十分清楚南都动静的险恶，他不能坐以待毙。为了避开南京方面江彬、张忠、许泰的迫害，阳明决定南下赴赣州，巡抚地方，处置赣州宸濠叛乱善后的一些棘手事情。六月上旬，他偕同巡按御史唐龙起程南下，一路感到一种跳出"火炕"、"死地"的精神解脱。由新淦、章口进入道教的"第十七洞天"玉笥山，他以一个虔诚的"阳明真人"游大秀宫，访云腾飙驭祠，感觉自己俨然成了崆峒山上的"广成子"，一连咏了四首道诗吐露自己的"道心"。

十八日阳明到达吉安，邹守益等一班乡贤士夫都来相见，会聚于文山祠。然后阳明偕同唐龙、李素、伍希儒、邹守益、王昿一班文士往游七祖行思道场青原山，登上山顶，阳明慷慨论张忠、许泰领京边军来南昌骚扰杀戮的经过。青原山绵延横亘几十里，阳明看到山头黄山谷的青原山诗碑，更是感慨万千，"道心"大发。

在吉安，阳明真做了一件"从行诸生骇吾说"的事：他命地方有司葬了刘养正母，自己给刘养正母作了一篇祭文。阳明与刘养正的"朋友"关系，正是江彬、张忠全力查勘锻炼的阳明与宸濠交通勾结的一条重要"罪状"，阳明在"剥阳幸未绝，生意存枯荄"的危境中却依旧给刘养正母作祭文，称"聊以慰子之魂"，

---

[1] 按：齐之鸾六上《救王文成公疏》，即在此时。

这既表明了他对江彬、张忠之流的炼狱者们的轻蔑，也洗刷了自己与刘养正关系的清白。

阳明在六月下旬到达赣州，马上整顿军政，大抓操阅士卒，教练战法，命各县官兵均来赣州教场住扎操阅。他发布了一则《行岭北道申明教场军令》。没想到就是阳明这样在赣州整顿军政、操兵教战，引起了南都江彬、张忠、许泰等权奸的恐慌，他们造谣说阳明在赣州要调动军队"清君侧"。江彬马上派人到赣州来侦伺阳明动静，诸司也纷纷下文帖，命阳明马上回南昌，不要处凶险的用兵之地，同僚知交与门人也都来劝阳明速回省城，离开这是非危疑之地。阳明不为所动。

当时正好来赣州问学的陈九川耳闻目睹了这谗谤危疑的一幕。但阳明并没有回南昌，他在赣州更进一步整顿军政，实施教化，用大兴社学回击了南都帝侧的权奸。阳明从宸濠叛乱中痛感到人心的险恶堕落，世风的浇薄日下，社会动乱腐败的根源还在"人心"，所以他从整顿推广礼乐教化入手，大兴社学书院，从最基层的社学乡馆的童生教育抓起，教化人心，敦厚礼俗，这也是他一贯的文治教化之道。他先向府县发布了一则《兴举社学牌》，接着颁发了《社学教条》，各府县闻风而动，兴办社学。赣州府城里办起了五大社学：东为义泉书院，南为正蒙书院，西为富安书院与镇宁书院，北为龙池书院。各县社学也如雨后春笋兴起，多选行端德淳的师儒为讲读，选秀慧子弟分入书院，教之以歌诗习礼，申之以忠义孝悌。阳明亲自作了《教约》、《训蒙大意》，连同自己的《传习录》一起颁发给各社学。他也亲自下到社学开导教习童生歌诗、习礼、读书。在社学中，阳明特别注重孝悌忠信的礼义教育与礼仪教习，他专门给童生制订了适用的社学仪礼，命童生们认真演习。

第十三章 平定宸濠叛乱的悲喜剧

在阳明看来，礼乐歌诗是统一的，它们都应当求之于"心"，礼乐歌诗之学就是"心学"，歌诗习礼诵读都是在涵泳体认"心学"，阳明振兴社学教育具有推广理学、宣播心学的鲜明目的，他的《传习录》也成了社学诸生"口诵心惟，字字句句绅绎"的"教科书"。兴国县在复书院、立社学上最能领会阳明的兴学理念，知县黄泗在《移易风俗文》中向阳明汇报他们立社学的设想。阳明立即批文施行，称赞黄泗"修举职业，留心教化，所申事理，悉照准拟施行"。赣州各县基本上都是采取了兴国县的社学模式，文教大兴。

然而正当阳明在赣州大兴社学时，在南都的武宗与江彬、张忠、许泰又打起了新的鬼主意。因为冀元亨案没有任何进展，又找不到任何阳明与宸濠勾结、拥兵谋反的真凭实据，驻跸南京厌倦的武宗又想南游苏杭、江浙、湖湘、武当，大臣们伏宫门泣谏，武宗总算表示愿意回銮归京师。同时武宗下旨命阳明重上江西捷音疏，重定立功人员的功次册（纪功册），命令一定要把江彬、张忠、许泰、刘晖、王宪等作为朝廷的首功人员写进《重上江西捷音疏》与功次册中。在赣州的阳明不知他们包藏的祸心与阴谋，七月十七日，他上了《重上江西捷音疏》，里面着重添加了这样几句话：

> 又蒙钦差总督军门发遣太监张永前到江西查勘宸濠反叛事情，安边伯朱泰，太监张忠，左都督朱晖，各领兵亦到南京、江西征剿。续蒙钦差总督军务威武大将军总兵官后军都督府太师镇国公朱（按：即武宗）统率六师，奉天征讨，及统提督等官司礼监太监魏彬，平虏伯朱彬等，并督理粮饷兵部左侍郎等官王宪等，亦各继至南京。[1]

---

[1]《王阳明全集》卷十三。

阳明无意间中了他们的圈套。武宗正是以他上的《重上江西捷音疏》，把张永、许泰、张忠、刘晖、魏彬、江彬、梁储、王宪全列为平宸濠乱的一等功臣，抢先赏功赐爵，窃夺了阳明平宸濠叛乱的头等功臣的资格，也压抑排斥了江西地方的首功人员（如伍文定）。至于功次册原是由谢源、伍希儒重造所上，阳明很不满意，又叫他们再造上报，但都不合武宗上意与奸党的需要，朝廷没有采用，竟另外叫同江彬狼狈为奸的王宪重造，把这班奸党都作为一等功臣写进了功次册。

后来王宪正是按照自己造的荒唐的功次册，把江彬一班奸党列为一等功臣，上奏请武宗升赏。阳明与一班出生入死的江西地方首功人员都压在最下等，甚至不列入升赏立功人员之列。可以说，从阳明重上《重上江西捷音疏》与重上功次册开始，他的作为平宸濠叛乱第一功臣的地位就被武宗及其帝侧的权奸们剥夺，抛开了阳明，武宗也就坐享其成地恬然械系宸濠一班囚犯銮驾回京了。

阳明也预感到武宗班师回京的凶险，冀元亨解押进京，投入诏狱，无异又羊入虎口，让权奸们再炼冤狱，危及自己，凶多吉少。眼下只有让朝廷六部来审理冀元亨案，或许还有一线平反的希望。八月，阳明便向六部上了一道《咨六部伸理冀元亨》，痛陈冀元亨无辜冤情。

但阳明所上咨文如石沉大海，武宗却在刘娘娘的劝说下于闰八月十二日起驾回京师。阳明听到这一消息，只有把希望寄托在了张永身上，他立即投信给费宏，请他作序送张永还朝。费宏作了《奉贺提督赞画机密军务大内相守庵张公献凯还朝序》，传达了阳明的心意。但阳明还是低估了这一班权奸的险诈狡猾。

武宗正是在得到阳明所上的《重上江西捷音疏》与功次册

第十三章 平定宸濠叛乱的悲喜剧

后起驾北归京师的。齐之鸾说武宗在南都时已常呕血，病势不轻。武宗却依旧一路游山玩水，携带通秘术的胡僧淫乐。九月十二日到达清江，他又驾小舟到积水池钓鱼作乐，舟翻落水受寒，得了"夹阴伤寒"的绝症。阳明就是在这个时候从赣州回到了南昌，以为一班权奸瘟神已去，他可以在南昌放手整顿军政教化。不料到达通州的武宗竟在十一月六日以"通宸濠"的受贿罪逮捕了阳明门人、监察御史张鳌山，投入锦衣狱。实际真正的原因是张鳌山当年弹劾"八虎"时得罪了张永、张忠，二张便诬告他与宸濠私通；后来张鳌山又屡次上书请择储贰，立太子，大大触犯了帝忌，也威胁到了阳明。在南昌的阳明与邹守益、王思都上奏以辞爵赏论救，愿意献功爵以赎张鳌山之死，武宗均不允准。

武宗急忙在通州赐宸濠死后，在十二月十日总算进入京师，结束了长达四个月的班师回程，开始了对冤狱受害人新一轮的迫害。冀元亨首先被投入锦衣狱，毒刑拷打，矛头还是对准阳明。阳明在南昌终日生活在惶恐不安之中。困处在南昌的阳明，也只有弃官归居一路可走。所以他写信给在京的御史谢源，恳求他促成归省，雪冀元亨冤。

朝廷依旧不予理睬。武宗更热衷于升赏提拔那班"立首功"的权奸宠臣，在正德十六年（1521年）正月，他升王宪为兵部尚书，提督团营。升李充嗣为工部尚书，兼管水利。三月，他又命太监张忠，安边伯许泰，平虏伯江彬，都督朱洪、朱晖、朱周、朱琼俱提督团营，拓建团营教场。直到三月十四日武宗暴毙于豹房，他一生荒唐的倒行逆施才终于戛然结束，阳明的命运出现了一线转机。原来武宗早就因豹房秘术淫乐得了不治之症，这次在积水池钓鱼落水，淫病已不可救药，在归京师的路上经常呕血倒地，但他依旧带病御女狂淫。除刘娘娘外，有一名妖女王满堂，嫁给会法术的妖道段钦，两人谋逆造反，改伪号"大顺"。夫妻二妖很快被捕，王满堂被打入浣衣局。武宗却淫心大发，连夜召王满堂侍豹房，抱病御女，顿时暴毙。

暴君武宗的驾崩，总算破除了岌岌危殆的混乱朝政的死局，笼罩在阳明心头的巨大梦魇顿除。四月二十二日，大臣们早已选定好的"贤太子"兴献王长子朱厚熜即位为帝，大赦天下。为了显示新帝更化的升平气象，世宗完全一反武宗之道而行，首先平反冤狱，升赏平宸濠叛乱的立功人员。二十四日，冀元亨冤白释放出狱（五日后即卒）。二十五日，褒录阳明平南、赣之乱战功，荫子王正宪为锦衣副千户。二十六日，齐之鸾接连上《赏功抑倖疏》、《杜革冒滥疏》，奏请朝廷议处阳明等人平宸濠功次升赏事宜。新帝上任三把火的世宗却比这班大臣走得还要更远，他不允准阳明归居，先在五月下旨召阳明入朝，要论功行赏，接着在六月世宗又改了口，下旨命阳明奉诏急速驰驿来京，入朝重用。这几近十万火急的召阳明进京入朝"畀以大政"的诏命，却吓坏了在朝的内阁大臣，厄运又降落到阳明头上。

原来世宗登帝位后，虽然惩处清洗了江彬、张忠、许泰、魏彬、刘晖、朱洪、朱周一班麇集在武宗帝侧的奸佞，所有当初劝谏武宗巡游被贬的官员全部复职起用，但是从武宗朝过来的阁臣与受宠大官仍占居要位，他们妒嫉阳明平定宸濠的大功，更忌阳明此时入朝入阁。首辅杨廷和与阳明本来就政事不和，是一个最忌阳明这时入朝危胁他阁老风头的人物。阁臣梁储以莫须有的平叛首功受到奖赏，王宪、李充嗣也以莫须有的平叛首功升了尚书高位，眼睛已经盯上了阁老的肥缺，对阳明的入朝更心存畏惧。还有一班旧朝的大臣和一些得到升赏的在朝官员（如祝续、章纶、

第十三章　平定宸濠叛乱的悲喜剧

许孟和之流），向来从心底仍坚持认为阳明有与宸濠勾结私通之罪，不为阳明辨白，尤不欢迎阳明入朝重用。更还有一些功高受封大臣像费宏、乔宇等，他们自认为在平宸濠叛乱中立了比阳明还大的功，也做起了当阁老的梦，他们得到私交相好朝臣的举荐，抢在阳明之前就已入朝入阁。四月，世宗召费宏进京，入阁。五月，世宗又召乔宇进太子太保，袁宗皋也进礼部尚书，入阁。他们为保自己权位，也都是暗中极力阻挡阳明入朝入阁的两面人物。实际朝中要位都已给他们占满，到六月世宗急召阳明入朝，朝廷也实在拿不出什么像样的官位可给阳明，世宗不过给他吃了个"空心汤团"。

阳明对这一切都心中有数，还是决意归居。他把自己比作是一个任人宰割杀戮的"坶下鸡"，一个渴望自由飞向云天的"笼中鹤"。

阳明最终决定赴召，还是席书起了关键作用。席书把登极的世宗捧为"天启不世出之君"，打动了阳明。阳明有心赴召，这固然是出于帝命难违，但另一方面也是新帝世宗的真面目还没有暴露，臣民上下都以为他真的是一个不同于昏君武宗的仁圣天子，一个"天子仁圣，群贤和会"的时代已经到来，世宗真的要行治道，任正臣，爱黎元，对阳明真的要"虚殊爵以须，后封高寄之绩"，把他当作当代"皋、夔"以副"侧席治道"之用了。虚幻的假相也一时激起了困处南昌的阳明的用世之心，他终于决定趋召入京了。

六月二十日，阳明应召起程北上赴京。唐龙把他这次的赴召说成是"大畀以政"的还朝之行，作了《送阳明先生还朝序》。从唐龙的序中可以清楚看到，阳明这次是以平定宸濠叛乱的大功赴召还朝重用，并不是进京论功行赏；从唐龙把他比之为"傅说"一样的"保大定功"的"社稷之臣",玺书召还将"大畀以政"来看,也显然应是指世宗有意要召阳明还朝为辅弼新帝的阁臣。

阳明却头脑十分清醒,他并不认为自己是"傅说",更不认为自己入朝会当什么"阁老"。阳明做好了归隐讲道的准备。事情果如他所料,当他在七月下旬到达钱塘时,朝中辅臣们早已经联合行动起来阻挡阳明入朝了。朝廷急速派人到钱塘,告诉阳明说朝廷已命他任南京兵部尚书,参赞机务,立即回南昌,不必入京。朝命的这一搪塞之词是十分荒唐的,阳明是应召还朝重用,不是来庆功行赏的,如何扯到什么"不宜行宴赏之事"?当时众多官员都纷纷起复入朝,连费宏也在这时还朝入阁,袁宗皋升礼部尚书入阁,对他们怎么不说"资费浩繁,不宜行宴赏之事"?后来杨一清当面向世宗揭露了杨廷和的阴谋。

其实阻挡阳明还朝入阁是全体阁臣的阴谋,不过由杨廷和主谋而已。[1] 正是堂堂阁老们暗地封杀了阳明入朝入阁的进路,阳明心里洞若观火,看穿了世宗朝廷的可怕又可憎的真面目,他的在武宗朝的悲剧命运又要延续到世宗朝继演了,愤怒使他的致仕归居的态度坚决起来。朝廷在七月二十八日升阳明为南京兵部尚书,阳明在八月上旬领受到任南京兵部尚书敕文,他既不赴南京任,也不回南昌,而是就地在钱塘先在八月十四日上了一道《乞致仕疏》,乞请致仕归居;朝廷不允,阳明又在八月十七日在钱塘再上了一道《乞便道归省疏》,乞请便道归省。阳明乞请便道归省,实际也就是乞请致仕归居,这就是他说的"虽以暂归为请,实有终焉之念"。心怀鬼胎的朝中阁臣自然心中有数,正巴不得阳

---

[1] 按:钱德洪《阳明先生年谱》云:"先生即于是月二十日起程,道由钱塘。辅臣阻之。""辅臣"即指全体阁臣。

第十三章 平定宸濠叛乱的悲喜剧

明自乞归居而去,所以朝廷竟很快允准阳明便道归省了。

阳明在八月底回到了绍兴故居。他在江西风尘仆仆讨乱平叛五年,在刀丛剑林中踏出了一条战场生死出入浮沉、替皇家天子卖命拼杀的血路,最终落得一个凄凄归休林下的结局。他心里很清楚,这次归省实际就是归休,从此世宗不会再请他入朝了,他胸中反而升起一种像陶渊明跳出官场旋涡、归居田园的解脱愉悦。

第十四章
良知心学

——王学的真正诞生

"妙悟良知之秘"：正德十四年的"良知之悟"

在惊心动魄的平宸濠叛乱的征战中，如果说阳明的平宸濠乱的神速成功导致了他在政治上的悲剧命运，那么他的平宸濠乱历经的磨难却导致了他在心学思想上的新飞跃，开启了他的心学的"良知之悟"与"孔门正法眼藏"的心扉，超越了白沙与陆九渊的心学，从而完整建构起了自己更恢宏广大的致良知的本体工夫论的王学思想体系。

阳明还在正德十二年九月从征横水时，就已经思考起"破山中贼易，破心中贼难"的问题。所谓"心中贼"，就是指人心被私欲所戕害蠹蚀，人心堕落迷失，不能知善知恶，行善去恶。如何使知善知恶的心不被人欲贼害，又如何使被人欲贼害的心复归于知善知恶，这种对破"心中贼"的思考引导阳明通向了对心的知善知恶的认识，把关注的目光集中到孟子所说的"良知良能"与《大学》所说的"致知"上。

到正德十三年，阳明已经把心体体认同良知良能结合起来进一步思考，要弟子们"就自己心地良知良能上体认扩充"[1]，表明"良知之悟"已在他心中萌动。到正德十四年（1519年）春天，阳明与汪循围绕《朱子晚年定论》展开的一场朱陆之学异同的论辨，可以看成是激发阳明的"良知之悟"的"前奏曲"。先是在正月，汪循写成《闲辟辩》，为程瞳的《闲辟录》张目，他

---

[1]《传习录》卷上。

把这本书寄给了阳明，同时在给阳明的信中论辨朱陆之学的异同。

阳明没有从正面作出详辨，他实际用《朱子晚年定论》作了回答，仍坚持认为陆氏心学非禅，朱子晚年定论已与陆学同。汪循便在二月给阳明写了一封长信，把批评的锋芒对准了《朱子晚年定论序》。

汪循这封长信，可以说是对阳明的《朱子晚年定论序》所作的全面批评。实际他对阳明的"朱子晚年定论"说本身没有作多少正面的批评，而是尖锐提出了阳明这本书存在的一个根本问题，那就是：你只是提出了朱熹思想晚年转向了陆学，但是你却还没有能证明陆学不是禅学，所以所谓"朱子晚年定论"说还是一个没有意义的命题，所谓由此"将二家之学，不待辨说而自明"也同样不能成立。阳明自己也承认这本书"其中略不及陆学之说"，汪循正是抓住了《朱子晚年定论》的这个漏洞提出质疑，这对阳明也是一个启发，他需要弥补这个漏洞，从正面补证充实"朱子晚年定论"之说，这就自然接上了阳明先前对"就自己心地良知良能上体认扩充"的思考，可以把陆学的"人心至灵"说上溯到孟学的"良知良能"说，陆学就可以归本于孔孟之学，而不是禅学了。因为汪循在二月去世，阳明没有来得及作书回答，但他后来往休宁访汪循故居所作的《书汪进之太极岩二首》与《题仁峰精舍》诗，实际就是对汪循来信的回答，反映阳明在接到汪循最后一封来信后对"良知"的新思考。诗中说"须知太极元无极，始信心非明镜台"，"人人有个圆圈在，莫向蒲团坐死灰"，这个人人有的"太极圆圈"就指良知。这就是阳明对汪循"陆学是否禅学"的回答。

"良知之悟"的真正到来是在正德十四年（1519年）四月。安福邹守益来赣州受学，向阳明问"格物致知"之说，顿时激发了阳

第十四章 良知心学——王学的真正诞生

明从《大学》"致知"的思路上向邹守益大阐"致良知"之学。

聂豹明确把这次两人的讲论"格物致知"称为"妙悟良知之秘"。聂豹说的"妙悟良知之秘",既是说邹守益,也是说阳明,这一"良知之悟"是在两人讲学论道的心灵共同交融贯通上激发的"妙悟"——由迷到悟。阳明诗说"君今一日真千里",是说邹守益的"良知之悟";"我亦当年苦旧迷",是说阳明自己的"良知之悟"。正德十四年四月两人这场讲学论道就是他们由"旧迷"到"新觉"的共同的"良知之悟"。超越了阳明的"乙丑之悟"与"龙场之悟",阳明的"良知之悟"是对"良知"与"致良知"的心悟,包含了三方面的新觉:一是悟所谓"致知",认为致知就是致吾心之良知于事事物物,致知即致良知;二是悟所谓"良知",认为良知就是指吾心之"独"(独知),所以慎独即致良知,戒慎恐惧即慎独,亦即致良知;三是悟所谓"格物",认为格物就是致吾心之良知于事事物物,事事物物皆得其理,因为心外无理,理不在物,是心通过致良知将心中之理推及于事事物物,从而事事物物皆得其理,这就叫"格物"。显然,阳明是从邹守益提出的"格物致知"与"慎独戒惧"的思路上启发悟入,把《大学》的"知"解释为"良知",把"致知"解释为"致良知";把《中庸》的"独"解释为"知",把"慎独"解释为"致良知",从而把《大学》的"格物致知"与《中庸》的"慎独戒惧"统一起来,建构起一个以良知为本体、以致良知为工夫的终极关怀的心学思想体系。这是阳明自己对"良知"与"致良知"的心学思想最初的经典诠说。

"良知之悟"开启了阳明心学思想的新的发展之路,是向心学终极关怀境界的提升。良知即心体(真体),自此"良知"成为阳明心学思想体系无上的"大头脑",儒家圣门的"正法眼藏",人人心中具有的"太极",照耀世人的人心救赎之路的"明灯"。所以紧接着"良知之悟"而来的,便是阳明开始大倡"良知"之教。虽然因为突然爆发了宸濠叛乱,一时使他无暇对"良知"说展开全面深入的思考,但他仍然在平宸濠乱的征战中同士子讲论"良知"之学,用"良知"说来警醒世人,痛砭世道战乱,开导教化人心。在六月宸濠发动叛乱时,邹守益又来吉安问良知之学,适逢阳明在吉安倡义起兵,人们都笑阳明太愚蠢,甚至认为阳明有诈。邹守益见人心汹汹,进军营来问阳明,阳明相信人人心中有个良知,知善知恶,所以定会起来响应阳明平宸濠叛乱,按良知去做,惩恶扬善。心中良知澄明,便能临事不动心,泰山崩于前而不动摇,可以行师用兵克敌制胜。这是一种实践的"良知"(知行合一),是阳明在"良知之悟"后大揭"良知"之学的根本之教。阳明就是用这种"良知临事不动心"的用兵之道战胜了宸濠。

到七月下旬阳明平定宸濠乱,进入省城南昌,南昌成了四方士子来问学朝拜的"圣地"。在南昌,阳明开始广泛向四方来学士子大揭"良知"之教。四方学子都涌进南昌来问良知之学。首先是因谏武宗南巡削籍归临川的陈九川来南昌受良知之教,阳明向他详论了自己的"良知"新说,陈九川都原原本本记录下来,收进了《传习录》中。

陈九川也同邹守益一样从"格物致知"上发问悟入,阳明便从体认"良知"本体上建构立论,提出了一个完整的致良知的本体工夫论心学体系。

稍后于陈九川,进贤舒芬、万潮、南城夏良胜等学子来南昌问学,阳明都是向他们发良知之教。到夏良胜受教别归时,他在别诗中尽情吐露了对阳明的良知心学的崇仰之情。

夏良胜把阳明的良知心学上接洙泗孔孟的道统,尊为孔孟之道的"嫡传",孔孟道统汩没二千载,终于有阳明乘时而起,高擎易简广大的良知心学的"法灯",成为新一代的道统圣人。而阳明在九月十一日偕抚州知府陈槐献俘从南昌出发,一路上仍不忘讲良知心学。舟过安仁,桂萼、桂华兄弟来访论学,阳明同他们专论格物致知之学。桂萼、桂华都是正统的信奉程朱理学者,他们坚持程朱的格物致知之说,自然同阳明的致良知之说终不能合。这里已经埋下了后来阳明与桂萼在政治上与思想上矛盾纠葛的祸种。

阳明在十月到达钱塘后,囚俘由张永领走,阳明留杭州养病待命。在西湖净慈寺,他又经常向诸生学子们大阐良知之教。实际上,还在九月阳明出发献俘以前,阳明就已用这种致知与格物相统一、致真知与格真物相统一的良知心学同士子学者讲学论道。孙燧三子孙堪、孙墀、孙陞在八月来南昌,阳明就同他们讲论良知心学,还把《朱子晚年定论》送给了他们。孙氏三子受得良知心学,至九月才归余姚。到阳明在十一月献俘归南昌后,孙堪便写来一封长信,同阳明详细讨论了良知心学与《朱子晚年定论》的关系。

孙堪认为阳明其实不必迂曲立说,作《朱子晚年定论》去旁敲侧击攻朱学,而应当正面直接阐述自己的良知心学。阳明的这种致良知的心学,是超越了他的"朱子晚年定论"说(陆学)的"造乎其极"的"孔门极本之论"。孙堪的说法,既是针对阳明的《朱子晚年定论》而发,也是针对阳明的"良知之悟"而发,在这里,他向阳明及时提出了一个令人深思的问题:在阳明觉悟并建构了自己的致良知的心学思想后,原先的"朱子晚年定论"旧说已经没有意义,得意忘言,它应当作为"言筌"加以扬弃,阳明也没有必要再用它来掩饰自己反朱学的立场了。

事实上,阳明在南昌也是这样向士子学者大阐"良知"之教的,"朱子晚年定论"之说向来没有成为他讲学论道的重心,也向来没有成为他的良知心学思想体系的核心观点。

正德十四年的"良知之悟"与平宸濠叛乱,一文一武之道相得益彰,把阳明生平的文治武功推上了巅峰。从阳明的心学思想的发展历程上看,如果说弘治十八年(1505年)的"乙丑之悟",是他踏上白沙心学的起点,使他超越朱学走向了白沙心学(陈学);正德三年的"龙场之悟",又使他超越了白沙心学,走向了陆氏的心学(陆学);那么正德十四年的"良知之悟",就又使他超越了陆氏的心学,真正建立起了自己的良知心学的"王学"。可以说正德十四年的"良知之悟",宣告了阳明的致良知的本体工夫论王学体系的诞生,从此他可以在超越白沙学、陆学的意义上大阐大揭自己的良知王学了。

"直从心底究宗元":"疑谤"中的大揭良知之学

正德十四年阳明在赣州与南昌大揭良知之教,很快遭到保守的程朱派士人的攻击,也招致了官方尊信程朱理学的当政者的反感,阳明又处在了"攻之者环四面"的"疑谤"的境地。江西的巡按御史唐龙、督学佥事邵锐就是他们当中的代表,他们都是程朱理学的崇仰者,见到学子都穿戴了方巾中衣来问良知之学,都视为是与世不谐的"怪物"。正德十五年二月,唐龙给阳明写了一信,劝他在南昌"撤讲慎择",实际是要阳明不讲良知之教,以避疑谤。

阳明先把《大学古本傍释》与《朱子晚年定论》寄给了罗钦顺,想听听他的意见。因为正德十三年阳明还没有提出致良知新说并写入《大学古本傍释》，所以两人《大学》上的矛盾焦点是在"格物"上，而不是在"致知"上。罗钦顺用朱熹的"理一分殊"思想认识《大学》的"格物"，坚持认为格物就是要深入事事物物求其理，就分殊中体认理一。但罗钦顺也敏锐看到了阳明的《大学古本傍释》只说"格物"不说"致知"的不足，而他却更注重格物与致知的统一，格物致知与正心诚意的统一，在论分殊格物的同时，又强调"有见乎理之一……夫然后谓之知至，亦即所谓知止"。这里已经涉及"致知"（致良知）的问题。

正德十三年阳明还没有形成"致良知"的思想，所以他写的《大学古本傍释序》中遗漏了"致知"这一环，"无一言及于致知"。正德十四年"良知之悟"之后，他把"致知"解释为"致良知"，"致知"突显出来，成为阳明《大学》思想体系中最重要的一环，用以建构起了"致良知"的心学本体工夫论体系，阳明把"致良知"的思想补写进了《大学古本傍释序》，却又成了程朱派批判的众矢之的，"疑谤"纷纷而至。坚守程朱理学的南京工部右侍郎杨廉，在正德十五年四月就写给阳明一信，旁攻侧击批评白沙学与陆学。

杨廉坚以程朱理学为道学的正宗，而认为阳明新立的心学"赤帜"不免矫枉过正，失于一偏。杨廉的说法，代表了当时持"疑谤"立场的程朱派们的普遍看法。霍韬在秋七月因事乘舟经过南昌，来赣州见阳明，两人侃侃辨论了"良知"之学二天，不能相合。霍韬归岭南后，竟作了《象山学辨》与《程朱训释》，严辨朱陆之学，否定了阳明的良知心学。

霍韬说他同阳明在"良知"学上辨论了二日，因此所谓"论《大学》，辄持旧见"，显然表明两人的心学辨论是围绕《大学》的"致知"（致良知）说展开的，这是阳明在正德十五年大揭

"良知"之教的"主旋律",他就是在这种批评程朱派的"疑谤"攻诋中发展着自己致良知的心学体系。他在六月由南昌赴赣州,一方面固然是为了巡抚江西,避开南都江彬、张忠、许泰的掣肘干扰,但另一方面也是有到赣南同江西士子广泛讲论良知心学的用心。所以他南下赣州一路上都同士子学者讨论良知心学,舟过泰和时,除了同罗钦顺讨论《大学古本傍释》与《朱子晚年定论》之外,他又同泰和一聋哑士子杨茂讲良知心学,为他作了一篇《谕泰和杨茂》。

这是一篇视角奇特的即兴论良知心学的妙文,阳明选取了一个口不能言、耳不能听的聋哑人现身说教发"良知"心说,更具有一种振聋发聩的力量。阳明用"杨茂"的特例证明人人心中有个良知,人人具此同然之心,即便聋哑人不能言不能听,但良知之心却与人一般无二。心具众理,所以心是个圣贤的心,知是个圣贤的知。良知知善知恶,知是知非,即便聋哑人不能言是非、不能听是非,但心中良知是知非,明觉了,却与人一般无二。良知即心,因此但尽你善的心,行你心里那是的知,这就叫"致良知"。在这篇《谕泰和杨茂》中,阳明用通俗生动的笔法给世人指明了一条人人尽善心、个个行良知、灭禽兽心、存圣贤心的人心救赎之路,成为他重返赣州向士子学者大讲良知心学的引路心曲。

在赣州,阳明大阐良知之教达到了高峰,江西士子又纷纷来赣州问良知心学。最引人注目的还是陈九川从临川再来赣州,上接正德十四年的良知初教,一年以后再发"良知"新问,阳明同他讲论良知之学更上一重天。

阳明进一步对自己的致良知的本体工夫论心学思想体系作了全面总结:一方面,他认为"良知"是本体的大头脑,大诀窍,

第十四章 良知心学——王学的真正诞生

大宗元,人人心中有良知,所以人人都是圣贤,良知在人,千古不泯灭;良知就是心的灵觉明智,知善知恶,知是知非,知诚知伪,"是尔自家底准则","是非诚伪,到前便明。合得的便是,合不得的便非",所以如灵丹一粒,点铁成金,"真是个试金石、指南针"。另一方面,他又认为"致良知"(致知)是工夫的大诀窍,"是个千古圣传之秘","格物的真诀,致知的实功",依着致良知的工夫去做,"实实落落依着他做去,善便存,恶便去";存善去恶的致良知的工夫从两个方面去做:一是去良知之蔽,消除物欲的蒙蔽玷污,"只是物欲遮蔽,良心在内,自不会失";二是扩充良知,将心理推及于事事物物,"提撕之甚沛然得力",格物正念,行致知实功,"尔意念着处,他是便知是,非便知非"。良知的本体与致良知的工夫,就是体与用的关系,所以阳明的致良知的本体工夫论心学体系达到了体用一源、显微无间的圆融境界,陈九川称颂说他的良知心学真正泄露了天机妙运,真正揭发了"千古圣传之秘"。

如果说阳明在正德十五年六月经泰和时,罗钦顺还致书阳明批评他的《大学古本傍释》与《朱子晚年定论》,质疑他在正德十三年作的《大学古本傍释序》中不讲"致知"(致良知);那么到七月阳明在赣州,"致知"(致良知)却已成了他在赣州向士子大揭良知之学的核心教旨,真正作为"致良知"的工夫论进入了他的心学本体工夫论体系,无怪与陈九川同时来赣亲聆受教的欧阳德一语道破天机说:"先生'致知'之旨,发尽精蕴。"徐阶在《欧阳公神道碑铭》中记下了阳明在虔向欧阳德发尽"致良知"精蕴的一幕,表明阳明所尽发的"致知"的精蕴本旨原来就是"致良知"的本体工夫论。显然,阳明的"良知之悟"包含了两方面的"悟":"良知"的本体之悟与"致良知"的工夫之悟,他正是从这两方面自我揭明了他悟得的良知心学的"精蕴"的渊源:"良知"的精蕴本自于孟子的"良知良能"说,"致良知"的精蕴本自于《大学》的"致知"说。也许可以这样说,从正德十四年四月在赣州尽发"良知"精蕴到十五年七月在赣州尽发"致良知"精蕴,阳明从"良知"的本体之悟到"致良知"的工夫之悟的心路历程得到了完整展现。

无疑,在赣州经过同邹守益、欧阳德、夏良胜、陈九川、黄直的讲论良知心学,阳明自己的致良知的本体工夫论王学体系完整地建构起来了。《传习录》中陈九川与黄直记录的赣州语录,已包含了一个完整的致良知的王学思想体系,在八月,阳明同四方学子同志有一场通天岩讲论良知心学的胜会,更可以看作是阳明的良知王学体系诞生的标志。

通天岩讲会以邹守益、陈九川为首发起,来讲学的士子济济众多(如还有黄直、蔡世新、万潮、王时柯、李呈祥、顾应祥等)。邹守益把这次聚会称为是切磋良知心学的讲会。陈九川也称通天岩聚会是受良知之训的讲会。通天岩是濂溪翁周敦颐的过化之地,阳明在通天岩胜会上,也是以一个当代的"濂溪翁"与一个"提心印"的圣人,向四方来学士子宣讲他的良知王学。

这场"阳明仙翁提心印"的通天岩胜会,实际不过是阳明带领学子同道们到山山水水中去证心悟道,随地讲学,即兴吟唱,即如邹守益说"相与历览往古之踪,尽穷岩之胜,发秘扁名,升高望远,逸兴不穷"。阳明在山水胜处说法谈道,体认心体,澄明良知,到处留下了他讲学吟唱的足迹。

阳明完全把他的良知王学看成是一种实践的心学,一种知行合一的践履工夫的实学,所以他在通天岩并不是拱手清谈良知心学、坐而论道,纸上谈兵,谈虚说空,而是要求士人学子去实做

第十四章　良知心学——王学的真正诞生

实行实致,"只要在良知上着功夫",讲学听懂了良知心学,更须有践履实做的致良知的"勇力",用力克治,践行良知。他要求把"解心"与"解书"结合起来,把心上体认同事上磨炼结合起来,在实事实行上下工夫,这才是真的"格物致知"。

圣人与凡夫的不同不是在良知上,而是在对自家良知的实行实做实致上:圣人的良知只是没有欲障的蒙蔽,但也要兢兢业业,亹亹不息,才能保全良知;凡夫的良知则是欲障的蒙蔽多,但良知本体并未泯灭,所以须要实行实做良知的去蔽扩充工夫,使良知复明。阳明把他的体认心体的良知心学提升为了一种实行实做实致的工夫实学,这就是阳明超越陆学、白沙学的王学鲜明的实践品格。

阳明在赣州三月,就是他讲论并践行自己这种良知心学的三个月,引导四方来学士子踏上了他的良知心学之路。在建立了自己良知心学的"独传绝学"后,他回到南昌,又开始以更大的"勇力"探究并践行他的良知心学了。

心学的突围:从王艮拜师到白鹿洞讲学

阳明在九月初从赣州回归南昌。南昌的局势依旧险恶异常,阳明仍处在来自南都昏君权奸的威胁迫害之下,对他的良知心学的"疑谤"与攻击又汹汹而至。唐龙、邵锐对从赣州归来的阳明一意锐行良知心学极力抵制,戒劝学子诸生不要去谒阳明,人多畏避不敢来见。当阳明要礼聘福建市舶副提举、昔日的弟子舒芬来江西任军门参谋时,舒芬就不敢赴召来任,这一方面固然是因为舒芬尊信程朱之学,但另一方面也是出于畏避邵锐、唐龙之辈对王学的疑谤。新建魏良弼、魏良政、魏良器、魏良贵四兄弟来问学,也受到邵锐、唐龙的阻挠,但他们不顾劝阻,坚持来受良知之学,得到阳明的赞赏。

其实在疑谤攻讦笼罩下的南昌,阳明的良知心学反而更大地吸引了江右的士子纷纷来学,他们当中著名的还有王臣、裘衍、吴子金、李遂、钟文奎、舒柏、唐尧臣、万思谦、王庭赞、谢道行、刘澜、方洋、王贵等人,他们都不顾程朱派的攻讦与官方当权者的阻挠,来南昌问学,使阳明的良知心学得到广泛的传播。到十月,坚守朱学的提学佥事邵锐因不满阳明良知心学在江西的传播,竟乞休而去。十一月,阳明门人张鳌山又被诬以通宸濠受贿罪下锦衣狱,夺官致仕。阳明与邹守益、王思都上疏以辞爵赏赎救张鳌山,最终失败。实际张鳌山这场官司也同阳明宣扬讲论良知心学有关,朝廷对阳明的批朱学、讲心学早已十分反感,所以这次用惩处他的弟子张鳌山给阳明以致命打击,阳明也看出了朝廷权臣阉竖的用心。

阳明用进一步讲论良知心学回击了朝廷的权臣阉竖。他的良知心学就这样向远方传播,连远在泰州的王艮也听到阳明的良知之说,千里迢迢来南昌拜师受教了。

王艮原名王银,是一个泰州安顺场以烧盐为生的灶丁(灶户)。因家贫十一岁时辍学,后来往返山东一带贩盐,因善经营,会理财,成为富户。据他自己说,他在正德六年有一次梦中大悟陆学。其实他更醉心于服行尧舜古道与孔孟古学,特重孝道,日日只诵读《孝经》、《论语》、《大学》三书,藏在袖中,随处逢人质义,行事怪异。他按《礼经》制定了一套五常冠、深衣、绦经、笏板,从此穿戴焚香默坐,绳行矩步。由重孝道他提出了自己独特的"格物"说,还专门作了一篇《格物论》,把"格物"作为自己标新立异的独家之说,即所谓"淮南格物"。有一次他向自己的塾师黄文刚讲说《论语》首章,黄文刚听了说:"我节镇阳明公所论类若是。"黄文刚所说的阳明之论,就是指阳明的"良知"说,王艮遂往南昌造访阳明。但他去南昌原并不是要去拜阳明为师,而是要与阳明论辨阳明的"良知"说与自己的"格物"说的异同得失,如果阳明的"良知"说对,那么这是老天要把王阳明赐给天下后世,做一代心学的圣人;如果王艮的"格物"说错,那么这是老天要把他赐给阳明,做阳明虔诚的弟子。正德十五年十月,他买舟南下,进入南昌城后,便戴起五常冠,穿上深衣,拖垂绦经,手执笏板,招摇走在大街上,引得南昌市人都纷纷来聚观。

王艮所谓"淮南格物",就是认为格物有本有末,以身(心)为本,即以正心修身为本;以物为末,即以格物穷理为末。故格物就是要以天地万物归从于己(心),而不是以己(心)归从于天地万物。这就是说,修身格物的过程,是一个"正己"而"物正"的过程,是先要格己(心),以正心之本;然后格物,使事事物物归依于心(己)。王艮的这种"淮南格物"是同他的另一个重要思想"百姓日用即道"、"即事是道"说联系在一起的,而所谓"百姓日用即道"、"即事是道"正是朱熹的思想,朱熹明确认为理在物中,理一(道)在分殊中,百姓日用中包含了道,故须即物(事)求道,格物穷理,在日用中求道,格得事物中的理多了,便能与心中之理融会贯通。由此可见王艮的"淮南格物"实在还是一个陆学与朱学的混合体,同阳明的"良知"说毫无共同之处。通过论辨,阳明否定了王艮的《格物论》,也就是否定了"格物"说;而王艮最终接受了阳明的"良知"说,他用拜阳

明为师表明了自己放弃"格物"说、接受"良知"说的态度。于
是阳明根据王艮说的"闻得坤方布此春,告违艮地乞斯真"以及
他放弃"格物"说接受"良知"说的转变,把他的姓名改为王
艮,字汝止。新名字正隐含了"致良知"的意思,表明王艮正式
入了"良知"心学的王门。《周易》艮卦的《象》说:"艮,止
也。时止则止,时行则行,动静不失时机,其道光明。艮其止,
止其所也。"这里说的"止",就是《大学》说的"大学之道,在
止于至善。知止而后有定,定而后能静,静而后能安,安而后能
虑,虑而后能得","于止,止其所止……为人君止于仁,为人臣
止于敬,为人子止于孝,为人父止于慈,与国人交止于信",可见
"知止"就是一个阳明说的"致良知"的问题,阳明给王艮取字
"汝止",正隐寓了"致良知"的深意。王艮就是带着这个标志他
踏入王门的新名字回到了泰州。

但是王艮归居七天后,又忽然南下再往南昌向阳明论辨问学。
这显然是他归后对自己的认识再作了反思自省,思想又有反复回
潮,对阳明批评他的"异服"怪行与"淮南格物"仍存疑问,决
定再往南昌与阳明进一步论辨。于是他又戴起五常冠,穿上深衣,
垂绅执笏,怀揣他作的《格物论》,再次买舟南下。经过南京时,
他特往太学,同诸生士子讲学论道。南京大司成汪咸斋见他穿了
奇装怪服,问:"古言:无所乖戾。其意何如?"王艮竟回答说:
"公何以不问我无所偏倚,却问无所乖戾?有无所偏倚,方做得无
所乖戾。"[1] 可见王艮依旧以为自己穿奇装异服是"无所偏倚",
从心底仍未接受阳明对他穿奇装异服的批评。因此到了南昌,王
艮仍是接着上次见阳明论辨的话题,在"异服"与"格物"问题

---

[1] 董燧:《王心斋先生年谱》。

第十四章　良知心学——王学的真正诞生

上同阳明进一步展开反复论辨。

经过这一次再反复论辨"格物"说，王艮终于信服地尊奉阳明为心学的"先觉"师。值得注意的是，王艮在第一次见面论辨时已拿出《格物论》给阳明看，阳明说"待君他日自明之耳"，实际是否定了他的《格物论》。但王艮回泰州经过反思自省以后，仍不以《格物论》为错，在第二次见面论辨时又拿出来给阳明看，阳明仍回答说"待君他日自明之"，再次否定了他的《格物论》。为此阳明还请出了邹守益、欧阳德、万潮、黄直等弟子一起来同王艮论辨"良知"说与"格物"说。这次论辨时间很长，黄直说是"三月"，李春芳说是"岁余，始归"，可见王艮到正德十六年正月才归泰州。阳明经过三个月的反复面折辨难，论析切劘，才终于把王艮拉回到他的良知心学上来。其实王艮在这次皈依了阳明的良知心学以后，仍旧没有彻底放弃他的"淮南格物"和对"异服"的癖好，是阳明说的"疑信相半，顾瞻不定"的弟子，思想上不时出现反复，不断受到阳明的批评，到嘉靖中他又穿起异装怪服张狂入都，引发了一场"学禁"之祸。到晚年他更把早年的"淮南格物"说改头换面重提出来，作为自己"泰州学派"的标志思想，反同他接受的阳明良知说形成了触目的矛盾。

阳明从王艮的来学拜师上感到南昌在"疑谤"氛围的笼罩下，士子多不理解他的良知王学。他感到必须从大力推广弘扬陆学上打开通道，才有助于他的良知心学的传播。正德十六年（1521年）正月，就在王艮归后，阳明就行文到抚州金溪县，命金溪县官大力褒崇陆象山子孙，匡扶陆学。

当时陆学正被程朱派与程朱官学攻为"禅"，阳明却公然宣称陆氏兄弟"得孔孟之正传，为吾道之宗派"，陆学是"正学"，要求褒崇陆氏子孙,"以扶正学之衰"。这就是阳明对程朱派与程朱官学的"疑谤"的回答。他肯定陆学得孔孟正传,实际也就是肯定他的良知心学得孔孟正传。

与此同时,阳明又传檄崇仁县,命崇仁县官敬祀康斋吴与弼乡祠。康斋祠就是康斋书院,在崇仁县西北二十五里的小陂上,是当年康斋的讲学之处,陈献章、胡居仁、胡九韶都来从游讲学。吴与弼可以称得上是明代心学的先驱,他的思想体系已包含了丰富的心学观点的因素,直接影响了白沙陈献章。显然,阳明表彰吴与弼也是有褒崇陆氏心学的深意的。

阳明在南昌大力褒崇陆学与宣播良知心学,传到了远在福建任布政使的席书那里,席书也写了一本《鸣冤录》,同阳明的《朱子晚年定论》桴鼓相应,立即把它寄给了阳明,为阳明的褒崇陆学与宣播良知心学张大声势。《鸣冤录》是一部为陆象山之学被诬为"禅学"鸣冤辨白的著作,但他在同时给阳明的信中,特别点明他为陆氏鸣冤实际是为当今的阳明心学鸣冤。

席书的《鸣冤录》也堪称是一部尊陆反朱的奇书。它完全采用了阳明作《朱子晚年定论》之法,是选取若干条陆氏语录编排成书,以证陆学不是禅学,一如阳明选取若干篇书信编排成书,以证朱子晚年定论。汪循曾指出阳明《朱子晚年定论》的缺陷是,它只证明了朱熹晚年转向了陆学,但是却没有能证明陆学不是禅学。现在席书的《鸣冤录》完美证明了陆学不是禅学,阳明的《朱子晚年定论》证明朱熹晚年转向陆学才真正具有了意义,二书珠联璧合,成为合体互补的心学"善本"。其实,席书为历史上的陆学鸣冤的真意,是在为现实中的阳明的良知心学鸣冤,这无异于是给阳明雪中送炭。

但席书的《鸣冤录》还只是在阳明的"朱子晚年定论"的旧

说上做文章，没有注意到阳明近来的良知心学的新说，已经是很不够了，所以阳明强调，要席书超越"朱子晚年定论"说的局限，从"良知"、"致良知"的大本大原上去阐发揭明陆学和他的王学的真谛精义。这表明阳明多少已看到了他的"朱子晚年定论"说的局限不足，不能再只是对朱学作负面消极的攻击批判，而应当要从正面积极大阐陆学与自己的良知心学，才能消弭世人对他的良知心学的疑谤与误解。

正德十六年又是一个阳明大揭良知之教之年，他把著名的白鹿洞书院当作了自己大阐陆学与王学的"阵地"。白鹿洞书院本就是当年朱熹与陆九渊讲学论道的地方，陆学弟子都宣称在白鹿洞之会上陆学战胜了朱学。所以对阳明来说，白鹿洞书院也是一个讲论良知心学的福地。在三月，巡按御史唐龙举荐了蔡宗兖来任南康府教授，兼任白鹿洞主。唐龙是坚定尊仰朱学而反对陆学者，他所以选中蔡宗兖来任白鹿洞主，显然是因为蔡宗兖是一个唐龙（朱学）与阳明（陆学）都能接受认可的师儒。蔡宗兖虽然是阳明的弟子，但却兼好朱陆之学，对阳明的心学在疑信之间。他同程朱派的著名人物魏校、吕柟等交游往来，折中调停于朱陆之学，他作《大学私抄》、《四书诗经节约》、《图书浅见》、《律同》、《周礼注》等，可见他主要还是走朱学的治学路子，不守师说，最后自成一家。唐龙选蔡宗兖任白鹿洞主，是希望他在白鹿洞书院讲论弘扬朱学，而阳明却是要把他拉回到良知心学的道路上来。当阳明得知蔡宗兖来任白鹿洞主时，他立刻送赠给蔡宗兖五十白金，用以创建公署。当蔡宗兖因母疾有挂冠归居之念时，阳明立即下文到南康府，劝留蔡宗兖。阳明自己则经常到白鹿洞书院讲学论道，大阐良知心学。

到五月，唐龙檄南昌知府吴嘉聪修纂《南昌府志》，开馆于白鹿洞中，这给了阳明招集门人学者于白鹿洞书院聚讲良知心学的绝佳机会。他马上招致自己最得意的弟子邹守益、陈九川、夏良胜、万潮、舒芬等人到白鹿洞书院来，参加《南昌府志》的撰写。

阳明自"良知之悟"以来对良知心学愈益精进，他请邹守益、陈九川等弟子来白鹿洞书院聚会的主要目的，并不是为撰写《南昌府志》，而是要同他们讲论良知心学。这次白鹿洞胜会实际就是一次阳明与门人学子聚讲良知心学的胜会，是借着开馆修纂《南昌府志》的名义在白鹿洞书院大揭良知之教。同赣州通天岩胜会一样，他也采取了带领门人学子到山山水水中讲道论学的方法，随地讲学，论辨良知之学，静中体认心体，妙悟于真境。

阳明与弟子的白鹿洞胜会也引起了程朱派的注意，他们也来白鹿洞书院与阳明展开辨论。像庄渠魏校恰好在五月起任广东提学副使，经过南昌来访白鹿洞主蔡宗兖，同阳明当面展开了讨论。阳明说"心是常动的"，是从心为至善、心体无对上强调心的动静统一，心常动是说心为活心，心体澄明灵觉，故心体常活泼不死不寂，如鸢飞鱼跃，须扩充其心，事上磨炼，克除恶念，复归善心。魏校说"心是常静的"，是认为心体主静主寂主空，要做到前念已往，后念不生，现念空寂，不执不迷，念念不起，这就是心的"静中光景"。魏校的说法其实还不是朱学，而是地道的佛说，无怪两人论辨不欢而散了。

不管怎样，这场白鹿洞书院聚讲正是一次朱节所说的"妙境有真悟"的讲论良知心学的胜会。而作为这场白鹿洞书院胜会讲论良知心学的成功标志的，就是阳明在白鹿洞书院胜会后修定了自己的《大学古本序》，刻石于白鹿洞书院；修定了《大学古本

第十四章　良知心学——王学的真正诞生

傍释》重刻，供白鹿洞书院之用。

重刻本《大学古本傍释》之于初本《大学古本傍释》，修改主要在三方面：一是在《序》中加进"致良知"之说，二是将原作《大学古本傍释后跋》删去，三是在《傍释》中加进了论"致良知"一段醒目文字："如意用于事亲，即事亲之事格之，必尽夫天理，则吾事亲之良知无私之间而得以致其极。知致，则意无所欺而可识矣；意诚，则心无所放而可正矣。"这样，阳明的良知心学体系在新刻《大学古本傍释》中建构起来了。

新定《大学古本傍释》可以看作是阳明白鹿洞书院讲学胜会的产物。《大学古本傍释》修定重刻后，立即成了阳明用以突破程朱派与程朱官学"疑谤"重围的心学简明"读本"，他一则广寄给士子学者讨论，一则用于白鹿洞书院与南康府学。他特具深意地把新刻《大学古本傍释》连同《朱子晚年定论》寄给了福建提学副使、程朱派的中坚胡铎。

阳明所以把新刻《大学古本傍释》寄胡铎，是因为胡铎是大提学副使，掌管福建一道学校教育，阳明希望他的《大学古本傍释》能有用于福建的学校教育，疾呼要拯救当前的科举与教育，但胡铎并不认可阳明的良知心学在学校的传播。

胡铎也承认怵惕恻隐之心是"良心"（良知），他只反对人为地把德性之知与闻见之知对立起来，否定闻见之知会汩没德性之知，认为德性之知与闻见之知是统一共生、互补共发，因此"致知"就是"合德性、闻见而言之"的，这已无异于是在用"致良知"说话。

夏尚朴是同阳明进行朱陆之学异同论战的主要程朱派对手，当时阳明把《朱子晚年定论》与《大学古本傍释》（初本）都寄给了他，但夏尚朴却保持了沉默。

至于在南昌的唐龙，也对阳明的新本《大学古本傍释》仍抱否定批判态度，坚持程朱理学的立场不变。在六月阳明赴京还朝时，唐龙作了一篇《送阳明先生还朝序》送他，只肯定了阳明非凡卓绝的军政事功，而对阳明的良知心学及其在江西的讲学论道与道德教化却不置一词。但阳明在七月十五日的回信中还是挑明了他与唐龙的思想分歧，总结了他与唐龙在江西两年若即还离的关系。

阳明在给唐龙的信中说得还比较含蓄温和，但在同时给抚州重刊《象山先生文集》作的大气磅礴的序中全面论述了陆象山的心学，可以看作是他在江西五年来揭橥良知心学、讲论陆学和他的王学的一个总结。

这篇《象山先生文集序》可谓是一篇空前张大阐扬陆氏心学的昭告天下士人的"檄文"，它与席书的《鸣冤录》遥相呼应，直探陆氏心学之源，指明陆氏心学上本孔孟之学，尧舜道统，推倒了三百年来攻讦"陆学为禅"的诬陷不实之词，指出陆氏之学的根本特征是"要其学之必求诸心"，同弃人伦、遗物理的佛学与支离外索、不求诸心的朱学毫无共同之处。尤值得注意的是，阳明旗帜鲜明地提出了一个尧舜禹汤文武周公孔孟的圣人心学道统，把陆学直称为"心学"，进而把圣贤之学也统称为"心学"，说"圣人之学，心学也"，凡"求诸其心"之学都是"心学"、"圣人之学"，这实际就把他致良知的王学也包括了进去。所以这篇序也是阳明张大阐扬自己良知心学的"宣言书"，冲破了多年笼罩在江西上空的程朱派与程朱官学"疑谤"的阴霾，它同新本《大学古本傍释》一起表明阳明实现了一次心学的突围。阳明在江右播撒了良知心学的种子，他终于突破"疑谤"重围，走出了江西，回浙中去进一步传播他的致良知的王学了。

第十四章 良知心学——王学的真正诞生

随处体认与致良知
——主"格物"与主"致知"的新对决

阳明在江西大阐良知心学,实际还有一个更重要的讲学论道的"前沿阵地"——这就是他同湛若水的圣学论辨,一直在推动着两人各自心学思想的发展。以阳明正德十四年的"良知之悟"为分界,两人从正德初以来的共倡共论圣学又有了新的认识飞跃。阳明自正德十二年到江西以后,先还是接续着湛若水提出的"格物"与"不疑佛老"等问题展开讨论,在正月与九月,两人都有信札往还讲学论政。湛若水尤关注阳明在江西的平乱战事,在阳明平桶冈大捷后,湛若水立即给他寄来《平寇录序》,大赞阳明兵学合一、文武一道的圣学与伟绩,这是对阳明的心学的最大肯定,但是两人的思想分歧依然存在,又开始进一步展开论辨。湛若水在四月服阕,却不想复出,他看中了西樵的烟霞山,有隐居山中讲学修道的打算。先在十月初他有信回阳明,同时寄给他近日所作的诗文,有意要与阳明展开讨论。

湛若水虽然已认可了阳明的知行合一思想,主张终日终身践行,但却仍坚持他的"理一分殊"、"随处体认"、"格物即止善"以及"敬义双造"(按:这是朱熹的思想,为白沙所接受)等说,不过重复了他在九月给阳明信中所说的话。特别不同的是,阳明提出了一个身心意知物为一体的本体工夫论体系,但是并没说要用身心意去格"物";而湛若水却认为格物就是用身心意去格"物","格物为实地,格者意身心,是为至其理",这同阳明的思想大相径庭。所以阳明回避了同湛若水的正面论辨。方献夫居西樵东面的石泉,与湛若水密切讲学论道,方献夫已完全转向了湛若水,于是阳明一连写了两封信给方献夫,谈了自己的相关看法,实际这两封信也是对湛若水的回答。但方献夫写来回信,完全重复了湛若水的观点,甚至比湛若水有过之而无不及,这使阳明感到很失望。

湛若水在十月七日入西樵,经营烟霞山居。十一月十五日他写信给阳明告诉近况,表示要隐居山中躬耕陇亩,讲学论道。约在十一月下旬,进士梁焯谒选赴京,湛若水便托他将《祭徐郎中曰仁文》带给了阳明,文中中肯总结了他与阳明、徐爱的讲学论道的同道相知关系。

湛若水托梁焯往赴赣州送祭文,是有介绍梁焯来向阳明问学的深意的,这是他同阳明进行讲学论道的一种方式。梁焯果然留在赣州受教半载忘归。因为没有得到阳明回应,湛若水很快在十二月又写来一封信,在信中只谈政事,也回避了讲论学问的事。对湛若水要他弃官归隐的劝告,阳明也没有回答。直到正德十三年三月阳明从征三浰归来,他才在给黄绾的信中谈到他的看法。这也算是阳明对湛若水的无奈回答。此后他同湛若水的讲学论道沉默了一个时候,面对程朱派与程朱官学对他的心学的"谤议",阳明全力转向总结自己生平的思想学问,显然也有要让天下士人学子(包括湛若水、方献夫)全面正确认识他的心学思想体系的用意。到七月,他整理刻版了三卷本的《传习录》,刻版了《朱子晚年定论》,序定刻版了《大学古本傍释》,序定了《大学古本》与《中庸古本》,构建起了自己一个完整的心学思想体系。阳明又给方献夫连写了两封信,托赵善鸣(元默)与梁焯(日孚)的家人送到西樵,估计是送给了他序定的《大学古本》与《中庸古本》,继续批评方献夫的"格物"说。但方献夫仍坚持他的"格物"说。

方献夫完全是在用湛若水的主"格物"说反对阳明的主"致知"说,他把"格物"解释为"知理",把"诚意"、"致知"、"知至"、"知本"、"知止"、"明德"、"至善"等都统统解释为"格物",消解了"致知",这正是地地道道的湛若水的主"格物"的思想,方献夫像在代湛若水辩解。因为阳明严厉批评了方献夫,又序定刻版了《古本大学傍释》等书,到八月,湛若水又有书来亲自论辨,恰逢杨骥归饶平,阳明就托他把新定刻版的三书带给了居西樵的湛若水,同时有信给湛若水。

湛若水的八月来信及其《答子莘》书今佚,无从探测信中湛若水的真实思想,但从阳明的回信中仍大致可见湛若水思想上的新变化。阳明读了湛若水的信十分兴奋,认为自己与湛若水只是在一些具体问题上看法不同,走着通往共同的心学圣道的不同途径而已。阳明从湛若水的信中看到了湛若水的思想已有转变,在向他靠拢,这就是湛若水原来在正德十年龙江之会上并没有接受认同阳明序定的《大学古本》与《格物说》,但后来已经"释然",认同了阳明的《大学古本》与《格物说》。这里已透露出湛若水自己也在定《大学古本》与《中庸古本》的重要信息,表明湛若水也忽然在当年写成《古大学测》与《中庸测》(还有方献夫作《大学原》与《中庸原》),完全是受到了阳明的启发与推动。但湛若水在信中隐瞒了他在七月已写成《古大学测》与《中庸测》的事实,使阳明作了错误的判断。无怪湛若水收到了阳明寄来的三部新书,评价并不高。

湛若水回避了对《大学古本傍释》的评价,无疑是要掩盖他的《古大学测》与《中庸测》同阳明的《大学古本傍释》及其所定《大学古本》、《中庸古本》的根本差异。对《传习录》只说

"其中盖有不必尽同，而不害其为同者"，实际对《传习录》仍持批评存疑的态度。而对《朱子晚年定论》说"盖深得我心之同然"，也是违心之论，就是他说的"皆和而不倡以为例"。

湛若水实际受到龙江之会的推动与阳明所定《大学古本》的启发，自定了《大学古本》与《中庸古本》，在七月就已写成了《古大学测》与《中庸测》，与阳明的《大学》学与《中庸》学思想形成对立。

湛若水也像阳明一样从《十三经》中取出《礼记》的《大学》本子来作训解（按：实际即《五经正义》中郑玄注、孔颖达正义的本子），就这一点表明他认同了阳明定的《大学古本》。但是实际上经学史上并不存在所谓《大学》古本、今本的文本之分，如朱熹也是从《五经正义》中取出《礼记》的《大学》本子作章句，他并没有改动这个《礼记》中的《大学》文本的一个字，而只是在章句注解中作了自己的分段解说，怎么能说他用的《大学》本子是"大学今本"呢？既然朱熹与阳明、湛若水都是用的同一个《礼记》中的《大学》本子，不存在什么"大学古本"与"大学今本"的不同，区分"大学古本"与"大学今本"的说法显然是错误的。湛若水承袭了阳明"古本大学"的错误说法，以湛若水与阳明比较而言，他们都是用的同一个《礼记》中的《大学》本子，也只是在训解诠释上有不同：湛若水依据他的"理一分殊"与"随处体认天理"（分殊体认），以"修身"为《大学》之本，以"格物"为《大学》之要（按：此本自太祖朱元璋之说），修身即格物，格物即止善，所谓止善就是格求事物之理。而阳明则依据他的"心一分殊"与"心体体认"，以"诚意"为本，以"格物"为"诚意"的工夫；故格物即正心，诚意即止善，而至善即心体，止于至善就是一个本于诚意体认心体的过程；

第十四章 良知心学——王学的真正诞生

阳明尤其充分注意到了《大学》中的"致知"这一环节，他把"知"解为"心"，"知"即知善知恶，而"致"即"去蔽"、"扩充"心体。可见湛若水与阳明对《大学》的解说完全是两个不同的经学诠释体系，如果说这时湛若水还在"随处体认天理"的思想光圈中踯躅不前，那么阳明却已经从"体认心体"走到了"致良知"的门槛前。湛若水到嘉靖七年作《格物通》时，在序中仍守旧说。而阳明在正德十四年就已有"良知之悟"，用"致良知"来解说《大学》中的"致知"了。

至于在《中庸》学上也是如此。如果把《中庸测序》同阳明的《修道说》（阳明定《中庸古本》所作的序）相比较，可以明显看出两人的《中庸》学是两个不同的诠释体系：阳明是以"心"说《中庸》之诚，湛若水是以"性"说《中庸》之道。在《中庸》的思想上，阳明认为《中庸》学就是一个修道复心的思想体系，《中庸》说的"诚"就是指心本体（心即理），主张通过"致中和"的工夫以立大本，复心体，通过精一执中以复善复心。这种"复心"的《中庸》学体系是同他的"诚意"的《大学》学体系统一的。湛若水却认为《中庸》学是一个修道复性的思想体系，认为天道即"性"，人性即天理，因此《中庸》是以"诚"为性本体，主张通过"致中和"的工夫以位育成，复性体，通过精一执中以复善复性。简单地说，阳明是以"心"说《中庸》，以"中"复心体；湛若水是以"性"说《中庸》，以"中"复性体。湛若水的《中庸》学还打有鲜明的朱熹性学思想体系的烙印。在《中庸》的文本上，湛若水认为《中庸》是"一干四支"：《中庸》首章是"干"，其余各章是"四支"；"干"为四支之"本根"，支是"发明"本根之"干"，所以"一干本根，纯粹精矣；四支发挥，旁通情矣"。这种分章法，同朱熹将《中庸》分为经、传，以首章为根本之经、以其余各章为传发明经说的分章法并无二致，这就无怪他不敢把他的《中庸测》称为《古中庸测》了。

湛若水虽然没有把《古大学测序》与《中庸测序》寄给阳明，但阳明从他的信与诗文中也大致认清了他的《大学》学与《中庸》学思想，所以阳明没有回信，却在九月修建了濂溪书院后，他大书《大学古本》、《中庸古本》及周敦颐《太极图说》、《通书》"圣可学乎"章，刻石于郁孤山，特作一跋称颂周敦颐的"主静"，批评朱熹的"主敬"，以"定之以中正仁义"为"太极"，以"主静"为"无极"，实际也有批评湛若水的《大学》学与《中庸》学思想的深意。这表明湛若水的《大学》说与《中庸》说也从反面推动了阳明对《大学》与《中庸》作进一步的思考，引发了他的"良知之悟"。正德十四年的"良知之悟"恰就是阳明在同邹守益讲论《大学》与《中庸》中"妙悟良知之秘"的，显然也是针对湛若水的《大学》说与《中庸》说而言。

阳明的"良知之悟"，是对湛若水的"随处体认天理"的反拨，拉开了他同湛若水的思想距离，所以湛若水也迟迟不把《古大学测》与《中庸测》寄给阳明。原来在阳明有一个"良知之悟"的同时，湛若水也有一个"烟霞之悟"，他在正德十四年七月特意把《二测》书寄给了阳明弟子陈九川，告诉了他的"烟霞之悟"，在给陈九川信中进一步明确阐述了自己与阳明不同的思想。

从《大学》学上看，阳明的"良知之悟"是上本周敦颐的"主静"说，在《大学》"三纲"中突显"明明德"一纲，用"心体体认"解释"明明德"；在《大学》"八目"中突显"致知"一目为最根本的环节，用"致良知"解释"致知"，致知即致良知，建构了一个以"良知"为本体、以致良知为工夫的心学体系。湛若水的"烟霞之悟"则是上本于程颢的"格物"说，在《大学》"三纲"中突显"止至善"一纲，用"分殊体认"解释"止至善"；在《大学》"八目"中突显"格物"一目为最根本的环节，用"止至善"（修身）解释"格物"，格物即至理，建构了一个以"至善"为本体、以随处体认天理为工夫的心学体系。所谓"烟霞之悟"，就是他认识到"格物"就是至理，格物就是随处体认天理，格物作为一种工夫论，就是指人的身、心、意都是在格物上用功，格物贯通了八目，合内外之道，格物、致知、正心、诚意、修身、齐家、治国、平天下都是在格物至理，都是在随处体认天理，三纲也是这样贯通合一，由此湛若水甚至认为陆学也是支离之学，没有合内外之道，象山之说"但恐主内太过"。

湛若水的"烟霞之悟"，是把格物、致知、正心、诚意、修身、齐家、治国、平天下都说成是在"格物"（随处体认天理，至其理）；阳明的"良知之悟"，是把格物、致知、正心、诚意、修身、齐家、治国、平天下都说成是在"致知"（致良知，体认心体）。这是心学诠释上的"格物"说与"致知"说的对立。湛若水批评陆象山"主内太过"，实际也是在批评阳明王学"主内太过"，所以他确实一时"未敢以语人"。但陈九川在八月来到南昌，把湛若水作《古大学测》与《中庸测》的事告诉了阳明，两人展开了一番对答。

陈九川说湛若水"似与先生之说渐同"，只是指湛若水在《大学古本》及"亲民"等的解说上转向了阳明，所以阳明说他"转得来"。阳明认为不须把"格物"的"物"字改为"理"字，是因为湛若水把格物解为"至理"、"造道"，对格物作了错误的解说。阳明认为心本体（良知）无内外，所以他是从本体上讲心无内外；而湛若水却认为格物无内外，所以他是从工夫上讲物无内外。因此，阳明认为陆学"在心上用过功夫"，不能说他"主内太过"，言下之意，倒是说湛若水的"随处体认天理"是"主内不过"了。

阳明对陈九川已初步表达了他对湛若水的"格物"与"随处体认"的看法。到九月，杨骥与薛侃归潮州，阳明便写了致湛若水与方献夫二信托杨骥送到西樵。阳明认为湛若水引陆象山的"心即理"说是"诚得其大"，但还缺"切近之功"，所以仍是"虚见而已"。阳明所说的"切近之功"，就是指致良知与知行合一的工夫，"不徒事于讲说"。

方献夫对阳明之说其实多有否定。对《朱子晚年定论》，他认为不过是一部"先生纳约自牖，非其至者"的书。对《传习录》，他认为阳明的"格物博文之说"令人起疑，是"一时救偏补弊之论"。湛若水所以质疑阳明的"格物"之说，就是因为阳明把"格物"解为"正心"，同湛若水把"格物"解为"至理"（造道）不合，在工夫论上，湛若水主"格物"，而阳明主"致知"。

湛若水的回答也同方献夫一样。针对阳明批评湛若水尚缺少"切近之功"的工夫，湛若水提出了"存知交修并进"的工夫修养论：以诚敬存心，以致知至理，存知兼修，所谓"知而存也，存而知也，知行交进"。这种存知兼修，同朱熹说的敬知双修如出一辙，实际还是对他的"格物"工夫的具体演绎，所以他强调"所知所存，皆是一物"，所知所存都要落实到"实地"——格物（即至理）上，故他说"格物为实地"，"须知所存者何事，乃有实地"，这还是他说的随处体认天理，与阳明的"体认心体"、"致良知"不合。

第十四章 良知心学——王学的真正诞生

显然，在"良知之悟"与"烟霞之悟"以后，阳明已转向大阐"良知"之说，湛若水则转向大阐"格物"之说，阳明与湛若水在思想上的差距加大，在对《大学》体系的诠释上全然不能相合。所以湛若水仍迟迟不把《古大学测》与《中庸测》寄给阳明，而阳明又投入紧张的处置平宸濠叛乱的善后事宜中，两人的讲学论辨中止了一段时间。直到正德十五年（1520年）二月，方献夫给阳明寄来了他的《大学原》，才算恢复了阳明与方献夫、湛若水的讲学论辨。方献夫的《大学原》其实同湛若水的《古大学测》思想稍有异，他作《大学原》与《中庸原》的宗旨就是要批驳朱熹的《大学中庸章句》，方献夫的《大学原》的主旨就是用"格物"来解说"致知"、"诚意"，所以他在《大学》上主"致知"、"诚意"，实际还是主"格物"，同湛若水主"格物"的思想相类，而同阳明主"致知（致良知）"的思想迥然不同。

阳明读了《大学原》，全盘否定了方献夫的《大学》解说，批评了方献夫的牵制文义、支离强解的"格物"说。所以湛若水也避开了阳明的学问论辨的锋芒，先在正月有信给阳明，只告诉说自己已避盗远居发履冢下。阳明连写了两封信给他，除了关心他的避乱离家的旷寂生活外，特别指出他的学问有支离内外、逐外忘内之弊。到七月，湛若水才有回信，对阳明的批评作了强力辩护。

湛若水认为自己在辛、壬之前（按：指入山归居之前）思想有"是内而非外"的支离之弊，但无"逐外而忘内"的支离之弊，这是对他的"随处体认天理"思想的最好肯定，隐含了对阳明早期心学思想"是内而非外"弊病的批评。他认为自己在辛、壬以后思想已内外兼重，内外合一，会归于一，这是对他的"格物"说的最好肯定，隐含了对阳明后期"是内而非外"的"致良知"思想的批评。所以他认为未来圣学（心学）的正确发展方向应该是兼取两家之长，达到心物兼重，内外合一，体用一原，显微无间，克除支离二分，一以贯之，消弭各自学问的偏颇。湛若水认为这才是真正的"孔门心法"[1]。

湛若水这封信估计应就是杨鸾在七月初从西樵带来给阳明的，正好这时杨骥病逝，杨鸾请阳明与湛若水作文祭奠，给了两人借作祭文再次论辨学问异同的机会。两人都认定杨骥是尊信自己思想的弟子。湛若水在祭文中认定杨骥是尊信他的思想的弟子，他特别用杨骥的例子点出了他与阳明思想的异同。

湛若水认为杨骥初从阳明受学，有"是内非外"之病，"是内恶物之疚"；后来向自己问学纠偏，认识到形上心本体自然纯明，但又形下即事而在，即物而存，遂能做到内外合一，消除了支离二分之病。湛若水用杨骥思想转变的例子批评了阳明"重内轻外"的致良知说，肯定了自己"内外合一"的格物说。

对湛若水的这些自以为是的说法，阳明没有马上回信反驳论辨。直到正德十六年（1521年）二月杨鸾有书来求作墓铭，阳明才在给杨鸾的信中谈了他的看法，实质就是严厉批驳湛若水的说法。

湛若水称他的主"格物"说是"孔门心法"，阳明则称他的主"致知"说是"孔门正法眼藏"，两人的思想形成了鲜明的对立。阳明把凡一切同他的"致良知"思想相异的学说都斥为"异端"、"邪说"，无疑把湛若水的"格物至理"说也包括了进去。大概湛若水感到阳明对他的思想还缺少全面的了解，终于决定把《古大学测》与《中庸测》寄给他看，正好陈洸（世杰）要赴京会试，湛若水便托他将"二测"带给阳明。陈洸在五月会试后南归经南昌，把"二测"送呈阳明。阳明读了湛若水的"二测"

---

[1] 参见《泉翁大全集》卷三十一《孔门传授心法论》。

后，更加相信了自己的判断，他一连写了两封回信给湛若水，坚持自己的看法，重点都是在辨析湛若水的"格物"说与自己的"致知"说的根本不同。

阳明断然认为自己的"致知"（致良知）是"圣学传心之要"，委婉否定了湛若水的"格物"说。第二封论"格物"说的信，估计就是在六月南海伦以谅中举归经南昌来见阳明，阳明托他带给湛若水的。这封信可能言词比较激烈，后来亡佚，但从同时阳明写给伦以训的《答伦彦式》书中，犹可仿佛领略印证阳明在给湛若水第二封信中的内容。阳明在给伦以训的信中主要谈了他对"主静"的认识。

阳明详论了周敦颐的主静无欲说，这也是针对湛若水而发。湛若水把自己的"格物"说推本于程颢的格物至理说，所以他把格物、致知、诚意、正心、修身、齐家、治国、平天下都说成是在"格物"，要求随处体认天理，"体认分殊"；阳明则把自己的"致知"说推本于周敦颐的主静无欲说，所以他把格物、致知、诚意、正心、修身、齐家、治国、平天下都说成是在"致知"，要求致良知，"体认心体"。因此阳明论辨周敦颐的主静无欲说，实际就是在论述自己的"致知"说（致良知），批评湛若水的"格物"说。引人注目的是，阳明在这里提出了心体无动静与心用有动静之说，认为心体为静，心用为动；静为体，动为用；循理（善）为静，从欲（恶）为动；体用一源，动静一如，善恶一体。这一思想同他以前说的心体无善恶、心用有善恶、善恶为一件的思想相合，也开了他后来的"王门八句教"（四无教与四有教）说的"心无善恶"与"意有善恶"的先河，隐隐留下了他由"王门四句教"向"王门八句教"（四无教与四有教）演进转变的依稀足迹。

阳明在信中批评湛若水的"格物"说与否定他的"二测"的鲜明立场，触痛了态度一向低调含糊、模棱两可的湛若水，他一反常态，在七月给阳明寄来了一封长篇论书，以前所未有的激烈言词详辨他的"格物"与"随处体认天理"之说。

这确实是湛若水生平"吐尽情怀"的一篇论学书，对他的"随处体认天理"的心学体系与阳明的"致良知"的心学体系的异同得失作了全面的论述辨析。在他看来，他的"随处体认天理"的心学体系与阳明的"致良知"的心学体系都是从儒家《大学》学中转换生成的本体工夫论体系，但湛若水是以"天理"为"大头脑"，而阳明是以"良知"为"大头脑"，所以湛若水拈取"格物"作为心学的根本环节，而阳明却拈取"致知"作为心学的根本环节。湛若水是以"修身"来解说"格物"，而阳明是以"致知"来解说"格物"。所以湛若水把"格物"解释为"至理"，把"致知"解释为"知止"；而阳明把"格物"解释为"正心"，把"致知"解释为"致良知"。湛若水把"格物"解释为"至理"，所以提出了"随处体认天理"；阳明把"格物"解释为"正心"，所以提出了"正念头"，这一根本诠释差异加深了两人思想的对立分歧。湛若水的"随处体认天理"的思想体系与阳明的"致良知"的思想体系在心学的诠释上存在很大差异，两人的共倡共论圣学并没有能弥合两人心学诠释体系的内在差异与分歧的鸿沟，终究未能共同达到兼知行、合内外、统动静、体用一源、显微无间、圆融为一的心学至极境界。但值得注意的是，湛若水在论辨中终于接受认同了阳明的"良知"说，认识到随处体认天理都离不开吾心中正本体，而心本体就是良知，不假外求，但为习气私欲所蔽，所以须去蔽、扩充，警发良知——这就叫致良知（致知）。湛若水对良知说的认同，可以说是阳明在江西同湛若水论辨学问异同、共倡圣学的最大成功,因而湛若水这封论学书也推动了阳明归越对自己的良知心学作进一步的反思与重构。

湛若水的长篇论学书,是湛若水同阳明十七年来论辨学问、共倡圣学的一个总结,也宣告了阳明在江西五年来同湛若水讲学论道的结束。阳明收到湛若水这封信时,升任阳明为南京兵部尚书的朝命也正好下到了钱塘。阳明以一个良知心学的大师走出了江西,但心学前路依旧茫茫,他就是怀揣着湛若水的这封论学书,回越中去继续大力弘阐良知心学之教了。

第十五章
挣扎在嘉靖"学禁"的厄境中

归居绍兴：浙中良知心学的兴起

阳明在正德十六年（1521年）八月下旬回到了绍兴。他把这次归省看作是归休，做好了归隐林下论道的打算，不想再出仕。这时浙中的士子同江西的士子相比思想状态已有所落后，他们普遍对阳明的良知心学还缺少了解，早期待着良知学大师来"启蒙"开悟。阳明以一个天下闻名的良知心学儒宗归来，南天启明煌煌升起，又极大吸引了四方士子纷纷来问良知心学，冷落的绍兴光相坊故居成了叩问良知之道的"圣地"。首先来问道的是归安的陆澄，他一连写了两封信来问良知之学，阳明都回信作了详密的论析。

如果说阳明在第一封信中对"良知"与"致良知"作了"易简"的论述，那么他在第二封长信中对"良知"与"致良知"作了"广大"的阐释，第一次恢宏大气地完整展现了他的"易简广大"的良知心学的本体工夫论体系。阳明这封长信正好同湛若水的论学长信针锋相对，把其中的观点通贯梳理出来，真可谓是阳明生平所仅见的一篇最气势弘远、思辨深邃的良知心学思辨哲学的大论。其中最引人注目的是，他仿效朱熹用传统的体用思维方法建构了一个"理一分殊"的性学思辨哲学模式，也用传统的体用思维方法建构了一个体用一原、心物一体、善恶一件、知行合一、动静无端、阴阳无始的心学思辨哲学模式，这种心学思辨哲学模式贯穿着体用一如、显微无间的形上辩证法精神：

阳明用这种辩证的心学体用思辨哲学模式构建了自己王学的本体工夫论体系（"王门四句教"），也蕴含了他后来由"王门四句教"体系向"王门八句教（四无教与四有教）"体系演进的内在契机。所以可以说，这封长篇论学书是阳明良知心学思想体系演化发展之路上的一个夺目的里程碑，它超越了历来踟蹰在《大学》的狭隘圈子中论辨心学的局限，突破了经学训解的束缚，而从心本原上直接抒发畅论自己悟得的良知王学思想体系，故他自己也尤重视这篇完整建构良知心学思辨哲学体系的大论，认为抵

得上"千经万典"。士子听了个个惕然醒悟。

从当时阳明归越讲学的处境看,阳明这封答陆澄的论学书实际也是对湛若水的论学书的最好回答,也成为他归居越中同浙中士子学者大阐良知心学的经典范本,收进了《传习录》。接着陆澄闻风而来问学的是施儒。施儒在正德十年同阳明分手归居归安,得知阳明归越,立即写信表示要来讲论学问。

阳明称赞施儒为世不多见的"任道之器",施儒与陆澄成了浙中士子学者的榜样。就在这些纷纷涌入越中来问学受道的士子学者中,阳明收了两个最得意的弟子:绍兴的王畿与余姚的钱德洪。

王畿字汝中,号龙溪。关于阳明如何收王畿为弟子流行着一些奇怪的传闻,说是阳明暗中指示魏良器把落魄无羁的王畿引进了王门。这些大概都是出自小说家言的丑诋心学的诽讪笔法。实际上王畿与阳明居为邻,又是同宗,他是阳明归越后招收的第一个弟子,很快成了浙中王门的中坚与砥柱人物。王畿因为与阳明为邻居,日夕依侍,面受阳明之教也最多,最能领会阳明心学的精髓。

钱德洪是阳明归越后另一个最先招收的余姚得意弟子。在九月中旬,阳明有一次荣归余姚故里,拜访秘图山王氏故居宗族亲党,祭扫祖茔,处理王氏故居家事,与余姚士人学子讲学论道,实际也是一次归故里随地讲学揭示良知心学之行,收了众多的余姚弟子。这时瑞云楼已为钱蒙儗居,钱德洪也出生在瑞云楼。阳明到余姚住在秘图山王氏故居,会见了王氏宗亲戚党,往穴湖山祭扫了祖坟,拜访了瑞云楼出生地。余姚自来名士乡贤荟萃,济济众多,像谢迁、冯兰、倪宗正、谢丕等人,他们都经历了一生官场的风波险恶归居还乡,阳明都登门拜访,同他们讲学唱酬。

倪宗正是著名诗人，生平作诗万余首，名传士林，他所居的清晖楼就在瑞云楼对面，钱德洪也是他的弟子，崇仰他的理学文章。阳明偕谢迁、冯兰、施儒等人拜访了倪宗正，感怀唱酬，成为耸动余姚故里的一场慨今追昔的诗会。

倪宗正也有深厚的经学家学渊源，在清晖楼，阳明又同他讲经论道，把他比之为有经学根底的"苏东坡"。惊叹他的诗歌有苏东坡的生动气韵，立即从他的万余首诗中选出有苏诗神韵的代表作，集为《突兀稿》，亲自给作评点。这部《突兀稿评点》是阳明后来回到绍兴写成，充满了对倪宗正诗歌的褒赞之辞。而阳明对倪宗正诗歌的评点其实也反映了阳明自己的文学思想与诗学思想，表明晚年的阳明对宋诗有了新的认识，他自己的诗歌创作也在超越李何，向陶杜近逼。

阳明与倪宗正的唱酬讲学论道，极大吸引了倪宗正的弟子钱德洪的倾心崇仰。钱德洪在正德十四年（1519年）补为邑庠弟子时就读过了阳明的《传习录》，早对在江右论道讲学的阳明已心向往之。这次阳明荣归故里，余姚乡中故老犹执着阳明往年的"劣迹"猜疑不信，劝钱德洪不要去见阳明。钱德洪力排众议，在征得其父钱蒙与其师倪宗正的同意后，通过阳明从侄王正心的荐引介绍，率领了二侄钱大经、钱应扬以及余姚士子郑寅、俞大本，执贽来见阳明，拜师受学。第二天，钱德洪率领了夏淳、范引年、管州、郑寅、徐珊、吴仁、柴凤等七十四名余姚学子来受学，开龙泉山中天阁，请阳明升座讲学。阳明像"释迦"说法一样向余姚士子大阐良知之教。

阳明这次中天阁讲学，实际就是他同余姚士子举行的一场良知心学的讲会，开了中天阁讲会的先河，所以讲学结束后阳明就把中天阁讲学定为余姚士子的讲会，亲书"三八会期"于中天阁壁上，以后余姚士子定期聚同志讲会于中天阁，讲论良知心学，从中天阁讲会走出了一大群著名不俗的阳明弟子，推动了阳明良知心学在浙中的传播。

同倪宗正唱酬论学与选编《突兀稿评点》，龙泉山中天阁讲学与定期中天阁讲会，钱德洪来问学受业与收众多余姚士人为弟子，就是阳明这次荣归余姚故里讲论宣播良知心学的最大收获，这使他的良知心学大师的声名迅速在浙中远近传播。当他在九月下旬从余姚归绍兴时，有更多的四方士子学者纷纷赶来绍兴问良知心学。就在十月中，张岳起复任行人，赴任途经绍兴来访。张岳学宗程朱，也是闽中程朱派的中坚，他来绍兴就是要同阳明论辨良知心学。两人讲论三日，终不能合。

表面上张岳是同阳明讨论《大学》与《中庸》上的"明德"、"知行"、"亲民"、"持敬"、"博约"、"精一"等问题，实际这都同阳明的"致良知"紧密相关，所以两人其实是在进行一场"良知"学的论辨。张岳坚持自己程朱理学的立场，归后作了《圣学正传》、《载道集》等，算是对阳明的批驳回答。但两人这场良知论辨对浙中学者也是一个很大的震动，在这次论辨以后，又有更多的士子学者来绍兴求学问道，他们主要有揭阳的薛侃、海阳的陈应麟、仙居的金克厚、山阴的张元冲、宁海的石简、会稽的胡纯与沈炼、钱塘的孙景时、江山的何伦等。在浙越广袤深厚的文化大地上，阳明唤醒了良知心学的春风，卧龙山下荒败的会稽书院（稽山书院）热闹起来，成了阳明同四方学子讲论良知心学的"圣地"，一批一批四方来学的士子聚集在会稽书院受学，成了阳明王学的"同门"。

薛侃在江西追随阳明受教二年，但那时阳明的良知心学还没有形成。阳明归越后，在会稽书院讲学，他的良知心学又深深吸引了薛侃。在十月，薛侃赴铨选入京，便特地转道绍兴来问良知心学，与同门聚于会稽书院，受良知之教三月之久。他还荐引了乾山陈应麟来绍兴受学。

值得注意的是仙居金克厚的来学。他原是湛若水的弟子，困于科举场屋多年，听到阳明在会稽书院讲论良知心学，其父金抑庵便遣他来绍兴受学，很快成为虔诚的阳明弟子。大概金克厚把自己问学阳明的事告诉了湛若水，引起了湛若水的关注，他立即写了一篇《求放心篇》，在十二月托陈洸（世杰）带给了阳明，两人又恢复了讲学论道。阳明归越大阐良知心学的日新气象，使湛若水感到自家平日在讲"理"上很多，而在讲"心"上太少，同阳明大讲"良知"的心学产生了距离，所以他专门写了《求放心篇》，论述自己对"心"与"求放心"的看法，希望同阳明大讲"良知"心学能"互相发明"。

湛若水接续先前他与阳明论心无内外的话题，认为心作为本体无内外、无始终、无外放无内求，无内静外动，心是体用一原、内外合一的本体，因此在体认心体上必须克服"重内轻外"或"重外轻内"的一偏之弊。把他这种心论说得更简明的，是他同时写的《立心篇》。《立心篇》与《求放心篇》是论"心"的姊妹篇，湛若水应是将两篇心论同时寄给了阳明看的。这表明湛若水也在反复深思"心"的问题，逐渐向阳明的"良知"心说靠拢。但是他过于标异立奇，竟否定了孟子的"求放心"、"收其放心"说，又同阳明的复心说相左。实际上孟子说的"放心"是指心的迷失，心的异化，所谓求放心、收放心，就是阳明说的通过去蔽、扩充以复归心体，心体复明，异化复归，人心复善。湛若水的否定"求放心"也明显同他的"心去蔽"说自相矛盾。在心物关系上，湛若水又提出了"观吾心于无物之先"、"观吾心于有物之后"的说法，以为心有无物之先与有物之后的存在，这也同阳明说的"心含万物"、"物在吾心"、"心外无物"的思想矛盾。无怪阳明看了他的《求放心篇》后，写了一篇批驳辩说的文章，但是却把它寄给了陈洸，而没有寄给湛若水本人，实际是否定了湛若水的"心"说。到嘉靖元年（1522年）正月，湛若水写了一信给阳明，追问此事，希望展开讨论。

湛若水对阳明热切发出了新的两人共倡共论圣学的呼唤，宣告了武宗正德时代两人共倡共论圣学的结束，也标志着世宗嘉靖时代两人共倡共论圣学的开始，推动阳明在嘉靖"学禁"的笼罩下向良知心学的更高境界迈进了。

丁忧讲学与"壬午学禁"

阳明在正德十六年（1521年）八月归居绍兴后，直到十一月九日，朝廷才叙平定宸濠叛乱之功，颁下封赏，封阳明为新建伯、奉天翊卫推诚宣力守正文臣，特进光禄大夫、柱国，兼南京兵部尚书，参赞机务。岁支禄米一千石，给三代诰券，子孙世袭。迟到的封赏对归休的阳明来说已毫无意义，朝廷实际也没有兑现封赏的诚意，只是在十二月十九日遣行人赉白金文绮来慰劳一番，赐以羊酒而已。这场拖延了三年之久的封赏突然降临，对阳明来说是祸不是福，因为这场封赏是最后由朝廷宰辅杨廷和、费宏之流在私自删改纪功册的阴谋操作下颁下的，矛头正是对准立平叛首功的阳明，阻挡住了他的入朝入阁。封阳明一个南京兵部尚书的闲职，实则无异宣判了阳明从此永远不可能入朝入阁的命运。

而众多真正出生入死的立功人员被删削,不予封赏,实则无异是指他们为"冒功领赏",阳明有滥功滥赏之嫌。阳明感到十分愤怒,马上在嘉靖元年正月初十上了《辞封爵普恩赏以彰国典疏》,辞免封爵,乞普恩赏。

疏上毫无反应,宰辅大臣们也不予理睬。这使阳明更为愤怒。席书写信来劝他再上一乞免封爵的小疏,即适可而止。但阳明愤怒难抑,他竟又写了一篇更长的《再辞封爵普恩赏以彰国典疏》上奏抗论,言辞激烈,反而招致权阉佞臣与宰辅大臣更大的指斥。这时世宗新帝登极,朝局又发生巨变,阳明寂寞归居林下,也连遭家门不幸,陷入困境,开始了丁忧守丧的"苦难历程"。

先是在正德十六年(1521年)十二月十一日,阳明的岳母张氏卒。到嘉靖元年(1522年)二月十二日,父海日翁王华又卒。阳明丁忧,归休成真,正是宰辅们所求之不得的,他们立即除李充嗣任南京兵部尚书,等于是剥夺了阳明的封赏。当朝局风向突变、四方士人纷纷跟风起用涌入新朝之际,丁忧的阳明却有一种被新帝与新朝抛弃的感觉,面对四方学子来学日众,他只有把全副精力投入到同四方来学士子的讲学论道中,默默铸造自己良知心学广大精微的体系大厦。

三月,湛若水偕同方献夫、王思过江来吊王华丧,与阳明相见,当面展开了心学的商讨论辨。两人原有的思想矛盾分歧,在当面的论辨中表现得更加尖锐触目。

其实湛若水与方献夫、王思这次是起用入朝复职北上,途经绍兴来吊祭的,他们与阳明见面主要还是讨论了朝中的政事问题。世宗登帝位,改号嘉靖,起录废籍,下诏凡以直谏谪罢废居的官员皆复官职。急功求利的士大夫们闻风而动,以岭南与浙中的士子为多。像湛若水、方献夫、黄绾原本是在武宗昏愦统治下沉沦

第十五章　挣扎在嘉靖"学禁"的厄境中

下僚，感到难有作为，相约归居山林，潜隐等待时机已十年，现在世宗登极，贤君在位，贤臣聚朝，一个嘉靖清明的新朝出现，大礼议煌煌兴起，他们都认为大有作为的时机终于到来，纷纷应召出山入京了。所以紧接着湛若水、方献夫、王思之后，黄绾、应良、黄宗明、杨鸾等也应召起复入朝，途经绍兴来问政于阳明。这些人后来大多成了大礼议的中坚与领军人物，所以可以说他们的出山入朝就是冲着大礼议而来的。黄绾就是由阳明弟子朱节疏荐，应召入朝，他经绍兴来见阳明，一则是问政，二则是问学，竟正式执贽为阳明门人。这些应召起用的阳明弟子在赴京前几乎都是先来绍兴向阳明问政问学，然后才北上入京，齐聚都下。

但阳明却悲观地认为嘉靖新朝并非太平圣朝，而是危机潜伏，民生多艰，充其量是个"小利贞"的时代，他已敏锐感觉到世宗新帝并非贤明君主，所以要这些起用入朝的弟子保持清醒头脑，面对新的困心衡虑、动心忍性的磨难。

阳明的预感很快成为现实，大礼议的纷争捅破了虚假的"小利贞"的升平气象，暴露了新君世宗的专制独裁帝王的嘴脸。阳明反倒庆幸自己丁忧归居逃离了朝廷纷争的旋涡，在守丧的苦寂生活中，他用更虔诚的讲学论道来磨砺自己困心衡虑、动心忍性的灵魂，自求心的自我救赎，实现良知心我向终极精神境界的超升。他首先从同周衝的讲学论道上打开了良知心学发展远播的通道。

在湖广任应城县令的周衝，也受学于湛若水，深得随处体认天理说的精要。起先他在春间常写信给阳明问良知心学。到夏四月，他又遣门人米子荣递书来论辨致良知说与随处体认说的异同，还派了两个应城县学诸生来问学。

五月周衝改授福建邵武教授，他在赴任途中便特经绍兴来问学，由"体认圣人气象"谈到了读经，重点讨论了《易》学，周衡还把《古易》赠给了阳明。阳明要求周衡首先要真切体认自家的良知之心，做自强不息的体认心体的工夫，而不是去从读《周易》中体认"圣人气象"，做向外驰骛的工夫。这同他说的"不须读书"是一个意思。

阳明同湛若水、方献夫、黄绾、周衡等人的讲学论辨，显示阳明在越大阐良知之教又跃上了一个新台阶，他的良知心学远向湖广、福建传播，甚至直入都下，吸引了更多的四方学子来越问学。阳明良知心学在浙中蒸蒸日上兴起的势头自然引起了嘉靖新帝与新朝权贵的严重关切，招来了朝野更激烈的"谤议"。自命不凡的世宗自我标榜是最尊仰精通程朱理学的有道帝君，亲自掌控起了思想禁锢的独裁"权柄"。新朝权贵们以杨廷和为首，也全都是固守程朱理学的信徒，他们在政事上同阳明矛盾不和，在学术上嫉视阳明的良知心学，直斥为"异端"，对阳明层层设防打击。所以随着嘉靖新帝的登位，阳明良知心学的厄运很快降临了。先是在六月四日，阳明上了《乞恩表扬先德疏》，请为父王华恤典赐谥。给大臣赐谥本来也是一个常行的惯例，礼部尚书毛澄却摭拾了王华当年的所谓"科场阴事"（暮夜受金、典文招议之类）不允。表面上这是针对王华的阴事劣迹，真正的原因还是出于毛澄对阳明心学的反感与平定宸濠叛乱的嫉妒。

事实上，就在毛澄拒绝给王华赐谥的同时，谤议阳明良知心学的鼓噪四起，朝廷已开始了对阳明良知心学公开的攻击与批判。这年八月的乡试，出卷多有隐诋良知心学的用意。江西副使顾应祥给阳明寄来江西的隐诋良知心学的乡试策问卷，要阳明引起警惕。阳明毫不畏惧，反而更以举世非之而不顾的勇毅依旧坦然讲论良知心学。

第十五章 挣扎在嘉靖"学禁"的厄境中

程朱官学攻讦阳明的良知心学是离经叛道的"异端",阳明却从《周易》说的"知至,至之"上又找到了他的"致良知"与"知行合一"的新的经典依据,用以反击程朱官学的诬谤,进一步发展自己的良知心学。按捺不住的朝中反心学派权贵打手终于赤膊上阵了。同江西乡试攻讦阳明心学相呼应,九月二日,巡按江西监察御史程启充、吏科给事中毛玉秉承杨廷和、费宏一班宰辅的意旨,上奏论劾阳明与宸濠交通勾结六大罪状,认为阳明学术不正。程启充自称得到了当年宸濠交通萧敬、陆完的私书,书中说要陆完想法逐去巡抚孙燧。毛玉也奏劾阳明与宸濠勾结,遣冀元亨往南昌讲学联络,阳明赴南昌也是去庆贺宸濠生日,指斥阳明心学"学术不正"。他们的奏劾,在朝中掀起了一股打击阳明、"遏抑正学"(心学)的翻案风。户科给事中汪应轸首先起来上奏为阳明辨诬,接着刑部主事陆澄也上疏抗辨,主要痛斥了程、毛诬加给阳明六大罪状的卑劣行径。

汪应轸与陆澄的抗辨彻底戳穿了程启充、毛玉别有用心的谗毁,不料却招来了更多的"科道交章"的攻骂。御史向信上奏劾汪应轸与阳明是同乡,陆澄是阳明的门生,他们是相互"党比欺罔",要求"请正其罪"。科道官也纷纷上章乞黜阳明封爵,罢去汤沐官,追论陆完,下萧敬法司治罪。监察御史张钺甚至旁攻侧击,弹劾前刑部尚书张子麟有书札与宸濠交通关节,用以影射与印证阳明与宸濠暗中勾结谋叛的行径。面对科道打手铺天盖地的攻骂叫嚣,阳明却很淡定自若,目光如炬,他早已看透这班以程朱理学禁锢天下士人头脑的朝廷权贵上疏谗诬他同宸濠勾结是表面的幌子,而诋毁禁锢他的良知心学才是真正居心险恶的阴谋,所以他抱着"无辩止谤"的信念,写信给陆澄,揭露这些以造谣诋毁为能事的"学禁"打手的嘴脸。

阳明已经预感到朝廷要禁锢他的良知心学的"学禁"的来临。对这场御史科道官交章弹劾阳明的事件，表面上世宗采取了息事宁人的态度，实际上他在心中已认定阳明是"窃负儒名"的"憸人"，"传习邪说"，暗底向他张开"学禁"的大网了。事情果如阳明所料，只过了十来天，十月二十三日，礼科给事中章侨、御史梁世骠又接连上书攻"异学"，乞禁"叛道不经之书"，矛头直对阳明的良知心学。

世宗一手钦定阳明的著作为"叛道不经之书"，阳明的良知心学为诡异的"异学"，遭到"禁革"。这场"壬午学禁"发生在大礼议热火朝天之际，所以它也具有党禁的意义，那就是它在学术思想上的"禁革"密切配合了大礼议在政治上的"禁锢"，学禁与党禁相互渗透，决定了阳明生命最后短暂七年的悲剧命运。阳明勇毅无畏地倡导良知心学，最鲜明彰显了他对学术思想上的"自由之思想，独立之精神"的追求，大大触犯了官方程朱理学的禁网，它遭到统治者的禁绝是必然的。这场"学禁"所以在壬午年兴起，正同阳明归越大阐良知心学有关，他的良知心学形成了一股思潮广泛传播，随同他的众多弟子起用入朝，良知心学的潮流也涌进了京都，引起了朝廷统治者的恐慌，其中尤以王艮三次穿奇装异服入都大讲良知心学，惊动了都下与朝廷，成为嘉靖"学禁"的导火线，直接引发了一场"学禁"之祸。

第一次入都之行在嘉靖元年（1522 年）春间。王艮先来越问学，帮助阳明建造书院，接待四方来学士子。王艮学当年孔子周游列国，代阳明师传道天下，以昂奋的"狂者胸次"入都宣讲良知心学。他归泰州后，便制造了一个小蒲轮车，他还作了一首怪异的《鳅鳝赋》吐露这次传道之行的目的。

这篇奇特的讽谕赋就是王艮为自己北上入京、周流四方而作，

第十五章 挣扎在嘉靖"学禁"的厄境中

他以"鳅"（神龙）隐喻阳明，以"鳝"隐喻天地生民万物，以得阳明良知心学的"道人"自况，欲效法当年孔子周游列国行道，遍行天下播撒阳明"良知"雨露，希冀"有朝物化天人和"。他沿途随地聚讲，直入京师，宣播良知心学，惊动朝廷，引起了朝中尊奉程朱理学的宰辅大臣的警觉。这时正逢朝廷大封这班为新朝更化翊戴立功的大臣杨廷和、蒋冕、毛纪、费宏、毛澄等人，王艮的到来搅了他们的升官梦，他在京师的良知心学的招摇呼喊尤使他们感到惊惧，所以当阳明上疏请为父王华赐谥时，毛澄马上摘取王华的"科场阴事"给以否决，已经敲响了"学禁"的前奏曲，王艮的张狂入都鼓吹良知心学实际是失败了。

第二次入都之行在嘉靖元年八月。王艮约在五月无功回到泰州。到八月，他又一次穿起古装异服，自命为"神龙"，携二仆再驾招摇车北上，一路招摇聚讲，进入京师，张狂讲论心学一月，市井都人聚观如堵，朝臣士夫相顾愕眙，轰传都下，震动朝廷。

王艮这次入都实际想要伏阙上书，千余言的奏书已经写好，最后被欧阳德等同门苦苦劝阻，才没有去伏阙上书。实际上，他最终没有伏阙上书和阳明愤怒催他速回绍兴的真正原因，就是由于他在都下张狂鼓吹良知心学，干犯"大礼议"，程启充、毛玉在九月二日受宰辅意旨上书论劾王阳明党恶，"学术不正"，京师形势凶险，已经敲响了"学禁"的警钟。王艮一回到绍兴，章侨、梁世骠便在十月二十三日上疏攻阳明心学为"异学"，阳明之书为"叛道不经之书"，乞请"学禁"，世宗马上下诏天下严行"学禁"。显然，正是王艮张狂入都鼓吹良知心学直接引发了这场"壬午学禁"，决定了阳明和他的良知心学在整个嘉靖时期遭到摈斥禁锢的命运。

第三次入都之行在嘉靖二年（1523 年）春间。王艮并没有吸取前二次入都之行碰壁失败的教训，反而更激起了他一腔冲决

"学禁"罗网的张狂之心,要想赶在南宫春试举子齐聚京师之际入都大干一番。他先在正月来绍兴受教,然后又穿起奇装异服,驾小蒲车北上,一路随处讲学,进入都下,又张狂鼓吹良知心学,搅动春试场屋科举。王臣、黄直都是这次入都春试中进士,亲眼看到了王艮在都下张狂鼓吹良知心学的一幕。"壬午学禁"本就是首先从科举考试上开刀雷厉风行的,这年会试策士就以心学为问,阴诋阳明,阻遏尊信阳明心学的士子中举入仕。所以阳明的弟子钱德洪、王畿等都意外落第。

反抗科场"学禁"最激烈的阳明弟子是徐珊,他一读了会试策问,不对试卷拂衣走出场屋,归绍兴来见阳明。当时人都把他比为宋儒尹焞。阳明专为他的这一科场无畏壮举写了一篇元气淋漓的《书徐汝佩卷》,撕开了官方这场科场"学禁"禁绝心学的恐怖阴谋的面纱,以自己叛逆的"狂者胸次"表达了对"学禁"的最大蔑视。

这篇甘"冒天下之非笑诋詈"写就的雄文,简直可以说是阳明抗击"嘉靖学禁"的宣言书,它与其说是阳明在颂扬徐珊反叛科场思想禁锢的大无畏壮举,毋宁说是阳明在表白自己甘冒天下人的非笑诋毁反抗官方"学禁"的泼天胆勇。这篇文章反映了心学士子在"学禁"笼罩下的普遍反抗心态,也成为阳明自己在"学禁"困境下砥砺奋进的新起点。

"狂者胸次":"学禁"困境下的砥砺奋进

在"学禁"阴霾的笼罩下,却有越来越多的四方士子学者奔

第十五章 挣扎在嘉靖"学禁"的厄境中

赴绍兴来问学,嘉靖二年成了阳明大阐良知心学的一个新高峰。从开春正月起,就有一批一批学子闻风来绍兴受良知心学之教。

最初在正月,邹守益、黄宗明、马明衡都复职北上入京,途经绍兴来问学。邹守益同阳明参订讲论一个多月。阳明尤器重邹守益,同他游山览洞,讲学唱酬,分别时恋恋不舍,阳明携门人蔡宗充、王世瑞、郭庆、魏良弼、魏良器等一直送邹守益到浮峰、萧山,唱酬相别。

自"学禁"颁行天下以来,程朱派与程朱官学更是乘势群起而攻之,"谤议日炽"。阳明认为士夫不能缄口结舌,而应起来捍卫心学,所以他要弟子们面对"学禁"做大智大勇的信良知的"狂者",而不要做唯唯诺诺的"乡愿"。

狂者是圣人之道的真血脉,一切纷嚣俗染不足以累其心。故狂者是真正的知行合一者,既"洞略事情"而又"行常不掩"。狂者就是直依良知而行的君子,信得良知的真是真非,一任良知去做,不着丝毫掩藏,勇往直前。这就是阳明对嘉靖"学禁"与"谤议日炽"的回答。王艮就是听了他这番做勇行良知的"狂者"的教导,才驾小蒲轮张狂入都,大逞"狂者气象"。而阳明在整个嘉靖"学禁"的厄境中,也是以这种"狂者胸次"为精神支撑,自我砥砺奋进。

受到"狂者胸次"之教的薛侃,成了崇仰阳明良知心学的"狂者",他留居在会稽山中受学半年,到六月才别阳明赴贵溪。阳明与他多有通信往返讲论良知心学,薛侃也常将自己写的文章送呈阳明审阅。阳明都要求他从良知心学上认识这些儒家的心性论思想。

另一个也受到阳明"狂者胸次"之教的郭庆,是在正月携弟子吴良吉一起来问良知心学。在这群来问学的士子学人中,最引人注目的还是五岳山人黄省曾（勉之）。这个姑苏南岳山人的气质、人格、思想旨趣最接近阳明山人，他耽嗜佛道，又好诗赋辞章，笔力雄放，爱游山访道，三教九流之书无所不读，百氏六艺之学无所不窥。早年向李梦阳学诗文，中年自悔溺于词章之学。他迢迢来绍兴问良知之学，执贽拜师于阳明洞中。

黄省曾从嘉靖二年到嘉靖六年一直来绍兴问学，深得阳明信任，竟以作《王氏论语》相托。在这五年的问学受教中，他记录了大量的传习语录，编成《会稽问道录》十卷，是了解阳明在嘉靖"学禁"中的思想动态最宝贵的资料，可惜钱德洪只选取了《会稽问道录》中一些论良知的语录编进《传习录》，致使《会稽问道录》亡佚不传。在今《传习录》卷下中，还保存了黄省曾记的语录六十八条，其中前面有三十余条就都记在嘉靖二年至三年之间，可以清楚看出阳明在"学禁"中以"狂者胸次"大阐良知心学的身影。

阳明大发这种信吾心尊吾知的"狂者胸次"，正是对"学禁"制造者攻击他的心学"叛道不经"的有力回击。同湛若水相比，湛若水恰正缺少这种"狂者胸次"与"狂者精神"，他尊信儒经，始终在经书故训的圈子中打转，阳明说他"牵制于文义"就指他这个缺点。在嘉靖二年二月，当方献夫授吏部考功司员外郎入都时，阳明就写信给方献夫，批评他和湛若水的"牵制于文义"。

阳明其实是以自己的"狂者胸次"批评湛若水与方献夫的"牵制于文义"，不能直抒胸臆，但湛若水、方献夫、黄绾都没有能领会阳明的深意。到七月，当黄绾授南京都察院经历时，湛若水作了一篇《赠石龙黄宗贤赴南台序》，算是对阳明批评的回答，信序中仍坚持自己的看法。

湛若水仍牵制于故训文义，不敢像阳明那样把知训为良知，把致知训为致良知。他把知训为觉,以为学者即觉,根据《大学》上的说法,把"致知"解释为物至而知、知故知止、知止不流、不流澄定、澄定见理、见理存存,这同阳明的"致良知"说大相径庭。阳明立即写了一封信给黄绾,暗示他们牵制于经义之说而缺少以"狂者胸次"解经的真精神。

但缺少"狂者胸次"的湛若水、方献夫、黄绾在"谤议日炽"的禁网下入朝做官,转而更热衷于投入"大礼议"的纷争中,而触犯禁网讲学论道共倡心学的一面反而冷落下来。阳明同他们相反,他尽量回避卷入大礼议纷争的旋涡,而更以"狂者胸次"沉潜在同士子学者的讲论良知心学之中,在四月,霍韬因上《大礼疏》一时受阻,谢病归南海,途经绍兴,来同阳明论学论政。

霍韬是正宗的尊程朱学者,在大礼议上同张璁、桂萼、方献夫、黄绾为一派,他经武城同王道(纯甫)论朱陆之学,实际是当年朱陆之学异同论战的余响,所谓"极论王伯安学术"就是批评阳明的良知心学,应和了朝廷"学禁"的喧嚣。对霍韬的极论心学之非的"谤议",阳明用再改定《大学古本傍释序》作了回答。在五月,薛宗铠授贵溪知县,途经绍兴来问学,阳明向他传授了良知心学,后来阳明有信给薛宗铠,再强调良知心学的根本工夫。阳明就是用良知思想再改定《大学古本傍释序》的,重点在突显致良知的工夫论。就在写这封信时,他改定好了《大学古本傍释序》,并把它寄给了薛侃,在同时给薛侃的信中再次透露了他改定《大学古本傍释序》旨在突显致良知的工夫论。

良知心学是知行合一的践履之学,须付诸实行,实致其良知。故致良知的工夫是"千古圣学之秘","千圣不传之秘",大阐致良知的践履工夫成为阳明这时讲学论道的重心。惠州学子王一为来绍兴受学，半载方归，阳明主要就是向他传授致良知的"千圣不传之秘"。同样，杨鸾来受学，阳明也是着重讲致良知的践履工夫，要他"实致其良知"。

到十月，欧阳德授六安知州，阳明同他加强了书信往来论学。阳明同欧阳德的讲论良知心学，也是围绕"致良知"的工夫论展开，阳明独到地提出了"致良知"的四条本体工夫论原则：

1. 良知非离见闻，惟以致良知为主，则多闻多见皆致知之功；

2. 良知非断思虑，良知发用之思，自是明白简易，无憧憧纷扰之患；

3. 良知非绝事，应实致良知，则行止、生死惟求自慊，而不为困；

4. 致知非为逆臆，致良知则知险知阻，自然明觉，而人不能罔。[1]

这四条致良知工夫论原则，实际也是他的良知心学体系的四条实践哲学原则。

阳明的致良知四原则，从实践哲学的高度规定了他的良知心学思想体系的本体论、方法论、认识论、工夫论的实践品格，把他的形上思辨的良知玄学升华为践履力行的实学，也打开了直接通向"王门四句教"乃至"王门八句教"（四无教与四有教）的思想体系之路。而阳明自己也把这种致良知四原则贯彻到同士子学者的讲学论道中，展开了更广阔的良知心学的践履力行的实学之教。还在七月，瑞泉南大吉来知绍兴府，带了弟南逢吉与侄南轩一起来受学，阳明就向他们强调良知心学重在践履力行。

在南大吉的带头号召引领下，有更多的"八邑才俊弟子"来

---

[1] 王守仁：《答欧阳崇一问致良知书》，见《国朝献征录》卷九《新建伯王文成公传》。

绍兴聆受这种践履力行的良知心学。值得注意的是在十一月,岭南才俊黄佐奉命册奉金天华岳神,南下经杭城,也转道来绍兴问学,阳明同他讨论了践履力行的良知心学。

阳明主要同黄佐论知行合一,强调行的重要,"行了乃是知",行是知之成,可是黄佐并没有领会他的意思。阳明拿出改定的《大学古本傍释》给他看,显然也是要他注意《大学》的致良知的践履力行工夫,黄佐却也回避不谈。如果把阳明对黄佐的知行合一之教与同时湛若水对黄佐的体认天理之教相比较,就可看出阳明与湛若水思想的明显不同。与黄佐论学,湛若水讲了一个"思"字,强调"中思";阳明却讲了一个"行"字,强调"知行合一"。黄佐带了湛若水的"思"之教来见阳明,自然听不进阳明的"行"之教了。

但是那些纷纷来学的八邑才俊之士大多还是领悟坚信了阳明的践履力行的良知心学,成为信仰勇毅的王门弟子。阳明甚至从他们当中选定了一个"可传衣钵"的心学传人——郑善夫。郑善夫自正德八年来向阳明问学后,学业大进,以文行并粹、德艺双馨名著士林,士夫誉为光风霁月的"有道者"。正德十四年阳明平定宸濠叛乱后,时任礼部员外郎的郑善夫即上书请改历元,显示了他精通天文律历的渊博学识。阳明在江西与在绍兴时,郑善夫与阳明当多有通信往返论学论文,使阳明感到郑善夫最能领会他的"格物致知"之说,并能卓然践履力行,遂有心"以衣钵相托"。就在十月,升任南京都察院经历的黄绾携家过越访阳明,在绍兴受教一月有余。这时郑善夫也升任南京吏部郎中,写信给黄绾说要到绍兴来访阳明。阳明便请黄绾写信给郑善夫表达"以衣钵相托"的心意,亟盼他来绍兴。

在"学禁"的罗网下,阳明已考虑起自己良知心学的道统传人，因为峻厉的"学禁"淘洗锻炼了一番天下士人学子，士夫多噤不敢言，阳明的门人弟子有的（如陈洸）甚至变节渝行，老一代的弟子（如黄绾、方献夫）还依旧观望徘徊在阳明的良知心学藩篱之外，新一代的弟子（如王畿、钱德洪）又还没有形成气候，所以郑善夫（时年三十九岁）便成了阳明最看好的担当衣钵真传重任的良知心学传灯人。阳明与黄绾在绍兴等待郑善夫一月之久，可惜郑善夫在来途游武夷山受阴寒，误服医药，在十二月二十八日去世。衣钵传道真人意外夭折，火尽灯灭，阳明分外悲痛。

阳明不甘心于心学道统真传澌尽灯灭，他更以"必为圣人之志，勿为时议所摇"的勇决大阐良知心学，奋发砥砺。面对数以百计的远近来问学的士子，阳明修造了新的伯府邸与书院，以待莘莘学子。伯府的建造，主要给士人学者提供了居住讲学的场所。大致阳明在嘉靖二年春间开始造伯府新邸，到十二月底初步建成。到嘉靖三年春，又再建阳明书院相配。伯府拓地扩建而成，东起王衙弄，西至西小河，南至大有仓，北至上大路。伯府中建有十余处洞天景观，造天泉楼，开碧霞山房，凿碧霞池，池上架天泉桥。伯府大厅规模宏丽，梁架皆用楠木。主楼"天泉楼"就是用陈白沙的《题心泉》诗命名的，天泉桥下流淌的就是"心泉"，表示他要在天泉楼中汲取良知心学的"心泉"，日进常新。以伯府天泉楼为中心，形成了环环拱卫的士子学者居住生活与传道授业合一的教园格局。

这样一个开放式的山中教学传道的教育园区，成为四方学子瞻仰朝拜的良知心学的圣地，"先生之学日进，感召之机申变无方"，道出了阳明的良知心学在"学禁"笼罩下日进日新的发展与传播。就在他刚建造成这个传教传道的园区时，舒柏来问良知之学，阳明写给他一封答问书，精辟简要地阐述了自己的复心体、致良知的心学。

阳明这封信为他的心学的书院教育揭橥起了一面"复心"的旗帜：以良知为心体，以致良知（去蔽、扩充）为工夫；以"洒落"为心之体，以"敬畏"为洒落之功；以"戒慎恐惧"的致良知的工夫，使"失其本体之正"的异己之心复归昭明灵觉的本然之心。姚江之水东流不息，在绍兴稽山下，诵诗笙歌如潮，在阳明建起伯府天泉楼与阳明书院以后，迎着日益强劲的"学禁"逆风，他的大阐良知心学的书院教育又以更恢宏博大的气魄展开了。

在"大礼议"纷争的旋涡中

对阳明最为不幸的是，十五岁的独裁嘉靖皇帝的登极，不仅把武宗留下的一份破败的江山社稷推向了危机的深渊，也给阳明准备了一生最大的个人悲剧。世宗一登上帝座，就刮起了"学禁"与"大礼议"的两股狂风，都不过是要为这个少年独夫天子的专断独裁扫清道路，两股狂风交织上升，交相为用，阳明遭到了"学禁"与"礼禁"的两方面的打击。

所谓"大礼议"，说穿了不过是一场无谓无端无是非的皇族宗法继统名分称呼之争的荒诞闹剧，实际完全是由世宗所一手挑起，并始终为世宗在幕后黑手操控的。"大礼议"暴露了封建宗法皇统本身及其皇统继承制度（父死子承、兄终弟及）的荒谬性。世宗朱厚熜以藩王入统，勉强名义上以兄终弟及的方式当上皇帝，这一开始就潜伏了皇族宗法礼制不可解的悖论矛盾，给他侥幸地拥登帝位蒙上了一层阴影。原来宪宗朱见深生有二子：朱祐樘为纪氏所生，是为孝宗；朱祐杬为邵氏所生，立为兴王。孝宗与张氏（慈圣太后）生子朱厚照，是为武宗；兴王与蒋氏生子朱厚熜，立为世子。朱厚照与朱厚熜是堂兄弟。因为武宗无皇子，按照朱元璋在《皇明祖训》中规定的"凡朝廷无皇子，必兄终弟及，须立嫡母所生者，庶母所生虽长不得立"，须立嫡母所生子为帝，但武宗是孝宗的独子，无法执行"嫡母所生"这一兄终弟及的原则。首辅大臣杨廷和不得已采取了一种向上推的变通办法，上溯到宪宗，宪宗十四子中，三子即位为孝宗，四子即是兴王朱祐杬。这样，兴王朱祐杬勉强可以以孝宗长弟的身份继承皇位。但偏偏这时兴献王朱祐杬已经去世，只能去找他留下的长子朱厚熜，他倒算得上符合"立嫡以长"的原则，于是朱厚熜终于意外地以"嫡长孙"的身份获得了皇位继承人的资格，被推上了皇帝的宝座。所以严格地说，这种曲线登帝继统的做法也是不符合兄终弟及的宗法继统原则的，只是朝廷大臣在绝嗣绝统万般无奈之下采取的一种牵强附会的救统救嗣手法。这种有违宗法之"礼"的曲线继统就必然要有强制性的附加条件，那就是要求世宗尊称孝宗为"皇考"，称张氏为"皇母"；改称本生父兴献王为"皇叔考"，称生母蒋氏为"皇叔母"，这一方面可从表面上虚伪地彰显出朱厚熜兄终弟及继承帝位的合法性，另一方面也具有防范、限制新帝朱厚熜将来皇权自我膨胀独断横行的用意。对顺利当上皇帝的世宗来说，这种称呼上的改变本也不是什么大不了的事，并不具有威胁到他的独断皇权统治的实质性意义，相反还用温情脉脉的"礼"的面纱掩盖并美化了世宗不合兄终弟及宗法继统原则的身份。但少年天子不识其中利害关系，反而触发了他的敏感早熟的帝王独裁心态，挑起事端，气势汹汹带头起来抵制，把这场

第十五章 挣扎在嘉靖"学禁"的厄境中

最初旨在反对改变父母称呼的世宗皇帝一己一私之争美其名曰"大礼议",从为本生父母争改称皇考、皇母,发展到为父母争立皇帝、皇后尊号,直到为从未当过皇帝的本生父争"宗"立世室,祀皇考于太庙,明堂祭天以本生父祭配天,最终实现了"称宗祔庙"的荒唐帝梦,充分暴露了世宗独夫暴君的狰狞面目。这场所谓"大礼议"已经走向大礼议的反面,把一个争父母名分称呼的"礼议"变成了一场为没有当过皇帝的"本生父"争入帝入统入宗入庙的血腥杀戮,完全搅乱破坏了皇权统治者自己建立起来的伪善的封建宗法皇统制度与"生为帝统,死为庙统"、宗庙祭祀左昭右穆的庙统世系。

世宗挑起大礼议之争的另一险恶用心是:他所以拒绝尊孝宗为"皇父"、张氏为"皇母",也是针对抱养来的"民间子"武宗,将入宗的兴献王位于武宗之上,实际上否定了武宗的入"宗"地位。因为武宗不是张氏所生,而是孝宗听信太监李广抱养入宫的一个"民间子",一个非大明皇族血统的"伪皇帝",早已世人皆知。在正德十年(1515年)以来朝廷发生的立皇储之争,已经捅破了武宗这一身世之谜及其绝育无后不可救药的绝症病源,大臣杨一清、刘春等提出立兴献王世子为皇储,得到了阳明响应,也上疏请立皇储。所以正德十年以来的立皇储、建太子之争,其实就是"大礼议"之争的前奏曲。世宗与朝廷大臣、佞幸阉竖对武宗的"民间子"卑贱身世的丑事都是心中有数而又难以启齿的,所以他们都借堂皇的"大礼议"发"夏父之徒"的弦外之音。世宗断然不肯认"伪皇帝"武宗之父孝宗为"皇考"、母张氏为"皇母",他把兴献王强行入宗入统,也就无异于意味着把"民间子"武宗驱逐出了"皇统帝宗",这就是世宗挑起"大礼议"的不可告人的目的。阳明最早看出了武宗的伪皇帝、真暴君的面目,又最早主张立兴献王长子朱厚熜为皇太子，所以他对世宗及张璁、桂萼等大礼议派挑起"大礼议"一开始采取了支持的态度。

大礼议其实在世宗一即位以后就已开始。正德十六年四月二十七日，就在即位后的第五天，世宗在西角门朝见群臣，下了二大诏命：一是命礼部定议武宗谥号，二是命礼部会官定议兴献王主祀封号。内阁首辅杨廷和提出依汉定陶王与宋濮王例，以程颐《代彭思永议濮王礼疏》为据，建议尊孝宗曰"皇考"，称兴献王为"皇叔考"，母妃为"皇叔母"，自称"侄皇帝"，别立益王次子崇仁王为兴王。五月七日，礼部尚书毛澄会同文武大臣集议，通过了杨廷和提出的建议，上奏给世宗。世宗看了十分恼怒，说："人孰无父母，奈何使我不获伸！"他马上驳回，命令礼部重议——"大礼议"就这样爆发了。世宗表面上不露声色，实际早已成竹在胸。所以他一面诏见杨廷和赐座温语，企图打动杨廷和改变主意；一面又派心腹宦官到毛澄家，下跪磕头，送上大量黄金，遭到毛澄拒绝。以后毛澄又两次会同廷臣集议上奏，都被态度强硬的世宗否决，礼议呈争持胶着状态。直到七月三日，一个永嘉新科进士张璁上了大礼议的奏疏，才打破了大礼议的沉闷局面，给世宗私天下的君权独断提供了理论的"依据"。

张璁是一个深受永嘉事功学熏陶的功利士子，热衷于功名进取与利禄追逐，但他七上科举落第，仕途蹭蹬，命运不济。后来阳明弟子萧鸣凤替他算命说：你以后三年成进士，再过三年会骤贵。张璁果然在正德十六年（1521年）考中进士，观政大理寺。在都下，他窥测大礼议风向，揣摩世宗帝意，以为猎取荣华富贵、飞黄腾达的机遇到了，很快抢在七月三日上了大礼议疏。他从虚幻的"孝"的皇家最高宗法伦理道德上美化了世宗"尊亲"的格天帝德，提出了"继统不继嗣"的说法。张璁对君权皇族虚伪的"孝

第十五章 挣扎在嘉靖"学禁"的厄境中

亲"宗法伦理的美化本身也是虚伪荒谬的,他批驳杨廷和、毛澄等人所揭出的诸多问题,其实是皇权统治者人为制定的皇族宗法继统制度体系内部自身不可克服的矛盾,杨廷和提出的办法固然无力解决,而张璁提出的办法更无力克服,如果说杨廷和提出的解决办法在防范世宗皇权独裁膨胀上毕竟还起一点约束警示作用,那么张璁提出的解决办法却为世宗的个人专断独裁肆意妄为打开了通道,二种解决办法无所谓是非对错。但张璁提出的办法适合了世宗个人皇权独裁的需要,深得世宗的欢心,世宗的皇权独裁之心果然膨胀起来,得寸进尺,竟迫不及待地把杨一清、蒋冕、毛澄召进文华殿,提出要把兴献王立为皇帝,蒋氏立为皇后。可以说,从世宗由提出改兴献王为皇考、蒋氏为皇母进到提出立兴献王为皇帝、蒋氏为皇后的那一刻起,"大礼议"已越出了大礼议的范围,走向了大礼议的反面,堂皇的"大礼议"变成了皇帝自坏"大礼"本身的"大礼反",世宗的破坏皇统宗法继承制度的专断独裁、肆意妄为如决堤之水,不可遏止。

当张璁上大礼议奏疏时,恰逢阳明也应召起程北上赴京,要"大畀以政",阳明对大礼议的态度一向是明朗的,这使处在大礼议旋涡中心的杨廷和、毛澄尤感到害怕,显然,他们阻遏阳明入朝畀受大政的一个主要原因,还在于极力摒斥阳明参预"大礼议"。阳明归越家居后,失掉了直接议政议礼的资格,但他对"大礼议"却更加关切起来。在十月,兵部主事霍韬写了《大礼议》,批驳杨廷和、毛澄之说,为张璁张大声势,他在上疏之前就先把《大礼议》寄给阳明看。到嘉靖元年二月,兵部右侍郎席书写成《大礼疏》,也先寄给阳明看,都得到了阳明的肯定。

阳明对霍韬、席书的大礼议疏都表示了认同,并作了指导。实际在霍韬、席书上大礼议疏之前,张璁在十一月又上了《大礼或问》,进一步为世宗的独断专横的合"法"性与合"礼"性辩护。霍韬、席书都是受到张璁的激发跟着上大礼议疏的。如果说霍韬的《大礼议》还斤斤纠缠在改兴献王为皇考、改蒋氏为皇母的问题上,那么席书的《大礼疏》就已经进到要立兴献王为皇帝、立蒋氏为皇后的问题上,他们的上奏大礼议遭到了杨廷和、毛澄的抵制,霍韬后来被迫谢病归,而席书一直不敢上《大礼疏》,秘密把它送给桂萼看,得到了桂萼的赏识。但世宗在张璁上大礼议疏的鼓动下独断气焰高张,步步进逼,先在十月强行御定"以朕既承大统,父兴献王宜称兴献帝,母兴献后,宪庙贵妃邵氏为皇太后",世宗母蒋氏终于从大明门中门进入了皇宫。到十二月,世宗又进一步要求内阁拟诏,给兴献帝、后都加上一个"皇"字。到嘉靖元年正月,礼科给事中熊浃承世宗帝意上疏说:"臣愚谓兴献王尊以帝号,别建一庙,以示不敢上跻于列圣。母妃则尊为皇太后,而少杀其徽称,以示不敢上同于慈寿。"[1] 于是世宗干脆敕谕礼部"本生母兴献后加上尊号为'兴国太后',宪庙贵妃邵氏皇太后加上尊号为'寿安皇太后'"。三月,世宗正式向全国颁布了上尊号的诏书。

大礼议派的节节胜利与阳明关注大礼议的态度,鼓舞了黄绾、方献夫、黄宗明、应良、王艮、邹守益、欧阳德、薛侃、杨鸾、马明衡等一大批门人弟子,他们也都认为风云际会、大有作为的时代到来,乘着复职起用的风势涌入都下,卷进了大礼议的旋涡中。在嘉靖元年二月王华卒时,他们便都借着吊祭王华的机会来绍兴向阳明问大礼议,像黄绾、方献夫、黄宗明都在来绍兴问大礼议后入都,成为大礼议派的中坚人物。尤引人注目的是王艮的

---

[1]《明史》卷一百九十七《熊浃传》。

第十五章 挣扎在嘉靖"学禁"的厄境中

入都伏阙上书,他显然是看准与吃透了阳明支持大礼议派的态度,才在嘉靖元年八月入都,在京中一方面大讲良知心学,另一方面要伏阙上大礼议书。王艮最重孝道,从他的上书是要"谆谆申孝弟"来看,显然同张璁谆谆申"孝亲"的大礼议疏一致,可见王艮是站在张璁的大礼议派一方的。只是他的在京张狂大讲良知心学触发了"学禁",他的伏阙上大礼议书没有成功,阳明才急急把他叫回绍兴。

但"壬午学禁"的兴起使阳明对朝廷的"大礼议"引起了高度警觉,促使他把"学禁"同"大礼议"联系起来思考,用他的良知心学来认识这场独夫私天下的"大礼议",采取了既不偏于大礼议派又不偏于大礼议反对派的立场。九月,有一个监生何渊上书请立世室奉兴献帝,如同周祀文王的遗意。十二月,兵科给事中史道上疏弹劾杨廷和,攻击杨廷和在大礼议上"于兴献帝一'皇'字、'考'字乃欲以去就争之,实为欺妄",御史曹嘉也弹劾彭泽阻塞言路,迫使杨廷和、蒋冕、毛纪、毛澄、林俊、乔宇、彭泽等人上章乞休,拒绝再到阁、部议事,世宗已心生驱逐杨廷和等人之意。这都给阳明以很大的震动。嘉靖二年正月,邹守益在复职起用入都之前来绍兴问学,主要也是问大礼议事,阳明反复叮咛他入都要谨慎从事,并在请他递给黄绾的信中说"知人心之不可测,良用慨叹",要黄绾、邹守益等在京弟子谨言慎语。四月,霍韬因上《大礼议》受沮归南海,途经绍兴来见阳明,阳明对这个尊程朱学者不从"良知"之学上论"大礼议"已心生微词。所以到六月薛侃也复职进京后,阳明专门写信给在京的薛侃、黄宗明、马明衡,要他们在大礼议上千万谨慎郑重。

事实上,由于阳明对"大礼议"态度的变化,阳明的门人弟子在大礼议上也发生了分化,他们入京后,只有黄绾、方献夫、黄宗明、顾应祥等少数几个人转向了大礼议派，而大多数弟子邹守益、薛侃、欧阳德、马明衡、季本、王思、王时柯、夏良胜等都转向了大礼议反对派。阳明对这两派弟子采取了两可的态度，不作是非褒贬，而希望他们都能站在"良知"的立场公正论"大礼议"。在七月，江西副使顾应祥考满进京，他在途中写了一篇《大礼论》，准备进上。

顾应祥站在大礼议派一边论礼，与张璁观点一致。但他强调"圣人缘情以制礼，本乎天理而合乎人情者"，"礼"都是人按照自己的一定需要制定出来的，并不存在一个先天绝对、通古今之用的"礼"，因而不必、也不可能一定要从历史的记载或古人的说法上去找合"礼"存在的"依据"，如"追尊"之礼，他就认为不是古礼。因此重要的是缘情本理以制礼，以公心论大礼。这个思想得到了阳明的首肯。实际上，阳明正是用这个观点对古今的礼议礼争作了否定性的批判。在他看来，人是缘情本理以制"礼"的，所谓制礼合乎人情，就是说合乎"良知"的公心，因此在"大礼议"上，应当以"良知"的公心议大礼、定皇统。但无论是大礼议派还是大礼议反对派，都没有能出以"良知"的公心，而都是出以悖公悖理悖情的私心：在大礼议派方，世宗完全是以独夫私天下的独断之心控制大礼议，而张璁、桂萼之辈也都是以投机钻营的功利之心干政求进，为皇帝的私天下与虚伪的皇统论证辩护，借以达到个人的飞黄腾达；在大礼议反对派方，也同样没有能从"良知"的公心议大礼，相反用程朱的理学来掩盖他们的悖良知悖人情的礼说。阳明自己就是从"良知"的公心立场来看"大礼议"的：当大礼议反对派开始提出要称孝宗为皇考、张氏为皇母时，阳明反对这种悖良知悖人情的做法，而同意大礼议派的称兴献王为皇父、蒋氏为皇母；但是当大礼议派从主张称

第十五章 挣扎在嘉靖"学禁"的厄境中

兴献王为皇父、蒋氏为皇母进到要尊立兴献王为皇帝、蒋氏为皇后,以至要为世宗的"本生父"争入帝入统入宗入庙时,阳明又否定了世宗这种悖良知悖人情悖大礼的专制独裁行径。这就是阳明从最初支持大礼议派到最后全盘否定"大礼议"的思想转变的根本原因。所以当嘉靖二年十月黄绾来绍兴受教一月有余,阳明同他讲论"大礼议"还很相投;但在十一月刑部尚书林俊因大礼议触忤世宗致仕归,经绍兴来见阳明时,阳明又对这个大礼议反对派中坚表示了同情愤慨(这时黄绾还在绍兴),这里已透露了阳明在"大礼议"上态度转变的消息。

到嘉靖三年(1524年),"大礼议"又因为桂萼、方献夫、席书、黄绾的介入而再掀巨澜。这时张璁与桂萼都在南京任职,黄绾正好也到了南京任都察院经历,三人情投意合,又与席书、方献夫五人结成了一个大礼议派的强力集团。正月二十一日,南京刑部主事桂萼便上了《正大礼疏》,他特把南京兵部右侍郎席书的《大礼疏》与吏部员外郎方献夫的《大礼疏》一并附上,张大声势。

桂萼是整个嘉靖时期狂热鼓吹"学禁"与"大礼议"的最危险的人物,他的狂妄叫嚣"非天子不议礼,天下有道,礼乐自天子出",极大地煽起了世宗为本生父争皇统、入皇宗的独裁专断之心,对大礼议反对派动了杀机。二月,杨廷和被迫去职致仕。礼部尚书汪俊集官议大礼,揭明大礼议的真相,世宗迫不及待地举起了屠刀。二月三十日是昭圣太后(张氏)的生辰,世宗却下诏免朝贺。御史马明衡(阳明弟子)、朱淛上疏谏劝,逮下镇抚司。修撰舒芬(阳明弟子)又上章再谏,夺俸三月。御史季本(阳明弟子)、陈逅,户部员外郎林应聪等接连上章疏救,皆下狱。季本贬为揭阳主簿,林应聪谪为徐闻县丞,陈逅降为合浦主簿。阳明听到朝中大礼议陡生变故的消息后,对大礼议反对派表示了极大同情与支持。张璁、桂萼乘胜追击，在三月又上章。世宗马上罢去了礼部尚书汪俊。黄绾居然吹捧世宗处置大礼议"圣明"，有"尧舜之资"，大臣都是党比悖理，欺忤皇上。

黄绾是一个最善见风使舵、见机而作的士夫典型，当他写这封信时，他已追随张璁、桂萼、席书、方献夫接连上了三次大礼议疏，一次在二月十二日，一次在二月二十八日，一次在三月二十九日，被邹守益斥为"一二奸人"。黄绾不知阳明这时对"大礼议"的看法已经转变，还在信中大赞世宗与张璁、桂萼之流，阳明自然十分反感，他保持了沉默，不予回答。阳明最痛恨世宗的独裁专权，杀戮士夫，尤反感张璁、桂萼之流充当独裁皇帝打手，把大礼议作为博取高官的捷径，希望大礼议派的双方都能以"良知"的公心论大礼。黄绾偏在这时跳出来做了张璁、桂萼的帮凶。从大礼议派（御用派）的思想与成分看，他们多是不信王学者，激烈反对阳明良知心学，像世宗独尊朱学而反王学，竟以"学禁"禁锢天下士人头脑。张璁、桂萼都是尊奉官方程朱理学的信徒，不信王学，充当了"学禁"的急先锋。霍韬崇仰朱学，攻诋王学尤力。方献夫与阳明论学一向不合。就是黄绾也从来没从心底接受阳明的良知心学，以致后来到嘉靖"学禁"时公开反叛阳明，斥阳明良知心学为"禅学"。这些大礼议派人物攻击阳明的良知心学为"邪说"，他们断然不会从"良知"的公心公正地议大礼。所以从政治上说，"大礼议"不过是适应了曲线继统的新君专制独裁的需要，它成了确立世宗新君专权独裁统治的象征与标志。整个世宗时代昏庸暴虐的专制比武宗有过之而无不及，实际就是由"大礼议"的纷争开其端，由张璁、桂萼、方献夫、席书、黄绾之辈推波助澜而形成。故当黄绾把他的三篇大礼疏寄给阳明时，阳明仍不作回答。

第十五章 挣扎在嘉靖"学禁"的厄境中

阳明对黄绾的大礼疏只说了一句"明甚",不置可否,实际是含蓄地否定了他的大礼议说。他强调要黄绾学"古之君子",在大礼议中"恭敬撙节退让以明礼",显然是反对黄绾追随张璁、桂萼鼓动世宗钦定大礼议、专权独裁、杀戮反对派士夫的做法,阳明的真意即"在此而不在彼",能做到"此",才是真正"进于议礼"。实际上阳明这时赞赏的已不是黄绾,而是痛斥黄绾为"奸人"的邹守益,他才是阳明心目中的"恭敬撙节退让以明礼"的"君子"。就在黄绾连上三次大礼议疏以后,同黄绾针锋相对,四月二十六日,邹守益上了《大礼疏》,其中就痛斥了张璁、桂萼、黄绾这些"奸人"。

邹守益的看法同阳明完全一致。世宗见了大怒,邹守益被下狱拷掠,最后谪广德州判官。他赴谪南下来绍兴见阳明,受教一月。阳明完全肯定了他的抗章论大礼议奸人的壮举,称赞他是真正的"恭敬撙节退让以明礼"的君子。

可悲的是正当邹守益还在绍兴受阳明良知礼教的时候,黄绾竟又紧追席书上《大礼考议》之后,进上了《大礼私议》,得到了世宗的赏识,为张璁、桂萼、方献夫的进京重用起了关键的推动作用,这不啻是黄绾对阳明的一次"反叛"。六月,张璁、桂萼应诏赴京。

张璁杀气腾腾的叫嚣给世宗壮了胆。在六月十三日,世宗进张璁、桂萼为翰林院学士,方献夫为侍读学士,朝臣一片哗议。学士丰熙、修撰杨维聪、舒芬、编修王思(阳明弟子)以羞与张、桂、方为伍,上章乞罢官。吏部尚书乔宇也上奏请罢张、桂、方新命。吏科都给事中李学曾与河南道监察御史吉棠等联同官七十四人上奏论劾张璁、桂萼。在朝中大礼议尖锐激化的形势下,终于有一个都御史吴廷举起来上章,荐举阳明上大礼议,以化解大礼议派双方的矛盾。

吴廷举是陈白沙弟子,在思想上同阳明的心学相合,关系甚密。在大礼议上,他折中于大礼议派与大礼议反对派之间而倾向于大礼议反对派,所以大礼议派攻他"首鼠两端,隐附邪说"。在大礼议两派矛盾对抗到势不两立、世宗专横到决意一手钦定大礼之际,吴廷举提出广泛征询"民意"之法,多方倾听朝野内外上下意见,集众稽古,择善施行,不失为防止君主独断偏信、臣下投机钻营的善法。但世宗独断钦定大礼议之心已决,不可动摇,大礼议派更清楚知道吴廷举所荐举的人都倾向于大礼议反对派,特别是阳明,是世宗钦定的"学禁"首要禁锢的"传习邪说"的"愆人",岂容再请他来搅乱破坏"大礼议"已定的成局?所以大礼议派很快奏劾吴廷举"隐附邪说","欺罔皇上九大罪",否决了吴廷举的议案。朝臣们只好眼睁睁地看着"大礼议"的危局烂下去,终至不堪收拾,矛盾一下子总爆发,世宗举起了杀戮的屠刀。

到七月,世宗决意钦定大礼议了。先是张璁、桂萼列十三事上奏,条陈礼官欺罔之罪。张、桂的奏章等于给世宗钦定大礼议提供了行动的"蓝本",世宗马上采纳施行。十二日,世宗召百官至左顺门,强行宣命说:"本生圣母章圣皇太后,今更定尊号曰'圣母章圣皇太后',后四日,恭上册宝。"这是世宗要钦定大礼议的信号,成了"左顺门事件"的直接导火线,大礼议反对派被迫整个行动起来。十五日,一班二百余名朝臣栖栖惶惶一起来到左顺门,匍匐跪拜待命,他们有的高呼"太祖高皇帝",有的高呼"孝宗皇帝",声泪俱下。世宗却漠然高居文华殿,命令朝臣退下,朝臣不肯,连阁臣毛纪、石珤也赶来跪拜,世宗大怒,命司礼太监一一记录下朝臣名氏,将首犯丰熙、张翀、余翱、余宽、黄待显、陶滋、相世芳、毋德纯逮捕下狱。修撰杨慎、检讨王元

第十五章 挣扎在嘉靖"学禁"的厄境中

正摇撼宫门大哭,众朝臣也一起痛哭,哀声震帝廷。世宗更加暴怒,又逮捕了五品以下员外郎马理等一百三十四人入狱,四品以上及司务等官皆待罪,对他们进行了残酷的拷掠折磨。

其实世宗杀戮大礼议反对派最阴毒的手段,还在于把陈洸等一班凶人提拔进朝,弹劾击逐朝中的大礼议反对派,把他们定为"邪党"禁锢起来,同"学禁"声气相通。陈洸原是阳明的弟子,但他中进士后热衷于追逐高官厚爵,反叛阳明,追随张璁、桂萼、席书,疯狂弹击大礼议反对派,成为大礼议中的头号凶人。自此朝中的大礼议反对派被一网打尽。实际大礼议反对派中不少都是阳明弟子,如邹守益、季本、薛侃、马明衡、王元正、王时柯、舒芬、应良、王思、应大猷、党以平、万潮、郭持平、夏良胜等,打击斥逐他们也具有"学禁"的意义。

阳明在绍兴听到朝中发生的"左顺门事件",大礼议反对派被打成"邪党",在朝的阳明弟子被逐,也感到分外震惊,他预言的"秦汉以来,礼家之说往往如仇,皆为不闻致良知之学耳"成了血淋淋的现实。就在七月,当林应聪赴谪徐闻,道经钱塘,给阳明送来了《梦槎奇游诗卷》时,阳明精心作了一篇《题梦槎奇游诗卷》,抨击了世宗及其御用派用杀戮钦定"大礼议"的暴行,称颂林应聪才是一个真正"闻致良知之学"的"君子"。

阳明这篇文章重点论"学"与"知学者",实际都是针对"大礼议"而发,这个"学"就是指求尽吾心的"致良知之学",这个"知学者"就是指"闻致良知之学"的君子。林应聪的《梦槎奇游诗卷》是在京士友送他赴谪作的诗,这些"京师士友"就是指在京的大礼议反对派。阳明一再称颂林应聪是"君知学者也","君盖知学者也,志于道德也,宁可专以文章气节称之",就是指林应聪在大礼议上发求尽吾心、致良知之学的礼说,"以直言被谪"。同林应聪相对立，阳明批判了世宗及其御用派的不以"良知"公心独断钦定大礼议的卑劣做法。在大礼议上，世宗自我标榜"纯孝"的帝心，张璁、桂萼则打起了"忠君"的旗帜。阳明指出了他们的虚伪欺骗，所谓"故其事亲也，求尽吾心之孝，而非以为孝也"，就是对世宗虚伪的"孝亲"的批判；所谓"事君也，求尽吾心之忠，而非以为忠也"，就是对张璁、桂萼之流骗人的"忠君"的批判，故阳明强调说："吾心有不尽焉，是谓自欺其心；心尽，而后吾之心始自以为快也。"可以说，《题梦槎奇游诗卷》是阳明从"致良知之学"对世宗独断钦定"大礼议"的一个批判总结。

在"左顺门事件"之后，"大礼议"走向了"大礼禁"，世宗目无王法，更加独断专横，在经过了一番陈洸遍劾扫荡大礼议反对派朝臣后，独裁道路完全打通，世宗在九月五日正式钦定大礼，诏颁天下。

世宗的诏颁"大礼议"于天下，正同他的诏颁"学禁"于天下一样，实际不过就是诏颁"礼禁"于天下，对在绍兴服阕将起用复出的阳明不啻是当头棒喝，使他清醒看穿了"大礼议"悖反良知的无端纷争的实质。他直指世宗诏颁的"大礼议"是"非常典"，把朝廷的"大礼议"痛斥为是一场"人间瓦缶正雷鸣"、"无端礼乐纷纷议"的闹剧。

在世宗诏颁"大礼议"于天下后，阳明全身心投入大阐良知心学中，思想又有新的飞跃。虽然所谓"大礼议"以后竟又装模作样纷争了十多年，但大礼议反对派已不复存在，世宗日见昏愦暴虐，不可救药，更是"无端礼乐纷纷议"，毫无是非意义可言，阳明也感到回天无力，采取了置身事外、不置可否、不闻不问的态度。

第十六章
生平学问思想的第二次总结

心泉日新：阳明书院与稽山书院的兴起

阳明在嘉靖三年（1524年）四月服阕，正逢世宗一手钦定"大礼议"，阳明的复职起用受阻，依旧弃置不用，废居在家。这反而给他在绍兴山林讲学、大阐良知之教提供了最好的机会与时间，实现了他的良知心学的又一新的飞跃，直接推动他完成了生平学问思想的第二次总结。

以建立阳明书院为标志，嘉靖三年又成了阳明大阐良知之学的高峰之年。还在正月时，王艮来会稽问学，就请阳明建造书院，以居四方来学士子。阳明便请王艮负责建造，在至大寺左筑楼屋斋舍为阳明书院，与周边的能仁、光相、至大、天妃众多寺刹连成一片。书院由王艮负责管理，传授阳明心学。书院大约在下半年建造成，数以百计的四方学子涌进了阳明书院。

二月，绍兴郡守南大吉以"门生"执贽来受学，悟得阳明良知心学，于是他决定增辟修复卧龙山下的稽山书院，聘阳明来主讲良知心学。南大吉初见阳明问学，阳明就向他发良知之教。以后南大吉又不时来问学。有一次他来问阳明："身过可勉，心过奈何？"阳明回答说："昔镜未开，可得藏垢；今镜明矣，一尘之落，自难住脚。此正圣人之机也，勉之！"这是说的致良知的工夫（去蔽、扩充）。南大吉就是在这次问学后回去修复稽山书院，他通过考试选取八邑诸生优秀者，升入稽山书院，月给廪饩，请阳明督教讲习。到嘉靖四年初，书院内又建成了明德堂、尊经阁。在"学禁"笼罩下，阳明书院与稽山书院却以开放独特的良知心学的教育极大吸引了天下士子，规模远远超过了在江西的讲学。

在阳明书院与稽山书院中，来学士子都得以亲聆阳明的良知之教。南湖张綖多年困顿场屋，八上春官不第，在嘉靖三年来绍兴问学，受教数月，阳明就是向他发《大学》的心理合一、万物同体的本体论与致良知的工夫论之教，劝他立志于致良知的圣贤之学，跳出场屋举业的困扰。

阳明的立志说虽是针对张綖落第举子而发，但实际又是针对整个现实的科举与学校教育而言，包含了对当下科举与学校教育的批判，也包含了对张璁、桂萼这些热衷于建功名、炫耀一时以骇世俗观听的功利之徒的抨击。阳明强调他的阳明书院与稽山书院的教育与官学教育不同，是要培养立志于良知圣贤之学的君子。

书院教育不是培养张璁、桂萼式的嗜官好名的功利之徒，阳明把良知圣贤之学、为己之学与明道之学统一起来，作为书院教育的最高培养目标；把传道、授业与解惑结合起来，作为书院教学讲学的良法，德艺共进，知行合一。这就是他的阳明书院与稽山书院的教育的特点。人人心中有良知，人人可以为圣贤，通过良知教育使人复归善心本体，所以他在书院教育与讲学中以良知育人，做到有教无类，因材施教，师生切磋，自由讨论，教学相长，对症下药，引而不发，与学子打成一片，尤强调学子受良知之教的躬行践履。就在三月，海宁一个六十七岁的老诗人董沄，以杖肩挑自己的瓢笠诗卷来绍兴见阳明。这个老诗人嗜读内典，究心释老，不好儒学，耽迷词章之学。阳明同他讲学论道娓娓不倦，连日夜谈论良知之学，把他从耽迷佛道之路上拉了回来。董沄经一番聆教谈论后如梦大醒。两个月后，董沄便再来绍兴，执贽拜为弟子，自号"从吾道人"。在阳明书院中，

第十六章 生平学问思想的第二次总结

阳明对董沄几乎每天都悉心指点，董沄每天受教反省，都写有自省录，请阳明一一作批示评说，董沄后来集为《日省录》。

阳明对董沄的良知心学之教，就是以他赠给董沄的诗所说的"尔身各各自天真，不用求人更问人"为修心育人的准则，揭起了"求心"的旗帜。实际上，阳明的"求心"思想正本自陈白沙，陈白沙把"求心"作为自己的"心学法门"。所谓"求心"，就是要体认良知心体，反求诸己心，致良知以"复其天之所以与我者"。董沄后来把自己在天泉楼的受教心得编为一集，题名《求心录》，具体印证了阳明这种"求心"的育人理念。《求心录》充满了陈白沙的心学说教，但更多记录了阳明的"求心"的良知心学思想。

其实"求心"也成了阳明书院与稽山书院的一面教育旗帜，阳明以一个"心泉缑翁"的心学大师向诸生学子讲学传教，汲心泉，传心诀，说道真，每当自己体悟心学有得，他都会把门人学子召集到天泉楼前，天泉桥上，碧霞池畔，大阐良知之教，那里成了阳明师生歌诗吟赋、击鼓泛舟、讲学论道的名教乐地。在八月中秋，阳明就燕集一百一十名门人学子欢聚于天泉桥上，中秋月白如昼，诸生歌诗诵赋，弹琴吹箫，金石丝竹齐奏，湖上鼓棹而歌，远近应答。阳明的中秋讲道论学，成了他要总结归越以来生平学问思想的信号。

阳明想要总结自己归越以来的学问思想，是受到他在阳明书院与稽山书院同诸生学子讲学论道的推动，也是阳明书院与稽山书院的书院教育的实际需要。就在董沄来问学的同时，钱蒙也偕钱德洪、钱德周、钱仲实三子来问学。钱蒙号心渔翁，不仅是一个精通星象蓍占的《易》学家，而且也是一个精通音律的盲音乐家，善鼓瑟吹箫。他目盲而心不盲，相信人虽目盲不见，但人心灵觉相通，良知不昧，心学可以触类而通，所以他也以高龄老身来绍兴向阳明问良知心学。

书院的教育以"求心"的良知心学育人，并不废习举子业，阳明强调心学是本，举业是末；心学是自有，举业是外求。治业先要治心，心学不妨举业，相反，修明心学，有益举业，犹如打蛇得七寸。阳明盛赞謦翁钱蒙目盲心不昧、游心太玄、不执有无得丧的"心渔"处世哲学，用自己的致良知的心学独到精辟地诠释了钱蒙"心渔"处世哲学的真谛。钱蒙的"心渔"是同阳明的"求心"一致的，在阳明看来，钱蒙的"心渔"人生哲学就是以至道为网，以良知为纲，与天地万物浑然一体，游心于有无之间，物我两忘，无所执着，渔无所渔，得无所得，忘无可忘。

在阳明书院与稽山书院中，阳明就是这样在同诸生学子的讲学论道中发展着自己的良知心学，由博返约，不断升华。他尤善于针对学子各自的不同思想状况与水平讲论良知心学的精华，因人施教，因事制宜，达到传道、授业、解惑三统一的教育效果。诸暨宰朱廷立屡次来绍兴问学问政，就典型体现了阳明这一教育理念及其教育效果。

阳明把问学与问政结合起来，因人因事解惑，由近及远，由外而内，层层深入，从即人即事的启发破惑入手，开导治学与理政的良法，最后达到对良知心学之道的认识，臻于明德至善的至道，知行合一，躬行践履——这就是阳明与众不同的传道、授业、解惑相统一的书院教育之道。

在阳明书院与稽山书院中，阳明都是用这种教育之道引导来学诸生学子。朱篪、朱簠兄弟来绍兴问学，阳明就重点同他们谈立志与知行合一。而诸偁来绍兴问学，阳明就重点同他谈心外无理与致良知。最引人注目的还是五岳山人黄省曾年年来绍兴受教问学。他才华横溢,善于领会阳明的良知心学,博学深思,也最认真记录下了阳明讲学论道的语录。他将嘉靖二年到六年自己记的阳明语录汇编成的十卷《会稽问道录》,是对阳明书院与稽山书院中生动活泼的教育教学的笔笔忠实记录,也记下了嘉靖时期阳明不断思考、提升、总结自己良知心学的步步足迹。他在嘉靖二年(1523年)归苏州后,一直在思考阳明的良知心学,同阳明有论学书信往来。到嘉靖三年五月,他写出了《格物说》、《修道注》,实际是对阳明的格物说与修道说的补充发挥。他把这两篇文章寄给了阳明。原来阳明在正德十三年定《大学古本》,并为作序与傍释;同时又定《中庸古本》,为作《修道说》以发中庸之意,这篇《修道说》实际就是为定《中庸古本》所作的序。黄省曾作的《格物说》,就是发挥阳明正德十三年所作《大学古本傍释序》中的格物说;他作的《修道注》,就是为阳明的《修道说》(即《中庸古本序》)所作的注解。但阳明正德十三年所作《大学古本序》与《修道说》均没有论及"良知"与"致良知"(那时他还没有"良知之悟"),是后来才不断修改,加进了"良知"与"致良知"的内容。黄省曾用的还是正德十三年的本子,因此阳明便把石刻定本的《大学古本序》与《修道说》寄给了黄省曾。

  黄省曾在六月一日又赶来绍兴问学。针对黄省曾学问的驳杂之病,阳明作了一篇《自得斋说》赠给黄省曾,要他技进于道,躬行致良知的践履工夫。阳明认为,道即性,性即生,吾性自足,不假外求,所以他要求黄省曾只在致良知上下功夫,"致其良知而不敢须臾或离"。这是阳明在躬行践履上对黄省曾的要求,也是他对整个书院来学士子的要求。黄省曾这次来受良知之教的情况,全都被他自己记录下来,表明黄省曾由衷领悟接受了阳明的良知心学之教。他面请阳明将他的良知心学写成书（即后来的《大学问》），以嘉惠后学，供书院诸生教学之用。他约在冬十一月间归吴以后，仍进一步勤勉思考涵泳阳明的良知心学之教，写成问学数条，寄给阳明求教。阳明深思熟虑地写了一封详细答书，对他的良知说作了精辟的评述。

在对学子良知心学之教上，阳明提出了认识"良知"的四原则：一是良知即本体，"真乾坤之灵体，吾人之妙用"，致知即是致良知，故致知之外无余功；二是良知是心本体，故致良知的工夫就是要复心之本体，"求复此心之本体"；三是良知之心即仁爱之心，良知知善知恶，故仁爱之心也应知是知非；四是体认心体即体认良知，故思虑只在良知上思虑，念念在良知上体认。阳明这四条"良知"本体论原则，是同他提出的四条实践工夫论原则统一的，不仅成为他在阳明书院与稽山书院中讲论良知心学所恪守的教学原则，而且也成为他总结自己生平学问所遵循的思想原则。阳明这封致黄省曾的论学书，表明他的生平学问思想的第二次总结已经遵循着这四条良知思想原则展开了。

"心泉绠翁"：第二次学问思想的总结

阳明对自己生平学问思想的两次总结，正如他自己所说的，是把他任南京鸿胪寺卿作为界线，前期是对正德十三年（1518年）以前的学问思想的总结，后期是对正德十三年以后的学问思想的总结，前后期学问思想的不同，就在对良知心学的认识上：正德十三年以前，他还没有提出良知说；正德十四年他才有了

第十六章 生平学问思想的第二次总结

"良知之悟"。所以阳明后期的学问思想的总结实际就是对他的良知心学思想的总结。

阳明开始总结自己的良知心学，是在嘉靖三年（1524年）八月。他在中秋月夜的天泉楼讲话中说，他要学着孔子对自己归越以来的学问思想作裁定总结。正是在八月中秋以后，这个天泉楼的"心泉绠翁"便从四个方面展开了对自己学问思想的总结：

（一）新编刻《传习录》（称为《新录》）。选取八篇文章，定为"传习录续编"（下卷），由南大吉、南逢吉合前《传习录》（三卷）刻于绍兴，分为上下二册。

这个新本《传习录》编刻在嘉靖三年十月，历来有两个问题没有搞清楚：一是选取了哪八篇文章，二是谁选定这八篇文章的。钱德洪在《传习录卷中序》中说"下册摘录先师手书，凡八篇"，认为这八篇文章是南大吉选定的，这八篇文章就是：

《答徐成之》二书
《答周道通书》
《答陆清伯书》二书
《答欧阳崇一书》
《答罗整庵书》
《答聂文蔚》第一书

这个说法显然是错误的，因为《答欧阳崇一书》作在嘉靖五年，《答聂文蔚》第一书也作在嘉靖五年，怎么可能会收进嘉靖三年编刻的《传习录》中？其实根据今存《传习录》本子，可以清楚看出这八篇文章应是：

《答徐成之》二书

《启问道通书》

《答陆原静》二书

《答罗整庵少宰书》

《训蒙大意示教读刘伯颂等》

《教约》

因为其他几篇书都作在嘉靖四年以后，不可能收入嘉靖三年的《传习录》中。到嘉靖二十九年王畿刊刻《传习录》于绍兴，里面又增加了《答人论学书》、《答欧阳崇一书》、《答聂文蔚书》、《示弟立志说》四篇书，已失嘉靖三年刻本原貌。到嘉靖三十三年钱德洪刊刻《传习录》于水西精舍，才剔除《示弟立志说》与《答徐成之》二书，增加《答聂文蔚》第二书，并附上《朱子晚年定论》，变成今传的《传习录》本子面貌。

至于这八篇文章的选定者，是阳明自己，而不是南大吉。南大吉在《传习录序》中说："吉也从游宫墙之下，其于是《录》也，朝观而夕玩，口诵而心求……故命逢吉校录而重刻之，以传诸天下。"可见南大吉在续刻此《新录》以前，就已得到阳明手定的八篇《新录》朝观夕玩。此《新录》一册即指阳明手定的八篇文章，表明阳明最迟在六月以前已手定此八篇文章作为"新录"。

阳明选定这八篇文章入录是有深意的。这八篇文章以《答陆原静》书为核心，构建了一个易简广大的良知心学体系。原来的《传习录》（三卷）并没有良知心学的内容，现在补上新录，新录同旧录沟通，完整展现了阳明良知心学发展的思想历程。

《答徐成之》二书作于正德六年[1]，是阳明生平论辨朱陆之学异同的重头文章，也是他后来同两京程朱派展开朱陆之学论战的"前奏曲"，表明他的心学思想正在新变突进中。阳明将这两篇书收入《传习录》的用意，南逢吉在《答徐成之》书后作跋做了重要说明。阳明认为《答徐成之》二书是他的心学思想发展上的承上启下的二篇重要文章，虽然其中在论述格致诚正与尊德性道问学上尚有支离二分之病，但已经朦胧认识把握到存心与致知、尊德性与道问学的统一，再向前走就达到尊德性与道问学体用合一、存心与致知工夫贯通的境界，迈入良知心学的新天地了。阳明正是从自己良知心学的生成发展的意义上把《答徐成之》二书选入了新录。

《答罗整庵少宰书》作于正德十五年（1520年），这是在正德十四年的"良知之悟"以后，阳明已建立起了他的致良知的心学本体工夫论体系。故这篇答罗钦顺书表面上是在辨解他的"朱子晚年定论"说等问题，实际却是在阐述他的致良知的心学本体工夫论体系，他为自己的致良知心学体系作了高度易简的概括，认为他的心学是以心为本体，心物合一，心理合一，主体客体已无"内外彼此之分"，所以格心即格物，正心即正物；反之亦然。可见阳明的心学消泯了主客的二元对立，也消泯了"唯心"与"唯物"的对立。阳明这些话，已包含了阳明后来提出的"王门四句教"乃至"王门八句教"的合理内核。

《答陆原静》二书作于正德十六年[2]，是在《答罗整庵少宰书》的基础上对自己的良知心学本体工夫论思想体系的一个广大精微的总结与提升。在《答陆原静》书中，阳明提出了一个体用

[1] 按：《王阳明全集》此二书注作于"壬午"（嘉靖元年），误。
[2] 按：《阳明先生文录》注此书作于"甲申"（嘉靖三年），误。

一如、显微无间的哲学思辨逻辑模式,用以建构了他的宏大玄思的形上良知心学本体工夫论思想体系。因此可以说《答陆原静》二书是对他的良知心学本体工夫论思想体系最经典的解说,《新录》八书就是以《答陆原静》二书为纲整合组织起来的。

《启问道通书》作于嘉靖元年[1],是对《答陆原静》二书提出的良知心学本体工夫论体系的进一步演绎展开,深度诠释了他的良知本体工夫论体系的五大心学命题:一是认为良知知善知恶,知是知非,故"何思何虑"不是说无思无虑,而是要一心思虑天理,体认心体,复归心体;二是认为良知是心学的"大头脑",故心学工夫不是先去体认"圣人气象",而是要真切体认自己的良知心体;三是认为"事上磨炼"就是致良知的工夫,即尽吾心之良知以应事接物,须终日终身都在事上磨炼;四是认为格物与致知是统一的,格物是致知的工夫,格物致知一体为用;五是认为性气合一,性气不分,故性气不能支离为二,说性说气都不能落于一边。

《训蒙大意示教读刘伯颂等》与《教约》作于正德十五年[2],是他在赣大兴社学的产物。阳明尤重视这两篇文章,是因为这两篇文章是为社学书院的人本主义的良知教育而作,把他的良知心学思想贯彻到了社学书院的教育制度与教育方法中。阳明在《训蒙大意》中开门见山说:"古之教者,教以人伦……惟当以孝弟忠信礼义廉耻为专务。"这种以孝弟忠信礼义廉耻为本的人伦教育,就是一种人本主义的良知教育,它的涵养培育的方法,就是从"存心"、"修德"入手,以歌诗、习礼、读书为人伦教育的三大功课,"宜诱之歌诗以发其志意,导之习礼以肃其威仪,讽

---

[1] 按:《阳明先生文录》注此书作于"甲申",误。
[2] 按:钱德洪《阳明先生年谱》将此二文定在正德十三年作,误。

之读书以开其知觉"。阳明在阳明书院与稽山书院就实行了良知的人伦教育。可以说这两篇文章是着重论述阳明的良知教育思想的,在他的整个良知心学思想体系中不可或缺,故阳明把这两篇文章慎重选入了《新录》。

显然,《新录》八篇的组合构成了一个阳明完整的良知心学的本体工夫论思想体系,从这一意义上说,阳明选编《新录》,与旧录合集刊刻,鲜明具有总结自己正德十四年"良知之悟"以来形成的良知心学的用意,是他的第二次生平学问思想总结的"第一要义",自此他的《传习录》才真正作为一部论述良知心学的哲学著作呈现在士子学者面前。

(二)撰成《大学问》,总结致良知的《大学》思想体系,作为"教典"用于书院的教育与讲会中。

阳明的《大学问》(又作《大学或问》),是对他的《大学古本傍释》的升华与超越。《大学问》虽然是到嘉靖六年(1527年)八月起征思、田前夕才著录成书,但实际早已写成,是作为"教典"(类似于讲稿或讲义)向阳明书院与稽山书院的学子诸生大阐《大学》之道所用。阳明最早想作《大学问》是在嘉靖三年,也有要总结自己的致良知的《大学》思想体系的用意,是出于黄省曾之请。嘉靖三年十一月前后,所谓"用是《大学古本》曾无下笔处",阳明最初在嘉靖三年冬间起意作《大学问》,到嘉靖四年徐徐从容写成,即用于阳明书院与稽山书院的讲学教育中,成为引导学子诸生进入王门心学的"教典"。因为"学禁"日严,谤议日炽,阳明不愿书录刊刻《大学问》给程朱官学提供攻击的口实,只在门人同志中口相授受。弟子多次请求刊刻《大学问》,他都不同意。甚至到嘉靖六年五月,邹守益升南京主客郎中,途经绍兴来见阳明,商议《大学问》著录成文与刊刻事,阳明仍不同意。到了嘉靖六年八月阳明赴两广前夕，邹守益再请刻《大学问》，阳明终于同意，由邹守益将《大学问》附刻于《大学古本》中。

《大学问》是借用《大学》之道来诠释自己的良知心学，从对"良知"的本体论与"致良知"的工夫论二方面的诠释上，构建了一个当下直截的致良知的心学本体工夫论思想体系，以此修为，可以"直造圣域"。如果说，《大学古本傍释》是对他"良知之悟"以前的心学的大学思想的总结（致良知是后来所加）；那么《大学问》就是对他"良知之悟"以后的良知心学的大学思想的总结。《大学问》的论述实际分两个部分：前一部分论述《大学》的"三纲"，是诠释"良知"的心本论；后一部分论述"八目"中的"格致诚正"四目，是诠释"致良知"的工夫论。

在论述"三纲"上，阳明认为"大学"即人学，即大人之学，即人与万物一体之学。人所以与天地万物浑然为一体，是因为人心为仁，这是一种亲亲仁民、泛爱众物的"一体之仁"。阳明就用这种"一体之仁"解说"明明德"一纲，认为"一体之仁"人皆有之，明明德就是明这种"一体之仁"，复这种"一体之仁"的心体。于是他又用这种"一体之仁"解释"亲民"一纲，认为"明明德"是一体之仁之"体"，"亲民"是一体之仁之"用"，明明德表现在亲民上，亲民是为了明明德，体用合一。明明德就是要亲天下万民万物，这就是亲民亲物的"一体之仁"，于是他又用这种"一体之仁"解释"止至善"一纲，认为"至善"就是指"良知"心体，因此至善是达到明德、亲民的"极则"与终极目标。他明确说："至善者，明德、亲民之极则也。天命之性，粹然至善，其昭灵不昧者，此其至善之发见，是乃明德之本体，而即所谓良知也。"这种至善的良知知善知恶，知是知非，所以是明明德与亲民所遵循的"规则"，这种至善的良知在吾心，应当向吾心致知内求，而不能向外格物求理。这种求至善于吾心的工夫，就是"致良知"。于是阳明进而重点论述了《大学》"格致诚正"四目，揭櫫起他的"致良知"的心学工夫论。

在论述"格致诚正"四目上，阳明首先从总体上揭示了格致诚正四目的关系，尤有重要意义。阳明对"格致诚正"四目的论述，已经包含了他的"王门四句教"的心学思想体系，表明他的"王门四句教"原来是从《大学》的"格致诚正四目"发展而来，只是这时他的论述还不十分明晰简约，没有能提炼出"四句教"的格言警句来作为王门的心传诀。

阳明更注重对"致知"与"格物"二目的论述。在"致知"上，他把"致知"解释为"致良知"。阳明把《大学》说的"致知"同《易》说的"知至，至之"与孟子说的"良知良能"贯通起来，认为"知"就是指"良知心体"，"致知"就是指"致良知"。由此他统一了"致知"与"诚意"，认为意念所发有善有恶，但良知本体知善知恶，所以诚意须识别意念的善恶，而唯有致良知能明善去恶。所谓"致知"不是去充实闻见知识，而是要致吾心之良知，复归灵昭明觉的良知本体。

在"格物"上，阳明把"格物"与"致知"统一起来，认为致知在于格物，物格而后知至。阳明把格物解为正心，但他用"致知"（致良知）来解说"格物"，他说的"格"就具有"致"的意义，"格物"一目也具有了"致良知"工夫的意义，所以说"物无不格，而吾良知之所知者无有亏缺障蔽，而得以极其至矣"。在"格物"上，阳明特别强调这个"物"不是指外物，而是指心中之事，"物者，事也"，"意所在之事谓之物"（如孝之事、悌之事、忠之事、信之事等，均指心中之事）。物是意的着在、显现，意念的发动有善恶，故物也有善恶，这样阳明说的"格物"也就具有了"为善去恶"的意义，他的"王门四句教"说的"为善去恶是格物"一教就从此出。

尤不同凡响的是，阳明在《大学问》最后对自己的大学思想体系作了一个精辟的总论：

> 夫理无内外，性无内外，故学无内外。讲习讨论，未尝非内也；反观内省，未尝遗外也。夫谓学必资于外求，是以己性为有外也，是义外也，用智者也；谓反观内省为求之于内，是以己性为有内也，是有我也，自私者也，是皆不知性之无内外也……格物者，《大学》之实下手处，彻首彻尾，自始学至圣人，只此工夫而已，非但入门之际有此一段也。夫正心、诚意、致知、格物，皆所以修身，而格物者，其所用力日可见之地。故格物者，格其心之物也，格其意之物也，格其知之物也；正心者，正其物之心也；诚意者，诚其物之意也；致知者，致其物之知也，此岂有内外彼此之分哉？理一而已。以其理之凝聚而言则谓之性，以其凝聚之主宰而言则谓之心，以其主宰之发动而言则谓之意，以其发动之明觉而言则谓之知，以其明觉之感应而言谓之物。故就物而言谓之格，就知而言谓之致，就意而言谓之诚，就心而言谓之正。正者，正此也；诚者，诚此也；致者，致此也；格者，格此也，皆所谓穷理以尽性也。天下无性外之理，无性外之物。[1]

---

[1] 见万历刻本《大学问》。按《王阳明全集》中的《大学问》遗漏此一段总论。

阳明从本体论与工夫论两个哲学维度上，对他的致良知、复心体的主"一"的哲学体系作了大气磅礴的概括，抵得上整整一部《传习录》的千言万语。

无疑，《大学问》作为王门的"教典"，既是对阳明的《大学》思想体系的一个总结，也是对他的致良知的本体工夫论心学思想体系的一个总结，成为阳明后来建立"王门四句教"的文本依据，也开启了通向"王门八句教"的门径。它超越了《朱子晚年定论》，也超越了《大学古本傍释》，同新编本《传习录》珠联璧合，相互发明，成为两部阐释致良知的本体工夫论心学思想体系的经典著作。

（三）编集刊刻《居夷集》、《阳明先生文录》，全面展现阳明的心学思想发展历程。

阳明很重视自己诗文的编集，他早就把反映自己早年思想所作的诗文编为《上国游》，大约有总结与告别早年思想与创作的意义，所以不出以示人。在正德十四年"良知之悟"以后，他的思想有了新变飞跃，所以归越以后，在门人弟子的推动下，他便有了整理编刻自己诗文集的打算，也有总结自己思想发展的心路历程的用意。

最早在嘉靖二年，徐珊在南宫春试中弃卷不对而归，阳明作《书徐汝佩卷》称赞了他的高尚壮举。徐珊正是受到阳明这篇《书徐汝佩卷》的激赏与"学禁"的刺激才提出编刻《居夷集》，以明阳明之学不是"异学"，也用以自明虔从阳明良知心学的决心。当时正逢"学禁"雷厉风行，阳明的书被目为"叛道不经之书"，不准私自传刻，徐珊这时编刻阳明的《居夷集》，是公然反"学禁"之道而行。罗洪先说："君（徐珊）事先生最久，自谪所有片言，皆谨录而传之。"[1] 实际徐珊编《居夷集》肯定是得到

---

[1]《罗洪先集》卷四《辰州虎溪精舍记》。

了阳明的同意，并向他提供了相关的诗文资料，所以《居夷集》才能很快编成。到嘉靖三年四月，阳明的弟子丘养浩来任余姚知县，便刊刻了徐珊编校的《居夷集》。

但《居夷集》只是编录了阳明谪居龙场驿前后所写的诗文，而门人弟子与诸生学子却更渴望能将阳明自"良知之悟"以来的诗文编录成集，作为最好的"教典"供他们认识领悟接受阳明的良知心学之用。所以在编刻《居夷集》以后，门人弟子又有编集刊刻阳明文录之请，但阳明一直不同意，弟子中间也有不同看法。其实阳明早就有编集自己文稿的打算，但门人弟子对编集阳明文稿有不同意见。

到嘉靖五年（1526年）七月，任广德州判官的邹守益建立复初书院，感到教师与教材缺乏，他自作了《论语讲章》、《谕俗礼要》等，寄给阳明审阅，并请阳明给复初书院择师往教。邹守益谈到了讲章教材的缺乏与编写的问题，所以大约就在这以后，邹守益开始了阳明文录的收集整理编定。到嘉靖六年春间，他已经收集齐阳明的文稿。四月，他便来书请阳明刊刻。阳明最后同意选取其中三分之一的近稿编为《阳明先生文录》，命钱德洪重加编次，另又再选取数篇，作为附录一卷，由邹守益刻板于广德。钱德洪在《刻文录叙说》中详细叙述了《阳明先生文录》的编集刊刻的经过。

阳明是学着孔子删述六经删定自己的文稿，他选取了自己三分之一的近稿，亲自标明每篇写作年月，编次为《文录》四册，冀在"垂范后世"，"垂教万世"。阳明入选文录的标准，就是选取自己那些明道论心、讲明良知"大头脑"的近作，这些文章都是"鞭辟近里，务求实得"的实文，目的在于"使后世学者，知吾所学前后进诣不同"。显然，阳明选编论述良知大头脑的近稿文章为《文录》[1]，是对他的良知心学发展进路历程的总结，同他的新本《传习录》与《大学问》宗旨相同。阳明手定选编的《文录》，成了后人编集的《王文成公全书》的核心部分。

（四）作《突兀稿评点》，审订《阳明九声四气歌法》，总结自己生平的诗学歌法思想。

阳明其实也是弘正嘉时期的一个诗风独具的诗歌名家，形成了自己独特的诗学思想与诗歌创作风格。心学的人本哲学思想，规范了他的重心重我、重情重理的诗学思想与诗歌创作；这种重心重我重情重理的诗学思想同他的明道修心的人本教育理念相结合，又形成了他的独树一帜的美育思想，这都是他要总结自己生平学问思想的重要方面。他在嘉靖元年编刻的《突兀稿评点》，是选取了著名诗人倪小野的诗歌名篇，给以评点评述，丰富生动地反映了他的诗学思想，实际也有概括总结自己的诗学思想的意义。在这之前，阳明在正德十五年为社学书院作的《训蒙大意》与《教约》，也已表现出了他对社学书院的诗歌美育与歌诗法的重视。在《训蒙大意》中，他强调诗歌的美育作用，认为学校教育的一个重要方面是要"诱之歌诗以发其志意"，以情感人。在《教约》中，已包含了他发明的"九声四气歌法"的雏形，并已用于社学书院教育中。在嘉靖三年阳明选取八篇文章新编《传习录》时，特把《训蒙大意》与《教约》二篇选编入《传习录》中，足见阳明非常看重这两篇文章，这两篇文章编入《传习录》，是阳明要总结自己的诗学思想与歌诗法的先声。

阳明在归越以后，更注重对歌诗歌法的研究。嘉靖四年，阳明正式审定了自己的《阳明九声四气歌法》，把它用到阳明书院

---

[1] 按：这里说的"近稿"，包括了著名的《答顾东桥书》、《答欧阳崇一》、《答聂文蔚》第一书等，这些书后来才由钱德洪编入《传习录》中。

与稽山书院的教育与讲会中。

阳明的"九声四气歌法"实际是一种诗歌的诵唱法，或者说，是把诵诗与歌诗结合起来的一种歌诗法，它把音乐音阶上的"五声"（宫、商、角、徵、羽）同字音声调上的"四调"（平、上、去、入）结合起来，形成了一种诵、歌相结合的独特的歌诗法。阳明的"九声四气歌法"的乐学思想特点，是认为乐为心声，人的中和之气与天地之气相和，人的中和之乐与天地之音相应，因此诗歌的节奏抑扬强弱也与四时之序相合，可以用四时之气来调节其音调，清朗其声音，抑扬其旋律。这就是阳明的"九声四气歌法"的用气用声的原理。与黄省曾同时来绍兴问学的朱得之，在《稽山承语》中记载了一条语录，道出了阳明的"九声四气歌法"的这一特点：

> 歌诗之法，直而温，宽而栗，刚而无虐，简而无傲。歌永言，声依永而已。其节奏抑扬，自然与四时之叙相合。

王畿指出了"九声四气"的歌法特点是"以春夏秋冬、生长收藏四义，开发收闭为按歌之节"。实际上，在乐歌的唱法上本存在着如何发音、发气与按节拍的问题，"九声四气"的歌法就是从三个方面来调控"按歌之节"的：

> 以"金玉钟鼓"控制歌诗节奏的快慢，节拍的强弱；
> 以"四气"控制歌诗发音的高低、强弱、长短；
> 以"九声"控制歌诗发气的轻重缓疾、悠扬柔和，声调的平上抑扬。

第十六章 生平学问思想的第二次总结

先秦时代古人就已以气说声，候气制律（十二律），音乐上的五声（宫商角徵羽）运用到字音的声调上，就有"四声"（平上去入）之说，也是用春夏秋冬四气来解说四声调。后来邵雍在《皇极经世》中提出了四气的"韵法"。

由此可见阳明的"四气"法是从先秦的"候气制律"、沈约的"四声论"、邵雍的"韵法"发展而来，所以他特醒目地把邵雍的一首《自述》诗作为歌诗典范选入了"九声全篇"中。

古人候气制律，以三分损益法定十二律，在音乐上提出了五声、七声、九声等。音乐的"九声"指五声（宫、商、角、徵、羽）四清（宫清、商清、角清、徵清）。把音乐上的五声、九声运用到字音的声调上，也有五声、九声的声调说。值得注意的是，像广东话就具有九声调（阴平声、阴上声、阴去声、阳平声、阳上声、阳去声、阴入声、中入声、阳入声）。陈白沙是广东新会人，自然熟悉广东话的九声调。在张鼐的《虞山书院志》中，就醒目著录了陈白沙的"古诗歌法"。

陈白沙的"古诗歌法"用"八声"[1]，阳明的"九声四气歌法"用"九声"，由此可见，阳明的"九声四气歌法"是直接受了陈白沙的古歌法的影响，是阳明在天泉楼汲取白沙"心泉"的一个重要方面，也是为他总结自己的良知心学所用，"九声四气歌法"成为体认涵泳良知心体的一种诗教"心法"。

阳明的第二次生平学问思想的总结，是立足于他的良知心学思想之上的总结，比他的第一次生平学问思想的总结更广大精微，广泛涉及了他的心学思想、经学思想、教育思想、诗学思想、音乐思想等各方面。借着这次学问思想总结的动力，他的良知心学

---

[1] 按：陈白沙是引《诗经》中的四言诗解说，所以少用了"振"一声。

新的飞跃又起步了。

讲道日进——走向"王门四句教"

阳明的学问思想的总结，是在不断的讲学论道中实现的，因此对阳明来说，总结不是终结，而是新的起点。在嘉靖四年（1525年），他又展开了更广泛的讲学论道，推动他实现了又一次心学思想的飞跃。

就在正月，南大吉来问政问学，阳明同他大谈《大学》之道，南大吉问学问政有得，回去后就把他的莅政堂取名为亲民堂。阳明为他作了一篇《亲民堂记》，详细记录了这次问政问学的谈话。

对照《大学问》可以发现，这篇记论《大学》三纲同《大学问》完全一样，连用语都惊人相同，可以说《亲民堂记》是《大学问》的翻版，这清楚表明这时阳明的《大学问》已经大致写成，并把它作为口相授受的"教典"开始向门人学子口授心传了。与南大吉同时，南逢吉也来问格物致知与博文约礼之说，阳明也同他大谈博文约礼的良知心学，作了一篇《博约说》，把博文约礼与格物致良知统一起来。阳明用体用一源、显微无间的"心一分殊"论证了博文约礼与格物致知的合一，认为礼是理的条理，文是礼的显现；礼是根于心而为一本，文是散于事而为万殊，所以博文约礼也就是格物致知。显然，《博约说》也是从格物致知上阐述《大学》之道，它与《亲民堂记》一起构成了发挥演绎《大学问》的良知心学体系的双璧。

阳明在讲学论道中一面为诸生学子解惑启悟，同时也提升深化了自己对"良知"心学的认识，对"良知"有了新的诗意感

第十六章　生平学问思想的第二次总结

悟，他一连作了四首良知诗呈示诸生学子，指明入道之方：

> 咏良知四首示诸生
> 个个人心有仲尼，自将闻见苦遮迷。
> 而今指与真头面，只是良知更莫疑。
>
> 问君何事日憧憧？烦恼场中错用功。
> 莫道圣门无口诀，良知两字是参同。
>
> 人人自有定盘针，万化根源总在心。
> 却笑从前颠倒见，枝枝叶叶外头寻。
>
> 无声无臭独知时，此是乾坤万有基。
> 抛却自家无尽藏，沿门持钵效贫儿。[1]

阳明这四首咏良知诗，是用诗的语言高昂唱出了对良知本体的由衷赞颂，抵得上儒家经书千言万语的繁琐说教。四诗是要向世人指明良知的"真头面"，所以这四首诗成了阳明致良知、复心体的心学的"传心诀"，"指南针"，"圣门正法眼藏"。无怪他马上把第一首诗作为咏良知的经典歌诗选入了他的"九声四气歌法"中，让诸生学子们朝夕涵泳颂唱。在阳明书院，以老儒童世坚为楷模，诸生学子都从这四首诗中领悟了阳明的良知心学。

这时方献夫在京师，湛若水、黄绾、黄宗明在南都，都投入大礼议的纷争，中断了与阳明的讲学论道，特别是湛若水埋头作

---

[1]《王阳明全集》卷二十。

《圣学格物通》，要想实践他的"随处体认天理"的格物思想，引起阳明的关注。他没有直接去信批评湛若水，但是却在给邹守益的信中批评了湛若水坚守的"随处体认天理"之说。

阳明这封致邹守益的信又引发了两人的一场论辨。就在阳明写了这封致邹守益的信后，四月，南大吉建成尊经阁，阳明作了一篇《稽山书院尊经阁记》，论经学即心学，强调"求心"，体认心体，其实也隐有批评湛若水的"随处体认天理"之意，所以他把这篇阁记寄给了湛若水。

湛若水的"随处体认天理"注重从六经中体认天理，他的《格物通》也有"考索于影响之间，牵制于文义之末"的弊病。阳明的"求心"说也是针对湛若水而言。与此同时，山阴知县吴瀛重修县学成，阳明作了一篇《重修山阴县学记》，再次指出圣学即心学，强调"求尽其心"，认为圣学就是"求尽其心"之学，是同他阁记中说的"求心"之学一致的，他批评"外人伦，遗事物"的禅学，也是对湛若水一向指责他"不疑佛老"、"到底是空"的回答。湛若水收到阳明的阁记后，也没有正面回答，但他在七月为邹守益作的《广德州儒学新建尊经阁记》中谈了自己的看法，并把它寄给了阳明，算作是正面的回应。

湛若水基本上还是接着阳明的《阁记》说的，但根本的问题是他仍守定自己的"随处体认天理"，回避了阳明从根本源头上说的"求心"、"求尽其心"、"体认心体"。结果两人在心我觉悟的认知理路上方向完全相反：阳明从"求心"（体认心体）出发，认为吾心觉六经，"六经之实则居于吾心"；相反，湛若水从"随处体认天理"出发，认为六经觉吾心，"六经皆我注我心者也，故能觉吾心"，六经是"入圣人之径"。阳明没有立即正面回答湛若水的说法，直到九月他才在给邹守益的信中，对湛若水的思想作了一个总的否定评价。

这是阳明批评湛若水最严厉的一次。湛若水保持了沉默，没有再同阳明论辨下去，他转而沉潜在《格物通》的撰写中，要用此书来证明经史书是"入圣人之径"，六经"能觉吾心"。同湛若水"求之六经"相反，阳明却一如既往更加砥砺奋进走"自求吾心"之路，展开了更广泛的讲学论道。这时有三名弟子黄省曾、黄修易、朱得之同时来绍兴问学，记下了大量阳明讲学论道的语录[1]，反映了阳明这时的思想动态的细微变化与他内心深处良知心学新变突进的潜在涌动。阳明同朱得之的讲学论道重点在阐发致良知的本体工夫论思想体系，他反复对朱得之论述本体与工夫的关系说："本体要虚，工夫要实。""合着本体，方是工夫；做得工夫，方是本体。""做得工夫，方见本体。""做工夫的，便是本体。"

阳明善于感性直观地同弟子学者一起体认这种宇宙惟我一心、心外无物的心本体论思想，黄省曾载他亲见的一幕说："先生游南镇，一友指岩中花树问曰：'天下无心外之物，如此花树，在深山中自开自落，于我心亦何相关？'先生曰：'你未看此花时，此花与汝心同归于寂；你来看此花时，则此花颜色一时明白起来，便是知此花不在你的心外。'"[2] 阳明就是用这种宇宙惟我一"心"的心物合一、心外无物、以心起灭天地万物的心学思想来解释花的起灭的。正是这个心物合一、心理合一、以心为本的心学体系，直接推动阳明走向了"王门四句教"，也最终推动他超越"王门四句教"走向了"王门八句教"（四无教与四有教）。

在湛若水之后，阳明就是继续用这种心物合一、心理合一、

---

[1] 按：黄省曾记语录编为《会稽问道录》，朱得之记语录编为《稽山承语》，黄修易记语录编入《传习录》。
[2]《传习录》卷下。

彻底惟"心"的心学体系同士子学者展开了论辨，其中尤同诗人顾璘的论辨，直接推动他提出了"王门四句教"。顾璘，号东桥居士，是"金陵四大家"的著名诗人，与阳明关系甚密。顾璘读了阳明的《朱子晚年定论》、新编《传习录》等，多有疑问不解，便在九月致书阳明，提出质疑。阳明写了一篇论学长书，作了详细的论辨回答。在信中，阳明对自己的良知心学作了方方面面的论证，重点阐述了良知心学的六个重要思想：

一是论知行合一并进之说。针对顾璘"然工夫次第不能无先后之差"，"若真谓行即是知，恐其专求本心，遂遗物理"的说法，阳明认为知行并进，不分先后，以心理合一为体，以知行并进为功。知行工夫本不可离，知即行，行即知，"知之真切笃实处，即是行；行之明觉精察处，即是知"。所以真知即所以为行，不行不足以谓之知；真行即所以为知，不知不足以谓之行。所谓知即是行、行即是知，并不是"专求吾心，遂遗物理"，因为心即理，心外无理，心理不二，故求心即求理，知行合一；唯有以心理为二，以理在外物，"外心以求物理"，才会导致知行分离、"专求本心，遂遗物理"之弊。

二是论尽心、知性、知天之说。孟子的尽心、知性、知命说，后世儒家有不同解释，如宋儒朱熹以尽心、知性、知天为物格知致，以存心、养性、事天为诚意、正心、修身，以殀寿不贰、修身以俟为知至仁尽。阳明认为这是将知行割裂，格致诚正分离，"岂可专以尽心、知性为知，存心、养性为行乎"。他从心理合一、知行合一上指出，尽心、知性、知命是生知安行，圣人之事；存心、养性、事天是学知利行，贤人之事；殀寿不贰、修身以俟是困知勉行，学者之事。这种针对根基不同的三等人的尽心、存心、修身说，已经包含了他后来针对根基深浅不同人立的"王门八句教"（四无教与四有教）的萌芽。

三是论格物致良知之说。阳明认为，朱熹说的"格物"是就事事物物上穷究其理，"致知"是以吾心求理于事事物物之中，这是析心与理为二。阳明说的致知格物，是认为心即理，理在吾心，心理为一，所以致知就是致吾心良知之理于事事物物，致知就是致良知之理，致知即格物。致知是致理，格物是得理。他说："吾心之良知，即所谓天理也。致吾心良知之天理于事事物物，则事事物物皆得其理矣。致吾心之良知者，致知也；事事物物皆得其理者，格物也。是合心与理而为一者也。"因此阳明进一步认为，致良知的工夫从二方面入手，一是去蔽，二是扩充。所以他一方面强调说："今欲去此之蔽，不知致力于此（指致良知），而欲以外求，是犹目之不明者，不务服药调理以治其目，而徒徒然求明于其外，明岂可以自外而得哉"；另一方面他又强调："夫学、问、思、辨、笃行之功，虽其困勉至于人一己百，而扩充之极，至于尽性知天，亦不过致吾心之良知而已。"由此阳明从知行合一上更强调致良知是躬行践履的工夫，致良知在于行，知行并进，认为"知致知必在于行，而不行之不可以为致知也明矣"。

四是论心学的心、意、知、物的逻辑结构关系。阳明良知心学的心—意—知—物的逻辑构架，是借用《大学》的格知诚正四目建构起来的，这就是他的"王门四句教"的逻辑结构：

正心→心→无善无恶是心之体
诚意→意→有善有恶是意之动
致知→知→知善知恶是良知
格物→物→为善去恶是格物

阳明在江西"良知之悟"以后就已注重对心、意、知、物的四重逻辑关系的探讨,在正德十五年写的《答罗整庵少宰书》中,他对心、意、知、物及其正心、诚意、致知、格物之说作了一次简约的总结。到归越后,他对心、意、知、物的逻辑结构关系更有了进一步的思考与明确的认识,在正德十六年写的《又答陆原静》书中提出了体用一源的思辨哲学逻辑模式,用以阐释心、意、知、物的四重范畴及其逻辑关系,并在《大学问》中又作了一次总结。这次在同顾璘的论辨中,阳明实际就是用《又答陆原静》与《大学问》中的思想对心、意、知、物的逻辑关系作了更进一步的全面论述。他用体用一源的思辨逻辑模式论述心、意、知、物的逻辑关系。

五是论德性之知与闻见之知的统一。阳明认为在人的德知合一的修德认知结构中,德性之知为主,闻见之知为次;德性之知为本,闻见之知为辅。德性之知即良知,是求之于内在之心,而不能求之于外来闻见。因为心即理,所以学就是学此心,求也是求此心。孔子说的"一以贯之",就是致吾心之良知。尊德性与道问学也是统一的,尊德性是向内求心,道问学是"以畜德性"。德性之知就是致良知,即用中致精一于道心,所以阳明说:"惟以用中而致其精一于道心耳。道心者,良知之谓也。君子之学……要皆知行合一之功,正所以致其本心之良知。"

六是论拔本塞源的复心说。阳明的拔本塞源论,实际是从万物一体之仁上论述他的致良知、复心体的心学体系,主张通过清除私欲、扩充公心的致良知工夫使异化的心体复归,也就是说,通过破除拔本塞源的去蔽扩充工夫使良知复明,塞者通,本者返。阳明认为良知之心本自灵明昭觉,但因私恶物欲的蒙蔽熏染,使良知之心沉沦异化,拔其本,塞其源,堕于拔本塞源的迷途。因此必须通过去蔽扩充的致良知工夫使异化的人心复归,本返源通,阳明称为"复其心体之同然"。

阳明从圣人之心、圣人之教、圣人之学三方面论证了他的致良知、复心体的复心思想，明确宣称他的良知心学是一个返本归源复心的思想体系，一个人心救赎的思想体系，他几乎用一个狂者胸次的热情诗人的如椽巨笔，痛斥污浊尘世拔本塞源的人心沉沦陷溺，大声呼唤着人心堕落的救赎与异化人心的复归。

"魂兮归来"，这是一个在"学禁"罗网底下的心学大师呼吁人心复归的痛苦呐喊，他用良知心学为世人指明了一条返本通源的人心复归之路，也正是他这个"豪杰之士"自己要走的恻然而起、愤然而行的人心救赎之路。

阳明在《答顾东桥书》中实际提出了一个"复其心体之同然"的复心复良知思想体系，它以良知同然之心为本体，以去蔽扩充的致良知为工夫，构成了他的"心—意—知—物"的本体工夫论的逻辑结构体系——这就是他的"王门四句教"的本体工夫论思想体系。经过同顾璘的论辩，致良知、复心体的"四句教"体系已经定位定型，他提炼出了"四句"格言作为心传的心诀。到嘉靖五年春间，他向弟子们正式提出了"王门四句教"，朱得之记下了这不寻常的一幕：

> 杨文澄问："意有善恶，诚之将何稽？"师曰："无善无恶者心也，有善有恶者意也，知善知恶者良知也，为善去恶者格物也。"曰："意固有善恶乎？"曰："意者心之发，本自有善而无恶，惟动于私欲而后有恶也。惟良知自知之，故学问之要曰致良知。"[1]

---

[1] 朱得之编:《稽山承语》。

这是阳明第一次用四句格言来总括他的致良知心学体系，可以称是阳明的初本"王门四句教"：

　　心：无善无恶者心也
　　意：有善有恶者意也
　　知：知善知恶者良知也
　　物：为善去恶者格物也

这个初本"王门四句教"同他后来的修正本"王门四句教"还有差距。但不管怎样，它宣告了阳明的"王门四句教"的诞生。从"良知之悟"起步到提出"四句教"的心传心诀，阳明走过了七年的上下求索的心路历程，完成了他的"王门四句教"的本体工夫论思想体系的建构。然而这一对"王门四句教"的总结也不是阳明的心学之路的终点，它又成了阳明向更高的心学至极境界飞跃的起点。

天泉之悟："王门八句教"的"传心秘藏"

　　实际上，就在阳明提出"王门四句教"的同时，他对"王门四句教"又已开始了新的反思。弟子杨文澄的质疑恰好促使他重新审视自己的"王门四句教"之说。杨文澄提出的意如何知善知恶与意有无善恶两个问题，阳明都没有正面作出明确的回答，而他做的解释却反而同他先前的看法产生了矛盾，这主要表现在：

(一)关于"心",阳明说"无善无恶者心也",但他向来认为心是"至善"(如《大学问》),心就是《大学》中说的"止于至善"的"至善",心是至善的本体,不是"无善恶"。

(二)关于"意",阳明说意是"心之发",没有讲"意之动"(意之发),一方面说意"有善有恶",一方面又说"意者心之发,本自有善而无恶",又是承认意有善无恶,说法有矛盾,也同他说的"有善有恶是意之动"有矛盾,这里把"意"与"意之发"、"心之发"(有善无恶)与"意之发"(有善有恶)两个问题混同起来。

(三)关于"知",阳明说"知善知恶者良知也",以良知为知善知恶的本体,但他向来认为知是昭明灵觉的无知本体,是"寂然不动之体",良知本体无知,知善知恶、知是知非只是良知本体的发用工夫。

杨文澄正是从这方面提出了质疑,后来王畿也是从这方面提出了质疑,被阳明所接受。这表明阳明初提出的"王门四句教"还不够完善,阳明后来逐渐意识到这里问题就出在他把体与用、本体与工夫混淆起来。本来,阳明对体与用、本体与工夫的关系有着清醒理性的认识,他早在《又答陆原静》的长篇论学书中就提出了体用一原、心物一体、善恶一件、知行合一、动静无端、阴阳无始的心学思辨哲学模式,认为从体上看,心、良知、性、理、物无善无恶;从用上看,心、良知、性、理、物有善有恶;从本体上看,心、意、知、物无善无恶;从工夫上看,正心、诚意、致知、格物有善有恶。但在他初提出的"王门四句教"中并没有完美体现出这种体用一源、本体工夫一统、心物一体的心学精神。所以在一提出"王门四句教"以后,阳明就沿着这一问题不断深入思考,整个嘉靖五年,他的讲学论道都是围绕着如何认识"王门四句教"展开的。

先在三月,监察御史聂豹渡钱塘江来见阳明,两人讲论旬日,重点讨论了良知与致良知的问题,阳明在给聂豹的信中作了总结。信中阳明明确认为天地万物与吾心一体,良知之心不虑而知,不学而能。良知心体无知,无善无恶,无是无非;但致良知(工夫)则能知善知恶,知是知非。这是对"王门四句教"中的"知善知恶者良知也"第三句的补充修正。所以阳明更昂奋地宣称良知心学是一个救赎"病狂丧心"的复心思想体系。

接着在四月,欧阳德也来书问学,两人围绕"王门四句教"展开了论辨,阳明重点阐述了同"知善知恶者心也"第三句相关的四个问题:

一是分析了德性之知与闻见之知的关系,认为良知就是德性之知,德性良知是本体"大头脑",闻见之知是良知本体之用,多闻多见是致良知之功。因此良知不滞于见闻,而又不离于见闻。但致良知是学问的大头脑,是圣学的"第一义";如专求之于见闻之外,便失掉了大头脑,落在"第二义"。

二是分析了知与思的关系,认为知是体,思是用;良知即理,思是良知的发用;良知寂然无知,思则知善知恶,知是知非。这里以思为"心之发",思知善知恶,纠正了"王门四句教"中的意是"心之发"的说法。

三是分析了良知与集义的关系,人若能致良知,则心得其宜,这就叫"集义"。所以集义就是致良知。阳明把致良知、集义同诚意联系起来,认为诚意就是致良知、集义,意有诚伪,但意无善恶。

四是分析了良知心体无知与良知之发知善知恶的关系,认为良知本然昭明灵觉,"良知常觉常照",不虑而知,不学而能;良知心之发用(致良知)则知善知恶,知是知非。

同聂豹、欧阳德的讲学论辨,是阳明这时同士子学者讲论"王门四句教"的最主要的方面,深化了他自己对"王门四句教"的认识。这使他更清醒意识到,对他的致良知的心学要从心上体悟,从事上践履实行,而不能拘泥于斤斤从字句上理解他的"王门四句教",把"王门四句教"当作永恒不变的心诀。[1]

阳明在同士子学者讲论"王门四句教"的良知心学的同时,更注重对良知心体与致良知的当下直接的阐释。

在心学上,他终于用"体认心体"同湛若水的"体认分殊"(随处体认天理)划清了界线。到十二月,毛宪来书问学,肯定了湛若水的"随处体认",阳明在回信中却用自己的"体认心体"否定了湛若水的"随处体认天理"。阳明不满于弟子毛宪在学术上改换门庭。他把自己的王学同湛学作了比较,认为自己的"致良知"是从"体认心体"的根本入手,先培其根本,可以由根本而达枝叶;湛若水的"随处体认天理"却是从"体认分殊"的枝叶入手,先茂其枝叶,只能舍根本而败枝叶。这就是说,阳明的"致良知"是由本体入手到工夫,而湛若水的"随处体认"是由工夫入手而离本体。阳明就是用"体认心体"(致良知)与"体认分殊"(随处体认)最终划判了他与湛若水的心学的根本分歧,也成了他与湛若水二十余年来讲论共倡圣学的最后结论。

在这以后,阳明同士子学者的讲学论道都突显了他这种"体

---

[1] 按:所谓"王门四句教",是后来阳明弟子总结出来的说法,阳明自己并没有说过"王门四句教"的话。

认心体"、"体认良知"的思想。嘉靖六年二月，朱得之归靖江，阳明同他着重谈论了"体认心体"、"体认良知"的问题。

三月，魏良政携魏良弼书来绍兴问学，阳明在给魏良弼的信中更明确谈到体认良知，并重点论说了"意"与"知"的关系。阳明把"意"解释为"起念"，"凡应物起念处，皆谓之意"，"意"有是有非，有公有私；又把"知"解释为"能知得意之是与非者"，良知昭明灵觉，故凡依得良知为是，凡不依得良知为非。这是对他的"王门四句教"的补充修正。

到四月，莆田马明衡又书来问学，阳明在回信中更详细阐述了他的"体认心体"（体认良知）与以良知求知、以致良知求理的思想。阳明认为心学就是求诸己心之学，因此体认良知就是体认心理。从本体上说，良知之外更无知；从工夫上说，致知之外更无理。在良知之外以求知，是邪妄之知；在致知之外以求理，是异端之理。这是对他的"王门四句教"的新阐释。

阳明同这些士子学者的讲论良知心学，清楚表明他对先前提出的"王门四句教"一直在作不断的反思，有了新的认识，需要进一步修正诠释他原初的"王门四句教"之说。嘉靖六年三月，阳明先向弟子学者公开提出了他对"王门四句教"的修正之说。

阳明认为修身就是体认心体，"故欲修身，在于体当自家心体，常令廓然大公，无有些子不正处"。认为意无善恶，但意之发动有善有恶，好善去恶，"意之所发，既无不诚，则其本体如何有不正的"。认为致知是诚意之本，诚意所以能识别善恶，是因为良知能知善知恶。认为诚意是在事上诚意，格物也是在事上格物，所以诚意实下手处在格物等。这些看法都是在他同士子学者讲论

"王门四句教"的良知心学中得到的新认识，需要修正他原来的王门四句话的表述了。所以大约就在这次谈话以后不久，阳明提出了修正本的"王门四句教"：

大学四目	心学四重逻辑范畴	初本四句教	修正本四句教
正心	心	无善无恶者心也	无善无恶是心之体
诚意	意	有善有恶者意也	有善有恶是意之动
致知	知	知善知恶者良知也	知善知恶是良知
格物	物	为善去恶者格物也	为善去恶是格物[1]

显然，阳明是在力图用他的体用一源、本体功夫一贯的思想修正他的"王门四句教"。按照这种体用一源、本体工夫一贯说，他认为从"体"（本体）上说，心、意、知、物无善无恶；从"用"（工夫）上说，心、意、知、物有善有恶。他就是用这种思想修正四句话，注意区分对体与用、本体与工夫的不同表述。如第一句他区分了体与用，说明心体无善无恶，但心之发用则有善有恶。第二句他也区分了体与用，说明意无善恶，但意之发用则有善恶。然而阳明的这一体用一源的思想在用以修正四句教的表述时没有能贯彻到底，如第三句"知善知恶是良知"，就没有把良知之体无善无恶与良知之发用知善知恶明确区分开来。第四句"为善去恶是格物"，也没有把物之体无善无恶与格物之发用有善有恶明确区分开来。所以阳明修正的"王门四句教"向弟子学者公开以后，反而在弟子学者中产生了更大的分歧争议。

---

[1] 见《传习录》卷下"丁亥年九月，先生起征思、田"条。

王畿看到了"王门四句教"四句之间的矛盾,认为"恐未是究竟话头"。如阳明认为良知就是心本体,第一句说"无善无恶是心之体",是以心体为无善无恶;但第三句说"知善知恶是良知",又是以良知为有善有恶,两句话是矛盾的。又如第二句说"有善有恶是意之动",是认为意之发用(意之动)有善有恶,实际无异于已承认了意无善无恶。所以王畿认为"心体既是无善无恶,意亦是无善无恶,知亦是无善无恶,物亦是无善无恶"是对的,这同阳明认为从体上看心、意、知、物无善无恶,从用上看心、意、知、物有善有恶的思想是一致的,所以阳明后来认同并接受了王畿的看法。可以说,正是王畿提出的质疑话头激发了阳明的"天泉之悟"——由"王门四句教"向"王门八句教"(四无教与四有教)的思想飞跃。

嘉靖六年九月初八日晚上,钱德洪与王畿侍阳明坐于天泉桥上受教,这是阳明赴两广征思田前夕的最后一次讲学论道,后人称为"天泉证悟"会。师弟子的讲学论道从讨论修正本的"王门四句教"上开始,先是钱德洪与王畿各自提出了不同的看法请问。阳明当下受到王畿看法的激发顿然自悟,提出了四无教与四有教("王门八句教"),代替了"王门四句教",这就是他的最后的心学之悟——"天泉之悟"。其实这场天泉讲论本来也很简单明了,但因为钱德洪与王畿两人的记载大有出入,造成了后人理解极大的歧异。钱德洪认为天泉证道会上阳明提出了"王门四句教",要人守定"王门四句教"的宗旨;王畿认为天泉证道会上阳明提出了"四无教与四有教",取代了"王门四句教",要人遵行四无教与四有教。二说截然对立,使人莫知所从,"天泉证道"成为一大迷案。其实两人所叙谁对谁错,本是可以了然分别清楚的。

钱德洪的记叙含混不明，前后矛盾。前面说"汝中须用德洪功夫，德洪须透汝中本体"，实际就是指阳明在发四无教与四有教，钱德洪都含糊带过，使人不知所云。前面阳明分明一直在谈四无教与四有教，到最后却忽然笔锋一转，大谈起"王门四句教"，说"二君以后与学者言，务要依我四句宗旨"，"二君以后再不可更此四句宗旨"，明显前言不搭后语，牛头不对马嘴，末段有钱德洪遂己意私加的嫌疑，记叙不足据信。

与钱德洪不同，黄省曾的记叙显得比较清楚明白。黄省曾记叙最真实的地方，就是他把钱德洪所极力掩饰回护的阳明说的四无教与四有教直白讲了出来：所谓"我这里接人原有此二种"，就是指四无教与四有教；四无教为利根之人所设，四有教是为中根以下之人所设；四无教是从本体上入手，四有教是从工夫上入手。仅此已足以充分证明阳明在天泉证道会上是发"四无教与四有教"的宗旨，而不是发"王门四句教"的宗旨。钱德洪把这一真相含混掩饰起来，黄省曾大致还原了这一天泉证道的真相。后来钱德洪把他的记录编进了《传习录》时[1]，很可能也是在末后另加上了"既而曰"一段话，造成阳明在天泉证道会上似乎是发"王门四句教"宗旨的假象，这反而进一步造成了前后说法与记叙的明显矛盾。

弄清黄省曾与钱德洪两人说法的不同，再来比照考量王畿的记叙，就可发现王畿的记叙完全真实可信。王畿在《天泉证道纪》中，详细记叙了天泉证道的讲论始末，揭开了阳明在天泉证道会上发"四无教与四有教"宗旨的真秘。

王畿记叙思路清晰，记录准确，理解无误，举凡钱德洪所有

---

[1] 按：黄省曾编有《会稽问道录》，黄省曾此条所记当原在《会稽问道录》中，后为钱德洪选编入《传习录》中。

意掩饰与略去的阳明话语都原本地记录下来，无可辨驳地证明阳明在"天泉证悟"会上是发"四无教与四有教"，而不是发"王门四句教"。

以后王畿作《绪山钱君行状》，赵锦作《龙溪王先生墓志铭》，耿定向作《新建侯文成王先生世家》，徐阶作《龙溪王先生传》等，都是采用了《天泉证道纪》中的说法。就阳明本人来说，他在天泉证道会上发四无教与四有教以后，在赴两广一路上都同门人学者发四无教的宗旨，无可怀疑地证明钱德洪认为阳明在天泉证道会上发"王门四句教"、要人守定"王门四句教"宗旨的说法是完全错误的。如钱德洪、王畿送阳明到富阳，阳明就又阐述了"四无教"与"四有教"。钱德洪、王畿追送阳明至严滩，阳明又发"有心无心，实相幻相"之说，再揭"王门八句教"（四无教与四有教）的"吾宗"。

当阳明到达南昌南浦驿时，邹守益、欧阳德、刘邦采、黄弘纲、何廷仁、魏良器、魏良弼、陈九川等三百余名门人弟子涌来南浦问学，阳明又一次大阐"向上一机"的"王门八句教"（四无教与四有教），提出要江右弟子与浙中弟子共聚绍兴阳明洞讨论讲究他的"王门八句教"。

阳明在南昌大阐"四无教与四有教"意义重大，原来他在南昌已把自己同浙中江右门人弟子聚会于阳明洞中讲论探究"王门八句教"（四无教与四有教）立为展示总结他生平学问思想最后飞跃进展的最大遗愿，后来浙中与江右的门人弟子果然实现了阳明师的这一遗愿。所以他接着到达吉安时，仍向江右学者大阐"四无教与四有教"。这时有彭簪、王钊、刘阳、欧阳瑜、刘琼治等三百余名弟子诸生来聚会于螺川驿，聆受阳明的"王门八句教"。

第十六章 生平学问思想的第二次总结

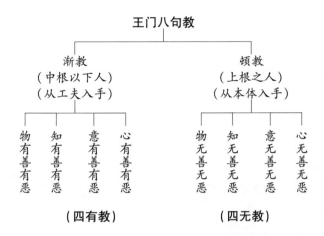

阳明从良知心学的践履实行上提出了真切简易的"王门八句教"（四无教与四有教），这是一个人由凡成圣的本体工夫论的修行体系，在这种致良知、复心体的心学体系之中，鲜明贯穿了两个践履实行的根本原则：

一是体用一源、心一分殊、知行合一的思想。阳明早就认识到中国传统哲学中的体用一源、形上形下合一的思想，认为心为体，物为用，心一为体，分殊为用，形上本体至善永恒，形下发用则显善显恶。因此从体（形上未发）上说，心、意、知、物的自体本然无善无恶；但从用（形下已发）上说，心、意、知、物的发用有善有恶。这一思想在"王门四句教"中还没有得到充分贯彻，混同了体与用、本体与工夫的范畴；而在"王门八句教"中得到了明晰的表述，区分了体与用、本体与工夫的范畴及其修行的方法进路。

二是依据人的"知"的不同根基因人设教的思想。阳明也早认识到人在知上根基的不同，他根据《中庸》说的"或生而知之，或学而知之，或困而知之"，把人的知分为三等：生知安行，是为圣人；学知利行，是为贤人；困知勉行，是为学者。与《中庸》相对应，在良知心学的修行上，他把人的修行的根器也分为三等：下根之人，中根之人，上根之人。根基不同，立教有别，修行方法、进路及其达到的境界也不同，针对不同根基人等，须因材设教，不能躐等。在立"王门四句教"以后，因人根基设教的问题成了阳明复心成圣的良知修行思考的重点。

在"王门八句教"中，四有教为中根以下人（未悟得心体）所设教，为渐教；四无教为上根人（悟得心体）所设教，为顿教：

生知安行→圣人—上根之人→立**四无教**（从本体入手）

学知利行→贤人
困知勉行→学者 }→中根以下人→立**四有教**（从工夫入手）

显然，所谓"王门八句教"，就是一个因人根基所立的修行教法体系，所谓"四无教"与"四有教"，就是从"体"与"用"上划判修行入手进路、为根基不同的人所立的两个修行教法：所谓"四无"，是指心、意、知、物的自体皆无善恶，"四无教"是对悟得心体的上根之人所说教，是从本体（体）入手，故为顿教；所谓"四有"，是指心、意、知、物的发用皆有善有恶，"四有教"是对未悟得心体的中根以下人所说教，是从工夫（用）入手，故为渐教。可见阳明提出的"王门八句教"，实际就是一个由迷入悟、由凡成圣的修行教法：四有教是由凡入悟，从工夫上用力，通过致良知觉悟心体；四无教是由凡入圣，从本体上用力，通过致良知超凡成圣。两个教法的修行都是指向同一的致良知—复心体—由凡成圣的觉悟之路。四无教与四有教，展现了两个不同根基等级（上根人与中下根人）与不同修行进路（从本体入手与从工夫入手）的修行教法，但两个修行教法又互补共进。

阳明的"王门八句教"（四无教与四有教）相对于"王门四句教"，实现了一次良知心学的终极提升，它把良知心学从形而上学本体论的玄思外壳中解放出来，成为真正切实可行的道德践履的实践工夫论哲学。它摒弃了传统那种把人设定为一个先天存在抽象完善的本我的人文视角，而以现实中的有血有肉、本拔源塞、有不同根基的异化的自我作为审视的中心，考量着异化的人心与生存世界的价值贫乏与人的归宿问题，它是对人心、生命与存在的忧思，一句话，阳明的良知心学只是一种充满实践理性张力的心性道德修养论，是一个旨在解决人"心"问题的思想体系，它以堕落异化的人心的复归为指归。因此，阳明的良知心学不是经天纬地的事功学，也不是神通广大张扬主体心力的宗教学，更不是神机妙算、可以包医百病、无往不胜的神学，它只是解决"人"的存在问题的人文学。它超越了传统儒家士大夫狭隘的忧君忧国忧民的思想境界，上升到了忧人忧心忧道的终极人文关怀。这表明晚年的阳明对解决"人"的问题与人"心"的问题有了更深切的思考，他以重在本体论上的对"心"是什么的玄理思辨，转向了重在工夫论上的对如何"致良知"的实践修行，这就是他的"王门八句教"的修行教法更昂扬体现出的崇高人文精神。阳明无畏地揭起了"拔本塞源"的"复心"旗帜，人心的异化导致了人的非人化，因此他的良知心学的哲学口号是：

复心！
为善去恶！
使非人复归人！

从这个意义上可以说,"王门八句教"(四无教与四有教)是阳明对自己的净化提升人"心"的良知心学的最后的总结,它扬弃了"王门四句教",是阳明的良知心学发展的终极境界。"王门八句教"成为阳明良知心学的"传心秘藏",心学修行的终极"教法"。在这样一个良知思想的大飞跃以后,接踵而来的就是他宣称要同浙中江右的门人弟子们展开共同讨论讲究并努力践履实行他的"王门八句教"。

第十七章
起征思田：悲剧命运的最终结局

强行出山
——在绍兴最后的坎坷岁月

阳明在嘉靖三年（1524年）四月服阕，本应立即起用出仕，却遭到世宗与朝中大臣的百般阻挠拖延。当时朝中"大礼议"闹剧正吵得纷纷攘攘，沸沸扬扬，大臣都尤忌阳明这时起复入朝来"搅局"。世宗早认定阳明心学是"异端邪说"，布下"学禁"的大网，更是极力阻遏阳明复职起用。

先是都御史吴廷举在四月引荐阳明上大礼议，接着南京兵部尚书李充嗣疏举阳明自代，御史石金等人交章论荐阳明起用，世宗均不允。阳明被废弃在家，排摈压抑，只有把一腔治国行道的热忱倾注在阳明书院与稽山书院的教育中，以拯救"人心"的陷溺沉沦为己任。直到九月，又有御史王木上疏荐杨一清与王阳明入朝。御史潘壮也举荐杨一清、王阳明、萧鸣凤入朝。吴廷举更在九月十五日上了《钦承明诏荐用人才疏》，荐举阳明任兵部尚书。世宗仍冷漠不允。起复无望，阳明坦然应对，决意终老山林烟霞，讲学论道以度余生。

到十二月，由于北边战事紧张，世宗下命陕西三边设提督军务大臣一员，吏部推举杨一清、王阳明、彭泽均堪大任。杨一清致书阳明，自认年迈不胜重任，但世宗依旧废斥阳明不用，任命杨一清为三边提督，为他进而入阁打开了通道。

对世宗热衷于"大礼议"的腐败朝廷来说，嘉靖三年是一个风风雨雨的多事之秋，阳明是在林下同四方学子的讲学论道中度过的。到嘉靖四年（1525年）正月，他的夫人诸氏去世，阳明更感到生活的艰辛压抑，他的立功恩赐的诰券禄米始终不见朝廷颁下。就在他忙于治理诸氏丧事之际，二月，礼部尚书席书奋起奏荐杨一清、王阳明"文武兼资，堪任将相"，席书的话激怒了世宗，阳明再一次被世宗废弃不用。但席书不畏世宗凶焰，六月，他又再次荐举阳明，冥顽的世宗依旧不予理睬。

其实阳明所以被废弃不用，不仅是因为世宗把阳明认定为"学禁"的首魁，"邪说"的"憸人"，要加以禁锢打击；而且还因为朝中阁老大臣费宏之流惧忌阳明入朝入阁，夺了他们的阁老宝座。但目睹朝内外的形势日益动荡险恶，朝臣言官都不得不起而呼喊发声了。继席书之后，七月，黄绾又进上了《论圣学求良辅疏》，表面谏劝世宗明圣学，求良辅，真意却在荐阳明入阁辅政。

黄绾的规劝可谓是苦口婆心，但他说的求良辅、明圣学实际是要世宗崇信阳明的良知心学，把阳明奉为当代的"傅说"迎进朝中，辅弼世宗实现中兴的大业，这无异于是对牛弹琴。因为良知心学正是世宗要禁绝的"邪说"，阳明正是他要禁锢的"憸人"，世宗崇信的是程朱理学，他心目中的"良辅"就是身边的张璁、桂萼之流，怎么可能把阳明奉为"傅说"请上阁老的"相座"呢？黄绾的上疏反而更增加了多疑的世宗对阳明的猜忌。所以紧接着黄绾之后，南京工部尚书吴廷举又上了《荐用文武全才以掌督府疏》，再荐举阳明暂掌南京都督府事。致仕刑部尚书林俊也上书乞请召阳明入朝，"以裨圣德，图圣治"，独断的世宗也都一口拒绝了。

阳明屏居林下，更沉潜在同士子学者讲学论道的生活中，远离世路与仕途的喧嚣恶薄。九月，他归余姚省竹山穴湖祖墓，合葬王衮夫妇于竹山。他把这次归余姚省墓作为一次回故里传播良

第十七章 起征思田：悲剧命运的最终结局

知心学之行，同故人谢迁、谢丕、冯兰、倪宗正、严时泰、钱蒙、于震、管浦、邵蕡唱酬讲学。胡缵宗把阳明比为当代"王通"。阳明又与余姚诸生讲会于龙泉寺中天阁，给余姚士子设定了讲学期会。从此龙泉山中天阁成为余姚一大讲会胜地，与绍兴的阳明书院声气相通。

阳明无意于入朝入阁，但嘉靖四年以来世宗的独裁独断与阁臣费宏之流的尸位素餐、排击异己，加深了朝廷政局的动荡不宁，朝中攻诋费宏之声日起。为了打破费宏当轴以来朝廷的僵局，十一月，御史吉棠上奏请召还三边提督杨一清直内阁，得到世宗允准，但是在选定三边提督上却掀起了轩然大波。吏部会推彭泽、王阳明、邓璋提督陕西三边军务，礼部尚书席书举荐阳明为三边提督，世宗一概不用，他竟自己一手钦定起用致仕兵部尚书王宪总督陕西三边军务。

这次荐选三边提督，朝臣分成了三派：科道官主张杨一清留为三边提督，入阁人员另选；吏部会推彭泽、王阳明、邓璋为三边提督人选；礼部尚书席书则主杨一清入阁，王阳明任三边提督。问题的关键是世宗最忌阳明，务欲斥之而后快，所以最终由他另外钦点王宪为三边提督，阳明摈落不用，主荐阳明的席书成了众矢之的，遭到世宗切责。而在绍兴的阳明也莫名受到谤伤。廖纪说"书能言之，必有所主"，实际就是诬谤阳明在背后指使。

原来在朝中激烈争议三边提督人选的时候，恰逢绍兴守南大吉考满入觐，地方上对南大吉与阳明两人在绍兴大倡良知心学的诬谤也伴随着南大吉飞入京师，引起朝廷"大吏"的警觉。阳明在绍兴已预感到南大吉入京的凶险，他在《送南元善入觐序》中谈到南大吉所处的危境。南大吉入觐到京，正好撞在枪口上，很快以辟稽山书院讲良知心学、编刻《传习录》传播等罪罢归。

显然，朝廷罢斥南大吉，真意却在打击阳明，阻遏阳明的复出。所以到闰十二月《大礼集议》书成时，官升詹事府少詹事的方献夫上疏荐阳明入阁，世宗又一口断然拒绝。阳明心中洞若观火，不禁怒火中烧，他在给归居渭南的南大吉的信中称颂了南大吉的壮举。阳明希望南大吉回关中大力传播良知心学，用振兴张载关学来回击朝廷的"学禁"。而阳明自己面对诬谤，也激发起了一腔抗争的豪气，更无所畏惧地在浙中大阐良知心学。这时适逢来年会试将临，阳明把这场科举大比看成是宣播良知心学、试验良知心学锋芒的机会，他明知朝中大臣不喜心学，却要他的弟子们都参加嘉靖五年春间的会试。

嘉靖五年正月，阳明亲自觅选一大舟，载王畿、钱德洪、闻人诠、黄弘纲、张元冲、曾忭、魏良贵、裘衍、唐愈贤、孙应奎、戚贤众弟子北上赴京赶考。这场会试，果然有阳明的多名弟子闻人诠、唐愈贤、戚贤、曾忭、华察、冯恩都中了进士。王畿与钱德洪也省试中举，但他们却遵师嘱，俱不参加廷试而归。王畿在考试中不顾场屋程式，直抒己见，发明心学宗旨，完成了阳明嘱咐的"非子莫能阐明之"的重任。王畿与钱德洪赴京省试中举而又俱不廷试而归，是向朝中不喜心学的"大吏"的一次无声的"示威"与"挑战"，阳明是把他们当作反抗"学禁"的英雄迎接归越的。

阳明就这样用自己的方式睿智地抗击了世宗与当朝"大吏"（阁臣）的思想禁锢，化解了又一次诬谤的困厄。到五月，杨一清复吏部尚书、武英殿大学士，直阁，兆示了费宏权党败落的命运，朝局稍振。但世宗独断专横故我，新的矛盾争斗又潜滋暗长，张璁、桂萼之辈已在觊觎阁老的宝座，天下士夫多乐观以为太平将至，阳明却保持着清醒的头脑，对大臣的内斗忧心忡忡。当杨

第十七章 起征思田：悲剧命运的最终结局

一清致札阳明来垂询政事时，阳明抓住这一机会，向杨一清痛陈危殆的国事朝局，进献了首辅操权之专与相权之用的大计。

他直言告诫杨一清直阁的阽危处境，上有世宗的独裁专断，下有小人的朋比掣肘，难以行道施政。阳明的直言无忌，已经捅破君权与相权的难以调和的对立矛盾，触犯了独夫世宗的大忌，杨一清不敢回应，连钱德洪后来也把其中说得最剑拔弩张的一段删去。阳明这封上札真正显示了他作为阁臣首辅所具有的敏锐眼光与胆识，这反倒使世宗与大臣对他更加疑忌了。

尽管如此，阳明的上札对杨一清还是起了警示作用。随着杨一清的直阁重用，费宏下台，张璁又步步进逼，开始同杨一清分庭抗礼。迫于形势与战事的紧急，他们两人一反常态，竟都抢着举荐阳明出来应付危难。七月，张璁进兵部右侍郎，立即上了《论边务疏》，举荐阳明任西北总制之官。

昏顽自大的世宗漠视边事的严重，再一次拒绝了阳明的出任。到十月，吏部尚书杨一清、试监察御史熊爵又举荐阳明任兵部尚书，世宗最忌阳明入朝，这时他正以帝王之尊崇仰程朱理学的《敬一箴》，颁行天下，要充当引领精神的帝王领袖钳控天下人的头脑，他给范浚的《心箴》、程颐的《四箴》作了御注，刻石立于天下学校，显然都是要强化"学禁"，抵制阳明心学的传播与阳明的入朝。所以他又一手钦点兵部左侍郎王时中为兵部尚书，拒斥阳明不用。

到十二月，朝廷命张璁、桂萼再修《大礼全书》，席书乘机上书奏荐召起阳明赴京咨议大礼，而这时阳明对"大礼议"的闹剧早已感到失望，不谋其政，而从世宗到张璁、桂萼都最忌阳明这时入朝妄议钦定的"大礼议"，所以世宗对席书的奏荐不置一词。

阳明在绍兴居家度日，名利得失、功名富贵无所欣戚于胸，唯一使他感到欣慰的，是正当席书荐举他赴京咨议大礼失败的时候，他的继室夫人张氏生了一子王正聪（王正亿），给他的林下屏居生活带来了欢乐。

随着嘉靖六年以来朝内外政局骤然的动荡不宁，打破了他的"二三千个同门聚"的生活，朝廷又来强拉他出山平乱，把他抛进了万劫不复的死亡之路。

先在嘉靖六年（1527年）三月，礼部尚书席书卒，一个最坚决荐举阳明入朝入阁的同道去世，阳明分外悲痛，他作了一篇《祭元山席尚书文》总结两人生平非同寻常的交游论道。

席书是嘉靖朝的社稷大臣，在这篇祭文中，阳明以鲜明称颂席书一生百折不回追求信仰陆王心学的勇决，抨击了朝廷官方荒诞的"学禁"，祭文与其说是在祭奠官运亨通的席书，不如说是阳明在悲悼自己被"学禁"当政者残酷迫害、压抑打击的命运。值得注意的是，这篇祭文阳明是有意写给直阁的杨一清看的，就在席书卒时，正好广西巨寇岑猛余党卢苏、王受又反叛朝廷，攻陷思恩，震惊朝廷，朝臣无用，平叛无人，杨一清首先想到了阳明。朝廷忽然在三月召命阳明北上赴京亲领拖延迟到了六年的诰券禄米，显然是首辅杨一清讨好阳明的意思。朝野都误以为阳明这次进京将有大用，阳明自然最清楚朝廷绝不是请他赴京入朝入阁，但他决计北行，领回自己立功应得的诰券禄米。

然而可悲的是，阳明还没动身启程，他的北上入京领诰券之行就受阻取消了。这显然是出于世宗与张璁、桂萼的背后阻挠。张璁、桂萼这时都虎视眈眈地觊觎着阁老的宝座，视阳明为入阁的最大的竞争对手，他们一向主张将阳明放外任，不容阳明有入

第十七章 起征思田：悲剧命运的最终结局

朝入阁的任何机会，连阳明入京领诰券都十分忌惮。世宗更是不喜阳明入朝入阁，断然不允阳明入京来领诰券。首辅杨一清的召命阳明入京亲领诰券最终只成了一纸具文。这时卢苏、王受叛乱烈火的炽张蔓延，反给了世宗、张璁、桂萼强行将阳明外放险地去受磨难考验的绝佳机会。

由于朝局与战事的紧张，在四月，又有监察御史郑洛书起来上疏荐举阳明，并为阳明的蒙冤受屈愤争力辩。朝臣冲锋冒刃抗论都是要请起用阳明入朝入阁，张璁却抢先在五月上书荐阳明总制两广军务，往征思、田，为世宗所首肯。十一日，朝廷急忙召下起阳明兼左都御史，总制两广、江西、湖广军务，征思、田，督同巡抚都御史姚镆共讨。这实际是强行拉阳明出山，硬逼着阳明上刀山下火海去为世宗卖命。世宗一向斥阳明"窃负儒名"，"尤非圣门之士"，不肯起用。但这次卢苏、王受复叛，占据田州，形势仓卒危急，环视朝野，平叛竟无其人，无奈之下，冥顽骄横的世宗才听信了张璁的举荐，将阳明用之危地，处之险境，将来功成归于皇上，事败则可借刀杀人，这本来也是昏君惩罚杀戮诤臣惯用的权术。张璁的举荐起到了一箭双雕的作用：既阻遏了阳明的入朝入阁，又消弭了地方叛乱的大患。

到六月一日，巡按御史石金又劾罢了提督两广军务都御史姚镆，廷臣会推王守仁代姚镆，实际堵住了阳明抗命不出的最后退路。六日，兵部特差官赍任命文书下到绍兴，阳明深晓个中凶险，他立即上疏辞免，乞恩养病。同时致札朝中杨一清、张璁、桂萼，再陈恳辞。不料桂萼竟异想天开，以为天赐他当阁老的良机到了，忽然诡异莫名地在十七日上疏荐举起用王守仁。

桂萼这篇上疏，被后人当作桂萼首荐阳明的证据，以至要给首荐阳明的桂萼行赏，实在是天大的误会。朝廷在五月十一日已召下起用阳明总制两广，六月一日廷臣更会推阳明代姚谟，六日任命文书已下到绍兴，桂萼在十七日再荐举阳明已毫无意义。直到后来桂萼在冬间投书给阳明，才暴露了他举荐阳明的不可告人的目的：原来桂萼举荐阳明起用两广的真意不在于要阳明去平思、田，而在于欲假阳明之手去密探安南，立"传檄以取安南"的奇功，作为桂萼自己入阁的最大资本。

桂萼的奏荐起了火上浇油的作用。十九日，朝廷命王守仁可以便宜从事，视缓急以为调兵进止。阳明立即致书京中兵部主事霍韬与少詹事方献夫，请他们从中斡旋，但毫无动静。七月十日，朝廷不允阳明的辞免，命下即速赴任。十八日，朝廷更遣官驰传到绍兴，催促阳明起赴两广。八月，阳明再致札杨一清、张璁，恳请辞免。

就在最终决定阳明出山赴两广任的命运的关键时刻，八月十九日，光禄寺少卿黄绾上了《明军功以励忠勤疏》，明辨王阳明等人平宸濠的大功，力荐阳明入阁辅政，另推选人为两广总制。

黄绾的上疏表面上是明辨江西军功，实际是总结了阳明一生的事功业绩，明辨阳明一生的功过是非，揭了武宗、世宗陷害忠良、不能善待阳明的老底，真意在乞请朝廷收回两广总制的成命，召阳明入阁，共图至治。这自然大大触怒了世宗，尤为张璁、桂萼所忌恨。特别是入阁心切的桂萼，在关键时刻起了恶劣作用。

二十日，随着阳明诰券禄米的颁下，朝廷再下命催阳明急速赴任，会同守臣督兵剿抚，最终宣告了黄绾等朝臣援救阳明的失败。阳明六年屏居林下的坎坷生活结束了，他被强请出山，又踏上了最后的凶险之路。

第十七章　起征思田：悲剧命运的最终结局

招抚卢王，平定思田

阳明在十二月五日抵达平南县，立即同都御史姚镆交代。这时朝廷已允准方献夫的奏请，令姚镆致仕，召回太监郑润、总兵官朱麟，听候另用。二十二日，阳明在平南召集了石金、林富、汪必东、邹锐、祝平、林大辂等众将官会议"征思田，平卢、王"的方略，一致认为征剿有十患，招抚有十善，最终议定了招抚的具体方略。

阳明从利国安民上提出征剿的十患与招抚的十善，是对兵部质疑的回答，表明他在平南对招抚已作了周密的安排筹划，消息也很快传到了卢苏、王受那里。二十六日，阳明抵达南宁，马上大力展开处置招抚事宜。为了表示官府招抚的诚意，他首先下令全部撤去调集防守的军队，几天之内解散回归的军士有数万人。原来的湖兵一时不能即归，也命他们分留南宁、宾州，解甲休养，静观其变。

占据思恩、田州的卢苏、王受，拥众二万余名，从起初得知朝廷遣阳明前来查勘，就已心生畏惧，有主动来归顺投诚之意。后来又闻太监、总兵相继召还，阳明一到南宁，尽撤防守之兵，更坚定了他们的归诚投顺之心。嘉靖七年（1528年）正月初七日，卢苏、王受便先派遣了手下头目黄富等十余人，来南宁见阳明，表示愿诚心投顺，乞宥免死，给新生之路，同时也有来察看动静的意思。阳明向他们表达了朝廷招抚的诚意，开陈大义，指明生路，亲为他们写了纸牌，命他们带回去告谕卢苏、王受。纸牌的大意是勉劝卢苏、王受速来受招投诚，晓之以义，动之以情，待之以诚。

阳明还派参谋龙光同黄富一起回去谕意劝降。龙光带数名轻骑赴思恩，卢苏、王受二万余众列队数十里相迎，露刃如雪，呼声震天。龙光登坐胡床，卢苏、王受二酋跪地受牌，龙光朗声宣谕了朝廷抚民靖乱的大义大德。因为龙光面孔同阳明十分相似，卢苏、王受都以为是阳明亲自前来宣布朝廷威德，不敢仰视，欢声雷动，受招投诚大计遂正式议定。卢苏、王受当即宣布撤去守备，准备衣粮，定下时日来投诚。

二十六日，卢苏、王受率领二万余众到达南宁府城下，分四营屯驻。第二天，卢苏、王受两人囚首自缚，同各自手下头目数百人赴军门投见，各具投状，乞免一死，愿为国竭力报效。阳明接受了他们的投诚，向他们宣谕了朝廷的恩德，将卢苏、王受下军门各杖一百，解除囚缚，众头目皆俯首悦服。阳明再出城到四营，安抚余众，余众个个感激欢呼。阳明马上委任右布政使林富与前任总兵官张祐处置众民回籍安插事宜。到二月八日，二万余众各归乡复业，思田之乱平定。在以后的十日中，又陆续有七万多逃入山中的夷民自缚来归顺，阳明全都放还归农。

一场骚扰三年之久的民乱，阳明仅用两个月时间迅速平定，不杀一兵，不戮一民，夷民全部遣返归田复农。在朝廷上下一片杀戮征剿的叫嚣声中，他采用安心安民的招抚之法全活数万生灵，是以一个救赎人心的大师的胸怀唤醒迷途众民知善知恶的良知，破心中之贼，让他们重回到新生之路上来。三月，阳明作平思田纪功文，刻石立碑，昭示后人。

在全部遣返叛民归农复业以后，阳明又投入到处置平思田的善后事宜中。他首先在二月十三日上了《奏报田州思恩平复疏》请奖赏立功人员。十五日，上了《地方紧急用人疏》，举荐林富。十八日，又上了《地方急缺官员疏》，举荐林富、张祐、沈希仪。

第十七章 起征思田：悲剧命运的最终结局

犒送湖广永顺、保靖二宣慰司土官目兵。在处置这些地方军政事上，矛盾的焦点集中到了设土官上。阳明谨慎从事，行文下各道官员，命各陈所见，以备采择。同时会同总镇、镇巡、副参、三司等官，还有太监张赐、御史石金等，共议设土官与设流官的利弊得失。官员中形成了三种意见：分置土官，流官土俗，改土为流。右参政钟芳上书给阳明，力主分置土官。

阳明吸取了钟芳的建议，决定根据夷土俗情，采用土官与流官并用之法。在三月，他亲自到田州巡察，了解土俗民情。当地土人告诉说岑猛将叛乱时，田州江心忽然浮出一石，倾卧在岸边，民间流传起"田石倾，田州兵；田石平，田州宁"的歌谣，岑猛果然发动叛乱。到后来卢苏、王受招安归顺以后，江心的浮石又归平正。一个改田州为田宁府、设土官流官并用的方案就这时在阳明心中酝酿形成。四月初六日，阳明上了《处置平复地方以图久安疏》，详陈了土官流官共设并用的周密谋划与措置。在奏疏中，阳明首先分析了设土官与设流官的利弊得失，从地方的长久治安上肯定了土官之设，于是他根据夷地土民俗情分析设土官与设流官的不可偏废。

据此，阳明提出了设土官与设流官并用的三原则：一是特设流官知府以制土官之势，二是仍立土官知州以顺土夷之情，三是分设土官巡检以散各夷之党。在具体的设土官与流官的措置上，阳明明确提出设土州之官，立岑邦相为田州知州，岑邦佐为武靖知州；分设土官巡检，思恩与田州分立土巡检司，以卢苏、王受为巡检，统属于流官知府；田州与思恩俱设流官知府，以控土官之势；田州改名为田宁府，以符设流官知府之实；兴田州学校，于附近府州县学教官内选委一员，领田州学事。

阳明设立土官与流官的方案得到了朝廷的允准。桂萼支持阳明的设土流官并用的方案完全是出于个人目的,那就是知府试三年而后实授的说法,为后来桂萼强命阳明平叛后再在广西待三年,阻遏他入朝入阁找到了借口。阳明当然不知道桂萼的险恶用心,他在上了奏疏以后,马上在设土官流官上大力行动起来,这又招致了反对派的非难与指责。

原来在对待岑猛父子与卢苏、王受的叛乱上,从朝廷到地方都有一派主张剿杀诛灭乱民,反对招抚,反对设土官。包括前任姚镆一班征讨官员,他们诬告岑猛父子与卢苏、王受谋反,后来在征讨失利的情势下,姚镆还是隐瞒真情,充满杀机上奏说"田州遗党复叛,再乞集兵剿捕,军兴钱谷,相应议处"。朝廷不得已用阳明代替姚镆,到阳明以招抚手法平息了卢苏、王受叛乱后,这些主张剿杀的一派唯恐事情败露,仍旧指责阳明招抚不当,设土官不宜,尤其对阳明还将叛目卢苏、王受立为土官,更是横加指斥,致使朝廷与世宗对阳明的招抚卢苏、王受产生了疑忌。其实阳明早就看穿了岑猛父子与卢苏、王受被诬告谋反的冤情,反对朝廷无辜剿杀岑猛父子与卢苏、王受,认为这是朝廷的重大失误。为了揭明事情始末的真相,他在一招抚卢苏、王受以后,就把弟子揭阳主簿季本调来南宁,深入土民中探访查勘思田叛乱事实三个月。五月,季本写成了《田州事实记》,详论朝廷诛杀岑猛父子的失误与剿灭卢苏、王受的不当,为阳明抗辩。

阳明对自己招抚任用卢苏、王受的所作所为毫不动摇,他从"抚民安边"与"教化修德"上进一步展开了平思、田乱的善后事宜工作。在抚民安边上,阳明采用了"处夷之道,攻心为上"的方针。他认为抚民安边的关键在于任贤得人。

五月二十五日,他上了《举能抚治疏》,荐举布政使林富量升宪职(右副都御史),副总兵张祐绥缉经理于思、田二府;又

第十七章 起征思田：悲剧命运的最终结局

荐举广东右布政使王大用、湖广按察使周期雍才堪大用，可于二人中选一人升宪职。七月初七日，阳明又上了《边方缺官荐才赞理疏》，荐举了陈槐、施儒、朱衮、杨必进、李乔木等一批贤官。阳明最注重"谙土俗而悉夷性"的土官的选任，除了让土目卢苏、王受担任土巡检外，他还力主立岑猛之子岑邦相承袭土官之职，为此他向土民乡老以及大小土目作了询访查问，七月十九日，上了《查明岑邦相疏》，举立岑邦相为岑猛之嗣，授以署田州事吏目。

阳明选定"谙土俗而悉夷性"的岑邦相袭任田州土官，是"曲顺各夷之情"，对土民夷俗表现了充分的尊重，也算是对朝廷误杀岑猛父子的冤案的一点"平反"，对抚民安边"御地方之患"起了很大作用。

在教化修德上，阳明认为思田新服，风教不振，人心陷溺，市廛无民，学校无士，要安定民心，提升民德，首在推行文治教化，修民以德，教民以礼。而学校是"风化之原"，礼教兴盛之地，理学倡明之源，尤关乎地方的民风习俗士气，所以他把学校教育看成是安土治民的头等大事，从全力兴建学校、推广理学教育入手，普施德治教化。他在四月上的《处置平复地方以图久安疏》中，就提出了兴建学校、推广儒学的方案。

在上了这道奏疏后，阳明马上就按照他设想的方案措置施行。他首先行文下广西提学道，要他们兴举思田学校，倡行乡约。正好这时是谷平李中任广西道提学副使，他马上闻风而动，选拔诸生，兴建府学，推行乡约，亲自登堂讲学。阳明也大力兴举南宁府学，亲自下南宁府学、县学以及书院中讲学，发良知之教，朝夕开导诸生。留在军门听用的季本，把阳明的乡约推行到了揭阳，阳明询访实况后，马上把季本的乡约呈文批委潮州府通判张继芳，督令各县都推行乡约，并批评下面的虚文搪塞。

阳明尤重视县学的兴办，亲为县学延师设教。原监察御史陈逅谪为合浦县主簿，阳明延请他设教于灵山县学，开讲身心之学。有一个莆田儒生陈大章来南宁问学，他精通礼学，阳明尤为重视，立即延请他为南宁府学之师，设席讲礼。

在兴举学校上，阳明更大力振兴书院教育，他亲自相度选中了南宁城东北的一块隙地，修建了敷文书院，日日同诸生大讲良知心学。敷文书院在六月建成，阳明大书了一副对联："欲求明峻德，惟在致良知"，揭明敷文书院的教育宗旨。延请深得良知之学的弟子季本为师，设席讲良知心学。阳明自己日日同幕僚诸生在敷文书院聚讲良知之学。后来阳明作《南宁新建敷文书院记》，刻石立碑于敷文书院中，阐述新建敷文书院"诞敷文德"的意义。

阳明认为战乱之后，人失其心，正学不明，兴举学校，建敷文书院，就是要救赎异化迷失的人心，复悟本心，"决蔽启迷，各悟本心"。所以敷文书院的教育宗旨就在"诞敷文德"，明峻德，致良知。这篇《南宁新建敷文书院记》，具有自我总结他在广西的文治（兴举学校）与武功（平思田乱）的双重意义，文治修德，武功息兵，敷文书院也就成了阳明在两广建树的文治武功的象征。把阳明在两广的这种文治武功作了最好总结的，是季本的《建敷文书院修德息兵记》。

季本认为"良知"之学是阳明文治武功的"成功之本"，他用阳明的"良知"心学评述了阳明一生卓越的文治武功，这与其说是在总结阳明在两广的文治武功的勋绩，不如说是在总结阳明"超然独悟"的良知心学，是在总结阳明一生的心学发展历程。他径直把阳明比之为当代的"尧舜"圣人，把他的良知心学誉之

第十七章 起征思田：悲剧命运的最终结局

为"泄不传之圣秘"的圣学，"天下之道，良知尽之矣"，这不啻公然触犯了世宗至高无上的神圣的帝王尊严，忘了"功高震主"的故训，无怪在他写了这篇修德息兵记后，悲剧的厄运骤然降落到了阳明头上。

平断藤峡、八寨的悲剧结局

正当阳明招抚思田的卢苏、王受的时候，断藤峡、八寨的瑶民却又啸聚骚乱，不服朝廷的招抚，六百里浔江夹岸群山中叛乱四起，猖獗蔓延，波及整个广西境内的安定。

在广西浔州的万山丛中，一条湍急的浔江从险崖峡谷中穿过，其中有大藤峡最为高峻险绝，自来成为乱寇盘据的最大巢穴。从大藤峡到府江，群山绵延六百余里，杂居僮、瑶土民，多年来他们不堪朝廷的盘剥压榨，纷纷啸聚占山，筑寨守险，与官军相抗。朝廷派大军入山征剿，屡屡失败。直到成化中，都御史韩雍率十六万大军征剿，深入险阻，擒杀瑶酋侯大狗，平息了多年的乱患。大藤峡中有条条巨藤悬挂两崖，瑶民攀爬上下如飞，韩雍下令斩断峡藤，改名为断藤峡。自此浔州地方民安居了二十余年。但从正德五年（1510年）以来瑶乱复起，势焰炽张，朝廷剿抚兼施，均无成效。到阳明来平思田乱时，浔州的叛民盘据山谷，恃险固守，攻城掠地。叛酋拥众数万，以断藤峡为中心，上连八寨，下通仙台、花相各峒，千里骚动，东西奔突，南北摽掠。

断藤峡、八寨的瑶民叛乱与思田的卢苏、王受叛乱不同。卢苏、王受本无反心，他们有主动受招归顺之意，所以阳明采取了招抚的方法平乱。断藤峡、八寨的瑶乱有深远的历史原因，叛乱波及闽广、云贵，甚至南通交趾夷民，而安南当时也发生内乱，情势越发显得严重。地方官府征剿无能，想欲招抚息乱，但断藤峡、八寨叛民恃险拒绝招抚，反而乘阳明招抚思田、无暇东顾之际，出攻州县乡村，杀戮抢劫，远近煽动。招抚不行，对阳明来说，就只有征剿一路可走了。

阳明驻扎在南宁，为征剿断藤峡、八寨作了充分准备。他采用了疑兵迷敌之计，先做出解散军队、罢征息兵的姿态，停止调兵集粮，罢还永顺、保靖二土司兵，偃旗息鼓，南宁府城一片安宁祥和，麻痹懈怠断藤峡、八寨敌众的斗志。暗中却调兵遣将，密授二土司兵方略，命指挥唐宏等人乘归途之便突袭断藤峡。又命土目卢苏、王受杀敌报效，统兵从间道突入八寨。到三月底，他定下了出奇兵纵深突袭的战略：以六千奇兵突袭断藤峡，以八千奇兵突袭八寨，分兵进剿。四月初二日，阳明调度七路军马进兵合剿：命令张经、谢珮、彭明辅、彭宗舜、彭明弼、彭杰领土兵一千六百名，马文瑞、向永寿、严谨领土兵一千二百名，王勋、彭九霄、彭荩臣、彭志明领土兵六百名，唐宏、彭九皋领土兵六百名，卞琚、彭辅领土兵六百名，张缙、贾英领土兵六百名，刘宗本及各哨官员领浔州等卫所与武靖州汉土官兵乡导一千余名，务必在四月初二日到达龙村埠齐集。四月初三日寅时，发动进剿，以永顺兵进剿牛肠等巢，保靖兵进剿六寺等巢。

这时断藤峡一带的敌众见南宁毫无调兵征剿的动静，不知湖兵偃旗息鼓进军偷袭，放松了戒备。各路官军骤然突至，四面围攻，敌众大乱，彭明辅、彭九霄、彭宗舜督率土兵冲冒矢石，生擒敌酋头目。余众败退到仙女山，凭险结寨顽抗。官兵追至仙女山，攀木缘崖仰攻。到四月初四日，攻破敌寨。初五日，又连破

第十七章 起征思田:悲剧命运的最终结局 499

油榨、石壁、大陂等巢。敌众奔逃到断藤峡、横石江边,官兵从后掩杀,一举攻破断藤峡,余众皆奔逃他寨。官兵仍一路追杀。至四月初十日,官兵遍搜山峒,清扫巢穴后,班师收兵。

四月十五日,阳明进上了《征剿稔恶瑶贼疏》,这时进剿八寨的军事行动还刚开始不久。他先在四月十一日命令各哨官兵进剿,永顺兵在盘石、大黄江登岸,进剿仙台、花相诸寨;保靖兵在乌江口、丹竹埠登岸,进剿白竹、古陶、罗凤诸寨。定于四月十三日寅时一齐抵达信地。接着他又命右布政使林富、副总兵张祐分领田州府报效土目卢苏等兵及官军三千名,思恩府报效土目王受等兵及官军二千名,韦贵等土兵及官军与乡款人等一千一百名,分兵进剿八寨,定于四月二十三日卯时一齐抵达信地。先在二十二日晚,统领官就在新墟的地方会集了各路土目兵,向他们传达了阳明的密授方略,命他们乘夜衔枚速进,长途偷袭潜行,神不知鬼不觉穿过村村寨寨,黎明时各自到达敌寨,一下子突破石门天险,各路哨兵齐入,攻破八寨,敌众还在睡梦中,以为兵从天降,溃散逃窜。官兵乘胜追击,敌众且战且退。中午时分,远近各寨又聚集了二千余名骁勇悍众,手执长标毒弩来战,双方鼓噪呐喊,声震岩谷。敌众终于抵御不住,四散溃退,各自分阵聚党,奔入高山大峡,继续据险立寨顽抗。

在攻破八寨以后,瑶民四散遁入深山大谷依旧据险抵抗,所以官兵并没有马上班师回军。阳明在四月二十四日再下命官军追剿断藤峡、八寨余众,接连攻破古蓬、周安、古钵、都者峒、铜盆、大鸣等寨。到五月十七日,卢苏、王受率土兵攻破黄田等寨。直到六月七日,又攻破铁坑、绿茅等寨,兵分四路,追剿直至横水江边,少数残敌漏遁,进剿结束,官兵才在六月十日班师回军。到七月十日,阳明上了《八寨断藤峡捷音疏》。

阳明仅用三个月的时间，就平定了广西数十年来如火如荼的瑶乱。但是他深知征剿是万不得已之举，也并非他真心所愿，后来他临终曾经痛苦地说："田州事非我本心，后世谁谅我者？"残酷血腥的征剿最终还是要回到安抚黎元上来。所以他早做好了剿抚的两手，在一平断藤峡、八寨以后，他就颁下《绥柔流贼》的行文，命地方府县官员大力展开绥柔瑶民的工作。

阳明按照"处夷之道，攻心为上"、"诚心抚恤，以安其心"的原则展开了平断藤峡、八寨的善后事宜工作。他首先劝还各地逃亡的僮瑶民户归农，安排生计，厚加抚恤，建立里甲，恢复生产，很快取得了成效。六月，他出郊视察农事。

接着阳明又奖赏永顺、保靖二土司官兵，送他们归湖广，以表示自己安边不恃武力兵甲的决心。阳明认为依仗武力征剿弭盗，久留湖兵，多调狼兵，并不是安边的长久之计，关键是要治理好混乱的军政，减免苛赋杂税，实施文治教化，全面落实地方防盗防乱的治安制度与措施。阳明深感地方盗乱夷叛的泛滥横行，根本原因在地方军政的败坏与官府的残酷剥削压迫，依靠武力杀戮征剿只能起一时之效，一乱平，一乱又起，如野火之烧不尽。所以在处置平断藤峡、八寨乱的善后事宜上，阳明更注重大修地方军政，加强治安。经过实地巡视与深思熟虑，七月十二日，他上了《处置八寨断藤峡以图永安疏》，主要提出了五条善后地方治安处置事宜：一是移筑南丹卫城于八寨，二是改筑思恩府城于荒田，三是改凤化县治于三里，四是添设流官县治于思龙，五是增筑守镇城堡于五屯。阳明的这些迁卫改府立县增镇的更革化治的措置不失为是修明地方军政、招抚逋逃归田之民、稳定地方治安的善法，但对阳明合理的建议，朝廷从世宗到兵部、户部都采取了敷衍拖延的态度，最终不予施行。后来陈逅代为林富作的《题

第十七章 起征思田：悲剧命运的最终结局

为处置地方以图永安事》，捅破了世宗一手阻止阳明建议实行的真实内幕。

对阳明的上奏建议，从最初兵部有意采纳施行到最终取消不用，就是由专横的世宗一手裁断的。实际当阳明上这道奏疏时，世宗已以阳明平叛"奏捷夸诈"、"恩威倒置"的罪名，向阳明举起了屠刀。

阳明迅速平定卢苏、王受之乱与断藤峡、八寨之乱，给各怀鬼胎的世宗与朝廷大臣杨一清、张璁、桂萼之辈出了一道尴尬的难题，促使他们相互勾结起来阻遏阳明入朝入阁，诬谤加罪迫害，阳明平叛的悲剧厄运顿时降临了。世宗强行起用阳明外放到危难之地平乱本是暴君折磨迫害诤臣的一种惯用伎俩，同当年朝廷将熊绣忽然改除左都御史出抚两广如出一辙，杨一清、张璁、桂萼热心举荐阳明平广西叛乱也不过是他们阻遏阳明入朝入阁的狡猾手法，所谓阳明平叛成功后入朝任兵部尚书的甜言许诺，也只是一个虚假的骗局。在阳明一远赴两广平叛以后，他们已在防范阳明将来功成回朝入阁上各自打起了主意。还在嘉靖六年冬间，桂萼就私自投书给阳明，要他在两广侦伺安南内乱消息，乘机以兵力取安南，作为桂萼立下的不世奇功顺利入阁。阳明没有答应，桂萼恼羞成怒，开始了对阳明的诽谤中伤。十二月二日，阳明刚到梧州不久，杨一清、桂萼忽然荐举阳明兼任巡抚，表面上像是重用信任阳明，实际上是为将阳明永留两广不得回朝暗设陷阱，为后来世宗要阳明功成后再以"巡抚"留广三年作了先行铺垫。到十二月二十二日提督团营张永卒后，兵部根据世宗"振兴营务，命廷臣举素有威望者，练达兵政者，专督营务"的钦旨，会推阳明提督团营军务，却遭到杨一清、张璁、桂萼的抵制，为世宗所否决。表面上是以两广叛乱未平为借口，实际上他们都知道如让阳明提督团营，这就为阳明顺理成章入朝入阁打开了通道，这正是他们最忌惮的。

世宗立即采用杨一清的建议，自食了让阳明入朝任兵部尚书的前诺，宁可改李承勋为兵部尚书、兼提督团营，断然不给阳明有入朝的任何机会。

到嘉靖七年六月，阳明迅速平定卢苏、王受之乱与断藤峡、八寨之乱，到了阳明功成归朝、兑现任兵部尚书前诺的时候，朝臣举荐阳明入朝入阁的呼声又起。御史胡明善在六月四日上奏荐阳明入阁辅政。殊不知称美阳明"性与道合，思若有神"的赞颂恰好触痛了世宗最大的心病。六月十五日，又有御史马津再举荐阳明入阁辅政。他的举荐得罪了世宗，以"妄奏渎扰"遭到世宗切责。其实阳明的功成归朝首先对入阁心切的桂萼构成了最大的威胁，桂萼必然要跳出来极力阻挡阳明入朝，马津的举荐实际就是他一手推翻的。桂萼狡猾地采用了暗中闪击的手法，为阳明暗设陷阱。他阿顺世宗帝意，立即上了《论田宁事宜疏》，竟提出要阳明在两广再留三年，不让阳明功成归朝。这是桂萼陷害阳明所设的最为歹毒的一招，他奸诈地"即以其人之道还治其人"，用阳明的说法还治阳明，所谓让阳明以"巡抚"身份再留两广三年，实际上就是让阳明永远留在两广，不得归朝，使之"终身其地"，"责之久任"，"使不得为欺罔之道"，将来思、田情势一旦出现翻复，则"守仁不能逭其责矣"。世宗后来正就是采用桂萼的办法惩处阳明，置阳明于死地，既不让他归朝，又不让他病归，终使阳明陷入了绝境而至死。

阳明预感到了世宗、桂萼对他的诬陷迫害，七月十日，他进上了《八寨断藤峡捷音疏》，如实反映了平断藤峡与八寨的经过与战绩，同时乞请"身婴危疾，自后任劳颇难，已具本告回养病，

第十七章 起征思田：悲剧命运的最终结局

乞赐俯允，俾得全复余生"。不料世宗居然从捷音疏中找到了阳明"为欺罔之道"的"罪证"，加给了阳明两条罪名：捷音夸诈，有失信义；恩威倒置，有伤大体，实际否定了阳明的平断藤峡与八寨之功，为他不让阳明入朝入阁找到了最冠冕堂皇的"借口"，无异于是宣判了阳明的"死刑"。世宗的"御音"说得含混不可捉摸，连一班阁臣看了也相顾惊慌失措，不能窥测世宗的"圣意"。所谓"近于夸诈，有失信义"，大概是指阳明奏捷夸大不实，有欺诈罔骗之嫌，"为欺罔之道"，有失臣下忠君的信义。所谓"恩威倒置，恐伤大体"，大概是指阳明掩袭断藤峡、八寨，专事杀戮，无恩有威，有伤世宗圣德，朝廷大体。后来到嘉靖八年二月朝廷议王守仁功罪时，世宗才清楚地说出了真话："但兵无节制，奏捷夸张；近日掩袭寨夷，恩威倒置。"可见这不过是世宗加给阳明的两条莫须有的罪名，连阁臣们都没有一个相信，但他们出于各自的私利不敢替阳明辩护，却反而极力为世宗圣上的谎言"圆谎"开脱。

世宗分明批准了阳明征剿断藤峡、八寨的军事行动，发出了"便与行王守仁，即令督副总兵、参将等官，分投设法，相机攻剿，务将各寨傜贼擒斩尽绝"的叫嚣，他才是一个地地道道的暴虐夸诈、不讲信义恩惠的暴君，阳明没有做到他说的"务将各寨傜贼擒斩尽绝"，又何来"捷音夸诈，有失信义"，"恩威倒置，有伤大体"？这两条罪名加在世宗自己头上倒恰如其分。其实杨一清心里最清楚世宗捏造这两条莫须有的罪名，不过是要阻止阳明入朝入阁，为此世宗与桂萼诬加给阳明的罪名比这两条罪还要大。就在阳明上《八寨断藤峡捷音疏》同时，桂萼制造了一起骇人听闻的聂能迁案，唆使锦衣卫指挥佥事聂能迁诬告阳明，说阳明用百万金银托黄绾贿赂张璁，得到两广之任。聂能迁案蹊跷怪异，疑云重重，而幕后的真凶正是桂萼。杨一清在《乞休致奏疏》中谈到这一荒唐怪异的聂能迁案的内情，隐约指出了聂能迁上奏诬告是出于张璁指使，但却掩饰了另一幕后真凶桂萼。

指使聂能迁诬告阳明的幕后真凶无疑是桂萼与张璁，但聂能迁诬告事件很快败露，骄横跋扈的桂萼、张璁隐藏不露首尾，无人敢揭，世宗更是要保全这两名大宠臣，于是世宗便以"审其事无佐证"为名，隐去桂萼、张璁二真凶，胡乱牵出了翁洪、席书草草结案。

在南宁的阳明陷入了绝境：京都已成凶险是非之地，世宗不容他归朝入阁；朝廷不遣新的巡抚来两广接任，下了死命要他在两广再巡抚三年，"责之久任"；上疏乞归如石沉大海，朝廷不允准他因病归休。病重的阳明上了《乞恩暂容回籍就医养病疏》，世宗不阴不阳地回答说："卿才望素著，公议雅服。近又深入瘴乡，荡平剧寇，安靖地方，方切倚任。有疾，宜在任调治，不准辞。"阳明又致札阁老翟銮再恳归养，翟銮没有回音。他只有投书给黄绾，恳请黄绾在京为他养病归休事斡旋促成，同时表露了自己不待朝命下到归休养病的决绝态度。阳明一方面是表明了自己不等巡抚到任即赴南、赣待命的决心，另一方面也对在京诸公大臣作了委婉的批评。只可惜他们没有一个听从了阳明最后的忠告。

阳明在南宁待命，他被世宗诬加给他的罪名所锁定，剥夺了他的平思、田与平断藤峡、八寨的大功。在一片附和世宗、桂萼的造谣中伤声中，只有原大学士蒋冕寄来一篇煌煌贺序，高度肯定了阳明在广西平叛的大功，同世宗唱反调。

在经过又一个半月痛苦的待命仍不见朝廷消息之后，阳明决意超然远行，归居林下讲学弘道了。保身才能弘道，他不能坐以待毙，八月二十七日，阳明从南宁启程赴广州，踏上了跳出厄境、自求新生之路。

最后的弘道"遗嘱":讨论讲究"王门八句教"

阳明在广西紧张的平叛中,仍始终不忘讲学弘道,抓紧同浙中、江右与两广的学子讲论研讨良知心学,留下了他的生命历程最后探索良知心学的闪光足迹。他在给黄绾信中说"一生未了心事",就是指他的讲论研讨良知心学,特别是指他的讲论研讨"王门八句教"。他在"天泉之悟"之后向王畿、钱德洪等浙中学者说"我此意畜之已久,不欲轻言,以待诸君自悟。今被汝中拈出,亦是天意该发泄时。吾虽出山,德洪、汝中与四方同志相守洞中,究竟此件事",就是要求浙中学者在阳明洞中探讨究竟他的"王门八句教"的心学。后来他到达南昌又向江西学者说"诸君只裹粮往浙,相与聚处,当自有得。待予归,未晚也",也是要求江西学者往绍兴同浙中学者一起探讨究竟他的"王门八句教"的心学,而他自己也准备在平叛归来后与弟子们一起探讨讲究"王门八句教"之说,这就是他对黄绾说的"一生未了心事"。没想到这些话成了他最后的弘道"遗嘱",而浙中与江西的门人弟子也确实遵照他的"遗嘱"展开讨论究竟"王门八句教"的宗旨,根据各自的理解,从不同的方面诠释并发展了"王门八句教"的思想,建立了各自不同的本体工夫论心学体系。

为了深入究竟因人根基设教的"王门八句教"之说,阳明自己首先开始了对"王门八句教"的探讨讲论。就在经过吉安时,他一面在螺川驿同三百余名江西学者聚会,大揭"良知"之教;

一面又写信给泰和的罗钦顺,讨论"良知"之学。这封信虽然已亡佚,但后来罗钦顺在答书中引了阳明信中的不少原话:"物者,意之用也。格者,正也,正其不正以归于正也。""格物者,格其心之物也,格其意之物也,格其知之物也;正心者,正其物之心也;诚意者,诚其物之意也;致知者,致其物之知也。""意在于事亲,即事亲是一物;意在于事君,即事君是一物。""吾心之良知,即所谓天理也。致吾心良知之天理于事事物物,则事事物物皆得其理矣。致吾心之良知者,致知也;事事物物各得其理者,格物也。""精察此心之天理,以致其本然之良知;正惟致其良知,以精察此心之天理。"[1] 可见阳明是在讨论"王门八句教"中的思想。在他看来,心学从根本上说不过就是一个使迷失"心"的人如何复"心"的思想体系,具体地说,就是一个通过致良知工夫以复归心体的思想体系。但因为人的"知"的根基不同(实即指人的"心"迷失的程度不同),心"迷"的程度有别,必须因人设教,通过"顿教"或"渐教"的修行各各复归心体,良知复明,由凡入圣。因此,同样是心学本体工夫论的修行之教,四有教是为中根以下人所设教,是从工夫入手,故注重"致良知"的工夫修行,即从"致良知"上入手下工夫,悟得心体;四无教是为上根之人所设教,是从本体入手,注重"体认心体"的本体修行,即从"体认心体"上入手下工夫,复归心体。阳明说的"正惟致其良知,以精察此心之天理",就是指从致良知工夫入手的四有教;阳明说的"精察此心之天理,以致其本然之良知",就是指从体认心体入手的四无教。"体认心体"的本体论与"致良知"的工夫论构成了"王门八句教"心学的两个最根本的

---

[1] 罗钦顺:《又与王阳明书(戊子冬)》,见《困知记·附录》。

第十七章 起征思田：悲剧命运的最终结局

内在精神，也是由凡成圣的两个入手的根本法门。阳明并不把他的"王门八句教"当作玄妙空虚的"秘诀"来"心传"，在广西，他就是从"致良知"的工夫论与"体认天理"的本体论这两个方面同士子学者展开了对"王门八句教"的实实在在的讨论讲究。

阳明一到肇庆，他就写信给钱德洪、王畿，问及他们讲究"王门八句教"的情况，这里已道出了钱德洪、王畿等浙中学者相聚讨论究竟"王门八句教"的情形。接着阳明一到梧州，正逢梧山书院落成，他亲自到梧山书院开讲，大阐"诚意"与"知行合一"，说："诚意为圣门第一义，今反落第二义，而其知行合一之说，于博文多识若有不屑，学者疑焉。"

阳明是从"诚意"与"致知"的统一上论"诚意为圣门第一义"，"言诚，则知在其中"，这同他在给罗钦顺信中说的"诚意者，诚其物之意也；致知者，致其物之知也"是一致的。所谓诚意，就是体认心中大本达道的本体，因此诚意就是"体认心体"；所谓致知，就是知行合一的工夫，"知至至之"，因此致知就是致良知。阳明正是从"体认心体"的本体论与从"致良知"的工夫论的统一上阐述他的"王门八句教"的本体工夫论体系。

稍后阳明在赴南宁的路上，又写给王正宪一信，着重强调"致良知"。阳明认为四无教是为上根之人所设，但世上生知安行的"上根之人"是少之又少，绝大多数人都应修四有教，从"致良知"的工夫入手，不能躐等。这是他对王畿、钱德洪一班弟子与学人提出的要求，其子王正宪也不能例外，所以他对王正宪更强调"致良知"的工夫，也是说给王畿、钱德洪一班弟子听的。他把王正宪托付给了钱德洪、王畿，信中强调"致良知"的工夫，对王畿、钱德洪也是一种警示启发。故他一到南宁以后，就又写信给王畿、钱德洪，再次问及他们在绍兴聚讲探讨"王门八句教"的情况,其实这种远处两地的通问往来,也正是阳明督促、推动与指导绍兴学子们讲究探讨"王门八句教"的一种方式。

在南宁,阳明通过振兴学校教育大力推广宣播他的良知心学。敷文书院成了他同学子诸生讲论良知心学的名教乐地,吸引了两广的士子学者来问学,他为敷文书院作的对联——"欲求明峻德,惟在致良知",高度概括了他的"王门八句教"的本体工夫论思想体系。季本在《建敷文书院修德息兵记》中也详密阐述了阳明的"王门八句教"的本体工夫论思想体系,认为"天下之道,良知尽之矣",称颂阳明"惟以其良知之学益致之于日用之间,细微曲折,罔有或遗,故不事他求,而学已入于圣域矣"。因为阳明在南昌时向江西的学子首揭"王门八句教"的思想,并要求他们裹粮往绍兴与浙中士子一起商讨讲究"王门八句教",这些江西学子果然首先来向阳明问"王门八句教"之说了。先在嘉靖七年正月,江西永丰的聂豹差任巡按福建,同临川的陈九川有一见,陈九川告诉了他在南昌听到的"王门八句教"之说,于是聂豹便从福建投书给阳明问良知心学。聂豹的信实际就是从"王门八句教"上发问,提出了四个良知心学的大问题质疑请问:

一是问良知(知)与孝弟之念(意)的关系。聂豹认为阳明提出良知之学是为了"援天下之溺者",救赎天下之人心,故"学本良知,良知为学,吾道足矣"。但因人的资质与根基不同,致良知的入手工夫也不同,"但致知之功,窃意其入头下手,亦自不同,当随其资之近者而致力焉"。良知知是知非,知善知恶,但世人往往不识孝弟,不辨善恶,"不知一念非天,一事非理,一物失所,皆非孝也,而良知之功用,于是乎浅矣"。这里就有一个如何从事亲孝弟之间求良知之学的问题。

二是问觉与诚的关系。聂豹认为良知心学就是复良知本体之学，本体之知，就是一种先觉，"本体之知，实知实见，常觉常照，然其所以觉知者，一惟聚理之有无为觉耳"。因此觉又须主之以诚，不诚不明，"诚则旁行曲防，皆良知之用也"。"诚与不诚之间，亿逆、先觉之由分也"，但如必欲以逆亿为戒，守空悟觉，而一任坐待先觉的到来，"恐亦不得谓觉也"。

三是问理与事、体与用的关系。聂豹认为理事合一，理外无事，事外无理，"歧理与事而二之者，必非事"。他称自己"自闻夫生知、学知、困知之教，而百年支离破碎之说，至是始涣然释，怡然顺"。由此他认识到心、性、天、命之体为一，尽、知、存、养、修身之功为一，体用合一，"穷理尽性以至命也，一也"。

四是问尊德性与道问学的关系。聂豹认为尊德性而道问学是"万古圣学之原也"，德性即良知（本体），道问学是致知之功（工夫），尊德性与道问学是统一的，"外德性而道问学者，必非学；外问学而尊德性者，奚以尊？"尊德性与道问学的关系就是本体与工夫的关系，"广大也，精微也，高明也，中庸也，故也，新也，厚也，礼也，皆吾之德性也；致也，尽也，极也，道也，温而知也，敦而崇也，道问学之功也"[1]。

阳明收到聂豹这封论学书后非常兴奋，认为他的看法"超绝迈往"，对他的"王门八句教"之学"已得其大者"，"近时海内同志到此地位者曾未多见"。七月，阳明也写了一封长篇论学答书给聂豹，从四个方面更详密地论述了他的"王门八句教"思想[2]：

一是在集义与致良知的关系上，阳明批判了近时学者专在

---

[1]《聂豹集》卷八《启阳明先生》。
[2]《传习录》卷中《答聂文蔚》书二。

"勿忘勿助"上用功、终日悬空死守"勿忘勿助"的错误做法，认为应当首先在"必有事焉"上下工夫，"其工夫全在'必有事焉'上用，'勿忘勿助'只就其间提撕警觉而已"。必有事焉，就是在事上磨炼，如果不在"必有事焉"上下磨炼工夫，则"勿忘勿助"就"只做得个沉寂空守，学成一个痴騃汉，才遇些子事来，即便牵滞纷扰，不复能经纶宰制"。所谓"必有事焉"，就是指集义，而集义也就是致良知，"夫必有事焉，只是集义；集义只是致良知"。阳明认为集义与致良知是一回事，不同的是"说集义则一时未见头脑，说致良知即当下便有实地步可用工"。从《大学》的格致诚正上看，致良知贯通了格物、诚意、正心，所以他说："区区专说致良知，随时就事上致其良知，便是格物；著实去致良知，便是诚意；著实致其良知而无一毫意必固我，便是正心……故说格致诚正则不必更说个忘助。"因此所谓集义，应当从心上集义，在必有事焉上用功，才能使良知复明，心体灵明觉知，"若时时刻刻就自心上集义，则良知之体洞然明白，自然是是非非纤毫莫遁"。天地间心、性、理、良知只是一件事，由此阳明批判了把致良知与集义割裂为二、把致良知与勿忘勿助割裂为二的做法，认为："近时有谓集义之功必须兼搭个致良知而后备者，则是集义之功尚未了彻也，集义之功尚未了彻，适足以为致良知之累而已矣；谓致良知之功必须兼搭一个勿忘勿助而后明者，则是致良知之功尚未了彻也，致良知之功尚未了彻，适足以为勿忘勿助之累而已矣。"这是阳明对"王门八句教"中的"致良知"的工夫论的经典解说。

二是在致良知与体认心体的关系上，阳明认为体认心体与致良知是统一的，良知是体（心体），致良知是用（工夫发用），体用一源，本体工夫合一，故他说："盖良知只是一个天理，自然明觉发见处，只是一个真诚恻怛，便是他本体。"由此他从"心一分殊"上精辟论述体认心体与致良知的关系，认为体认得良知心体其大无外，其小无内，心、理、物、宇宙合一，由此致良知，自然无不是道。所以他说："孟氏'尧、舜之道，孝弟而已'者，是就人之良知发见得最真切笃厚、不容蔽昧处提省人，使人于事君处友仁民爱物，与凡动静语默间，皆只是致他那一念事亲从兄真诚恻怛的良知，即自然无不是道。"这是阳明对"王门八句教"中的"体认心体"以致良知的本体论的经典解说。

三是在尽心、知性、知天的关系上，阳明从因人品根基设教上提出了"尽心知天"、"存心事天"、"修身以俟"的三个阶级的修行之教，实际上这就是指他在"王门八句教"中提出的"四有教"与"四无教"。阳明详密阐释说：

> 区区曾有生知、学知、困知之说（按：即指他的因人设教与四有教四无教说），颇已明白，无可疑者。盖尽心、知性、知天者，不必说存心、养性、事天，不必说殀寿不贰、修身以俟，而存心养性与修身以俟之功已在其中矣。存心养性事天者，虽未到得尽心知天的地位，然已是在那里做个求到尽心知天的工夫，更不必说殀寿不贰，修身以俟，而殀寿不贰、修身以俟之功已在其中矣。譬之行路：尽心知天者，如年力壮健之人，既能奔走往来于数千里之间者也；存心事天者，如童稚之年，使之学习步趋于庭除之间者也；殀寿不贰、修身以俟者，如襁抱之孩，方使之扶墙傍壁而渐学起立移步者也。既已能奔走往来于数千里之间者，则不必更使之于庭除之间而学步趋，而步趋于庭除之间自无弗能矣；既已能步趋于庭除之间，则不必更使之扶墙傍壁而学起立移步，

> 而起立移步自无弗能矣。然学起立移步，便是学步趋庭除之始；学步趋庭除，便是学奔走往来于数千里之基，固非有二事。但其工夫之难易，则相去悬绝矣。心也，性也，天也，一也，故及其知之成功则一；然而三者人品力量自有阶级，不可躐等而能也……吾侪用工，却须专心致志在殀寿不贰、修身以俟上做，只此便是做尽心知天功夫之始。正如学起立移步，便是学奔走千里之始。吾方自虑其不能起立移步，而岂遽虑其不能奔走千里，又况为奔走千里者而虑其或遗忘于起立移步之习哉！[1]

阳明立的"尽心知天"、"存心事天"、"修身以俟"三个人品等级，是同他在"王门八句教"中立的"生知安行"、"学知利行"、"困知勉行"及"上根之人"、"中根之人"、"下根之人"的三个人品等级完全一致的。他强调三个阶级的修行不能躐等，"吾侪用工，却须专心致志在殀寿不贰、修身以俟上做，只此便是做尽心知天功夫之始"，这就是强调要从"致良知"的工夫上入手，修"四有教"，为修向上一机的"尽心知天"的"四无教"打基础。这是阳明对"王门八句教"的"因人设教"思想的经典解说。

四是在尊德性与道问学的关系上，阳明完全同意了聂豹的观点，认为德性即心的本体，道问学即致良知的工夫；尊德性就是要体认心体，道问学就是要致良知，尊德性与道问学的统一，这就是"王门八句教"的本体工夫论心学体系，"至当归一，更无可疑"。

---

[1]《传习录》卷中《答聂文蔚》书二。

生知安行→尽心知天（尽心）→上根之人→修四无教（从本体入手）
学知利行→存心事天（养性）⎫
因知勉行→修身以俟（修身）⎭ 中根以下人→修四有教（从工夫入手）

阳明这封《答聂文蔚》书，是他在卒前写的一篇最长的论学书，是对他在"天泉之悟"上提出的"王门八句教"（四无教与四有教）的最详密的补充阐释。因此也可以说，这篇《答聂文蔚》书是阳明对"王门八句教"（四无教与四有教）本体工夫论心学体系的易简广大的最后概括总结，为开启了解他的"王门八句教"的"天泉之悟"提供了一把最好的钥匙。

阳明着重同陈九川讨论了"王门八句教"中从"致良知"的工夫入手的问题。在写给陈九川的信中，所谓"病中草草答大略"，就指这篇《答聂文蔚》书。针对士子学者好玄谈、不实做的普遍的玄虚弊病，阳明在信中着重论"致良知"的实下手的工夫，要他们在致良知上"实用功"，实际就是要他们从"致良知"的工夫入手修四有教，这同他在《答聂文蔚》书中说的"吾侪用工，却须专心致志在夭寿不贰、修身以俟上做"是一个意思，都是告诫他们对他说的"四无教"与"四有教"的修行，绝不能好高骛远，超阶躐等，谈玄说虚，而应立足于"致良知"的工夫实地上着实用功，躬行践履。从良知心学的本体工夫论体系上看，"四无教"主要体现了心学的形上本体论的玄学精神，"四有教"主要体现了心学的践行工夫论的实学精神。因此阳明强调要在良知上实用为善去恶的工夫，而不能悬空去玄想太虚的本体，"不教他在良知上实用为善去恶功夫，只去悬空想个本体，一切事为，俱不着实"。应当把从根基入手的"四有教"同向上一机的"四无教"结合起来，不可各执一偏，"然此中不可执着。若执四无之见,不通得众人之意,只好接上根人,中根以下人无从接授;若执四有之见,认定意是有善有恶的,只好接中根以下人,上根人亦无从接授"。阳明已预感到他的门人弟子与士子学者会各执一偏地从各自方面去理解与接受"四无教"与"四有教",有导致王学分化的危险,所以他的《答聂文蔚》与《与陈惟浚》二书都具有及时引导江西与浙中士子学者讲究与修行"王门八句教"的重要意义。事实上,江西与浙中的士子学者也是根据《答聂文蔚》与《与陈惟浚》二书展开了对"王门八句教"的长期研讨讲论。

首先是陈九川,他准确把握到了阳明说的物、知、意、身、心为一事,格、致、诚、正、修为一功的思想,认为:"近时学者,不知心、意、知、物是一件,格、致、诚、正是一功,以心应物,即心物为二矣。心者意之体,意者心之动也;知者意之灵,物者意之实也。知意为心,而不知物之为知,则致知之功,即无下落。"由此他提出了寂感说,认为:"夫寂即未发之中,即良知,即是至善。先儒谓'未发'二字,费多少分疏竟不明白……惟周子洞见心体,直曰'中也者,和也。中节也,天下之达道也'。""心无定体,感无停机,凡可以致思著力者,俱谓之感……故欲于感前求寂,是谓画蛇添足;欲于感中求寂,是谓骑驴觅驴。"寂与感是合一的,寂在感中,即感的本体;感在寂中,即寂的妙用。体用一源,寂感一体,本体工夫一贯,这是他对阳明的"王门八句教"本体工夫论思想体系的另一种语言表述,是他在同江西与浙中学子讨论讲究"王门八句教"中得到的新认识。经过对"王门八句教"思想反复深入的讲论探讨,陈九川又回到了阳明对他说的"致良知"工夫上来,认识到要从"四有教"的"致良知"的工夫入手修行。

第十七章 起征思田：悲剧命运的最终结局

同陈九川进行寂感论辩的聂豹，走上了"归寂"之路。他抓住了阳明说的"良知之虚，便是天之太虚"、"良知是未发之中，廓然大公的本体"与"四无教"说的"心体无善无恶，意无善无恶，知无善无恶，物无善无恶"，提出了主静归寂说，认为良知心体即无善无恶、无是无非的虚寂本体，复心体即复归寂体——归寂。在他看来，心体寂然不动，"良知本寂，感于物而后有知"，因此"学者求道，自其主乎内之寂然者求之，使之寂而常定"。这种归寂说是他在同陈九川、王畿等人讨论"王门八句教"中形成的，他的气势宏远的《答戴伯常》（《幽居答述》）、《答王龙溪》诸书，实际都是在深入讨论探究"四无教"与"四有教"中的重要思想问题。

阳明的体认心体，是把心看作是灵明觉知的至善本体，于未发之中体认大本达道，通过致良知复归心体。聂豹的主静归寂，是把心看作是无善无恶、无是无非的虚寂本体，通过主静复归寂体。这是对阳明的"王门八句教"思想的误解。他的归寂说同陈九川的寂感说也有别。陈九川的寂感说认为寂感合一，寂为本体，感为妙用。聂豹的归寂说却割裂了寂体与感用的关系，立主静法归寂，不讲致良知的工夫，他的归寂说是有寂无感，有体无用，有内无外，有本体无工夫（致良知）。所以罗洪先指出聂豹重于说"主静归寂"，忽视说"通感应物"，认为"绝感之寂，寂非真寂矣……离寂之感，感非正感矣"[1]。

大致上，江西学者在讲论探究"王门八句教"上，多有好说本体、轻谈工夫的弊病，纠缠在心、意、知、物上进行形上玄虚之思的争论，遗弃了躬行践履的致良知的着实工夫，正如罗洪先

---

[1]《罗洪先集》卷三《甲寅夏游记》。

所说:"终日谈本体,不说工夫,才拈工夫,便指为外道,此等处,恐使阳明先生复生,亦当攒眉也。"[1] 除聂豹以外,他们的主要代表还有两峰刘文敏、师泉刘邦采、洛村黄弘纲、善山何廷仁等人。刘邦采究心于"四无教",以玄虚说心体,罗洪先说"师泉素持玄虚",聂豹也说"师泉力大而说辨,排阃之严,四坐咸屈,人皆避席而让舍,莫敢撄其锋"。刘邦采认为:"心之为体也虚,其为用也实……虚以通天下之志,实以成天下之务,虚实相生,则德不孤。是故常无我以观其体,心普万物而无心也;常无欲以观其用,情顺万事而无情也。"[2] 所以他主张性命双修,对心、意、知、物作了新的解说,认为:"心不失无体之心,则心正矣;意不失无欲之意,则意诚矣;物不失无住之物,则物格矣;知不失无动之知,则知致矣。身、心、意、知、物者,工夫所用之条理;格、致、诚、正、修者,条理所用之工夫。"由此他把阳明的"四无教"与"四有教"合并为一,理解为"心有善无恶,意有善无恶,知有善无恶,物有善无恶"。这同邹守益把"四无教"首句改为"至善无恶者心"一样。

与刘邦采相似,黄弘纲对"四无教"与"四有教"都持批评态度,认为"四无教"与"四有教"都不是阳明的定本之说。他批评了"以意念之善者为良知"的说法,认为意念即诚,意念莫非良知,故不能说意有善恶或说意之发动有善恶。意是如此,心、知、物皆如此。所以他否定了"四有教"的"意有善恶"与"四无教"的"意无善恶"的说法,主张反求吾心:"吾心至德,吾心至道,吾心无私,吾心无为……苟有志于希古者,反而求之吾心,将无往而非古者矣。"黄弘纲从反求吾心最终走向了陈九川的

---

[1]《罗洪先集》卷六《寄王龙溪(丙辰)》。
[2] 刘邦采:《易蕴》,《明儒学案》卷十九《同知刘师泉先生邦采》。

寂感说。

与黄弘纲不同，在"王门八句教"上，何廷仁却否定"四无教"而肯定"四有教"。他对"良知"作了平实的解说，认为："知过，即是良知；改过，即是本体。""良知在人为易晓，诚不在于过求也。"所以他更强调致良知的践行工夫，"君子亦惟致其良知而已矣"。他认识到了心本体与致良知的体用关系，从万物一体的观点论述致良知的工夫。

> 天地万物，与吾原同一体。知吾与天地万物既同一体，则知人情物理要皆良知之用也，故除却人情物理，则良知无从可致矣。是知人情物理，虽曰常感，要之感而顺应者，皆为应迹，实则感而无感；良知无欲，虽曰常寂，要之原无声臭者，恒神应无方，实则寂而无寂。此致知所以在于格物，而格物乃所以实致其良知也。[1]

何廷仁的致良知说，实际就是肯定了从为善去恶的"致良知"工夫入手的"四有教"。他带着这种致良知说赴南都，同士子学者论辨阳明的"王门八句教"。当时南都士子都普遍执定阳明的"四无教"而贬低"四有教"，认为工夫只应在"心"上用，才一涉"意"，便已落第二义，故"为善去恶工夫，非师门最上乘之教也"。何廷仁反驳说："师称无善无恶者，指心之应感无迹，过而不留，天然至善之体也。心之应感谓之意，有善有恶，物而不化，著于有矣，故曰意之动。若以心为无，以意为有，是分心意为二见，离用以求体，非合内外之道矣。"[2] 于是他特作《格物

---

[1]《明儒学案》卷十九《善山语录》。
[2]《明儒学案》卷十九《主事何善山先生廷仁》。

说》发挥他对"王门八句教"的认识,主张"为善去恶,实地用功,斯谓之致良知也"。

江西学者在讨论讲究"王门八句教"(四无教与四有教)上存在较大分歧,多执一偏之说。这也正是浙中学者讨论讲究"王门八句教"的通病。江西学者的讨论讲究"王门八句教"是同浙中学者的讨论讲究"王门八句教"声气相通,交相往来聚讲论辨的,讨论争辨的问题也多相通关连,浙中学者同样普遍有好高骛玄、各执一偏的弊病。浙中学者以王畿与钱德洪为代表,为了完成阳明要他们聚会讲究"王门八句教"(四无教与四有教)的"遗嘱",浙中学者与江西学者经常举行大小规模的讲会。

他们聚焦于"王门八句教"中的本体与工夫上的重要问题,展开论辨,各有阐释,互相发明,孕育了王门后学的学派演进与分化。对浙中与江西学子讨论讲究"王门八句教"(四无教与四有教)宗旨的情况,王畿最初在嘉靖三十六年(1557年)写的《滁阳会语》中作了总结。他先论述了阳明生平学术思想发展的五变,认为"先师之学,凡三变而始入于悟,再变而所得始化而纯"。其中讲到阳明思想的最后一变说:"晚年造履益就融释,即一为万,即万为一,无一无万,而一亦忘矣。"这就是从"心一分殊"上论述"王门八句教"的本体工夫论体系:所谓"即一为万",就是由本体(心一)入手到工夫(用万)的"四无教";所谓"即万为一",就是由工夫(用万)入手到本体(心一)的"四有教"。所谓"致良知工夫原为未悟者设,为有欲者设",就是指为中根以下人所设"四有教";所谓"良知原是无中生有,无知而无不知",就是指为上根之人所设"四无教";所谓"虚寂原是良知之体,明觉原是良知之用,体用一原",就是指"即一为万,即万为一"的"王门八句教"。可见王畿是从阳明的"王门八句教"（四无教与四有教）上评述了各派的良知之说。

后来王畿在嘉靖四十一年作的《抚州拟岘台会语》中，又更详细谈到江西浙中学子在讨论讲究"王门八句教"（四无教与四有教）宗旨中的思想交锋与分化，把各家之说分为六派，即归寂说、修证说、已发说、无欲说、主宰流行说、致知说，如果再加上王畿的"主心"说（心一分殊，心体体认）与钱德洪的"主事"说（事上磨炼，致良知工夫），就一共有八派。王畿综合了各家之说，他也是站在"王门八句教"（四无教与四有教）的立场评论了六家之说的异同得失。所谓"古人立教，原为有欲设，销欲正所以复还无欲之体"，就指"四有教"。所谓"主宰即流行之体，流行即主宰之用，体用一原，不可得而分，分则离矣；所求即得之因，所得即求之之证，始终一贯，不可得而别，别则支矣"，就是指"四无教"与"四有教"——阳明的体用一原、本体工夫一贯、一即为万、万即为一的"王门八句教"。在整个同江西、浙中学子讲论探究"王门八句教"宗旨的过程中，王畿都是守定阳明的"四无教"与"四有教"，一方面强调因人根基设教，不能超阶蹴等；一方面又强调"四无教"与"四有教"的统一，四有四无双修，不可偏废。王畿把"四无教"看成为"顿教"，把"四有教"看成为"渐教"，强调顿修渐修的交相修行。

至于同王畿相对立的钱德洪，在江西、浙中学者的讨论讲究"王门八句教"中，却始终守定阳明的"王门四句教"的宗旨，不承认"王门八句教"——"四无教"与"四有教"。王畿后来遵行阳明的"王门八句教"，主张四有四无双修，统一了"四无教"与"四有教"，做到了"用工夫"与"透本体"的"相取为益"。但是钱德洪却没有能遵行阳明"相取为益"的师教，始终只在"王门四句教"上转圈子，最后走向了"主事"说（工夫论)。罗洪先论述钱德洪在同浙中江西学者讨论讲究"王门八句教"中的思想变化,认为钱德洪思想的三变,都只是围绕着"王门四句教"里的四句话的善恶有无问题生成展开的,变来变去,都没有能超越"王门四句教"的认识视野与框架,重工夫论而轻本体论,认为"致知格物功夫,只须于事上识取,本心乃见"。所以黄宗羲比较王畿与钱德洪的思想异同说:"龙溪从见在悟其变动不居之体,先生(钱德洪)只于事物上实心磨炼。"钱德洪对阳明要他们讨论讲究的不少重要的良知心学思想,或则回避不谈,或则作了错误的解读。如阳明的将人知的根基分三等与因人根基设教的思想,钱德洪就绝口不谈。阳明的体认心体、复归心体的思想,钱德洪也不涉及。对阳明的从心、意、知、物的自体上说无善无恶与从心、意、知、物的发用上说有善有恶的思想,钱德洪也混同了二者,作了错误的解释。

无疑,王畿是在阳明卒后这场浙中学者与江西学者讨论讲究"王门八句教"(四无教与四有教)的"讲学运动"中的领军人物。这场广泛持久的浙中学者与江西学者对阳明"王门八句教"(四无教与四有教)展开的讨论讲究,实际是一场别开生面的共倡宣播王学的宏大讲学运动,他们虽然在认识上没有达到完全的一致,但是却深化了对良知王学的认识,规范了在阳明卒后王学发展的趋势与走向,它促成了王学的交融,又直接推动了王门后学乃至晚明思想的多元学派分化与多元思想发展。从这一意义上说,浙中与江西学者完成了阳明的"遗嘱"。

尾 声
"此心光明":复心成圣的光明之路

阳明决计在嘉靖七年八月二十七日抱病离开南宁东赴广城，本是要到广城再等待朝命，没想到这一去却踏上了不归的死亡之路。

阳明一路心头笼罩着悲凉哀愤之情，深感自己不过是一个失败的"马伏波"。经过横州时，他特地去乌蛮滩拜谒了伏波庙，作诗悲悼自己四十年来的悲惨命运，并把自己十五岁时作的梦谒伏波庙的感应诗题在了伏波庙壁：

谒伏波庙二首
四十年前梦里诗，此行天定岂人为！
徂征敢倚风云阵，所过须同时雨师。
尚喜远人知向望，却惭无术救疮痍。
从来胜算归廊庙，耻说兵戈定四夷。

楼船金鼓宿乌蛮，鱼丽群舟夜上滩。
月绕旌旗千嶂静，风传铃柝九溪寒。
荒夷未必先声服，神武由来不杀难。
想见虞廷新气象，两阶干羽五云端。

梦中绝句
此予十五岁时梦中所作。今拜伏波祠下，宛如梦中。兹

> 行殆有不偶然者，因识其事于此。
>
> 　　卷甲归来马伏波，早年兵法鬓毛皤。
> 　　云埋铜柱雷轰折，六字题诗尚不磨。[1]

这是阳明对自己四十年戎马仕宦生涯的悼念。

阳明远处闭塞的边地，朝廷音讯消息迟迟不至，自上了《乞养病疏》后，从在南宁到在广城的两个月中，对朝中凶险的局势毫无所知，所以他还乐观地相信不久允准养病归休的朝命下到，可以立即从广城归绍兴。实际上从他七月十日上了《八寨断藤峡捷音疏》与十二日上了《处置八寨断藤峡以图永安疏》以后，朝廷对他的加罪迫害很快升级。世宗完全不认阳明平断藤峡、八寨之功，斥为"捷音夸诈"，"恩威倒置"。桂萼藏匿压下了阳明的《乞养病疏》，乘机放冷箭中伤，进而加给了阳明三条罪状：一是指斥"守仁受命抚剿思、田，不受命征八寨"，就是说朝廷只命阳明平思、田叛乱，他又去剿灭断藤峡、八寨叛乱是妄自擅权败事；二是攻击阳明"筑城建邑非人臣所得专"，是说阳明私自改建县治、添设土官、移寨筑镇等都是臣下专权妄为，全不把世宗与朝廷放在眼里；三是诬陷阳明用百万金银贿赂张璁，骗取两广之任。由此他们甚至又翻出了阳明平宸濠乱的老账，说他当年同宸濠先有密谋，后来又"满载金银以归"等。朝廷中已是一片指责攻讦阳明之声，阳明在广城还不知厄运的降临。九月八日，朝廷所遣行人冯恩赍敕书赏赐到达广城，阳明上了《奖励赏赍谢恩疏》。其实这次赏赍只是对阳明平思、田乱的功劳的奖赏，敕书中并没有提到阳明平断藤峡、八寨乱的功劳。阳明从敕书赏赍中是

---

[1]《王阳明全集》卷二十。

尾　声　"此心光明"：复心成圣的光明之路

很可以看出世宗阴鸷的"帝意"与朝廷险恶的动向了，这更坚定了他养病归休的决心。在广城抱病待命半个月后，阳明归居田园之意已决，所以他无心自辨，反批评一班子弟"此何等时，而可如此！"他只在广城待命，静观朝局，聂能迁的诬陷终于不攻自破。

九月三十日，多病善感的阳明在广城度过了生平最后一个凄凉的生日。何孟春遣使送来了贺仪，并恳请他为自己的文集作序。

阳明病困在广城，最关注的还是同士人学者讲学论道，病榻上仍诲人不倦。行人冯恩来向他问良知之学，两人倾心论道，阳明欣然收冯恩为弟子，抄录了四首咏良知的七绝诗赠给冯恩，兴奋地对人说："任重道远，其在冯生哉！"后来冯恩果然成了铁骨铮铮的"四铁御史"。广东的学子陈明德、季本、薛侃、黄佐、成子学、陈琠、霍任、庞嵩、祁敕都纷纷来广城向阳明问学。祁敕同阳明谈"穷神知化"的大旨，深为阳明所首肯，对广东学子说："祁正郎深于养者也。"黄佐同季本、薛侃一起来广城，这时阳明病已很重，但他仍津津乐道同黄佐讲论明德与良知的问题，后来还寄书给他进一步论学。

这时连他在云南的弟子朱克明、夏德润也有书来问学。阳明更关切浙中与江西学子共聚讨论讲究"王门八句教"宗旨的事。还在六月时，阳明祝继母赵氏六十岁寿诞，请人作《云山遐祝图》，在南宁遥祝，同时请四方门人弟子往绍兴祝寿聚会，这实际是一次大规模的讲会，首次实现了阳明要江西浙中士子聚会讨论讲究"王门八句教"宗旨的心愿。

在这些聚会的门人弟子中，何廷仁是江西王门学子的代表，他先在南昌亲聆了阳明发"王门八句教"的宗旨，也亲聆了阳明要江西学者裹粮往浙中去讲究良知心学的嘱咐，成为阳明寄望甚重的江西王门弟子。到十月阳明将要归绍兴时，他便特作书给何廷仁，要江西门人学子不必在江西等候迎接他的到来，而应尽早率他们往绍兴同浙中学者相聚讲究良知心学，以实现阳明说的"待予归"来"究竟此件事"的夙愿。

后来何廷仁确实成了江西浙中学者讨论讲究"王门八句教"的讲学活动中的活跃人物，但阳明的归来同浙中江西学者共聚讲究"王门八句教"的心愿却成了永远的泡影。

阳明在广城苦苦等待朝命到闰十月，病榻翘首盼望，朝命杳如黄鹤，却传来了增城忠孝祠建成的消息。原来阳明的先祖王纲在洪武初年任广东参议，往潮州平乱，经过增城时，被海寇杀害。子王彦达入寇巢哭骂求死，终得以羊裘裹父尸归葬。增城当地曾为王纲父子建祠祭祀，年久已毁。嘉靖七年（1528年）夏间，增城知县朱道澜决定在增城县南相江重修王纲父子忠孝祠。阳明这时尚在南宁，立即发下《批增城县改立忠孝祠申》。忠孝祠在六月起造，到闰十月完工，适逢祠庙冬烝，阳明决定往增城忠孝祠致祭，同时也可顺道拜访湛若水的甘泉故居，总结他同湛若水一生的交游与讲学论道。于是他从病榻上挣扎起来，亲往增城参加忠孝祠的祭祀，作了一篇沉痛的祭文，又在忠孝祠壁上大书了一首诗。

阳明称颂了先祖王纲父子的忠孝节义，把它看成是王氏家族千年相传的道义风范传统，这其实也是借古说今，意在表白自己在两广平乱的忠孝节义的所作所为，回击世宗与朝廷桂萼之流的诬陷中伤。所以他又特给提学副使萧鸣凤写了一信，详细介绍了王纲父子的忠孝壮举，请他写一篇忠孝祠记来阐释发扬王氏家族世代相传的忠孝气节。萧鸣凤对阳明的用意果然心领神会，他作了一篇《忠孝祠记》，在追叙王纲父子的忠孝事迹之后，特点明阳明的学问事功气节。

尾　声　"此心光明"：复心成圣的光明之路

王纲父子的忠孝壮举发生在增城，增城又修建起了忠孝祠，所以阳明把增城也看成是自己的"故乡"，同增城湛若水为"平生交义兄弟"。于是他在祭奠了忠孝祠后，立即往甘泉都沙贝村拜访了湛若水的故居。湛若水故居就在增城南门外的甘泉都，那里有甘泉与甘泉洞，故湛若水以甘泉自号。阳明流连徘徊于甘泉之上，浮想联翩，他感怀吟了二首诗，大书在甘泉故居的壁上：

题 甘 泉 居

我闻甘泉居，近连菊坡麓。
十年劳梦思，今来快心目。
徘徊欲移家，山南尚堪屋。
渴饮甘泉泉，饥餐菊坡菊。
行看罗浮云，此心聊复足。

书 泉 翁 壁

我祖死国事，肇禋在增城。
荒祠幸新复，适来奉初蒸。
亦有兄弟好，念言思一寻。
苍苍蒹葭色，宛隔环瀛深。
入门散图史，想见抱膝吟。
贤郎敬父执，僮仆意相亲。
病躯不遑宿，留诗慰殷勤。
落落千百载，人生几知音？
道通著形迹，期无负初心！[1]

---

[1]《王阳明全集》卷二十。

这是阳明一生最后作的两首诗，他悲叹一生"落落千百载，人生几知音"，念念不忘的还是讲学论道，倡明圣学。他仍期望着同湛若水继续共倡圣学，同赴大道，"道通著形迹，期无负初心"——这就是阳明至死不渝的自我生命的终极追求。

从增城回到广城后，阳明的病情加重，卧病不起。他在广城苦苦等待朝命已三个月，终不见朝命下到。他不知道正是在他广城抱病待命的三个月中，朝廷对他的诬陷中伤又升级，世宗与桂萼之流给离南宁往广城待命的阳明又加了一条"擅离职役"、"不候命即归"的罪名，阳明的厄运已经难逃。在一片汹汹朝议中，闰十月二十一日，终于有礼部尚书方献夫与詹事霍韬起而愤上了《论新建伯抚剿地方功次疏》，慷慨辨白阳明平思、田与平断藤峡、八寨的大功，全力为阳明辨谤雪冤，请乞功赏阳明以励忠勤。

方献夫、霍韬的长篇抗辨不可不谓有千钧之力，有理有据，无可反驳。但世宗与桂萼之流已经铁心不认阳明平叛的大功，不给阳明入朝，要他死守在边地待罪，冷酷到不允大病奄奄一息的阳明养病归休，竟又给他加了一条"假病求去"的罪名。奸诈的世宗批答方献夫、霍韬的奏疏说："所言已有旨处分。修建城邑，防患事宜，其令守仁会官条画，便宜上之，务在一劳永逸，勿贻后艰。"[1] 所谓同意修建城邑事宜是虚晃一招，后来根本没有按阳明的措置去修建城邑。所谓"所言已有旨处分"也是欺骗朝臣的谎话，世宗早已暗中定下阳明"擅离重镇"、"擅离职役"、"故设漫辞求去"、"不候命即归"的大罪要加以处分了。方献夫、霍韬的上奏抗论最终失败，这就是阳明在广城待命三月始终不见朝命下到的真正原因。

---

[1]《明世宗实录》卷四十六。

尾　声　"此心光明"：复心成圣的光明之路　　529

阳明病逝

当方献夫、霍韬上疏为阳明辨谤雪诬的时候，在广城的阳明已经病势沉重，气息奄奄。他待命病困在广城三月，错过了归家治疗的最好时机，阳明也自知不久于人世，他再在广城待命已毫无意义，一种魂归故里的信念在支撑着他。闰十月三十日，黄佐劝他北行，阳明终于接受了他的劝告。十一月一日，阳明上了《乞骸骨疏》，乞归乡就医治病，并荐郧阳巡抚林富自代。就在这一天，阳明离广城北行，一路病情沉笃。二十一日越过荒冷的大庾岭，进入江西境界，阳明已病势昏沉，但神志却依旧十分清醒，对江西布政使王大用说："尔知孔明之所以付托姜维乎？"王大用顿时领悟，立即领兵拥护这位命将归天的当代"孔明"归越，并秘密遣人准备了棺材载车后行。二十五日到达南安，门人南安推官周积来见阳明，阳明挣扎坐起，咳嗽不停，缓缓问周积："近来进学如何？"周积汇报了学政情况，然后探询病况，阳明回答说："病势危亟，所未死者，元气耳。"周积马上请医生来诊治吃药。二十八日到达南安的青龙铺，晚泊时，阳明问侍者到了哪里，侍者回答说："青龙铺。"阳明顿时有一种飞龙升天的预感。到二十九日清晨，他就叫僮仆开始检理遗书，清治行箧，发现从行下人暗自带来公给的应得赏功银羡余五百三十二两。阳明不愿蒙受公银私受、公私不分的嫌疑，立即命随行通判龙光的义子添贵将银两送还梧州。

阳明一生无悔，光明而来，光明而去，无所牵挂，质本洁来还洁去，吾心清白，去留无迹。到中午时分疾革之际，阳明忽正衣冠，倚童子坐起，问侍者："至南康几何？"侍者回答说："距三邮。"阳明叹息说："恐不及矣。"侍者说："王方伯以寿木随，弗敢告。"阳明张开眼睛说："渠能是邪！"家童过来问有什么嘱咐，阳明说："他无所念，平生学问方才见得数分，未能与吾党共成之，为可恨耳！"又说："田州事非我本心，后世谁谅我者？"于是阳明又把周积召至榻边，久久不语，忽然张开眼说："吾去矣！"周积流着眼泪问："何遗言？"阳明平静回答说："此心光明，亦复何言？"说完，徐徐而逝。

王阳明，一个传道天下的心学大师，怀着"此心光明"的信念离开了这喧嚣的人世，走完了他的救赎人心、由凡成圣的光明

尾　声　"此心光明"：复心成圣的光明之路

之路。他说的"此心光明"，就是指良知的光明之心。阳明早在少年时代作的乡试卷中就说"心体光明"，以后至死他都坚信人人心中有良知，良知之心本然光明灵觉，有如不灭的明灯，正如他临终之前对黄佐说的"明德只是良知，所谓灯是火耳"。世间沉沦异化的人心只有通过致良知的道德践履工夫，才可以复归心体，良知复明，明灯重光，正如他卒前对聂豹说的"良知之发见流行，光明圆莹，更无罣碍遮隔处，此所以谓之大知"。这就是阳明的心学向世人指明的一条由凡成圣、复归心体的光明之路。他自己身体力行，终身践履，临终前称自己"此心光明"，无异是宣告他自己已实现了由凡入圣的终极境界的超升，心体复明，由凡成圣了。他并没有死，他的成圣的"光明之心"将永远照耀人世。

附 录
王阳明年谱简编

明宪宗成化八年（1472年）壬辰　一岁

　　九月三十日亥时，阳明生于余姚莫氏楼，取名云。莫氏楼后名瑞云楼。

成化九年（1473年）癸巳　二岁

　　居瑞云楼，由母郑氏抚育。父王华在外任子弟师。

成化十年（1474年）甲午　三岁

　　居瑞云楼。秋，王华乡试下第。

成化十一年（1475年）乙未　四岁

　　居瑞云楼。王华由浙江布政使宁良聘为子弟师，赴祁阳。

成化十二年（1476年）丙申　五岁

　　是岁，阳明始开口说话，祖父王伦改王云名为王守仁。

成化十三年（1477年）丁酉　六岁

　　秋中，王华乡试下第。与叔父王德声同受王华家教。

成化十四年（1478年）戊戌　七岁

　　王华携阳明外出任子弟师，随身受教。

成化十五年（1479年）己亥　八岁

　　王伦授以《曲礼》。王华携阳明往海盐任子弟师。阳明寓资圣寺，有诗咏怀。始好佛老。

成化十六年（1480年）庚子　九岁

　　受王伦家教。秋，王华浙江乡试中第二名。

成化十七年（1481年）辛丑　十岁

　　三月，王华廷试第一甲第一人，授翰林院修撰。

成化十八年（1482年）壬寅　十一岁

　　王伦携阳明赴京师。舟过金山，有咏金山与蔽月山房诗。至京师，居长安西街。喜好任侠，常出入于佛、道、相、卜之处。结识林俊兄弟。

成化十九年（1483年）癸卯　十二岁

　　王华为阳明请塾师，读书授经。正月，白沙陈献章应召入京，阳明见到陈白沙。八月，诸让主考顺天府乡试，以女许配阳明。

成化二十年（1484年）甲辰　十三岁

　　二月，王华任廷试弥封官，阳明侍父为考官，入场评卷。白沙弟子张诩举进士，与王华、阳明相识。母郑氏卒。

成化二十一年（1485年）乙巳　十四岁

　　王华娶继室赵氏、侧室杨氏。

成化二十二年（1486年）丙午　十五岁

　　出游居庸三关，经月始返，慨然有经略四方之志。梦中谒马伏波庙，题辞赋诗。学宋儒格物之学，格庭前竹子，七日不得其理，转就辞章之学与科举之业。

成化二十三年（1487年）丁未　十六岁

　　二月，王华充会试同考官。冬，阳明结束塾馆学业，归居余姚。

弘治元年（1488年）戊申　十七岁

　　七月，亲迎夫人诸氏于洪都。在布政司官署读书习字，书法大进。

弘治二年（1489年）己酉 十八岁
在南昌，学怀素字。十一月，王伦疾革。十二月，偕夫人诸氏归余姚。舟过广信，拜一斋娄谅。

弘治三年（1490年）庚戌 十九岁
正月，王华奔丧回余姚。阳明受王华家教课业。吴伯通来任浙江提学副使，阳明拜为门下士。

弘治四年（1491年）辛亥 二十岁
居秘图山王氏故居，受王华家教。

弘治五年（1492年）壬子 二十一岁
八月，赴杭参加乡试，中乡举第六名。

弘治六年（1493年）癸丑 二十二岁
二月，南宫下第，作《来科状元赋》以明志。九月，王华服阕，携阳明赴京供职。阳明遂入北雍。

弘治七年（1494年）甲寅 二十三岁
在北雍。五月，有怀作诗寄程文楷。

弘治八年（1495年）乙卯 二十四岁
正月，诸让卒，作祭文驰奠。为杨子器作《高平县志序》。

弘治九年（1496年）丙辰 二十五岁
二月，会试下第。五月，作《送李柳州序》与《送骆蕴良潮州太守序》。七月，作《送吕丕文先生少尹京丞序》。九月归余姚。经南都，向朝天宫尹真人学道。归余姚，结诗社于龙泉寺。

弘治十年（1497年）丁巳 二十六岁
春中，往绍兴寻访移家之地。三月，与秦文游绍兴兰亭。秋后，由余姚移家绍兴东光相坊。寻访得阳明洞，筑灌山小隐，自号阳明山人。

弘治十一年（1498年）戊午　二十七岁

　　二月，游秦望山。八月，王兖卒，归余姚哭祭。冬间，北上回京师。

弘治十二年（1499年）己未　二十八岁

　　二月，会试第二名，赐二甲进士出身第六人。三月，登第荣归绍兴。五月，返京师，观政工部。五月，上《陈言边务疏》。八月，赴浚县督造王越坟，游大伾山。

弘治十三年（1500年）庚申　二十九岁

　　六月，授刑部云南清吏司主事，与同僚名士结成"西翰林"文士群体。九月，邵宝赴江西按察司副使任，阳明作《时雨赋》送之。十二月，作赋大赞来天球《雪图》。

弘治十四年（1501年）辛酉　三十岁

　　八月，奉命往直隶、淮安等府审囚。九月，往游九华山。

弘治十五年（1502年）壬戌　三十一岁

　　春正月，游齐山，再游九华山。二月，往游茅山。五月，回京覆命。八月乞归越养病。九月，归至绍兴，筑室阳明洞中，行导引术。

弘治十六年（1503年）癸亥　三十二岁

　　二月，移疾钱塘，习禅养疴。八月，吾谨来访，论辨儒释之异。九月，自杭归越。十月，王华便道归省，与阳明归余姚展墓。十一月，送王华往江淮祭神，至姑苏访都维明父子。

弘治十七年（1504年）甲子　三十三岁

　　六月，启程赴山东主考乡试。八月，主考山东乡试。九月，往曲阜访孔子阙里。由曲阜北上往游泰山。九月下旬，自济南府回京师，改除兵部武选清吏司主事。

弘治十八年（1505年）乙丑　三十四岁

正月，龙霓出任浙江按察金事，阳明与李梦阳等二十二人聚文会相送。二月，暗助李梦阳奏劾寿宁侯张鹤龄。十月，读张诩编刻《白沙先生全集》，写感悟白沙心学评语，并立白沙心学宗旨为座右铭。与湛若水相识定交。

正德元年（1506年）丙寅　三十五岁

与湛若水共倡圣学。十一月，阳明抗章疏救戴铣等，乞宥言官，逮下锦衣狱。十二月，出狱，谪贵州龙场驿丞。

正德二年（1507年）丁卯　三十六岁

闰正月初一，离京赴谪。三月，到杭城。八月，诡托投江，南遁武夷山。九月初，自武夷归南都。十一月，与王华归居绍兴。

正德三年（1508年）戊辰　三十七岁

正月初一，启程赴龙场驿。三月，至龙场驿，结草庵居之。四月，建龙冈书院。七月，阿贾、阿札叛乱，致书宣慰安贵荣，劝其出兵平叛。此后阳明常往来贵阳之间，为平阿贾阿札乱事出谋画策。十一月冬至，大悟心学。

正德四年（1509年）己巳　三十八岁

八月，席书来任贵州提学副使，与阳明有书札往还。九月，赴贵阳，主教文明书院。闰九月，以"言士"升庐陵知县。十月，序定《五经臆说》。十二月，赴庐陵知县任。

正德五年（1510年）庚午　三十九岁

三月十八日，到庐陵任。十月，入觐述职，升南京刑部四川清吏司主事。十一月，至南京赴任。十二月，升吏部验封清吏司主事。

正德六年（1511年）辛未　四十岁

二月，至京师。与湛若水、黄绾切磋圣学。十月，升文选清吏司员外郎。

正德七年（1512年）壬申　四十一岁

三月，升吏部考功清吏司郎中。十一月，徐爱编定《传习录》。十二月，升南京太仆寺少卿，与徐爱同舟归越。

正德八年（1513年）癸酉　四十二岁

二月，归至绍兴。六月，偕弟子游四明、雪窦，至宁波归。十月，到滁州任。

正德九年（1514年）甲戌　四十三岁

二月，湛若水经滁阳来会。四月，升南京鸿胪寺卿，至南京。五月，手书《游海诗》卷赠弟子孙允辉。

正德十年（1515年）乙亥　四十四岁

九月，祝王华七十寿，立王守信第五子王正宪为后。十一月，序定《朱子晚年定论》。上《谏迎佛疏》。

正德十一年（1516年）丙子　四十五岁

八月，升都察院左佥都御史，巡抚南、赣、汀、漳等处。十月，归省至越。十一月，启程赴江西任。

正德十二年（1517年）丁丑　四十六岁

正月十六日，至赣州。二月，往平漳乱。四月，班师。七月，改授提督南、赣、汀、漳等处军务。十月，出师攻横水、左溪。十一月，攻桶冈，平茶寮。

正德十三年（1518年）戊寅　四十七岁

正月，出征三浰。三月，班师回军。六月，刊刻《朱子晚年定论》于虔都。升都察院右副都御史。七月，序定《大学古本傍释》。八月，薛侃刊刻《传习录》三卷于虔。

正德十四年（1519年）己卯　四十八岁

　　四月，邹守益来赣受学，阳明始发良知之说，妙悟良知。六月十四日，宁王宸濠反。十五日，阳明自丰城返吉安，起集义兵。七月二十七日，宸濠乱平。九月，献俘发南昌，受阻而归。

正德十五年（1520年）庚辰　四十九岁

　　正月，第二次献俘，受阻而归。三月，第三次献俘，又受阻而归。六月，赴赣州，巡抚地方。大兴社学。十月，王艮来南昌拜师问学。十一月，王艮再来南昌问学。

正德十六年（1521年）辛巳　五十岁

　　五月，修定《大学古本序》刻石于白鹿洞书院。六月，应内召北上赴京，受阻而归。七月，升南京兵部尚书。阳明疏乞便道归省。八月，归至绍兴。九月，归余姚省祖茔。作《突兀稿评点》。十一月，封阳明为新建伯。

嘉靖元年（1522年）壬午　五十一岁

　　二月，父王华卒，阳明丁忧守丧。十月，朝廷禁阳明心学。

嘉靖二年（1523年）癸未　五十二岁

　　三月，徐珊编校《居夷集》。十一月，建伯府新邸。四方学子来学。

嘉靖三年（1524年）甲申　五十三岁

　　正月，建阳明书院。二月，南大吉辟稽山书院，聘阳明主讲。四月，服阕，吴廷举引荐阳明上大礼议，不报。九月，朝廷定大礼，诏颁天下，阳明斥为"非常典"。十月，南大吉续刻《传习录》于绍兴。

嘉靖四年（1525年）乙酉　五十四岁

　　正月，夫人诸氏卒。九月，归余姚省祖墓，讲会于龙泉寺中天阁。是岁,审定"九声四气歌法"。

嘉靖五年(1526年)丙戌　五十五岁

春中,与门人朱得之、杨文澄讲论良知心学,首揭"王门四句教"。十二月十二日,继室张氏生子王正聪。

嘉靖六年(1527年)丁亥　五十六岁

三月,召命赴京领诰券谢恩,受阻不行。四月,命邹守益、钱德洪编次刊刻《文录》。五月十一日,诏起阳明兼左都御史,总制两广、江西、湖广军务,征思田。八月,将赴两广,将《大学问》著录成书,作为书院"教典"。九月八日夜,阳明在天泉桥发"王门八句教"(四有教与四无教)之说。是日启程赴两广。十一月二十日,至梧州。二十一日,开府于梧州。十二月二十六日,抵南宁。

嘉靖七年(1528年)戊子　五十七岁

正月,招抚卢苏、王受,思、田平定。三月,命下进剿八寨、断藤峡。四月十日,破断藤峡。二十三日,破八寨。六月,马津荐阳明入阁辅政,为桂萼所沮抑。八月二十七日,自南宁启程赴广城待命。九月七日,抵广城。十一月一日,疾危,上疏乞骸骨,遂离广州北行。二十九日午时,卒于南安青龙铺。

图书在版编目(CIP)数据

王阳明:"心"的救赎之路/束景南著. —上海:复旦大学出版社,2021.3(2022.2重印)
ISBN 978-7-309-15421-4

Ⅰ.①王… Ⅱ.①束… Ⅲ.①王守仁(1472-1528)-心学-研究 Ⅳ.①B248.25

中国版本图书馆 CIP 数据核字(2020)第 233154 号

王阳明:"心"的救赎之路
束景南 著
出 品 人/严　峰
责任编辑/关春巧
插图:摘选自邹守益《王阳明先生图谱》
复旦大学出版社有限公司出版发行
上海市国权路 579 号　邮编:200433
网址: fupnet@fudanpress.com　http://www.fudanpress.com
门市零售:86-21-65102580　团体订购:86-21-65104505
外埠邮购:86-21-65642846　出版部电话:86-21-65642845
上海盛通时代印刷有限公司

开本 890×1240　1/32　印张 17.25　字数 402 千
2022 年 2 月第 1 版第 2 次印刷

ISBN 978-7-309-15421-4/B·740
定价:68.00 元

如有印装质量问题,请向复旦大学出版社有限公司出版部调换。
版权所有　侵权必究